瑜伽师地论

中国佛学经典宝藏

73

王海林 释译
星云大师总监修

人民东方出版传媒
东方出版社

《中国佛学经典宝藏》
大陆简体字版编审委员会

主任委员：赖永海

委　　员：（以姓氏笔画为序）

　　　　　　王月清　王邦维　王志远　王雷泉

　　　　　　业露华　许剑秋　吴根友　陈永革

　　　　　　徐小跃　龚　隽　彭明哲　葛兆光

　　　　　　董　群　程恭让　鲁彼德　温金玉

　　　　　　潘少平　潘桂明　魏道儒

总序

星云

自读首楞严,从此不尝人间糟糠味;
认识华严经,方知已是佛法富贵人。

诚然,佛教三藏十二部经有如暗夜之灯炬、苦海之宝筏,为人生带来光明与幸福,古德这首诗偈可说一语道尽行者阅藏慕道、顶戴感恩的心情!可惜佛教经典因为卷帙浩瀚、古文艰涩,常使忙碌的现代人有义理远隔、望而生畏之憾,因此多少年来,我一直想编纂一套白话佛典,以使法雨均沾,普利十方。

一九九一年,这个心愿总算有了眉目。是年,佛光山在中国大陆广州市召开"白话佛经编纂会议",将该套丛书定名为《中国佛教经典宝藏》①。后来几经集思广

---

① 编者注:《中国佛教经典宝藏》丛书,大陆出版时改为《中国佛学经典宝藏》丛书。

益,大家决定其所呈现的风格应该具备下列四项要点:

一、启发思想:全套《中国佛教经典宝藏》共计百余册,依大乘、小乘、禅、净、密等性质编号排序,所选经典均具三点特色:

1. 历史意义的深远性
2. 中国文化的影响性
3. 人间佛教的理念性

二、通顺易懂:每册书均设有原典、注释、译文等单元,其中文句铺排力求流畅通顺,遣词用字力求深入浅出,期使读者能一目了然,契入妙谛。

三、文简意赅:以专章解析每部经的全貌,并且搜罗重要的章句,介绍该经的精神所在,俾使读者对每部经义都能透彻了解,并且免于以偏概全之谬误。

四、雅俗共赏:《中国佛教经典宝藏》虽是白话佛典,但亦兼具通俗文艺与学术价值,以达到雅俗共赏、三根普被的效果,所以每册书均以题解、源流、解说等章节,阐述经文的时代背景、影响价值及在佛教历史和思想演变上的地位角色。

兹值佛光山开山三十周年,诸方贤圣齐来庆祝,历经五载、集二百余人心血结晶的百余册《中国佛教经典宝藏》也于此时隆重推出,可谓意义非凡,论其成就,则有四点可与大家共同分享:

一、佛教史上的开创之举：民国以来的白话佛经翻译虽然很多，但都是法师或居士个人的开示讲稿或零星的研究心得，由于缺乏整体性的计划，读者也不易窥探佛法之堂奥。有鉴于此，《中国佛教经典宝藏》丛书突破窠臼，将古来经律论中之重要著作，做有系统的整理，为佛典翻译史写下新页！

二、杰出学者的集体创作：《中国佛教经典宝藏》丛书结合中国大陆北京、南京各地名校的百位教授、学者通力撰稿，其中博士学位者占百分之八十，其他均拥有硕士学位，在当今出版界各种读物中难得一见。

三、两岸佛学的交流互动：《中国佛教经典宝藏》撰述大部分由大陆饱学能文之教授负责，并搜录台湾教界大德和居士们的论著，借此衔接两岸佛学，使有互动的因缘。编审部分则由台湾和大陆学有专精之学者从事，不仅对中国大陆研究佛学风气具有带动启发之作用，对于台海两岸佛学交流更是帮助良多。

四、白话佛典的精华集萃：《中国佛教经典宝藏》将佛典里具有思想性、启发性、教育性、人间性的章节做重点式的集萃整理，有别于坊间一般"照本翻译"的白话佛典，使读者能充分享受"深入经藏，智慧如海"的法喜。

今《中国佛教经典宝藏》付梓在即，吾欣然为之作序,并借此感谢慈惠、依空等人百忙之中,指导编修;吉广舆等人奔走两岸,穿针引线;以及王志远、赖永海等大陆教授的辛勤撰述;刘国香、陈慧剑等台湾学者的周详审核;满济、永应等"宝藏小组"人员的汇编印行。他们的同心协力,使得这项伟大的事业得以不负众望,功竟圆成!

《中国佛教经典宝藏》虽说是大家精心擘划、全力以赴的巨作,但经义深邃,实难尽备;法海浩瀚,亦恐有遗珠之憾;加以时代之动乱,文化之激荡,学者教授于契合佛心,或有差距之处。凡此失漏必然甚多,星云谨以愚诚,祈求诸方大德不吝指正,是所至祷。

一九九六年五月十六日于佛光山

原版序
敲门处处有人应

《中国佛教经典宝藏》是佛光山继《佛光大藏经》之后,推展人间佛教的百册丛书,以将传统《大藏经》精华化、白话化、现代化为宗旨,力求佛经宝藏再现今世,以通俗亲切的面貌,温渥现代人的心灵。

佛光山开山三十年以来,家师星云上人致力推展人间佛教,不遗余力,各种文化、教育事业蓬勃创办,全世界弘法度化之道场应机兴建,蔚为中国现代佛教之新气象。这一套白话精华大藏经,亦是大师弘教传法的深心悲愿之一。从开始构想、擘划到广州会议落实,无不出自大师高瞻远瞩之眼光,从逐年组稿到编辑出版,幸赖大师无限关注支持,乃有这一套现代白话之大藏经问世。

这是一套多层次、多角度、全方位反映传统佛教文化的丛书,取其精华,舍其艰涩,希望既能将《大藏经》

深睿的奥义妙法再现今世，也能为现代人提供学佛求法的方便舟筏。我们祈望《中国佛教经典宝藏》具有四种功用：

一、是传统佛典的精华书

中国佛教典籍汗牛充栋，一套《大藏经》就有九千余卷，穷年皓首都研读不完，无从赈济现代人的枯槁心灵。《宝藏》希望是一滴浓缩的法水，既不失《大藏经》的法味，又能有稍浸即润的方便，所以选择了取精用弘的摘引方式，以舍弃庞杂的枝节。由于执笔学者各有不同的取舍角度，其间难免有所缺失，谨请十方仁者鉴谅。

二、是深入浅出的工具书

现代人离古愈远，愈缺乏解读古籍的能力，往往视《大藏经》为艰涩难懂之天书，明知其中有汪洋浩瀚之生命智慧，亦只能望洋兴叹，欲渡无舟。《宝藏》希望是一艘现代化的舟筏，以通俗浅显的白话文字，提供读者遨游佛法义海的工具。应邀执笔的学者虽然多具佛学素养，但大陆对白话写作之领会角度不同，表达方式与台湾有相当差距，造成编写过程中对深厚佛学素养与流畅白话语言不易兼顾的困扰，两全为难。

三、是学佛入门的指引书

佛教经典有八万四千法门，门门可以深入，门门是无限宽广的证悟途径，可惜缺乏大众化的入门导览，不易寻觅捷径。《宝藏》希望是一支指引方向的路标，协助十方大众深入经藏，从先贤的智慧中汲取养分，成就无上的人生福泽。

四、是解深入密的参考书

佛陀遗教不仅是亚洲人民的精神归依，也是世界众生的心灵宝藏。可惜经文古奥，缺乏现代化传播，一旦庞大经藏沦为学术研究之训诂工具，佛教如何能扎根于民间？如何普济僧俗两众？我们希望《宝藏》是百粒芥子，稍稍显现一些须弥山的法相，使读者由浅入深，略窥三昧法要。各书对经藏之解读诠释角度或有不足，我们开拓白话经藏的心意却是虔诚的，若能引领读者进一步深研三藏教理，则是我们的衷心微愿。

大陆版序一

《中国佛教经典宝藏》是一套对主要佛教经典进行精选、注译、经义阐释、源流梳理、学术价值分析,并把它们翻译成现代白话文的大型佛学丛书,成书于二十世纪九十年代,由台湾佛光文化事业有限公司出版,星云大师担任总监修,由大陆的杜继文、方立天以及台湾的星云大师、圣严法师等两岸百余位知名学者、法师共同编撰完成。十几年来,这套丛书在两岸的学术界和佛教界产生了巨大的影响,对研究、弘扬作为中国传统文化重要组成部分的佛教文化,推动两岸的文化学术交流发挥了十分重要的作用。

《中国佛学经典宝藏》则是《中国佛教经典宝藏》的简体字修订版。之所以要出版这套丛书,主要基于以下的考虑:

首先,佛教有三藏十二部经、八万四千法门,典籍浩瀚，博大精深，即便是专业研究者，穷其一生之精力，恐也难阅尽所有经典，因此之故，有"精选"之举。

其次，佛教源于印度，汉传佛教的经论多译自梵语；加之，代有译人，版本众多，或随音，或意译，同一经文，往往表述各异。究竟哪一种版本更契合读者根机？哪一个注疏对读者理解经论大意更有助益？编撰者除了标明所依据版本外，对各部经论之版本和注疏源流也进行了系统的梳理。

再次，佛典名相繁复，义理艰深，即便识得其文其字，文字背后的义理，诚非一望便知。为此，注译者特地对诸多冷僻文字和艰涩名相，进行了力所能及的注解和阐析，并把所选经文全部翻译成现代汉语。希望这些注译，能成为修习者得月之手指、渡河之舟楫。

最后，研习经论，旨在借教悟宗、识义得意。为了将其思想义理和现当代价值揭示出来，编撰者对各部经论的篇章品目、思想脉络、义理蕴涵、学术价值等所做的发掘和剖析，真可谓殚精竭虑、苦心孤诣！当然，佛理幽深，欲入其堂奥、得其真义，诚非易事！我们不敢奢求对于各部经论的解读都能鞭辟入里，字字珠玑，但希望能对读者的理解经义有所启迪！

习近平主席最近指出："佛教产生于古代印度，但传入中国后，经过长期演化，佛教同中国儒家文化和道家文化融合发展，最终形成了具有中国特色的佛教文化，给中国人的宗教信仰、哲学观念、文学艺术、礼仪习俗等留下了深刻影响。"如何去研究、传承和弘扬优秀佛教文化，是摆在我们面前的一个重要课题，人民东方出版传媒有限公司拟对繁体字版的《中国佛教经典宝藏》进行修订，并出版简体字版的《中国佛学经典宝藏》，随喜赞叹，寥寄数语，以叙因缘，是为序。

二〇一六年春于南京大学

大陆版序二

依空

　　身材高大、肤色白皙、擅长军事的亚利安人，在公元前四千五百多年从中亚攻入西北印度，把当地土著征服之后，为了彻底统治这里的人民，建立了牢不可破的种姓制度，创造了无数的神祇，主要有创造神梵天、破坏神湿婆、保护神毗婆奴。人们的祸福由梵天决定，为了取悦梵天大神，需要透过婆罗门来沟通，因为他们是从梵天的口舌之中生出，懂得梵天的语言——繁复深奥的梵文，婆罗门阶级是宗教祭祀师，负责教育，更掌控了神与人之间往来的话语权。四种姓中最重要的是刹帝利，举凡国家的政治、经济、军事、文化等等都由他们实际操作，属贵族阶级，由梵天的胸部生出。吠舍则是士农工商的平民百姓，由梵天的膝盖以上生出。首陀罗则是被踩在梵天脚下的土著。前三者可以轮回，纵然几世轮转都无法脱离原来种姓，称为再生族；首陀罗则连轮回的因缘都没有，为不生族，生生世世为首陀罗，子孙也倒霉跟着宿命，无法改变身份。相对于此，贱民比首陀罗更为卑微、低贱，连四种姓都无法跻身其中，只能从事挑粪、焚化尸体等最卑贱、龌龊的工作。

出身于高贵种姓释迦族的悉达多太子，为了打破种姓制度的桎梏，舍弃既有的优越族姓，主张一切众生皆平等，成正等觉，创立了佛教僧团。为了贯彻佛教的平等思想，佛陀不仅先度首陀罗身份的优婆离出家，后度释迦族的七王子，先入山门为师兄，树立僧团伦理制度。佛陀更严禁弟子们用贵族的语言——梵文宣讲佛法，而以人民容易理解的地方口语来演说法义，这就是巴利文经典的滥觞。佛陀认为真理不应该是属于少数贵族、知识分子的专利或装饰，而应该更贴近普罗大众，属于平民百姓共有共知。原来佛陀早就在推动佛法的普遍化、大众化、白话化的伟大工作。

佛教从西汉哀帝末年传入中国，历经东汉、魏晋南北朝、隋唐的漫长艰巨的译经过程，加上历代各宗派祖师的著作，积累了庞博浩瀚的汉传佛教典籍。这些经论义理深奥隐晦，加以书写的语言文字为千年以前的古汉文，增加现代人阅读的困难，只能望着汗牛充栋的三藏十二部扼腕慨叹，裹足不前。

如何让大众轻松深入佛法大海，直探佛陀本怀？佛光山开山宗长星云大师乃发起编纂《中国佛教经典宝藏》。一九九一年，先在大陆广州召开"白话佛经编纂会议"，订定一百本的经论种类、编写体例、字数等事项，礼聘中国社科院的王志远教授、南京大学的赖永海教授分别为中国大陆北方与南方的总联络人，邀请大陆各大学的佛教学者撰文，后来增加台湾部分的三十二本，是为一百三十二册的《中国佛教经典宝藏精选白话版》，于一九九七年，作为佛光山开山三十周年的献礼，隆重出版。

六七年间我个人参与最初的筹划，多次奔波往来于大陆与台湾，小心谨慎带回作者原稿，印刷出版、营销推广。看到它成为佛教徒家中的传家宝藏，有心了解佛学的莘莘学子的入门指南书，为星云大师监修此部宝藏的愿心深感赞叹，既上契佛陀"佛法不舍一众"的慈悲本怀，更下启人间佛教"普世益人"的平等精神。尤其可喜者，欣闻现大陆出版方东方出版社潘少平总裁、彭明哲副总编亲自担纲筹划，组织资深编辑精校精勘；更有旅美企业家鲁彼德先生事业有成之际，秉"十方来，十方去，共成十方事"之襟怀，促成简体字版《中国佛学经典宝藏》的刊行。今付梓在即，是为序，以表随喜祝贺之忱！

二〇一六年元月

目 录

题 解 001

经 典 015

  1 本地分 017

    五识身相应地第一 020

    意地第二之一 053

    意地第二之二 117

    意地第二之三 193

    有寻有伺等三地第三~五 268

    三摩呬多地第六 320

    非三摩呬多地第七 337

    有心无心二地第八第九 342

    闻所成地第十 347

    思所成地第十一 373

    修所成地第十二 388

          声闻地第十三　406
          独觉地第十四　435
          菩萨地第十五　443
          有余依地第十六　491
          无余依地第十七　498
     2　摄决择分　506
          五识身相应地意地　506
     3　摄事分　529
          契经事行择摄　529
          本母事序辩摄　535

源　流　539

解　说　555

附　录　567

　　1　瑜伽师地论新译序　569
　　2　瑜伽师地论叙·绪言　571
　　3　瑜伽师地论科句、披寻记汇编后记　573
　　4　瑜伽师地论科句、披寻记汇编缀言　574

参考书目　575

题解

《瑜伽师地论》（*Yogācāryabhumi*），一百卷，是佛典中最重要的论著之一，通说为弥勒（Maitreya）编著[①]。

瑜伽是梵文 yoga 的音译，意为相应、涉入，另有和合、一致、互有方便善巧之义。瑜伽师即瑜伽阿阇梨、瑜伽行者（yogācārya），通称为三乘（声闻乘、缘觉乘、菩萨乘）修行者。瑜伽阿阇梨梵语本义为修瑜伽的教师，此处特指瑜伽派三乘行者通过闻、思、修次第修行，达到所观境、所修行、所证果善巧相应而成就佛道，并以成就之道调化众生。地，所依、所持、所行、所摄。"瑜伽师地"即意指瑜伽师所依、所行的境界。《瑜伽师地论》就是论明三乘行人修习境、行、果相应的境界，本论依次论述了十七种境界，所以《瑜伽师地论》又简称为《十七地论》。

本论的作者虽然通说为弥勒，其实不甚详确。据佛籍载、佛学家言，作本论的弥勒有二人。

一是作为未来佛的菩萨弥勒。弥勒是兜率天宫（Tuṣta）内院一生补处（即最后身）的菩萨，在释迦牟尼（śākyamuni）入灭后五十六亿七千万年时，从兜率天宫下降到娑婆世界成佛。佛陀入灭后一千年，有无著（Asaṅga）菩萨不满足已学的小乘佛教，就使神通从阿逾陀国（Ayodhya）的讲堂，升登夜摩天兜率天宫听受弥勒讲大乘教义，后又请弥勒下生人间说法。无著后来日夜陈述师说，便传下了弥勒的著述，其中最重要的著作便是这部《瑜伽师地论》。

二是作为历史真实人物的菩萨弥勒。众多史籍提到过一位名为弥勒的著名论师，如《萨婆多部师资记目录》中叙述三十五祖圣提婆（Āryadeva）、四十二祖摩帝丽、四十四祖婆修盘头（Vasubandhu）。摩帝丽即弥勒（Maitreya）的异译，婆修盘头即世亲菩萨，是无著的胞弟。又如《传灯录》的旁系中有十祖摩帝隶披罗，摩帝隶披罗也是弥勒（Maitreya）的异译。综合多种史籍可知，弥勒生于提婆后、无著前，约于公元二七〇年至三五〇年间，与无著、世亲一样，在萨婆多部即说一切有部（Sarvāstivādin）出家，是无著的祖师，一位具有革新精神的创导大乘唯识学的著名论师。

由无著等传出的题名为弥勒编著的著作，除《瑜伽师地论》外，还有《大乘庄严经论》(Mahāyānasūtrālaṅkāra)、《辩中边论》(Madhyānta-vibhāga-tīkā)、《现观庄严论颂》(Abhisamāyālaṅkāra)、《法法性分别论》(Dharmadharmatāvibhāga)、《究竟一乘宝性论》(Mahāyānottara-tantra-śāstra)。由于史籍对历史人物弥勒的记载甚少且模糊，难以确考，所以学术界仍有人对弥勒的实有性存疑。但有一点无可争议，即在提婆之后、无著之前，一定有一位说一切有部的论师或说一切有部中的一个论师群体，倡导了以唯识为理论基础的新型的大乘思想体系，并将有关的学术探讨资料结合，作有关的瑜伽行宗教实践的总结，进行了系统的整理，编撰出了系列著述，在一定的条件下，由无著等弘扬了出来。也有的学者认为本论就是无著整理编撰的，只是托名弥勒自重而已。

本论的梵文原本全文，直到公元一九三六年，印度的罗睺罗在西藏的萨迦寺发现，才录写归国，陆续刊印。在此之前，印度只存在《菩萨地》部分梵文本。

本论的汉文译本，在唐译全本问世之前，已有多种节译本。《菩萨地持经》十卷，节译本论的《本地分·菩萨地》，由昙无谶(Dharma-rakṣa，公元三八五—四三三年，中天竺僧人)于北凉弘始三年至十五年（公元四一四—四二六年）译。《菩萨戒本》一卷，节译本论的《本地分·菩萨地戒品》，由昙无谶在译《菩萨地持经》的同时译出。《菩萨善戒经》九卷，节译自本论《本地分·菩萨地》，由求那跋摩（Guṇavarma，公元三七七—四三一年，天竺名僧）于宋元嘉八年（公元四三一年）译。《优婆塞五戒威仪经》一卷，节译自本论《本地分·菩萨地戒品》，由求那跋摩于公元四三一年译出。《十七地论》五卷，节译自本论《本地分·五识身相应地》《本地分·意地》，由真谛（Paramārtha，公元四九九—五六九年，西天竺名僧）于梁大宝元年（公元五五〇年）译出。《决定藏论》三卷，节译自本论《摄决择分·五识身相应地·意地》，由真谛于陈永定元年至太建元年（公元五五七—五六九年）译出。以上节译本除《十七地论》已佚外，其余均存。

藏文译本比汉文节译本全，题为《瑜伽行地》，与唐译本分卷有异。全本共分八个部分，即前十二地、声闻地、菩萨地、摄决择、摄事、摄调伏、摄异门、摄释。此译本纳入藏文《大藏经》的丹珠尔部。

最完全、最接近原本、最精妙、影响海内外最大的译本，就是唐代伟大的佛学家玄奘所译的《瑜伽师地论》。

玄奘（公元六〇〇—六六四年）②，本姓陈，名祎，河南洛阳东南的缑氏县（即今河南省偃师县南境）人。少年时因家贫，随二兄长捷法师学习佛经，十三岁时于洛阳度僧，竟破格入选，其后遍游祖国各地参学，边讲学弘法，边拜访名宿受教，年仅二十余，已精通南北各家学说，如《摄论》《地论》《涅槃》《毗昙》等，声誉大振。唐初虽佛教勃兴，各派争辉，然而教界论争也多，无法融通。而且，同一系统之内也争论纷然，莫衷一是。如地论师就分为南北两道，争论的焦点集中在"当常"和"现常"。北道持"当常"说，即说众生佛性须成佛后得，当果而现。南道持"现常"说，认为众生佛性与生俱生，先天而有。其争论还涉及对根本识阿赖耶识的理解各异。诸如此类的争议，以玄奘之博学聪颖也难决疑，更遑论他人了。

　　玄奘深感当时国内教界各擅宗途，甚难折中，渴望研读佛学原典，解决一切疑难。适逢天竺三藏法师波颇蜜多罗（Prabhākaramitra）来华，告诉他一个消息，中天竺最大的佛教学府那烂陀（Nalandā）寺的大师戒贤（Śilabhadra）正在讲解《瑜伽师地论》，此论通论了三乘学说，可以会通各家歧义。于是玄奘决心西行天竺求取《瑜伽师地论》。

　　贞观三年（公元六二九年），玄奘大师从长安启程③，以坚韧不拔的毅力，克服千难万险，于次年抵天竺境，辗转旅行参学，终于贞观七年（公元六三三年）到达目的地那烂陀寺，寺众千人迎接，被推为通三藏的十德之一。玄奘参谒了戒贤大德，敬请戒贤说《瑜伽师地论》，历时一年零五个月。之后又听了两遍。此外还听讲了《显扬圣教论》《顺正理论》《集量论》《中论》《百论》等，在寺潜心学习五年之久。

玄奘虽主攻法相唯识，但并不拘泥门宗，而是弘通博洽，无论大乘、小乘、中观、唯识，乃至外道论典，他都学习。只要遇到大德，他都虚心求教，于是学问大增。但玄奘仍不满足，暂辞那烂陀寺，周游天竺各境，芳躅所至，参学不辍，学问更增，誉满全印。回国前，戒日王（Harṣavardhana）为玄奘于曲女城召开无遮大会，命十八国王、五印的沙门、婆罗门、外道义解之徒与会。玄奘作为大会论主，以所著《制恶见论》一千六百颂示与会者，若有人能指出一字无理，则斩首相谢，经十八日至大会结束，无一人能破一字，于是被大小乘僧众竞相推崇，大乘众尊称他为摩诃耶那提婆（Mahāyānadeva），意谓大乘天。小乘众尊称他为木叉提婆（Mokṣadeva），意谓解脱天。

大师游学天竺圆满功德，锐意返国弘通，于贞观十九年（公元六四五年）回国，带回佛籍原典共五百二十六夹六百五十七部，包括大乘、小乘和外道的经典。

　　玄奘回国时，受到朝廷盛大欢迎，迎者数十万。大师谒见太宗，太宗大悦，称颂不已，并命他译经，由国司供给所需，且许召各地大德二十余人助译，组织专门译场。大师译经历时十九年，从不间断，共翻译经论七十五部、一千三百三十五卷，相当于带回佛经的十分之一。比译经师罗什、真谛、不空所译经籍的总和多六百卷，足见玄奘大师用功之勤，精力之盛，功德之著。

　　由于大师学识博大精深，通晓汉、梵语文，所译不仅符合原典本义，且名相安立妥善，文笔精妙绝伦，从而开辟了译经史的新纪元，其译作被奉为新译的代表。大师最重视的译作是《瑜伽师地论》及相关的典籍，他用了整整三年时间，于贞观二十二年（公元六四八年）译完《瑜伽师地论》一百卷，并将此译作与其他已译作品奉请太宗过目，太宗手持《瑜伽师地论》，龙颜大悦，欣然为其新译诸经作了总序，即《大唐三藏圣教序》。

　　大师终因积劳成疾，于麟德元年（公元六六四年）染病圆寂。高宗闻讯叹道："朕失国宝。"

　　《瑜伽师地论》以阿赖耶识本体论唯识学为理论基础，广泛吸收，善巧融通大、小乘义理精华，构筑了恢宏的境、行、果相应的理论框架，对三乘的阶次境界十七地进行了精微的论述。

再往上推，传说为弥勒造的系列著作中，是以《瑜伽师地论》为基干的，无著、世亲在传播发展弥勒思想过程中所造的论著，最主要的是对《瑜伽师地论》的阐释。在《瑜伽师地论》被陆续节译成汉文时，居然被推崇视为经，如《菩萨地持经》《菩萨善戒经》《优婆塞五戒威仪经》，这在佛籍现象中实属罕见。上述种种，足见本论在佛教史上具有举足轻重的地位。

现存《瑜伽师地论》的版本主要有：碛砂藏本、频伽藏本、清藏本、大正藏本、金陵刻经处本。本注释所依据的原典底本是上海市佛教协会于公元一九八九年集资影印的韩清净居士著的《瑜伽师地论科句、披寻记汇编》所附原典，韩著所附原典本文又是在金陵刻经处本基础上精校的。

韩清净居士，名克忠，字德清，法号清净，河北省河间县人，生于清光绪十年（公元一八八四年），逝于公元一九四九年。他青年时应试中举，曾任地方官。中年学佛，功德卓著，成为中国近代的佛学大师，与另一著名佛学家欧阳渐并称为"南欧北韩"。

韩清净皈依佛门，专弘法相唯识学，对其他任何宗派几乎绝口不论。他在公元一九二四年，与四川江津的朱芾煌一起于北京创立了法相研究会，使之成为法相唯识学的中心，推动了近现代唯识学的研究。他在学术上的最大成就是撰著了《瑜伽师地论科句》和《瑜伽师地论披寻记》。他认为古代的《瑜伽师地论》注疏"匪唯义不能详，甚且文莫能解。门犹不入，室何能窥"？所以古注疏"皆不足以为研究之资"④。于是，他决心重新对《瑜伽师地论》加以考订和阐释，十数寒暑不辍，在对本论详加校订的基础上撰成四十万字的《瑜伽师地论科句》。在综考所有有关注疏论著的基础上，融会本论前后文义，撰成七十万字的《瑜伽师地论披寻记》，两者共一百一十万字。书成，被佛学界誉为"本世纪来，汉文内典中之惊人作品"⑤。

二书的刊刻传布颇曲折，朱芾煌在世时，对韩清净的撰业襄助实多。书成后未刊，韩、朱二居士相继逝世。北京三时学会（即法相研究会）会员马一崇居士，将二书加以汇编，尚未付梓，马居士也于公元一九五八年谢世。三时学会其他人为防此二书散佚，备极艰辛，打字油印百部行世。经"文革"十年浩劫，不仅韩师原稿荡然不存，油印本也属稀珍。幸郑颂英居士在沪发现了打字油印本，大喜过望，倡议出版，海内外缁素大德纷纷赞助，仅新加坡唯坚法师就施资四万五千元，终于使二书得以问世，这就是我们现在看到的上海佛教协会公元一九八九年影印，一九五九年打字油印本的皇皇三巨册。

韩著为研究《瑜伽师地论》所付出的劳动是巨大的，成就极其可观。韩著不仅全面系统地阐发了《瑜伽师地论》的内涵，而且精心考核发现：本论汉文原典文字舛误甚多，章节错简亦有，造成这种状况的原因竟非传写之讹，而是玄奘翻译所依据的梵文原本本来就有错简讹舛，而玄奘却未深察，照译不误。尽管韩师的二书对本论的研究功德空前，但摆在教外普通读者面前仍近乎天书，原因有二：一是韩著虽有百万言之丰，却并非详注，仍嫌过于简略（而详注则需数百万言）；二是韩著的阐释属教内范畴，普通读者读懂释文不亚于读原典，更何况韩著属于学术辩证推演，多用征引本论中文字互为转注的方式，普通读者尤为难解。

本注译旨在充分继承前人注疏披寻成果的基础上，对原典加以详注并译成现代语体，且力求反映现代宗教学、佛学有关研究的新成就，做到让教外普通读者也能看懂，并受到此宝典的不尽惠溉。然而在实际工作进行中，感到此译的难度极大，本人又才疏学浅，根性愚钝，每每因一组名相的译文苦索数日。幸有玄奘大师精神的鼓舞，为弘扬中华文化，我终于努力完成了本注译，虽聊胜于无，但错谬之处定有不少，吾寄望来者献出更佳注译本。

注释：

① 藏文译本的《瑜伽师地论》题为无著造。
② 玄奘年龄有六十三、六十五、六十九等说法。
③ 一说玄奘西行为贞观元年。
④ 韩清净《瑜伽师地论披寻记·叙》。
⑤ 顾兴根《瑜伽师地论科句、披寻记汇编·跋》。

经典

1　本地分①

原典

云何瑜伽师地②？谓十七地。何等十七？嗢柁南③曰：

五识相应④意⑤，有寻伺等三⑥，
三摩地俱⑦非⑧，有心⑨无心地，
闻⑩思⑪修⑫所立，如是具三乘⑬，
有依⑭及无依⑮，是名十七地。

一者，五识身相应地；二者，意地；三者，有寻有伺地；四者，无寻唯伺地；五者，无寻无伺地；六者，三摩呬多地；七者，非三摩呬多地；八者，有心地；九者，无心地；十者，闻所成地；十一者，思所成地；

十二者，修所成地；十三者，声闻地；十四者，独觉地；十五者，菩萨地；十六者，有余依地；十七者，无余依地。如是略说十七，名为瑜伽师地。

注释

①**本地分**：本，根本或基本，此处特指基本义理，即其他的四个部分的内容，都以本地分所论述的义理为本。地，瑜伽师地的略说。分，部分，佛家习惯地将经籍内容划分为若干部分，并称每部分为分；分，相当于篇、卷、章、节、部分等。

②**云何瑜伽师地**：什么叫瑜伽师修行的次第？

③**嗢柁南**：Udāna，又作温陀南。梵语义为集施，是一种特殊的缩略语表述方式，往往是以偈颂形式出现。

④**五识相应**：即五识身相应地。

⑤**意**：即意地。

⑥**有寻伺等三**：即有寻有伺地、无寻唯伺地、无寻无伺地三地。

⑦**三摩地俱**：三摩地是梵文 Samādhi 的音译，意译为"定"，三摩地中又有多种差别，即得三摩地、三摩地圆满、三摩地自在；三摩地种种都修齐为俱。

⑧非：即非三摩呬多地。三摩呬多是梵文 Samāhita 的音译，意译等引，与三摩地同义。

⑨有心：即有心地。

⑩闻：即闻所成地，闻知成就的境界。

⑪思：即思所成地，思维成就的境界。

⑫修：修所成地，修习道法成就的境界。

⑬具三乘：具有声闻乘地、独觉乘地、菩萨乘地。具有，得以修成。三地均内涵种性、发心、修行、获果四方面。

⑭有依：即有余依地。

⑮无依：即无余依地。

译文

什么是瑜伽师修行的次第呢？即十七地。是哪十七地呢？温柁南颂说：

五识身相应地、意地、有寻有伺地等三地、三摩地、非三摩呬多地、有心地、无心地、闻所成地、思所成地、修所成地，声闻、独觉和菩萨三乘地。还有有余依地、无余依地。这就称为十七地。

第一，五识身相应地，第二，意地，第三，有寻有伺地，第四，无寻唯伺地，第五，无寻无伺地，第六，三摩呬多地，第七，非三摩呬多地，第八，有心地，第九，无心地，第十，闻所成地，第十一，思所成地，第十二，修所成地，第十三，声闻地，第十四，独觉地，第十五，菩萨地，第十六，有余依地，第十七，无余依地。这就简略列出十七地，作为瑜伽师修行的次第。

五识身相应地第一①

原典

云何五识身相应地？谓五识身自性②、彼所依③、彼所缘④、彼助伴⑤、彼作业⑥，如是总名五识身相应地。

何等名为五识身耶？所谓眼识、耳识、鼻识、舌识、身识⑦。

注释

① **五识身相应地第一**：本论的结构有三个梯级，全部内容分为五大部分；每部分再划分，就标号为第几地，相当于第几章，如本地分中由十七地章组成；每地章再划分为品，标为品第几。

五识身，即人身的五种识。佛家把人对外界现象世界的认识，依主客之间的关系共分为十八界，即六根、六境、六识。根，指感觉、思维的器官；境，指感觉和思维的对象，包括物质的现象和精神的现象；识，指对现象界的认识与了别。其关系可见下表：

十八界

眼根——色境——眼识

耳根——声境——耳识

鼻根——香境——鼻识

舌根——味境——舌识

身根——触境——身识

意根——法境——意识

识身，又作识体，即构成识的种种因缘条件。包含自性、所依、所缘、助伴、作业。五识身，具体指眼、耳、鼻、舌、身五种识体。

相应，指五种识体中的自性、所依、所缘、助伴、作业，是相互联系、相应而起的。

② **自性**：事物现象固有的本质特性。此处指识的本性，识的基本认识功能。

③ **所依**：识所依。依，凭依、依托，指识产生和活动所需要的助缘。

④ **所缘**：指识感觉认识的对象。缘的梵语

Pratyaya，义为攀缘，比喻心识接触作用对象，如攀缘一般。所缘，心识所攀缘（感觉认识）的对象。

⑤**助伴**：佛家对识的研究讲究整体性、联系性，不是把某识视为单一孤立的现象。所以佛家认为某一识生起，必然伴随着许多内心的活动，如作意、触、受、想、思等，唯识宗称为心所有法，简称为心所。心所相应于心王而起，与心相应，系属于心，故称为助伴。

⑥**作业**：识的具体作用，也称为造作，造作的结果有善、恶、无记三种性质，唯识学中称为"三性"。

⑦**身识**：身识概念的拟立与心理学中的触觉相似，但也不尽同。身识，指身根对地性、水性、火性、风性、滑性、涩性、重性、轻性、冷性、饥、渴等十一种触境的识别。触境中的饥、渴虽是生理现象，但仍被唯识宗看作是物质接触肉体后所产生的觉受部分。

译文

什么是五识身相应地呢？就是五识身的自性、所依、所缘、助伴、作业，总括起来，就称为五识身相应地。

哪些称为五识身呢？即眼识、耳识、鼻识、舌识、身识。

原典

云何眼识自性？谓依眼了别色①。

彼所依者：俱有依②，谓眼；等无间依③，谓意④；种子依⑤，谓即此一切种子执受所依⑥，异熟所摄⑦阿赖耶识⑧。

如是略说二种所依⑨，谓色、非色⑩。眼，是色；余，非色。眼，谓四大种⑪所造、眼识所依净色⑫、无见有对⑬。意，谓眼识无间过去识⑭。一切种子识⑮，谓无始时来⑯乐着戏论⑰，熏习为因⑱，所生一切种子异熟识⑲。

注释

① **依眼了别色**：依托眼根、攀缘色尘，进而觉知色尘的作用。色，有广义和狭义之分，广义之色，为物质存在的总称；狭义之色，专指眼根所取之境。此处所指之色法，应就狭义而言。眼根所取之色，又称为色境、色尘，具有三种性质：（一）质碍，有形质彼此相障碍，不能涉入；（二）变坏，因为质碍，所以物相碰撞即变坏；（三）示现，因有形相而能显现。

② **俱有依**：唯识宗认为识自始至终离不开根，根

坏灭，识便不能产生。由于根与识相依共存，所以根是识的俱有依。俱有，共存在。

③ **等无间依**：平常人的心识作用，念念相续，无有间隔，前一念灭谢时，后一念随即生起，前后念生灭之间，紧密相接，无有间断，故称前念为后念的等无间依；同时，前念灭谢时，能避开现行位，引导后念生起，故等无间依，又称为开导依。

④ **意**：此处的意，应指第六意识。即前五识必由第六识所引生；而第六识自身既能前后相续，又能引生前五识，故第六识为前五识之等无间依。

⑤ **种子依**：依托于种子。唯识宗认为人在每一次行为过后，都会在阿赖耶识中熏习成一股潜在势力，此股势力可以像种子一样产生或变现出一切精神活动和物质现象，唯识宗因而以"种子"称之；包括五识的升起，也必须以种子为基本条件，故称为种子依。

⑥ **执受所依**：心识与环境互动的结果，依种子的状态存于阿赖耶识中，任阿赖耶识执持流转。种子待缘起现行，现行后又回熏于阿赖耶识中，成为新熏种子。如此循环往复，呈现出大千世界中的一切精神现象和物质现象。

⑦ **异熟所摄**：旧译为果报，即依过去之善恶，而得果报之总称。据《成唯识论》卷二载：所谓异熟，系

谓因变为果，此果之性质异于因之性质；因有善恶，而果具有非善、非恶之无记性，故自因成熟为果，其性质已变异为别类。所有摄持含藏在阿赖耶识中的业种子的异熟过程，都是透过阿赖耶识进行的，所以称之为异熟所摄。

⑧ **阿赖耶识**：Ālaya，梵语义为含藏、藏识。佛家将人的识分为八种，即眼识、耳识、鼻识、舌识、身识、意识、末那识（Manas）、阿赖耶识。第八识能够摄持含藏一切种子，所以又叫作种子识。阿赖耶识的概念有多种含义：一、阿赖耶识的"了别"（觉知分别）功能有两方面：（一）觉知分别有分别（感知辨识性）的执受心（有认知感受性的内在精神世界活动）；（二）觉知分别无分别的器世界（承载众生的外在物质世界）。二、阿赖耶识与作意、触、受、想、思五种遍行心所法相应。三、阿赖耶识作为种子识与诸法（一切精神、物质现象）的因果关系有三种：（一）种子生现行，即种子作为因，变生出现行诸法的果，这变现过程可在刹那间进行；（二）现行熏种子，现行诸法作为因，种子积藏在阿赖耶识中，种子即是果；（三）种子生种子，即积藏在阿赖耶识中的诸种子互相影响生出新种子，这过程在刹那间相续进行，称为自类相续。四、阿赖耶识具有"杂染"（在生死流转的虚幻现实现象中，杂带有执

迷不悟的心念污染心识，不能超脱生死流转，遭受生死果报）的方面和"还灭"（依据它证悟真如，获得涅槃解脱）的方面。

以上所述的俱有依、等无间依、种子依即所依的三依，三依是佛家对识的主体方面、身心条件的全面考察。

⑨ **二种所依**：此处说二依，是以色、非色为标界，对识所依据的主体条件的辨析。

⑩ **色、非色**：物质的现象、非物质的现象。此处的色、非色，用的是广义。

⑪ **四大种**：佛家把一切物质现象都分析为四种构成元素，即地、水、火、风四种元素的结合形成一切事物，所以称它们为四大种。不过，四大种的地、水、火、风一般不是直接指地、水、火、风的具体事物，而是指由地、水、火、风分别代表或体现的坚、湿、暖、动四种属性，即使是地、水、火、风自身事物也是由四大种和合而生。由于物质事物都依赖四大种的和合造成，所以称为依他有；相反，四大种则称为不依他有，这是佛家对元素的抽象认识。

⑫ **净色**：特指五识所依根中的知觉神经。佛家对五根（感官）的认识是比较深入的，他们将根又划分为两方面的构成，一种是浮尘根，又作扶尘根，即见于外的感觉器官；一种是胜义根，四大种所造，清净微细，

故又称为净色根。它们是根的实体,发识取境而具有增上根力须依赖它们,清净如宝珠;但是净色根仍需要扶尘根的扶助。

⑬ **无见有对**:虽不可见,却有障碍。见、对,是佛家对具体事物分析出的两种属性。有的色法,有见有对,如瓶子;有的不可见却有障碍,如声音;有的既不可见又无障碍,如无表色(特指导致身、语活动的意念,既不可直接现于外,又无障碍,却能生发身、语活动,然而身、语活动不是意念本身,所以称之为无表色)。

⑭ **无间过去识**:已过去的识转化为意,不障碍现行识的相续行运称为无间。这里佛家探讨了人们在连续不断的认识过程中的经验与现行、过去识与现行识发生联系的行运机制。

⑮ **一切种子识**:又作种子识。乃执持一切法之种子而不失坏之识,为阿赖耶识之别名。唯识关于阿赖耶识本体论的义理颇有特色,它虽然认定阿赖耶识生一切法,却不认定全宇宙就是一个阿赖耶识,而是认定一切众生皆有阿赖耶识,每个众生的阿赖耶识都有各自的种性,而且都具有种子生现行、现行熏种子、种子生种子的功能。佛家还以修道进阶的高低或将来成佛的可能性,将众生的种性大致分为二种:圣种性,能使三乘圣

者证得涅槃；愚夫种性，能令凡夫轮回六道，不得解脱。细分有五种：声闻种，将来获阿罗汉果；独觉种，将来获辟支佛果；菩萨种，将来获佛果；不定种，种性没有固定，或可成就二乘果位，或可成就佛果；无种，永堕生死轮回，不得解脱。

⑯ **无始时来**：佛家认为众生及现实一切现象都不是孤立产生的，都是由因缘生，即有原因有条件而生。现世之所有的事物都由前世的因缘生，前世的所有事物又由更前世的因缘生，上溯无穷没有元始。如说某事物是有始时来，就意味着此事物没有因缘，而这是不可能的。

⑰ **乐着戏论**：由爱乐情欲支配的不合真实的概念言论。现行熏种子的作用过程，佛家称为熏习，又将熏习的具体内容称为习气，并将习气按其内容分为三类，其中一类是名言习气，即众生日常所使用的语言文字（实为思想观念）熏习成的种子。佛家特别重视这一习气，认为它能理解义理，认别境界，是种子生诸法的根本原因。名言习气也有性质对立的两种：一种是证解诸法真相胜义本空的真实；一种是误解诸法真相，迷恋执着虚幻，这后者表现为名言就是戏论。戏论，又作谑论，佛家特指不正确的不合真实的概念、观念、义理、言论等，如本无始说成有始，本无我说成有我，本虚幻

说成真实，本为常、乐、我、净的涅槃说成非常、非乐、非我、非净等。名言戏论也可以熏习为种子，导致戏论的果报。

⑱ **熏习为因**：如人以香气熏附衣服，一切染净迷悟诸法之势力熏附残留在阿赖耶识中，形成种子的作用，即谓之熏习。

⑲ **异熟识**：摄持含藏果报的阿赖耶识。此处仅指名言种子的异熟过程由阿赖耶识摄藏运转。

译文

什么是眼识自性呢？就是依据眼根，了别色境。

眼识的所依如下：第一，俱有依，即眼根；第二，等无间依，即意识；第三，种子依，即执受一切种子、为一切种子所依止，属于异熟果体的阿赖耶识。

这就简略说明了二种所依，包括色法和非色法两种。眼根是色法，其余的是非色法。眼根有三大特征：（一）四大种所造，（二）指的是净色根（而非扶尘根），（三）净色根无法为肉眼所见，却有质碍性。意识，是眼识缘境以后相续传递过去的。一切种子识，是无始以来，耽着戏论，辗转熏习于众生心中，成为种子，等待未来成熟受报的果报体。

原典

彼所缘者,谓色,有见有对。此复多种,略说有三,谓显色①、形色②、表色③。

显色者,谓青、黄、赤、白、光、影、明、暗、云、烟、尘、雾及空一显色④。形色者,谓长、短、方、圆、粗、细、正、不正、高、下色。表色者,谓取、舍、屈、伸、行、住、坐、卧,如是等色。

又,显色者,谓若色显了⑤,眼识所行⑥。形色者,谓若色积⑦集长、短等分别相。表色者⑧,谓即此积集色生灭相续,由变异⑨因于先生处不复重生⑩,转于异处⑪或无间⑫、或有间⑬、或近、或远差别生⑭;或即于此处变异生,是名表色。又,显色者,谓光、明等差别⑮。形色者,谓长、短等积集差别。表色者,谓业用为依⑯,转动差别。如是一切显、形、表色,是眼所行⑰,眼境界;眼识所行⑱,眼识境界,眼识所缘;意识所行⑲,意识境界,意识所缘,名之差别⑳。

又即此色,复有三种,谓若好显色、若恶显色、若俱异显色,似色显现。

注释

① **显色**：能显现出颜色的物。

② **形色**：能表现出形状的物。

③ **表色**：能呈现出态势的物。

④ **空一显色**：须弥山四面天空中，各显现山的纯色。这一概念与佛家构拟的一小世界的图式有关，一小世界的中心是呈缩腰鼓形的巨大的须弥山（Sumeru），直立在广袤的大咸水海中，围绕须弥山的有七金山、七香水海，外连四方咸海。四方咸海上各有一大洲。由于须弥山由金、银、琉璃、玻璃等宝构成，宝物辉映四面的天空，使四面大洲的上空各呈现出一种纯色，东胜神洲天为银色，南赡部洲天为碧色，西牛货洲天为赤色，北俱卢洲天为金色。空，即天空；一，即纯净无杂，只有整块天空明暗区别，没有局部之间的杂色差别。

⑤ **若色显了**：如果物的颜色显现出来。物在，但颜色因为各种情况不一定能显现出，这里讲的是能够显现出来的情况，如一物的红色不被邻近的紫色所夺。

⑥ **行**：心识运行，即活动取境觉知识别。

⑦ **色积**：色的积集，又称为积集色。佛家认为显色是实色，即具有实质；积集色是虚色，因为它们只是积集而成，没有实质。

⑧ **表色者**：此处所论的表色则指人的身心。

⑨ **变异**：变易，就是改变的意思。

⑩ **于先生处不复重生**：于之前出现的地方不再重复出现。

⑪ **转于异处**：此处讲的是人身相在方所（方角处所）上的变异。

⑫ **无间**：变异无时空间隔。

⑬ **有间**：变异有时空间隔。

⑭ **差别生**：差别形成。以上讲的差别，是因为位置变更所产生的。

⑮ **光、明等差别**：光、明等指光、影、明、暗、云、烟、尘、雾、空一显色。为什么不列举青、黄、赤、白呢？原来佛家认为这四种颜色是实质色或色自相，此处讲的差别是在物自相（本来颜色）上面的光、明等差别。

⑯ **业用为依**：即变异因。

⑰ **眼所行**：一切显、形、表色当下呈现于眼前，而为眼根所缘。

⑱ **眼识所行**：眼识乃至前五识的所缘境，都必须是当下显现的，眼识进行了别认识。

⑲ **意识所行**：眼识所缘的色境，传递给意识，做进一步的分别认识。

⑳ **名之差别**：称眼根、眼识与意识的所缘，只在名称上有区别。

译文

眼识所缘的对象，是可见的、有质碍的色境。这种色境又有很多种，简略来说有三种，即显色、形色和表色。

显色包括青、黄、红、白、光、影、明、暗、云、烟、尘、雾和空一显色。形色包括长、短、方、圆、粗、细、正、不正、高、下色。表色包括取、舍、屈、伸、行、住、坐、卧，这些都是色。

而且，所说的显色，假若色境显现明了，是眼识所缘的外境。所说的形色，从显色的积集之上，假立长、短等种种不同的形状。所说的表色，就是这种积集色刹那生灭相续，由于变更位置的原因，在原来出现的地方不再出现，转而出现在其他地方，就时间上来说，或者是无间断的，或者是有间断的；移动的位置，或者远，或者近，差别而生；或者是就整件物体不离本处而变更其形相，这就称为表色。而且，所说的显色，是光线明、暗的差别。所说的形相，是长、短等积聚色的差别。所说的表色，是以思业作用为依，然后显色、形色有种种差别的变动。显色、形色和表色三种色都是眼根的所行，即活动的对象；也是眼根的境界，即活动的范围；也是眼识和意识的所行和境界。三种色都是眼根、眼识和意识直接攀缘的对象，只是名字有别而已。

而且，就是这种色，又有三种，或者是好显色，或者是恶显色，或者是俱异显色，好像是色境在显现。

原典

彼助伴者，谓彼俱有相应诸心所有法[1]，所谓作意[2]、触[3]、受[4]、想[5]、思[6]，及余眼识俱有相应诸心所有法[7]。又彼诸法同一所缘，非一行相[8]，俱有相应一一而转。又彼一切，各各从自种子而生。

彼作业者，当知有六种[9]。谓唯了别自境所缘[10]，是名初业；唯了别自相[11]；唯了别现在[12]；唯一刹那了别[13]；复有二业[14]，谓随意识转，随善染转，随发业转[15]；又复能取爱、非爱果，是第六业。

注释

①**心所有法**：佛教唯识家将人的整个内心活动分为本末两大系统，本体系为心王，心王再变现出心所

有法，即心所法。心所法是顺随心王行运的各种具体的认知、情感、观念的心理活动。

②**作意**：警心、引心的心理活动。种子识所藏的种子是由作意警作而变现行。作，发作、起动、警作。意，内心活动。

③**触**：当根、境、识顺利相合时，将内心各种活动统一起来对境界起认知作用，从而发起受、想、思等心理行运的一种心理活动。

④**受**：内心在认知过程中所产生的苦、乐、非苦非乐、可爱、不可爱、可爱不可爱俱非等情感。

⑤**想**：摄取所对境界的种种相状，形成种种概念辞语并借以进行思维的内心活动。

⑥**思**：使心造作的内心活动。

⑦**余眼识俱有相应诸心所有法**：除了作意、触、受、想、思外，还有其他的心所法。按，唯识家将心、心所法共分为五十九种：

心法即心王八种：眼识、耳识、鼻识、舌识、身识、意识、末那识、阿赖耶识。

心所法分为六类，（一）遍行类：作意、触、受、想、思。即本论中列举的五种。所谓遍行，即能遍与一切识相应，任何一识起，此五种心理活动都与它相应；能遍一切时行，即始终相应；能遍一切性行，即无论起善性心、恶性心还是无记性心，都有此五种同性的心理活动与它们相应。（二）别境类：欲、胜解、念、定、慧。（三）善类：信、精进、惭、愧、无贪、无瞋、无痴、轻安、不放逸、行舍、不害。（四）烦恼类：贪、瞋、痴、慢、疑、恶见。（五）随烦恼类：忿、恨、覆、恼、嫉、悭、诳、谄、害、憍、无惭、无愧、掉举、昏沉、不信、懈怠、放逸、失念、散乱、不正知。（六）不定类：睡眠、悔、寻、伺。

以上心心所依据《百法明门论》开列，与本论略有差异。

⑧ **非一行相**：不限于一种或单一的心理活动行运相，意即有种种不同的心理活动在行运。

⑨ **六种**：六种作业关系详见下表：

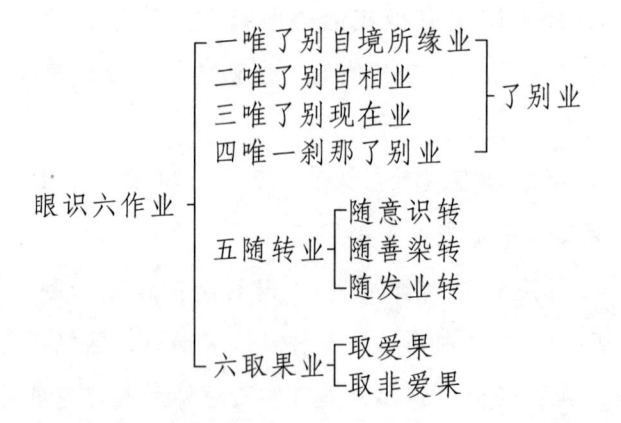

```
              ┌─ 一唯了别自境所缘业 ┐
              │  二唯了别自相业    │ 了别业
              │  三唯了别现在业    │
              │  四唯一刹那了别业  ┘
 眼识六作业 ──┤
              │              ┌ 随意识转
              │  五随转业 ───┤ 随善染转
              │              └ 随发业转
              │
              └─ 六取果业 ──┬ 取爱果
                            └ 取非爱果
```

⑩ **唯了别自境所缘**：眼识只能觉知、识别自己所对

的色境。意识则不同，意识可以觉知、识别自己和其他识所对的境界。这里讲的是眼感官感知对象的有限性。

⑪ **唯了别自相**：眼识与意识不同，意识既能觉知、识别事物的自相，又能觉知、识别多种事物的共相。意即眼识只限于具体事物的个性，意识却可以抽象多种事物的共性。

⑫ **唯了别现在**：眼识与意识不同，意识既可以觉知、识别当下的，又可以觉知、识别过去的、未来的。

⑬ **唯一刹那了别**：眼识与意识不同，意识既可以在一刹那间觉知、识别物境，又可以连续不断地转换觉知、识别的物境。一刹那（Ksana），时间极短。

⑭ **二业**：随转业、取果业。

⑮ **随发业转**：意识与五识相比具有总摄性，能对外境进行总体和共相的把握，又具有判断、推理、想象、联想、记忆等复杂活动，又能对五识起作用。人心的善不善决定于意识，支配人善不善言行的是意识的发业，这一切都影响着人的感觉器官的具体活动。

译文

眼识的助伴，是与之相应而起的各位心所法，即作意、触、受、想、思，及其他与眼识同时相应而起的各位心所法。而且，眼识及其相应的各种心所法，攀缘同一对象，心法、心所法行于境界时的相状，并非一种，同时存在，而且相应，各有自性，一一生起。而且，它们一一各自从自己的种子而生。

眼识的作业，应当知道有六种。只能了别自己所缘的外境，这是它的第一种作业；只是了别自相；只能了别现在；只能是一刹那间进行了别；眼识还有二种作业，随意识而生起，随意识善而善，随意识染而染，随意识所发的业而转；眼识又能够缘取可爱的乐果和不可爱的苦果，这是眼识的第六种作业。

原典

云何耳识自性？谓依耳了别声。

彼所依者：俱有依，谓耳；等无间依，谓意；种子依，谓一切种子阿赖耶识。耳，谓四大种所造、耳识所依净色①、无见有对。意及种子，如前分别②。

彼所缘者，谓声，无见有对。此复多种，如螺贝声、大小鼓声、舞声、歌声、诸音乐声、俳戏叫声；女声、男声、风林等声；明了声③、不明了声④；有义声⑤、无义声⑥；下、中、上声⑦；江、河等声；斗诤、喧杂声；受持、演说声；论议、决择声。如是等类，有众多声。

此略三种,谓因执受大种声⑧、因不执受大种声⑨、因执受不执受大种声⑩。初⑪,唯内缘⑫声;次⑬,唯外缘⑭声;后⑮,内外缘⑯声。

此复三种,谓可意声⑰、不可意声⑱、俱相违⑲声。又复声者,谓鸣音、词吼、表彰语等差别之名。

是耳所行,耳境界;耳识所行,耳识境界,耳识所缘;意识所行,意识境界,意识所缘。助伴及业,如眼识,应知。

注释

①**四大种所造、耳识所依净色**:耳识所依的由四大种(地、水、火、风)造的体内清净物。即耳神经。

②**意及种子,如前分别**:关于意的无间过去识、一切种子异熟识的内容,已在前面论眼识时论述分明了。

③**明了声**:即明悟了义声。了义,究竟义。

④**不明了声**:即不明悟了义声。

⑤**有义声**:指正直的言语声,即所谓八圣言:不见就说不见,不闻就说不闻,不觉就说不觉,不知就说不知,所见就说实见,所闻就说实闻,所觉就说实觉,所知就说实知。义,圣道义。指修佛道达到声闻乘、缘

觉乘、菩萨、佛境界的圣人所宣说的教义。

⑥ **无义声**：指不正直的言语声，即所谓八非圣言：不见却说实见，不闻却说实闻，不觉却说实觉，不知却说实知，所见却说不见，所闻却说不闻，所觉却说不觉，所知却说不知。

⑦ **下、中、上声**：佛家将欲界众生分为六类，分别居于六道，即地狱、饿鬼、畜生、阿修罗、人、天。六道又作六趣，众生不修佛道脱离不了生死果报，只有在三界六道中轮回。佛家将地狱、饿鬼、畜生称为下恶趣，称人为中人趣，称天为上天趣。下声即下恶趣众生言语声，中声即中人趣众生言语声，上声即上天趣众生言语声。

⑧ **因执受大种声**：又作执受大种因声，意即以执受大种为因所发出的声音，其实就是人所发出的声音如说话声、手拍击声等。执受大种可以有多种解释，但都指的是作为众生的人，比如人是具有执受性的由四大种（地、水、火、风）所造的物，人是具有执受种子的阿赖耶识的由四大种所造的物，人是将自己的由四大种和合造成的虚幻身妄执为实的愚蠢动物。

⑨ **因不执受大种声**：又作不执受大种因声，即以不执受大种为因所发出的声音，也就是由四大种和合造成的人身以外的器物所发出的声音，如风林、江河声。

⑩ **因执受不执受大种声**：又作俱大种因声、因俱大种，即以执受大种与不执受大种相合为因所发出的声音，如手击鼓、口吹笛之类。

⑪ **初**：指代前面提及的因执受大种声。

⑫ **内缘**：以自身为对象。

⑬ **次**：指代前面提及的因不执受大种声。

⑭ **外缘**：以身外物为对象。

⑮ **后**：指代前面提及的因执受不执受大种声。

⑯ **内外缘**：内缘与外缘。

⑰ **可意声**：声音适意，即动听、悦耳。

⑱ **不可意声**：声音不适意，即难听、不悦耳。

⑲ **俱相违**：既违可意又违不可意。

译文

什么是耳识的自性呢？就是依据耳根，了别声境。

耳识的所依如下：第一，俱有依，即耳根；第二，等无间依，即意识；第三，种子依，即摄藏一切种子的阿赖耶识。耳根有三大特征：（一）四大种所造，（二）耳识所依净色，（三）不可见有质碍。作为等无间依的意识和作为种子依的阿赖耶识，和前述眼识所说的一样。

耳识的所缘，是不可见的有质碍的声境。声境又分为很多种，比如螺贝声、大鼓声、小鼓声、舞声、歌声、各种音乐声、演出杂耍滑稽戏的叫声；女人声、男人声、风林等的声音；明悟了义声、不明悟了义声；正直的言语声、不正直的言语声；下声、中声、上声；江河等的声音；斗诤喧哗嘈杂声、领受忆诵佛法之声、讲演宣说佛法之声、论议声、决断声。这么多种类的声音，有众多之声。

这些声音，简略来说有三种，即因执受大种声、因不执受大种声、因执受不执受大种声。第一种，只是内缘声；第二种，只是外缘声；第三种，是内外缘声。

这些声音，又可以分为另外三种，即可意声、不可意声、俱相违声。而且，这些声音又可以分为无语义的鸟叫声、宣说理义的声音、扬显佛法的赞叹声等种种差别之名。

上述声音，能够引起耳根相对它们的行运活动，成为耳根所缘取的境界。能够引起耳识相对它们的行运活动，成为耳识所缘取的境界，成为耳识觉知、识别的对象。能够引起意识相对它们的行运活动，成为意识所缘取的境界，成为意识觉知、识别的对象。关于耳识的助伴和作业，如前述眼识的有关部分，读者以此类推，应当知晓。

原典

云何鼻识自性？谓依鼻了别香。

彼所依者：俱有依，谓鼻；等无间依，谓意；种子依，谓一切种子阿赖耶识。鼻，谓四大种所造、鼻识所依净色、无见有对。意及种子，如前分别。

彼所缘者，谓香，无见有对。此复多种，谓好香①、恶香②、平等香③，鼻所嗅知根、茎、华、叶、果实之香。如是等类，有众多香。又香者，谓鼻所闻、鼻所取④、鼻所嗅⑤等差别之名。

是鼻所行，鼻境界；鼻识所行，鼻识境界，鼻识所缘；意识所行，意识境界，意识所缘。助伴及业，如前应知。

注释

① **好香**：对人身心有益的气味。好，此处不是意指与臭相对的好闻，而是意指顺益身心。所以有损身心的"迷魂香"，虽然好闻也不属于好香。香，此作名词，即气味。

② **恶香**：对人身心有损的气味。

③ **平等香**：又作等香。对人身心无损又无益的气味。

④ 所取：佛家认为是由爱心支配取着的境。
⑤ 嗅：鼻识别。

译文

什么是鼻识自性呢？即依据鼻根，了别香境。

它的所依如下：俱有依，即鼻根；等无间依，即意识；种子依，即摄藏一切种子的阿赖耶识。鼻根有三大特征：（一）四大种所造，（二）鼻识所依净色，（三）不可见有质碍。关于意识和种子，和前面论述眼识的有关部分相同。

鼻识的所缘，是不可见的有质碍的香境。香境又分为很多种，包括好香、恶香、平等香，通过鼻识而嗅而感知植物的根、茎、花、叶、果实之香。像这样的，还有很多种。而且，所说的香境，有鼻所闻、鼻所取、鼻所嗅等不同的名称。

上述香境，能够引起鼻根相对它们的行运活动，成为鼻根所缘取的境界。能够引起鼻识相对它们的行运活动，成为鼻识所缘取的境界，成为鼻识觉知、识别的对象。能够引起意识相对它们的行运活动，成为意识所领取的境界，成为意识觉知、识别的对象。鼻识的助伴和作业，如前述眼识的有关部分，读者以此类推，应当知晓。

原典

云何舌识自性？谓依舌了别味。

彼所依者：俱有依，谓舌；等无间依，谓意；种子依，谓一切种子阿赖耶识。舌，谓四大种所造、舌识所依净色、无见有对。意及种子，如前分别。

彼所缘者，谓味，无见有对。此复多种，谓苦、酢①、辛、甘、咸、淡、可意、不可意、若舍处所②，舌所尝。又味者，谓应尝、应吞、应啖③、应饮、应舐、应吮、应受用④，如是等差别之名。

是舌所行，舌境界；舌识所行，舌识境界，舌识所缘；意识所行，意识境界，意识所缘。助伴及业，如前应知。

注释

① **酢**：即醋，味酸。佛籍或写作酸。

② **舍处所**：即非可意也非不可意。舍，意即舍去欲求，心无执着，所以也就无所谓可意不可意。处所，此处指心念所处的境界。舍处所本义，即心处于舍去欲求，无所执着的境界。

③ **啖**：即吃，嚼食。

④ **受用**：即享用。

译文

什么是舌识的自性呢？即依据舌根，了别味境。

舌识的所依如下：俱有依，即舌根；等无间依，即意识；种子依，即摄藏一切种子的阿赖耶识。舌根有三大特征：（一）四大种所造，（二）舌识所依净色，（三）不可见有质碍。关于意识和种子，和前面论述眼识的有关部分相同。

舌识所缘的对象，是不可见的有质碍的味境。味境又分为很多种，即苦、酸、辛、甘、咸、淡、可意、不可意、或中容味，都是舌所尝的味道。而且，味境又有应尝、应吞、应啖、应饮、应舐、应吮、应受用，如此很多的不同名称。

上述味境，能够引起舌根相对它们的行运活动，成为舌根所缘取的境界。能够引起舌识相对它们的行运活动，成为舌识所缘取的境界，成为舌识觉知、识别的对象。能够引起意识相对它们的行运活动，成为意识所缘取的境界，成为意识觉知、识别的对象。舌识的助伴和作业，如前述眼识的有关部分，读者以此类推，应当知晓。

原典

云何身识自性？谓依身了别触。

彼所依者：俱有依，谓身；等无间依，谓意；种子依，谓一切种子阿赖耶识。身，谓四大种所造、身识所依净色、无见有对。意及种子，如前分别。

彼所缘者，谓触，无见有对①。此复多种，谓地、水、火、风②，轻性、重性、滑性、涩性，冷、饥、渴、饱③，力、劣、缓、急④，病、老、死、痒、闷、粘、疲、息、软、怯、勇⑤。如是等类，有众多触。此复三种，谓好触、恶触、舍处所触⑥，身所触。又触者，谓所摩、所触⑦，若鞭⑧，若软、若动、若暖，如是等差别之名。

是身所行，身境界；身识所行，身识境界，身识所缘；意识所行，意识境界，意识所缘。助伴及业，如前应知。

注释

① 触，无见有对：身体触感的对象，是看不见却有质的障碍。佛家关于触的概念与其他四境色（眼见物、声、味、香）颇异其趣，色、声、味、香都非常具

体，而且涵盖面有限；而触较抽象，涵盖面很广。触，实际上不意指身体所接触的具体物，而是意指身体所触知的作用于身体的物的某些属性，以及作用于身体的物所引起的体感，所以是无见有对的。

②**地、水、火、风**：不是指具体的地、水、火、风的物体，而是指身体触感到的，地的坚强性，水的流湿性，火的温燥性，风的轻动性。

③**冷、饥、渴、饱**：指生理感受。饥、渴、饱，虽属于体内生理反应，但佛家仍视为身体触物所感受的某种境，将它们与体表反应的冷同类视之。

④**力、劣、缓、急**：指物作用于身体所导致的体感。力，身体感到物的作用有力；劣，身体感到物的作用不力；缓，身体感到物的作用来得舒缓；急，身体感到物的作用急促。

⑤**病、老、死、痒、闷、粘、疲、息、软、怯、勇**：除粘是体表触物所感受到所外物属性外，其他都是身体与外境有联系所产生的心理、生理感受。

⑥**舍处所触**：不好不恶的触。

⑦**触**：此处的触是狭义的身体动作方式，不同于作为五境之一的触。

⑧**鞕**：同硬。

译文

什么是身识自性呢？即依据身根，了别触境。

身识的所依如下：俱有依，即身根；等无间依，即意识；种子依，即摄藏一切种子的阿赖耶识。身根有三大特征：（一）四大种所造，（二）身识所依净色，（三）不可见有质碍。关于意识和种子，和前面论述眼识的有关部分相同。

身识所缘的对象，是不可见的有质碍的触境。触境又分为很多种，即地、水、火、风的属性，还有轻性、重性、滑性、涩性，还有冷、饥、渴、饱，还有力、劣、缓、急，还有病、老、死、痒、闷、粘、疲、息、软、怯、勇。如此种类，有很多种触。触又可以分为三种，即好触、恶触、非好非恶的触，都是由身体所触感的。而且，所说的触还有擦摸的、碰触的、硬的、软的、动的、暖的，如此很多种不同的名称。

上述触境，能够引起身根相对它们的行运活动，成为身根所缘取的境界。能够引起身识相对它们的行运活动，成为身识所缘取的境界，成为身识觉知、识别的对象。能够引起意识相对它们的行运活动，成为意识所缘取的境界，成为意识觉知、识别的对象。身识的助伴和作业，如前述眼识的有关部分，读者以此类推，应当知晓。

原典

　　复次，虽眼不坏，色现在前，能生作意，若不正起，所生眼识必不得生。要眼不坏，色现在前，能生作意，正复现起，所生眼识方乃得生。如眼识生，乃至身识，应知亦尔①。

　　复次，由眼识生，三心可得，如其次弟，谓率尔心②、寻求心③、决定心④。初是眼识⑤，二在意识⑥。决定心后，方有染净。此后乃有等流⑦眼识善不善转。而彼不由自分别力，乃至此意不趣余境，经尔所时，眼、意二识，或善或染，相续而转⑧。如眼识生，乃至身识，应知亦尔。

　　复次，应观⑨五识所依，如往余方者所乘⑩；所缘，如所为事；助伴，如同侣；业，如自功能。复有差别⑪，应观五识所依，如居家者家；所缘，如所受用；助伴，如仆使等；业，如作用。

注释

　　①**亦尔**：也是如此。本段强调了仅有根和所对境的现在而无内心活动的起动相应，诸识并不能产生。比如在日常生活中，全然无心或很不经意，明明在眼前的

物体竟然看不见；又比如植物人。

② **率尔心**：眼识初缘外境随意识卒然后任运而起的刹那心念。

③ **寻求心**：率尔心之后，意识缘境推寻、求觅所生起的分别心念。

④ **决定心**：寻求心之后，意识既已分别所缘之境，则能审知、决定善恶。

⑤ **初是眼识**：起初的率尔心局限在眼识。

⑥ **二在意识**：接着是意识活动的寻求心、决定心。

⑦ **等流**：等，平等；流，流类。于善恶之法既已分别染净，则各随其类念念相续。

⑧ **或善或染，相续而转**：或者善净心，或者不善污染心，连续地流转。

⑨ **观**：佛家所谓观，往往不是意指观看、观察，而是指观念，即对现象和义理的思考和判断。此处说的观念义同观想，不是世俗哲学术语的观念。

⑩ 此处以下，作者以一系列的比喻进一步说明诸识与所依、所缘、助伴、作业之间的关系。

⑪ **复有差别**：再说到五识的所依、所缘、助伴、作业之间的差别。

译文

而且，虽然眼没有坏，色境也显现在面前，假若能发动心识行运的作意不是正好起动，要产生的眼识也一定不会产生。要是眼没有坏，色境显现在面前，能发动心识行运的作意也正好在面前起动，要产生的眼识才会产生。像眼识的产生一样，耳识、鼻识、舌识、身识的产生，应当知道，也是这样的。

而且，由于眼识的产生，三种心就可以获得。按次第排列，即率尔心、寻求心、决定心。上述第一种心念局限在眼识，后二种心念在意识。决定心以后，才有染净问题。在意识具有了善、不善性之后，才能有善、不善的意识，致使眼识产生善、不善性的同性流转。然而眼识能识别善、不善，不是由眼识本身所具有的识别能力起作用的结果，而是随意识流转的结果，自此意识也不再趣向其他境界。经过这一番过程，眼识和意识的行运，或者是善净或者是不善染污，便连续地流转。像眼识的产生形成三心一样，耳识、鼻识、舌识、身识的产生形成三心，应当知道，也是这样。

而且，还应当这样来观察思考，五识所依托的，就像去他方的人所乘的车。五识的所缘，就像人们所做的事一样，伴随五识流转生灭并影响它们的各种心理活动，就像同行的伴侣一样。五识的造作，就像各自的功用能力。五识的所依、所缘、助伴、作业之间的差别，还应当这样来观想思考，五识所依托的，就像居家人的家。五识所缘取的对象，就像人们享用的物品一样。伴随五识流转生灭并影响它们的各种心理活动，就像主人的仆人使女一样。五识的作业，就像主人的作为一样。

意地第二之一①

原典

已说五识身相应地。云何意地？此亦五相应知②，谓自性故，彼所依故，彼所缘故，彼助伴故，彼作业故。

云何意自性？谓心③、意、识。心，谓一切种子所随依止性、所随依附依止性④、体能执受⑤、异熟所摄阿赖耶识。意⑥，谓恒行意⑦及六识身无间灭意⑧。识，谓现前了别所缘境界。

彼所依者：等无间依，谓意；种子依，谓如前说一切种子阿赖耶识。

彼所缘者，谓一切法如其所应⑨。若不共者⑩，所缘即受、想、行蕴⑪，无为⑫、无见无对色⑬、六内处⑭及一切种子。

彼助伴者，谓作意、触、受、想、思、欲[15]、胜解[16]、念[17]、三摩地[18]、慧[19]、信[20]、惭[21]、愧[22]、无贪[23]、无瞋[24]、无痴[25]、精进[26]、轻安[27]、不放逸[28]、舍[29]、不害[30]、贪[31]、恚[32]、无明[33]、慢[34]、见[35]、疑[36]、忿[37]、恨[38]、覆[39]、恼[40]、嫉[41]、悭[42]、诳[43]、谄[44]、憍[45]、害[46]、无惭[47]、无愧[48]、惛沉[49]、掉举[50]、不信[51]、懈怠[52]、放逸[53]、邪欲[54]、邪胜解[55]、忘念[56]、散乱[57]、不正知[58]、恶作[59]、睡眠[60]、寻[61]、伺[62]，如是等辈，俱有相应心所有法，是名助伴。同一所缘，不同一行相，一时俱有，一一而转，各自种子所生，更互相应，有行相，有所缘[63]，有所依。

彼作业者，谓能了别自境所缘[64]，是名初业；复能了别自相共相；复能了别去、来、今世[65]；复刹那了别[66]，或相续了别[67]；复为转随转[68]，发净不净一切法业；复能取爱非爱果[69]；复能引余识身[70]，又能为因发起等流识身[71]。

注释

① **意地第二之一**：即本地分中第二意地章中的第一节。《瑜伽师地论》的意地篇幅占有第一卷的下半部分至第三卷。意地的内容摄括一切心意识而具有思量功

能，它不同于五识、末那识，意地实际上是指整个精神的活动方式和活动内容。

②**此亦五相应知**：意地与前五识一样具有五相相应，是应该知道的。

③**心**：梵语为质多（Citta），佛家各宗派解释各异。唯识家认为心即集起心，即积集一切诸法的种子，又能使这些种子变成现行，即种子识、阿赖耶识。

④唯识家将一切种子分为两大系统，一是有漏法种子，这类种子是有烦恼垢染性的种子，它必须含藏在阿赖耶识中，它的变现必须受到阿赖耶识的摄持，所以称为所随依止。还有一类种子是无漏法种子，这类种子是脱离烦恼垢染的出世性的种子，它并不受阿赖耶识摄持，却能寄寓在阿赖耶识中随转，所以称为所随依附依止。所随依附依止区别于所随依止，前者仅依附而非受摄持，后者受摄持。两者都依托阿赖耶识，都通过阿赖耶识转。

⑤**体能执受**：阿赖耶识能执受一切种子。

⑥**意**：思量，即思维度量，它不同于意地，此意只指意地中的一相。

⑦**恒行意**：恒审思量意。佛家认为前五识（眼识、耳识、鼻识、舌识、身识）既无审（计度，辨识度量）又无恒，第六意识虽有审思量却不恒，而第八识虽恒却

非审，唯有末那识（Manas）既审思量而又恒。所以恒行意就是末那识。末那梵语义就是意，佛家说末那就是意识所依托的根，为了名称不混淆，所以将第六识名为意识，将第七识以梵语名之末那。

⑧ **无间灭意**：又名过去意，小乘认为意识也应有根，但又不能以什么色为根，便认定无间灭意是意识的根，亦即后念之意识依托于前念之意识而得升起。大乘起，建立第七识、第八识，便以第七末那识为第六识的根，而对无间灭识作出新的阐说。

⑨ **一切法如其所应**：前五识的缘遇到的境界，亦为第六识的所缘境。唯识家认为：意识能与前五识同时升起，并协助前五识认识境界。故又称为五俱意识。五俱的情况还比较复杂，意识可以与五识中的任何一识俱转，又可以与同时俱起的五识同时俱转，总称为五俱。

⑩ **若不共者**：如果意识不与前五识共所缘。

⑪ **蕴**：同类现象蕴集、聚积。佛家认为人也好，宇宙也好，无非是各类精神、物质现象的聚积，如将各种现象一一解析开便见不到什么实物。佛家将人与宇宙共分为五蕴，除受蕴、想蕴、行蕴外，还有色蕴、识蕴。由于此处列举的是不与前五识所缘共者，所以排除了色蕴；又识蕴归入了下文的内六处，所以此处也不举。

⑫ **无为**：又作无为法，因其不具有因缘和合性、

无造作性，故称之。佛家认为一切现象都是五蕴假、仗因托缘而生的，有造作的，所以称为有为法。有为法的实相是无为法，具有不生不灭、无来无去、非此非彼、永恒真实的性质。唯识家将无为法分为六种，即虚空无为、择灭无为、非择灭无为、不动灭无为、想受灭无为、真如无为。唯识家还认为，六无为中最根本的是真如无为。

⑬ **无见无对色**：即既看不见又无质碍的相状，如有表业及三摩地所产生的相状。有表业，即身体的造作、言语的造作，都具有善、不善、无记性；而善、不善、无记的造作，实际上是由思发动的。所以有表业所生色，其实是身、语业体现了意念的相状，而意念的相状本身却是无见无碍的。三摩地即静虑所产生的相，也是思的或意念的相状，虽然分为四个阶段即四禅定，心念相状各异，但都是无见无对。之所以还称为色，是因为还存在着相状，有间接的体现形式。

⑭ **六内处**：又作内六处，指六根，眼、耳、鼻、舌、身、意。

⑮ **欲**：对所爱好的事物希望追求的心念。

⑯ **胜解**：形容解力强胜，以致判断选择后不再犹豫疑虑，也不受其他的事因影响。类似于一般所说的信仰、主见、决定、执着等。

⑰ **念**：对过去经历体验的事明记不忘，即忆念。

⑱ **三摩地**：即定。对所观想的境界专注不散。

⑲ **慧**：对所观想的境界推度决定，断却疑念。

以上五种心所法称为别境（注⑮～⑲），即非遍行，只是对特定的部分境界起心念，如欲对非喜好境、胜解对非决定境、念对非经验境、三摩地对非专注境、无慧的邪见对所疑境都不起作用。

⑳ **信**：信佛法实相的义理，即信其有实；又信三宝有清净功德，即信其有德；还信其有能，即相信自己和别人都能通过修习佛法获得成就。

㉑ **惭**：对所做的过失罪恶感到羞耻，通过自我对贤善的尊崇，生起止息重犯的心念。

㉒ **愧**：对所做的过失罪恶感到羞耻，由于被世人诃责厌弃而感到愧疚畏怯，生起止息重犯的心念。

㉓ **无贪**：对三界（欲界、色界、无色界）生活不贪爱、不执取的心念。

㉔ **无瞋**：对痛苦、产生痛苦的原因及其他任何违逆自己的事，都以柔和不愤恨的心境相待。

㉕ **无痴**：对诸事理明解，不受谬误、虚妄迷惑的内心活动。

㉖ **精进**：又作勤。精进的内心状态有五种：（一）披甲精进，勇猛无畏地奋进；（二）加行精进，不断自我

策励；（三）无下精进，进步中不自轻蔑怯惧；（四）无退精进，遭挫不屈，精进不已；（五）无足精进，虽有所成，并不满足，更进不退。

㉗ **轻安**：心境远离杂染转为轻适调畅、安稳不乱的内心活动。轻，杂染烦恼为粗重，远离粗重则为轻。安，调畅安稳。

㉘ **不放逸**：在无贪、无瞋、无痴的基础上，勤奋不已地修习一切断妄契真的世间、出世间的善事的内心活动。

㉙ **舍**：又称舍、行舍，在无贪、无瞋、无痴的基础上勤奋不已地修习，达到心境平等正直的内心活动。舍，舍离偏执。

㉚ **不害**：在无瞋的基础上使心性修到不去损害有情众生境界的精神活动。

以上十一种称为善法（注㉑～㉚），即善心相应的心所法。佛家认为，不放逸、舍、不害属于假有，即在别的心理活动的基础上展开的；其他都属于实有，即有自性，相对的独立性。

㉛ **贪**：对三界生活贪爱执取的心念，也是众生心性受杂染、生烦恼，在三界轮回受生死苦的重要原因之一。贪障蔽无贪，无贪对治贪。

㉜ **恚**：即瞋。对痛苦、产生痛苦的原因及其他任

何违逆自己的事无不愤恨、概不容忍的内心活动。佛家认为瞋恚是广泛的一种内心活动，造业为害最烈。恚障蔽无瞋，无瞋对治恚。

㉝ **无明**：即痴。对诸事理不能明解，易受谬误、虚妄迷惑的内心活动。痴障蔽无痴，无痴对治痴。

佛家称呼贪、恚（瞋）、无明（痴）为三毒、三不善根，认为一切污染都是以它们为根本生发的。

㉞ **慢**：即傲慢不让，恃己所长，傲慢待人的心理。慢，分为多种，（一）慢，对比自己差的，必计较自己已胜；对与自己相等的，必计较自己不差。（二）过慢，对胜过自己的，妄认定自己与别人相等；对与自己相等的，妄认为自己比人强。（三）慢过慢，对胜过自己的，反认为自己胜过别人。（四）我慢，自己本是五蕴结合的虚幻身，却自恃有主宰的实我。（五）增上慢，没有证悟佛道功德却妄以为自己已证悟。（六）卑慢，别人修道功德胜过自己却自以为相差无几。（七）邪慢，自己本无功德却自以为有功德。

㉟ **见**：也作恶见。即对各种真谛作出颠倒错误的推度见解。佛家一般将见分为五种，（一）萨迦耶见（Sat-kāyadarśana），意即身见，对五蕴结合的虚妄的自身及身外境妄计为实有；（二）边见，又作边执见，即偏执见，其中分为常见（妄以为"我"恒常不改，欢乐

永享）、断见（妄以为"我"死后断灭，不受报应）；（三）邪见，谤毁否定佛道因果报应义理的见解，佛家认为执邪见的人作恶最狂妄无忌；（四）见取，意即执取前三见（身见、边见、邪见），妄以为它们为最胜，能获理想涅槃境界；（五）戒禁取，又作戒取见、戒盗见，妄以为外教依据恶见定的戒律禁条是能导人向善涅槃的。

㊱ **疑**：对佛道各种谛义深怀疑虑，犹豫不定。

以上六种心所法（注㉛～㊱），称为六根本烦恼，即这六种烦恼能生发出其他种种烦恼，所以又称六本惑。

㊲ **忿**：对现前违逆自己利益的人和事勃然大怒，不可遏止。是瞋的一种表现。

㊳ **恨**：心怀仇恨不舍。是瞋的一种表现。

㊴ **覆**：即隐覆、藏蔽。造罪后恐失利益、荣誉，竭力掩盖的心理。在贪、痴基础上产生的心理。

㊵ **恼**：平素怀恨，遇事触动便起恼怒。

㊶ **嫉**：嫉妒别人的长处、成就。也是瞋的一种表现。

㊷ **悭**：秘藏财物悭吝不舍。是贪的一种表现。

㊸ **诳**：为获取个人名利处心积虑诳骗世人。在贪、痴的基础上产生。

㊹ **谄**：阿谀谄媚，掩盖自己，诱人中计的心念。在贪、痴的基础上产生。

㊺ **憍**：即骄。自恃其长，骄傲放纵不可一世。也是贪的一种表现。

㊻ **害**：存心损害有情众生，为瞋的一种表现，能障蔽无瞋。

㊼ **无惭**：对自己所作的过失罪恶不感到羞耻。无惭能障蔽惭。

㊽ **无愧**：自己有了过失罪恶受到世人诃责厌弃，并不感到畏惧羞耻。无愧能障蔽愧。

㊾ **惛沈**：昏沉蒙昧，无心观想，不能明达。

㊿ **掉举**：内心轻浮躁动，不能静止，能障碍行舍、三摩地。

(51) **不信**：对佛道诸法实相的真谛、佛法僧三宝具有清净功德、世间出世间善根持不相信的态度。不信能障碍信。

(52) **懈怠**：明知应该修善断恶却懒惰不努力的精神状态。懈怠能障碍精进。

(53) **放逸**：在贪、瞋、痴基础上对修善断恶懈怠不力，以至放纵荡逸。此心所是在贪、瞋、痴三毒和懈怠的基础上生起的。

(54) **邪欲**：对所爱好的恶事物生起希望、追求的心念。邪欲是欲的负面表现。

(55) **邪胜解**：判断选取恶事物、反对佛道真谛毫不犹豫。邪胜解是胜解的负面表现。

(56) **忘念**：即失念，对过去经历体验的事不能明记不忘。忘能障碍念。

(57) **散乱**：心绪散乱，对所观想的境界不能专注。散乱与掉举略有差异，掉举对一事有多种见解，不能深入理解得出定见；散乱对多种事物持一种心念，忽此忽彼，无法抉择。散乱也障碍定。

(58) **不正知**：对所观想的境界持荒谬错误的见解。不正知在恶慧及痴的基础上产生。

以上二十二种心所法称为随烦恼（注㊲～(58)），又称为随惑，它们都是随从根本烦恼所产生的更为具体的烦恼。《瑜伽师地论》与通常沿用的《百法明门论》在归纳随烦恼上略有差异，后者只列了二十种，而前者却多出了二种即邪欲、邪胜解，这两种都是别境中的负性面。

(59) **恶作**：又称为悔。嫌恶所作过的恶，追悔不安的心理活动。

(60) **睡眠**：又作眠，身入睡梦不由自主，心处昧暗。睡眠能障碍观想。

(61) **寻**：即寻求推度。对事理的粗略寻思。

(62) **伺**：即伺察。对事理由粗略寻思转成深入精细地思考。

以上四种心所法统称为不定，意即这些心理活动的内容善恶性质不能定，因为它们都属于假有，即建基于别的心理活动的基础上，所以它们的具体活动内容的善恶性质必须与其他的某些心理活动相联系才能定。

㊌ **有所缘**：有一定的对象才形成意与心所相应的复杂相状。

㊍ **了别自境所缘**：意识能对一切法，不管是共五识所缘的还是不共五识所缘的，一切法即一切现象也都是意识觉知、识别的对象境界。

㊎ **去、来、今世**：佛家是以主体十二因缘因果报应来划分三世的，果法已灭称为过去世，已生未灭相称为现在世，现世的因所致的果未生称为未来世。

㊏ **刹那了别**：在极短的一刹那间对境的觉知、识别。意识的刹那了别即寻求心。

㊐ **相续了别**：在善不善心的相续流转中觉知、识别对境。相续了别是意识的相续了别在决定心之后。

㊑ **为转随转**：指转与随转，谓意识即将作业时，若能为因，而引发其业，则称为转心或能转心。若意识与其业同时生起，而不相离，则称为随转心。

㊒ **取爱非爱果**：由意识净不净的作业获得可爱或不可爱的果报境界。生人、天趣为可爱果境；生地狱、畜生、鬼趣为非爱果境。

⑰ **引余识身**：意识先生能导引其余的五识（眼识、耳识、鼻舌识、身识）生发行运。

⑪ **能为因发起等流识身**：在五识先生引动意识相应生后，意作为决定性原因发起，与五识或者善或者不善性质相同的相续流转动。

译文

前面已经讲完《五识身相应地》。什么是意地呢？应当知道，意地也有五种体相，即意的自性、意的所依、意的所缘、意的助伴、意的作业。

什么是意的自性呢？即心、意、识。心，即阿赖耶识，是一切有漏种子所随逐的依止体，又能执受一切有漏种子和有根身，能引三界、六趣、四生的善恶业之异熟果体。意，包括恒行意和六识身无间灭意两种。这里的"识"是指第六识意识，能够当下了别所缘的境界。

意的所依如下：等无间依，即意识；种子依，即如前所说摄藏一切种子的阿赖耶识。

意的所缘，包括与其相应的一切事物。假若是不与前五识共通而有的所缘，是受蕴、想蕴、行蕴，无为、不可见无质碍的色法、六根和一切种子。

意的助伴包括作意、触、受、想、思、欲、胜解、念、三摩地、慧，信、惭、愧、无贪、无瞋、无痴、精进、轻安、不放逸、舍、不害，贪、恚、无明、慢、见、疑，忿、恨、覆、恼、嫉、悭、诳、谄、憍、害、无惭、无愧、惛沉、掉举、不信、懈怠、放逸、邪欲、邪胜解、妄念、散乱、不正知，恶作、睡眠、寻、伺。所有这些都可以与意同时生起，都可以作与意相应的心所法，所以称为助伴。它们与意的所缘是同一个，行相不是同一个，同时生起，一一而生，都是由各自的种子而生，又互相应，有其行相，有其所缘，有其所依。

意的作业，初初能了别自己的所缘境，继而能了别一切法的自相和共相，又能了别过去世、未来世、现在世；能刹那了别也能相续了别。复能成为一切净、不净法生起的原因，或与一切净不净法同时生起，然后在喜爱与不喜爱的结果中执取分别。又能引发前五识产生业用，或者为因，令前五识与之相续流转。

原典

又诸意识[①]望余识身，有胜作业[②]，谓分别所缘、审虑所缘，若醉、若狂、若梦、若觉、若闷、若醒，若能发起身业、语业，若能离欲、若离欲退、若断善根、若续善根，若死、若生等。

云何分别所缘？由七种分别，谓有相分别、无相分别、任运分别、寻求分别、伺察分别、染污分别、不染污分别。

有相分别者，谓于先所受义、诸根成熟善名言者③所有分别。

无相分别者，谓随先所引④及婴儿等不善名言者⑤所有分别。

任运分别⑥，谓于现前境界，随境势力任运而转⑦所有分别。

寻求分别者，谓于诸法观察寻求所起分别⑧。

伺察分别者，谓于已所寻求、已所观察，伺察安立⑨所起分别。

染污分别⑩者，谓于过去顾恋俱行⑪、于未来希乐俱行、于现在耽着俱行所有分别；若欲分别，若恚分别，若害分别，或随与一烦恼、随烦恼相应所起分别。

不染污分别⑫者，若善、若无记⑬，谓出离分别⑭、无恚分别、无害分别，或随与一信等善法⑮相应，或威仪路⑯、工巧处⑰及诸变化⑱所有分别。

如是等类，名分别所缘。

注释

①**诸意识**：包括第六识意识、第七识末那识。

②**胜作业**：精细深广的造作活动。佛家认为前五识的作业都是粗劣的，胜作业只有意识才具有。

③**诸根成熟善名言者**：各种感觉官能都已经成熟而且善于运用概念言辞的人，一般指少年以上的人。

④**随先所引**：随顺决定心所择定的境界起染净心、等流心所进行的思量识别。六识实具有五种心，即率尔心、寻求心、决定心、染净心、等流心。决定心对寻求心所寻的境起决定作用，寻求心所寻的境相对于决定心而言称为先境，但是无论寻求心还是率尔心都没有分别作用，所以此处"先"非指寻求心还是率尔心，而是指决定心。染净心、等流心具有分别作用，但它们必须随顺先境起分别作用，先境即是决定心所决定之境。由于染净心、等流心所分别观想前念先境，没有明确的具相，所以属于相分别。由于此处辞句义玄，所以作了以上较详的阐释。

⑤**婴儿等不善名言者**：婴儿、幼儿等不善于运用概念言辞的人。婴儿等，除婴儿外，不善于名言的还有未能通事的幼儿。不善名言的分别没有明确的具相，所以也称为无相分别。

⑥ **任运分别**：自然分别。任运，任境界现象运转，不加造作，义同自然。

⑦ **随境势力任运而转**：此指意识的一种特殊的分别对象境界的精神活动，境界极其恢宏或极其胜妙或极其宜人，因而具有极大的感染力，或者心意对境界已极其熟悉，曾千百遍领略，所以一旦面临此类境界，意识不须更加造作就能刹那思量识别，随顺境界自然如化。这类意识的现象，颇类似一般心理学、美学所谓的潜意识、感悟，在心理学机制上与中国禅宗的顿悟也有类同之处。

⑧ **于诸法观察寻求所起分别**：此处的寻求，不等同于前面所说的五心中的寻求心。五心中的寻求心是起意识过程中的一个短暂的初阶，而观察寻求所起分别是在心所法寻的基础上所起的分别作用。

⑨ **安立**：建立，此处指思维形成结果。

⑩ **染污分别**：对境界的思量识别过程受到烦恼污染或受到烦恼的左右。

⑪ **于过去顾恋俱行**：贪爱已过去了的事物所产生的思量识别，对所贪爱的过去事物进行的思量识别，或释为对过去事物怀有贪爱进行的思量识别。

⑫ **不染污分别**：对境界的思量识别过程不受烦恼污染左右。

⑬ **若善、若无记**：如善性的、非善非恶性的分别。

⑭ **出离分别**：出离情欲所产生的分别。出离，出离情欲，佛家所倡的修养至涅槃。

⑮ **信等善法**：即信、精进、惭、愧、无贪、无瞋、无痴、轻安、不放逸、行舍、不害等善类心所法。

以上讲到出离、无恚、无害、信等善法相应，分别都属于不染污分别中的善类分别。

⑯ **威仪路**：行住坐卧取舍屈伸等举止，有威德合轨则。路，此处指举止之道。

⑰ **工巧处**：绘画、雕塑、技术、机关、阴阳、历数等工艺技巧作时的心念。处，梵名阿耶怛那（Āyatana），即所谓根、境为心、心所法生发之处，此处意指作工巧时的心念。

⑱ **诸变化**：菩萨为了教化众生，凭着神通力变现种种有情众生的心意。

以上列举的威仪路、工巧处、诸变化，当意识分别与它们相应生起作用时，就属于不染污分别的无记分别。此处的威仪路、工巧处、诸变化的无记性属于无覆无记。佛家说无记有两大类，一类有覆无记，即体本性具有妄惑，只是因为极劣弱没有显出恶性，如第七识，所谓覆即覆隐圣道；一类无覆无记，即体本性不具有妄惑，如内法的阿赖耶识自体、五胜义根，外法的山河草木等。无覆无记就人而言又分为四种，即异熟无记、威仪无记、工巧无记、变化无记。本文无记分别没有提及异熟，是因为异熟仅仅以作业引导，不属于分别。

译文

又，各种意识与其余前五识体相比，还具有前五识没有的精细深广的造作活动，指思量识别对象境界、精细思虑对象境界，如昏醉内心惑乱、如疯狂失常意乱、如昏梦心意昧暗、如从昏梦中觉寤清醒、如命终时心气闷绝、如绝过后出离生死入涅槃、如能发起身体造作和言语造作，如能远离对尘世生的希求、如能使远离对尘世生活希求的心退转、如断善根、如续善根、如死、如生等。

什么是思量识别对象境界呢？由七种分别构成，即有相分别、无相分别、任运分别、寻求分别、伺察分别、染污分别、不染污分别。

所说的有相分别，即前率尔心位所受的境界相。诸根成熟又善晓名字语言的有情众生，对先前所受境界的分别作用。

所说的无相分别，即随先前的率尔心所引之境，不善晓名字语言的婴儿等所起的分别作用。

所说的任运分别，指的是面对现前的对象境界，随顺意识境界势力，自然流转所进行的思量识别。

所说的寻求分别，是对于各种事物进行观察并粗略思考后所起的分别作用。

所说的伺察分别，是对已经粗略思考过、已经观察过的境界，进行深入细致的思考，并在形成完整确定的观念的过程中，所起的思量识别作用。

所说的染污分别，是指对所贪爱的已经过去的事物，进行的思量识别；对渴望将来能获取的可爱事物，进行思量识别；对恋恋不舍的现行事物，进行思量识别；对所爱好的事物之希望，追求的思量识别；对其他任何违逆自己的事，怀忿怒不容忍的思量识别；怀着损害有情众生所进行的思量识别；或随与根本烦恼、随烦恼相应所进行的思量识别。

所说的不染污分别，有善类和无记类，就是出离情欲所产生的思量识别、对违逆自己的事物或痛苦不怀忿恨所进行的思量识别、怀着不损害有情众生的心情所进行的思量识别，或随着信等修善法类中的任何一种相应所进行的思量识别，或于行、住、坐、卧、取、舍、屈、伸等举止有威德合轨则所进行的思量识别，从事绘画、雕塑等工艺技巧时所进行的思量识别，以及佛、菩萨为了教化有情众生，以神通力变现种种有情众生时所进行的思量识别。

如此等类，称为思量识别对象境界。

原典

云何审虑所缘？谓如理所引①、不如理所引、非如理非不如理所引②。

如理所引者，谓不增益非真实③，有如四颠倒④——谓于无常常倒⑤、于苦乐倒⑥、于不净净倒⑦、于无我我倒⑧；亦不损减诸真实⑨，有如诸邪见——谓无施与等诸邪见⑩行；或法住智⑪，如实了知诸所知事⑫；或善清净出世间智⑬，如实觉知所知诸法⑭。如是名为如理所引。与此相违，当知不如理所引。

非如理非不如理所引者，谓依无记慧审察诸法⑮。

如是名为审虑所缘。

注释

① **如理所引**：佛家讲求契真悟真、通达真如真实。所称的理，也就是关于真实的谛义；径称最高的真如（即绝对真理）为理体。

② **非如理非不如理所引**：精细思虑对象既不契合

真实的理又不违悖真实的理。以上所说的理，都是佛家概括的关于真实的谛义，佛家所说的真实是对现象世界的否定和对现实现象的出离，而不是指一般所说的客观实在和规律。

③ **不增益非真实**：精细思虑对象境界时不是加强那些不合真实的观念。

④ **颠倒**：又作颠倒见，以虚为实、以假为真、以苦为乐等颠倒是非真假的思想观念。

⑤ **于无常常倒**：佛家认为一切现象都是五蕴结合因缘所生，无一不是虚假不实、流转变易的，因而都是无常的；只有超脱现实现象的实相、空相，真如理体才是恒常不变、不生不灭的。但是作颠倒见的人却把无常的看作是常的。于无常常倒，还可以译成把无常的看作是常的，或对无常作常的颠倒见。

⑥ **于苦乐倒**：佛家认为人生无非是苦。苦，梵语为豆佉（Duḥkha），意即逼恼身心，经籍列举的苦数林林种种，诸如生老病死苦、爱别离苦、怨憎会（会合）苦、求不得苦、五阴盛苦（五阴即五蕴，五蕴结合的人身生长炽盛受苦，五蕴的身心盛受一切苦）。但是众生往往贪恋三界生活，将苦视为乐。佛家又认为出离生死涅槃成佛为乐，众生却以之为苦。

⑦ **于不净净倒**：佛家认为现实现象、三界生活、

情欲烦恼、见思惑迷等都是杂染心性污垢不净的，只有出离烦恼、超脱世间、断妄契真、涅槃清净才是净的。但是众生执迷不悟，以不净为净。

⑧ **于无我我倒**：对无我与我作颠倒观。佛家认为一切事物现象都是五蕴假合因缘所有，离散流转便成为虚幻，所以不可能有独立的实体、不变的主宰（我）。人本身也是如此，但人往往执迷地认为虚幻的自身具有主宰性的我。我，独立的具有主宰性的永恒实体。

⑨ **不损减诸真实**：精思思虑对象境界时不是损减那些符合真实的观念。

⑩ **谓无施与等诸邪见**：指的是妄说佛家没有施与等各种毁谤佛道的谬论。邪见，谬见。佛家特指否定佛教义理的论见。无施与，妄说佛家没有施与。

施，是佛家六波罗蜜（Pāramitā，意即度到涅槃彼岸）之一，是佛家修行的重要法门，要求向众生施与财物，施与无畏的精神，施与种种佛法义理。

无施与等，诸邪见除无施与外，还有妄说世间无真阿罗汉，无因果报应等。诸邪见行，以各种邪见毁谤佛道。

⑪ **法住智**：能知三界因果道理的世俗智，此智依教法而生，所以称为法住智。

⑫ **如实了知诸所知事**：循依真实完全解知、所应解知的各种佛家关于人生宇宙的名相义理，诸如三法

印、苦集灭道、因缘和合、感业苦之类。

⑬**善清净出世间智**：修习佛道达到四种果位的智慧。小乘修道达到的果位有四种，即须陀洹果（Srotapanna-phala，意为预流果，即初入圣道）、斯陀含果（Sakrdāgami-phala，意为一来果，即还须来欲界受生一度）、阿那含果（Angāmi-phala，意为不还果，即不再来欲界受生，只到色界、无色界受生）、阿罗汉果（Arahat-phala，意为不生果，即永入涅槃，不再来三界受生）。前三种果称为有学位，即余有受生的学位还须学；后一种果位不再受生，称为无学位，即无须再学。前三者称为清净，后者称为善清净。四者都属于修出世间法，都具有出世间智。

⑭**如实觉知所知诸法**：循依真实觉悟通晓所应知晓的各种法义。这各种法义指百法，即心法、心所法、不相应行法、无为法。

⑮**依无记慧审察诸法**：依靠非善非恶性的智慧精细思虑举止的威德轨则、工艺的巧作、菩萨的随意变化等事理。

译文

如何才是精细思虑对象境界呢？就是依循真理精细

思虑对象境界、不依循真理精细思虑对象境界、既不是依循真理又不是不依循真理精细思虑对象境界。

所说的依循真理精细思虑对象境界，就是不在真实有的事物上增益，如四颠倒那样不真实有的事物。四颠倒如下：误认无常（非永恒）为常（永恒），误认苦为乐，误认不净为净，误认无我为有我；也不像各种邪见那样损减各种真实有的东西，各种邪见即如不主张布施等各种错误的见解；或者是以法住智，如实了解知晓各种所知的事物；或者是以菩萨善的清净的出世间智，如实觉悟知晓所知的各种事物。所有这些，称为依循真理精细思虑对象境界。如果与此相反，应当知道，这就称为不依循真理精细思虑对象境界。

所说的既不是依循真理又不是不依循真理精细思虑对象境界，是依据无记智慧，审思观察各种事物。

所有的这些，就称为精细思虑对象境界。

原典

云何醉？谓由依止性①羸②劣③故，或不于饮故，或极数饮故，或过量饮故，便致醉乱。

云何狂？谓由先业所引④，或由诸界错乱⑤，或由惊怖失态，或由打触末摩⑥，或由鬼魅所著而发癫狂。

云何梦？谓由依止性羸弱，或由疲倦过失，或由食所沉重[7]，或由于暗相作意思维[8]，或由休息一切事业[9]，或由串习[10]睡眠，或由他所引发（如由摇扇，或由明咒[11]，或由于药，或由威神），而发昏梦。

云何觉？谓睡增者，不胜疲极[12]故，有所作者[13]要期睡故，或他所引，从梦而觉。

云何闷？谓由风热乱[14]故，或由捶打故，或由泻故（如过量转痢及出血），或由极勤劳而致闷绝。

云何醒？谓于闷已而复出离。

注释

① **依止性**：指意识所依托的意根体性。

② **羸**：瘦弱，此形容体性弱。

③ **劣**：此形容意根弱劣，不适应激烈、紧张、复杂、繁重的精神活动，终致昏惑混乱，佛家也称这种内心状态为醉。

④ **由先业所引**：由先世造作导致（现世果报的癫狂）。

⑤ **诸界错乱**：地、水、火、风、空、识六界的结合失衡不协。色身由六大界和合生，六大界和合关系不平衡、不协调即为错乱。诸界，即六大种。唯识家认为六大界和合失衡，是导致人神志癫狂的重要原因。界，

相当于所谓大种,即宇宙构成元素。

⑥ **末摩**:Marman,梵语意为支节或死穴、死节。死穴受打击极为痛苦,重则丧命。佛家说人死穴有六十四处,另说有一百二十处。

⑦ **食所沉重**:进食太多使身体负担沉重。这种情况常常使人昏睡多恶梦。

⑧ **暗相作意思维**:内心昏昧使意识难行多生睡梦。暗相,内心处于昏暗状态。

⑨ **休息一切事业**:停息一切行事造作。这样易使人昏睡多梦。

⑩ **串习**:多次习行。

⑪ **明咒**:即密咒、真言。佛家认为有的密咒具有神秘的作用,有的咒可使人失去神志,昏睡生梦。咒,梵语为陀罗尼(Dhāraṇī),陀罗尼含义甚多,此处主要指咒陀罗尼,即神验莫测的秘密语。

⑫ **不胜疲极**:疲倦终于解除。

⑬ **有所作者**:佛家对睡眠之道有一系列的要求以达到修善净心,虽寝睡心不纵乱,觉悟清醒。

⑭ **风热乱**:风热过亢,就狂躁不止,体温高热,呼吸急促,气息闷绝;风热极弱,就体温趋冷,呼吸渐弱至闷绝。

译文

什么是昏醉内心惑乱？指的是，或者由于所依托的身体太弱劣，或者不习惯饮酒，或者饮酒次数太多，或者饮酒超过自己的酒量，就导致酒醉后或类似酒醉后的意识惑乱。

什么是疯狂失常意乱？指的是，或者由先世造作导致现世果报，或者由于合成人身的地、水、火、风、空、识等六界关系不平衡协调，或者因受到惊吓恐怖万状而精神失去自我控制，或者由于死穴受到打击，或者由于鬼魅附体作怪，造成疯狂失常意乱。

什么是昏梦心意昧暗？指的是，或者由于所依托的身体太弱劣，或者由于过分疲倦意识失去自制，或者由于进食太多致使身体负担沉重，或者由于内心昏昧使意识难以行运，或者由于停息一切行事造作，或者由于嗜好睡眠，或者由于人身以外的种种原因作用（例如由摇扇使人凉爽昏睡多梦，或者由于他人用密咒加害，或者由于服了迷魂幻药，或者由于受到威势勇猛、神验难测的力量的作用），发生昏梦心意昧暗。

什么是从昏梦中觉寤清醒？指的是，睡眠时间增长时，疲倦终于解除的缘故，所作为如期寝眠的缘故，或者有身外的各种原因作用的缘故，使人从昏梦中觉瘖清醒。

什么是命终时心气闷绝？指的是，由于六大界合成的身体中风的动性和火的热性的错乱，或者由于捶打，或者由于腹泻（如泻得过分转成痢疾和出血），或者由于极度勤劳，致使心气闷绝。

什么是从昏惑中清醒？指的是，在闷绝过后出离生死入涅槃。

原典

云何发起身业、语业？谓由发身、语业智①前行故，次欲生故，次功用起故；次随顺功用为先，身、语业风转②故，从此发起身业、语业。

云何离欲？谓随顺离欲根③成熟故，从他获得随顺教诲故，远离彼障④故，方便正修无倒思惟⑤故，方能离欲。

云何离欲退？谓性软根⑥故，新修善品⑦者数数思惟彼行状相⑧故，受行⑨顺退法⑩故，烦恼所障故，恶友⑪所摄故，从离欲退。

云何断善根？谓利根⑫者成就上品诸恶意乐现行法⑬故，得随顺彼恶友故，彼邪见缠极重圆满到究竟⑭故，彼于一切恶现行中得无畏⑮故，无哀愍故，能断善根。

此中种子亦名善根，无贪、瞋等亦名善根，但由安立现行善根相违相续[16]，名断善根，非由永拔彼种子故[17]。

云何续善根？谓由性利根[18]故，见亲朋友修福业[19]故，诣善丈夫[20]闻正法故，因生犹豫证决定故，还续善根。

注释

①智：此处意指在有所行为前先动脑思虑计划一番，即预先考虑。

②身、语业风转：支动身、语业风随着内心转动。佛家认为万物能动是因为有风（动性），人呼吸是风，造作也如风的支动或动性显现，所以业也称作业风。

③离欲根：出离情欲或出世间涅槃的种性。唯识家是以阿赖耶识种子种性来解释善、恶根的，人有善根即出世种性，但必须成熟变现方能实现离欲，得以证悟还灭。

④障：障碍人修圣道，烦恼的异名。诸佛籍列举的障数大同小异，本论列举的障主要有三，一是加行障，对加力修行的障碍，如体弱多病、缺少食物等经不住修行加力；二是远离障，对远离尘世的障碍，如贪恋尘世种种爱乐事理不想舍离；三是寂静障，对禅定静思的障

碍，如放逸自满、思绪骚乱，使心难以安定静修。

⑤ **方便正修无倒思惟**：以种种慧巧方便修习彻底觉悟解脱的正法，作循依真实不颠倒的思虑。方便，Upāyakauśala，修习佛法的慧巧方法。正修，修习彻底觉悟解脱的正法。

⑥ **性软根**：贪恋名利，根性钝劣，在修习中轻易退转。软，贪恋名利遏制善性。

⑦ **善品**：此处指修静虑（禅定）法，因旨在离欲，所以称为善品。

⑧ **彼行状相**：修静虑法，每至一定地都有内心种种行运称为行，行运的状相或内心状态为行状相。

初修习禅定的人，因思维其状相得以进入思虑境界；但是往返多次思维生杂念，又不能升登无漏究竟境界，因而有可能从离欲过程中退转，出定。

⑨ **受行**：静虑时内心行运效果获得了。

⑩ **顺退法**：或忍受不住静虑时的喜乐、功德，或未能调练好诸根以便进步，或贪恋已有效果等顺次退还以至丧失一切成果。

⑪ **恶友**：引导自己向恶的人，恶指悖违佛道；相反地，引导自己起善向佛的人为善友。

⑫ **利根**：素质慧利；相反者为钝根，即素质愚钝。此处利钝，都是指摄受佛道的可能程度。

⑬ **就上品诸恶意乐现行法**：做了各种最乐意做的恶事，必然导致将来堕入恶道的现行事。成就，此处只是讲做成了，不是常讲的功德成就。上品，佛家将导致恶果的烦恼恶行分为不同等次，行相猛利、程度极重者为上品，次为中品、下品；上、中、下三品中又细分为上、中、下三品，如上品中又分为上上品、上中品、上下品，其他类推。恶，其现行导致将来堕入地狱、饿鬼、畜生等恶趣者称为恶。现行法，现行现象。

⑭ **彼邪见缠极重圆满到究竟**：那些人心生反佛道的思想极为严重，顽固到底，摧折善法。邪见缠，由自己心生邪见固执不改。所谓邪见即认定无因果、无施与等。

⑮ **得无畏**：存在无怖畏心，此处无怖畏不是佛家常说的因脱离三界六道无怖畏，而是指对可怕的后果没有意识到而无怖畏。

⑯ **相违相续**：即相违性的相续，相违作为修饰成分；相续即续接着的。

⑰ **非由永拔彼种子故**：前文讲到善根有二种，一是种子善根，二是现行善根。此处所讲的不是拔掉第一种善根，而是断阻了第二种善根。

⑱ **性利根**：与前面的性软根相对，即根性慧利的善于接受佛法真谛的本性。

⑲ **福业**：特指能获福德的佛事。

⑳ **善丈夫**：也略说为丈夫，指修习佛道勇进不退的行人。

译文

　　什么是发起身体的造作、言语的造作？首先指的是由于发动身体、言语造作的思虑活动；其次由于预先考虑一番后，生起决定心对未来境（将要做的事）有所选择，于是再生起对可爱乐作的事的希求心念；再次由于希求心念后，内心产生要发动身体、言语造作的念头；最后由于发动身体、言语造作的念头生起后，再支动身体、言语随顺那念头生起作用，从此就发起了身体的造作、言语的造作。

　　什么是离欲？指的是，随着出离情欲烦恼的善根种子成熟的缘故，从他人处听受到佛法，并将此作为依据使自己获得正修契真的缘故，远离那些障碍圣道的烦恼的缘故，以种种慧巧方便修习正法，作循依真实不颠倒思维的缘故，因此才能离欲。

　　什么是离欲的心退转？指的是由于贪恋名利，根性钝劣的缘故，初修静虑的人，反复多次思虑种种禅定相状的缘故，修习静虑获得相应却忍受不住停滞退步的缘故，被烦恼障碍的缘故，受恶友影响的缘故，便使离欲的心退转。

什么是断善根？指的是由于根性慧利的人做了各种最乐意做的恶事，将来必得恶果现行事的缘故，随顺那些引导自己向恶的人行事所得的缘故，那些人心生反佛思想极为严重，顽固到底的缘故，那些人在做一切现行恶事过程中对将来堕入恶道受苦没有丝毫畏惧的缘故，以损害其他众生为乐，不存丝毫同情心的缘故，皆能断善根。这些人的阿赖耶识中由先世善因形成的种子也称为善根，不贪爱尘世生活、愤恨一切苦痛等的现行也称为善根。只是由于在建立现行善根的过程中中途转向做恶事，才称为断善根；并非由于永远拔掉了他们的具有善性的种子的缘故。

什么是续善根？指的是由于根性慧利的缘故，看见亲朋好友在修习能获福德的佛事的缘故，到修行勇进的人那里听受真正佛法的缘故，对违悖佛理的各种谬见产生犹豫，从而转向决定证悟真正佛法的缘故，能使已断阻的善根续接上。

原典

云何死？谓由寿量极①故而便致死。此复三种，谓寿尽故、福尽故、不避不平等②故。当知亦是时、非时死,或由善心,或不善心,或无记心。

云何寿尽故死?犹如有一随感寿量满尽故死,此名时死。

云何福尽故死?犹如有一资具③阙故死。

云何不避不平等故死?如世尊④说,九因九缘⑤,未尽寿量而死。何等为九?谓食无度量⑥,食所不宜,不消复食,生而不吐,熟而持之⑦,不近医药,不知于己若损若益⑧,非时、非量行非梵行⑨,此名非时死。

云何善心死?犹如有一将命终时,自忆先时所习善法,或复由他令彼忆念,由此因缘,尔时,信等善法⑩现行于心,乃至粗想⑪现行。若细想⑫行时,善心即舍,唯住无记心。所以者何?彼于尔时,于曾习善亦不能忆,他亦不能令彼忆念。

云何不善心死?犹如有一命将欲终,自忆先时串习恶法,或复由他令彼忆念。彼于尔时,贪、瞋等俱诸不善法现行于心,乃至粗、细等想现行,如前善说⑬。

又善心死时,安乐而死,将欲终时,无极苦受逼迫于身。恶心死时,苦恼而死,将命终时,极重苦受逼迫于身。又善心死者,见不乱色相;不善心死者,见乱色相。

云何无记心死?谓行善不善者,或不行者⑭,将命终时,自不能忆,无他令忆。尔时,非善心非不善心死,既非安乐死,亦非苦恼死。又行善不善补特伽罗⑮,将命终时，或自然忆先所习善及与不善，或他令忆，彼于尔时，于多曾习力最彊者，其心偏记，余悉皆忘。

若俱平等曾串习者，彼于尔时，随初自忆，或他令忆，唯此不舍，不起余心。彼于尔时，由二种因增上力[16]故，而便命终，谓乐着戏论因增上力[17]，及净不净业因增上力。

受尽先业所引果[18]已，若行不善业者，当于尔时，受[19]先所作[20]诸不善业所得不爱果之前相[21]，犹如梦中见无量种变怪色相。依此相故，薄伽梵[22]说：

若有先作恶不善业及增长已，彼于尔时，如日后分，或山山峰影等，悬覆，遍覆，极覆。当知如是补特伽罗，从明趣暗。

若先受尽不善业果而修善者，与上相违，当知如是补特伽罗，从暗趣明。此中差别者，将命终时，犹如梦中见无量种非变怪色可意相生。

若作上品不善业者，彼由见斯变怪相故，流汗毛竖，手足纷乱，遂失便秽，扪摸虚空，翻睛咀沫，彼于尔时，有如是等变怪相生。若造中品不善业者，彼于尔时变怪之相，或有或无，设有不具[23]。

又诸众生将命终时，乃至未到惛昧想位，长时所习我爱现行，由此力故，谓我当无，便爱自身，由此建立中有[24]生报。若预流果[25]及一来果[26]，尔时，我爱亦复现行㉗。然此预流及一来果,于此我爱,由智慧力数数推求㉘,制而不着,犹壮丈夫与羸劣者共相角力能制伏之,当知此中道理亦尔。若不还果㉙,尔时我爱不复现行㉚。

又解肢节,除天、那落迦㉛,所余生处一切皆有㉜。此复二种:一重,二轻。重,谓作恶业者;轻,谓作善业者。北拘卢洲㉝一切皆轻。

又色界㉞没时,皆具诸根㉟。欲界没时,随所有根,或具或不具㊱。

又清净解脱死㊲者,名调善死㊳。不清净不解脱死㊴者,名不调善死。

又将终时,作恶业者,识于所依从上分舍,即从上分冷触随起㊵,如此渐舍乃至心处㊶。造善业者,识于所依从下分舍㊷,即从下分冷触随起,如此渐舍乃至心处。当知后识唯心处舍,从此冷触遍满所依。

注释

①**寿量极**:人的生命时节到头。佛家根据业报轮回的义理,认为众生永无休止地在三界六道中轮回,即先世造作(作业)致死后投胎受果报(即现世处在哪一道和成为何等样的身都由先世作业所致),现世造作又

致死后投胎受果报，如此轮回下去，除非修学佛道，才有可能脱离受生。众生每一期生命从开始到结束，称为寿；在一期寿中，支持人色、心连续的为命。寿和命习惯合称为寿命，梵语为儞尾单（Jivita）。佛家认为众生的寿命不一，皆由前世作业而定。

②**不平等**：由于种种违逆定命的原因能造成不按定命死，就称为不平等，因此不平等死意味着未尽寿死。

③**资具**：一切资生活命之具。

④**世尊**：佛十号即如来、应供、正遍知、明行足、善逝、世间解、无上士、调御丈夫、天人师、佛，世尊意即世所尊崇。

⑤**九因九缘**：九种致死原因。

⑥**食无度量**：进食极多或极少均危及生命。此处所说的食，就是指通途义的食，也就是佛家所说的段食。

⑦**熟而持之**：由于上述种种原因酿成的疾病严重化称为熟，病重不设法治疗除去称为持。

⑧**不知于己若损若益**：不知道摄取的食物对自己是有害还是有益。前面从"食无度量"到"不近医药"都是就段食而言的，此处则就四食全体而言。佛家将因身体和精神的资养需要所摄取的对象统称为食，并把进食的方式分为四种：一为段食，也叫抟食，将有形质的食物分段吞食，指人滋养身命所食。二为触食，指鬼神

触气而食；又作乐食，以心所法触喜乐事，如终日观剧忘食。三为思食，又作念食，以第六识作希望之念，如极渴思饮；一说为禅天食。四为识食，阿赖耶识作为人生命精神的本体，所以称为食；一说为识天食。以上称为世间食。还有出世间食。

⑨ **非梵行**：指男女淫事。当人病重或女人经期行淫事称为非时行非梵行；纵淫无度，称为非量行非梵行。

⑩ **信等善法**：指心所法中的十一种善法。

⑪ **粗想**：对事理想像明晰敏利。

⑫ **细想**：任运昏昧。

⑬ **善说**：清楚准确地解说，善即好、妙。

⑭ **不行者**：没有做什么事的。当然也就无所谓善、不善。

⑮ **补特伽罗**：Pudgala，意即人、众生，又意译为数取趣。即反反复复在人、修罗、饿鬼、畜生、地狱中轮回，受生死果报之苦的主体。

⑯ **二种因增上力**：二种能令众生流转生死的力量，即所谓的乐着戏论的力量及过去的造善、不善业的力量。

⑰ **乐着戏论因增上力**："戏论"系指违背真理，不能增进善法而无意义之言论，唯识宗认为种种戏论，都会熏习成名言种子，随阿赖耶识流转于六道中，令众生放逸懈怠，与烦恼法相应。

⑱ **先业所引果**：佛家认为现世身都是前世造业所招感的。

⑲ **受**：承受，此处指预先变现未来果报身相，只是受相，不是受身。

⑳ **先所作**：死之前即现世中之所作所为，而不是指前世之所作所为。

㉑ **前相**：未来世的相状让人在将死时得以表现，此相即前相，即未死投生前，身相发生变化，变得与未来果身的相相似，所以也叫变怪相。

㉒ **薄伽梵**：Bhagavat，又作薄迦梵、婆伽婆、婆伽婆伽梵、登葛斡谛等，就是世尊的梵语，其中包含着自立、炽盛、端严、名称、吉祥、尊贵六种意思。

㉓ **设有不具**：造中品不善事的人也有来世投生恶趣的相，但不是都以变怪相出现在将死的人心中。不具，不齐全。

㉔ **中有**：也叫中阴身，佛家认为除极善极恶的人死即投胎外，其他人都在死后滞留在冥间，彷徨寻求投生处，其身形如赤裸的童子，但诸根如成人一样明利。注意，佛家所谓中阴不同于民间传闻中的阴间鬼魂。

㉕ **预流果**：梵文 Srotāpanna-phala 的意译，音译须陀洹果，小乘佛教修行的初果。指断尽三界之见惑，预入圣道之法流。

㉖ **一来果**：梵文 Sakṛdāgāmin-phala 的意译，音译斯陀含果，小乘佛教修行的第二果。指已断除欲界九品修惑中之前六品，而证入果位者。

㉗、㉘ **我爱亦复现行……由智慧力数数推求**：须陀洹、斯陀含尚未断尽欲界惑业，自我爱执的意念仍有现行的可能，但凭智慧的修证，能令暂伏，不起现行。

㉙ **不还果**：梵文 Anāgāmin-phala 的意译，音译阿那含果，小乘佛教修行的第三果，指已断尽欲界九品修惑中之后三品，而不再返回欲界受生之阶位，故称为不还。

㉚ **我爱不复现行**：阿那含由于断尽了九品思欲，自我爱着的意念，不再现行，所以不还欲界，只在色界、无色界受生。

㉛ **那落迦**：Naraka、Nāraka，又作落迦，即地狱。此处指地狱中的众生。

㉜ **所余生处一切皆有**：其余的人、阿修罗、饿鬼、畜生的一切众生都有（死时解肢节苦）。其所以除开天、地狱众生，是因为此二类属于化生，无所谓肢节，也就不存在解肢节。

㉝ **北拘卢洲**：Uttarakuru，郁多罗究留的略说，梵语义为最上最胜，是佛家所说的一小世界大咸水海上四大部洲中的北方洲，洲上众生寿命长达千岁，衣食自然。

㉞**色界**：处于欲界之上，欲界九品思惑断尽的众生上居色界，但仍有形质，即有身体，居国土、宫殿，所以称色界，因为有此形色故。色界天众修四禅，所以又称为四禅天；其天众不着衣服，也无髻，但和着衣、戴冠一样；其身长、寿命远大于欲界天众，如最高处的色究竟天众身长一万八千由旬，寿命一万八千大劫。

㉟**皆具诸根**：这是因为色界天众已无解肢节的苦受。

㊱**随所有根，或具或不具**：欲界中有六欲天众和地狱众，无解肢节，因而死时诸根具（地狱众生本已受的苦千百倍于解肢节）；其他众生有解肢节，所以不具。

㊲**清净解脱死**：阿罗汉断绝一切见惑思惑不再受生报，舍身命永入涅槃。断惑为清净，不受生死果报苦为解脱。

㊳**调善死**：又名调伏死。意即运用佛法调和控制身、语、意的造作得获善果死。

㊴**不清净不解脱死**：没有断绝烦恼惑染仍要受生死果报苦而死。

㊵**冷触随起**：识从根体分时，冷的感触便随着升起。

㊶**心处**：经文这里的心，应该是"肉团心"的意思。

㊷**识于所依从下分舍**：佛家认为识根分舍，有从上开始、从下开始的区别，这种区别与人死前的善恶有因果联系。

译文

什么是死？指的是由于众生的寿命到尽头的缘故致死。这死又有三种，就是寿命已尽的缘故致死，福报已尽的缘故致死，不避开导致死的原因致死。理当知道这也可以说成寿尽时死、未到寿尽时死二种，这或者是怀抱善心死，或者怀抱不善心死，或者怀抱非善非不善心死。

什么是寿命已尽的缘故致死呢？如同临终前感受到自己寿量已尽所以要死，这就称为时死。

什么是福报已尽的缘故致死呢？如同有一种供维持生命的条件欠缺的缘故致死。

什么是不避开导致死的原因致死呢？如世尊所说的，有九种原因导致不能满寿命时期死。是哪九种原因呢？就是进食不合身体的需要量，吃的食物对身体没有营养价值，已吃的食物未消化还进食不断，吃的食物使身体苦痛难忍却不吐出，上述原因酿成的疾病严重化却不设法除病，已患重病拒不就医服药，不知道摄取的食物对自己是有害还是有益，在不适宜的时候行男女淫事、过量行男女淫事，以上原因致死称为非时死。

什么是怀抱善心死呢？如同有一人将要命终时，自己回忆起以前修习过的善法，或者又由别人使他回忆起以前修习过的善法，有了这二种原因，这时，对佛道的信念等各种善的心念升起在内心，甚至在内心里浮现出明晰的事理相状。如果心中处于昏昧，任心意浮动，各种善的心念随即消失，只留存非善非不善的心念。为什么呢？因为他在这时，对曾经修习过的善法已经不能回忆起来，别人也不能使他回忆起来。

什么是怀抱不善心致死呢？如同有一人将要命终时，自己回忆起以前反复不断习行的恶法，或者又由别人使他回忆起以前反复不断习行的恶法。他在这时，对尘世生活的贪恋心、对一切违逆自己的痛苦、愤恨等各种不善的心念一起生起在内心。至于在内心里浮现出明晰事理相状时，和内心处于昏昧，任心意浮动时的情景，如同前面已经清楚解说的一样。

又怀抱善心死的时候，死得安乐，将要命终时，没有极重的痛苦感受逼迫自身。怀抱恶心死的时候，死得苦恼，将要命终时，有极重的痛苦感受逼迫自身。又怀抱善心死的人，会现出不是淆乱怪诞的形相；怀抱不善心死的人，会现出淆乱怪诞的形相。

什么是怀抱非善非不善心死？指的是行非善非不善法的人，或者没有行什么法的人，将要命终时，自己不能回忆起什么，别人使他回忆时也回忆不起什么。这时，怀抱非善非不善心死，既不是死得安乐，也不是死得苦恼。又行非善非不善法的人，将要命终时，或者自然地回忆起从前习行过的善法和不善法，或者别人使他回忆起从前习行过的善法和不善法，他在这时，对过去多次习行印象最强的，心里能特别回忆起，至于其他的一切就都忘了。

如果一生中，没有什么印象特别深刻的，他在这时，随着自己开始的回忆，或者别人使他回忆，除此之外，不再起其余的心念。这时，由于二种力量的推动，而得命终。这二种力量，指的是于无意义言论中放逸堕落的力量，和过去世所造的善、不善的业力。

前世造作引来的现世果报身已承受完了，如果现世一生做不善事，定会在死时，承受一生做的各种不善事所导致的未来世中受苦的果报身的相，变现出如同在梦中见到种种令人悚心的怪诞可怖景象。对于这种种怖畏的景象，世尊说：

如果有人生前造下不善业，他在这时，形相如同日落时分，群山峰影等，先遮掩部分阳光，渐渐遮掩全部阳光，最后完全掩蔽光明，一片黑暗。此人临终时所见的这些相，是从明晰逐渐暗昧。

如果先受尽前世造作引来的现世苦果，转而修习善法，就与上述状况相反，当知如此人所见到的相，是从暗昧逐渐明晰。其中有不同的地方，是这类人将要命终时所现出的未来世中的果报身相，如同在梦中见到的是种种令人悦意舒适的景象。

如果有人做了极不善的事，临终时即见到这种怪诞可怖的景象，于是流汗毛竖，手足乱扰，大小便失禁，双手摸索虚空，翻睛吐沫，他在这时，身体就变现出此等怪诞可怖的形相。如果有人做的是一般的不善事，则临终时所见到的怪诞恐怖的景象，也许有，也许没有，如果有，也不及前面所述。

而且，众生将要命终时，只要意识还清醒，则长时自我爱着的力量自然现行，由于这种势力，使他相信自己真的要死去了，于是他就贪爱自身。由此形成在死后和投生前之间的中阴身、乃至来世的果报身。如果有人修行到预流果和一来果，在这时，心中自我爱着的力量，也会随之现行。但凭智慧力，能够加以调伏不受固执。犹如身体强壮的男子与体弱病残的人角斗而能制伏他，理当知道这当中的道理是一样的。如果有人修行到不还果，这时他执爱自我身心的习气便不会再现行。

而且，众生在寿命逐渐终了时要受肢节解分的剧烈痛楚，除了天处、地狱处的众生外，其他处的一切众生都得承受这种痛楚。这种状况有二种：一种重，二种轻。重的，是作恶行的人承受的；轻的，是作善行的人承受的。北拘卢洲的一切众生承受的都轻。

而且，色界的众生死的时候，各种根体都具备。欲界的众生死的时候，各种根体随身体是否受到解分肢节苦，有的具备，有的不具备。

而且，阿罗汉断绝一切见惑思惑，不再受生报，舍身命永入涅槃，称为用佛法调和控制身、语、意的造作，而获善终。没有断绝烦恼惑染仍要受生死果报苦而死的人，称为没有用佛法调和控制身、语、意的造作，而不获善终。

而且，人将要命终时，作恶行的人，他的阿赖耶识从上部根体分离时，冷的感触就随即产生，像这样的分离逐渐扩展到心部。作善行的人，他的阿赖耶识从下部根体分离时，冷的感触就随即产生，像这样的分离逐渐扩展到心部。理当知道阿赖耶识最后只从内心分离，从此冷的感触就遍及全身。

原典

云何生？由我爱无间已生故。无始①乐着戏论因已熏习故，净不净业因已熏习故，彼所依体②，由二种因增上力③故，从自种子即于是处中有、异熟无间得生④。死生同时，如称两头，低昂时等。而此中有，必具诸根⑤。造恶业者，所得中有，如黑绒光或阴暗夜。

作善业者，所得中有，如白衣光或晴明夜。

又此中有是极清净天眼所行[6]。彼于尔时，先我爱类不复现行，识已往故[7]。然于境界起戏论爱，随所当生[8]，即彼形类中有而生[9]。又中有眼犹如天眼[10]，无有障碍，唯至生处[11]。所趣无碍，如得神通[12]，亦唯至生处。又由此眼，见已同类中有有情[13]及见自身当所生处。又造恶业者，眼视下净[14]，伏面而行。往天趣者上，往人趣者傍。

又此中有若未得生缘[15]，极七日住[16]。有得生缘，即不决定[17]。若极七日未得生缘，死而复生极七日住[18]。如是展转[19]未得生缘，乃至七七日住[20]，自此已后决得生缘。又此中有，七日死已[21]，或即于此类生[22]；若由余业可转中有种子转者[23]，便于余类中生[24]。

又此中有有种种名，或名中有，在死生二有中间生故；或名健达缚[25]，寻香行故，香所资故[26]；或名意行[27]，以意为依，往生处故，此说身往，非心缘往[28]；或名趣生[29]，对生有起[30]故。当知中有，除无色界一切生处[31]。

又造恶业者谓屠羊、鸡、猪等[32]，随其一类，由住不律仪[33]众同分[34]故，作感[35]那落迦不善业及增长已，彼于尔时，犹如梦中，自于彼业所得生处[36]，还见如是种类有情及屠羊等事。由先所习喜乐驰趣，即于生处境色所碍，中有遂灭，生有续起。彼将没时，如先死有，见纷乱色。如此乃至生灭道理如前应知㊲。

又彼生时，唯是化生，六处具足㊳。复起是心而往趣之，谓我与彼�439嬉戏受乐，习诸技艺，彼于尔时颠倒㊵，谓造种种事业及触冷热㊶，若离妄见如是相貌，尚无趣欲，何况往彼㊷；若不往彼，便不应生，如于那落迦如是，于余似那落迦鬼趣中生，当知亦尔，如瘾鬼等。又于余鬼、旁生㊸、人等，及欲、色界天众同分中，将受生时，于当生处见己同类可意有情，由此于彼起其欣欲，即往生处，便被拘碍。死生道理，如是应知。

又由三处现前得入母胎㊹：一、其母调适而复值时㊺，二、父母和合俱起爱染，三、健达缚正现在前。复无三种障碍，谓产处过患所作、种子㊻过患所作、宿业过患所作。

云何产处过患？谓若产处为风热瘾之所逼迫；或于其中有麻麦果；或复其门如车螺形，有形有曲，有秽有浊，如是等类产处过患应知。

云何种子过患？谓父出不净非母，或母非父㊼，或俱不出，或父精朽烂，或母或俱，如是等类种子过患应知。

云何宿业过患？谓或父或母不作、不增长感子之业，或复俱无，或彼有情不作、不增长感父母业，或彼父母作及增长感余子业，或彼有情作及增长感余父母业，或感大宗㊽叶㊾业，或感非大宗叶业㊿，如是等类宿业过患应知。

若无如是三种过患、三处现前，得入母胎。彼即于中有处，自见与己同类有情为嬉戏等，于所生处起希趣欲。彼于尔时，见其父母共行邪行所出精血而起颠倒。起颠倒者，谓见父母为邪行时，不谓父母行此邪行，乃起倒觉，见己自行。见自行已，便起贪爱，若当欲为女，彼即于父便起会贪；若当欲为男，彼即于母起贪亦尔。乃往逼趣，若女于母，欲其远去；若男于父，心亦复尔。

此欲已，或唯见男，或唯见女。如如渐近彼之处所，如是如是渐渐不见父母余分，唯见男女根门，即于此处便被拘碍㊿。死生道理如是应知。

若薄福者，当生下贱家，彼于死时及入胎时，便闻种种纷乱之声，及自妄见㊿入于丛林、竹苇、芦荻等中。若多福者，当生尊贵家，彼于尔时，便自闻有寂静美妙可意音声，及自妄见升宫殿等可意相现。尔时父母贪爱俱极㊿，最后决定各出一滴浓厚精血，二滴和合住母胎中合为一段㊿，犹如熟乳凝结之时。当于此处，一切种子异熟所摄、执受所依阿赖耶识和合依托。

云何和合依托？谓此所出浓厚精血合成一段，与颠倒缘中有俱灭。

与灭同时，即由一切种子识功能力故，有余微细[55]根及大种[56]和合而生，及余有根同分精血和合抟生[57]。于此时中，说识已住结生[58]相续，即此名为羯罗蓝位[59]。此羯罗蓝中有诸根大种[60]，唯与身根及根所依处[61]大种俱生。即由此身根俱生诸根大种力故，眼等诸根次第当生[62]。又由此身根俱生根所依处大种力[63]故，诸根依处次第当生。由彼诸根及所依处具足生[64]故，名得圆满依止[65]成就[66]。又此羯罗蓝色与心心法安危共同[67]，故名依托。由心心法依托力故色不烂坏[68]，色损益故彼亦损益，是故说彼安危共同。又此羯罗蓝识最初托处，即名肉心。如是识于此处最初托，即从此处最后舍[69]。

注释

① **无始**：虚妄不实的现象都是因缘和合生，前因又有前因，所以无有初始。

② **彼所依体**：执爱自我的心所依托的体。执爱自我的心不变，但它所依的体却有变，即三有之体：一为本有的身，即死之前的身；二为当有的身，即死后所投生的身；三为中有的身，即本有和当有中间的身。另还有四有的说法：一为死有，即死的最后一刹那；二为生有，即投生各趣的一刹那；三为中有，即死有与生有中

间的身心；四为本有，除生有、死有之外的身心。

③ **二种因增上力**：乐着戏论因、净不净业因的强势力。

④ **从自种子即于是处中有、异熟无间得生**：随顺二种因，就在他应当去的投生处，中有身、果报身没有间隔地相续生成。

⑤ **中有，必具诸根**：本有转为中有时，各种根体必然具备。因为中有属于化生，不像果报身有一个在娘胎中逐渐生长的过程。

⑥ **此中有是极清净天眼所行**：意即非此天眼是看不见中有形相的。

⑦ **识已往故**：识已随着中有身往当生处的缘故。也就是识已离本有身而他去。

⑧ **随所当生**：众生造业必然导致将来的相应果报身，死后成中有投生到必然去的道，成为果报身，称为当生。

⑨ **即彼形类中有而生**：意思是说上述的"随所当生"是在中有的形态中完成的。

⑩ **天眼**：能看见人眼所见不到的形相，即能透过种种障碍见到极明、极远、极微、极净色相。

⑪ **唯至生处**：中有身的眼只有在观望他要投生的去处才能无有障碍。所以中有眼还不等于天眼。

⑫ **神通**：此处形容中有身去投生趣也能穿通种种

障碍，和现世中人相比就像有神通一般。

⑬ **见己同类中有有情**：中有身，未死之人是看不见的，但死后成为中有身却可以看见别人死后的中有身。

⑭ **眼视下净**：眼睛把下面恶趣的秽垢相看成净妙的。这是一种颠倒见。

⑮ **未得生缘**：未能顺利投生，或未能顺利投胎，即投胎不成功。生，投生，生有。

⑯ **极七日住**：滞留中有身满七日。

⑰ **有得生缘，即不决定**：能顺利投生，就不限定中有身七日。

⑱ **死而复生极七日住**：从死返生满七日，七日满又死。此处的死指中有身的死。

⑲ **展转**：即辗转，原义指身体翻来覆去转动，此处引申为反复多次。

⑳ **七七日住**：七次七，即七七四十九日滞留中有身。世间行七七斋为死者修造福德，就是基于有身七七辗转的说法。

㉑ **七日死已**：此指每个七日。

㉒ **即于此类生**：就以已经获得的此类中有身往当生处投生。

㉓ **由余业可转中有种子转者**：由其他造作的势力可以使中有身里的种子形（往当生处投生）。

㉔ **便于余类中生**：便往其他道投生。

㉕ **健达缚**：Gandharva，又作乾闼婆，译为香神、嗅香、香阴、寻香行。八部众之一，鬼神类。

㉖ **寻香行故，香所资故**：四处寻求饮食发出的香气的缘故，用香气资养身体的缘故。乾闼婆又称为乐神。西域现实生活中，称呼以俳优为生的人为乾闼婆，说他们闻到人家有饮食香就上门献艺乞食。

㉗ **意行**：即意左右行动。

㉘ **此说身往，非心缘往**：此处说的是由意左右的身往，不是说仅仅心念往。往，往当生处。

㉙ **趣生**：即往生。趣，趋向，往当生处。

㉚ **对生有起**：能发起生有。正是由于中有有趣生功能，所以能发起生有。

㉛ **当知中有，除无色界一切生处**：无色界天众没有形质，所以死后也就无中有身，因为中有身是有色（形质）的。无色界一切生处即包括空无边处天、识无边处天、无所有处天、非想非非想处天。

上面从"而此中有，必具诸根"至此处文字都是讲中有。下面的文字接着讲述了中有身如何投生的种种情境。

㉜ **屠羊、鸡、猪等**：屠杀羊、鸡、猪等生灵。此为犯佛家首戒"不杀生"。

㉝ **住不律仪**：住，持续不止。不律仪，发誓作恶。

发誓作善为律仪。

㉞ **众同分**：又作有情同分，即同界同趣同生同类同性同形的有情众生。

㉟ **感**：依业感得果报。

㊱ **于彼业所得生处**：在他造作所获得的死后投生处。

㊲ **生灭道理如前应知**：中有灭、生有起的有关道理如前面讲述的死有灭、中有生的一样。如前面所讲的无间续生、低昂时等之类。

㊳ **唯是化生，六处具足**：此指地狱众生从中有到地狱只是化生，所以六根齐全。六根又称内六处，即眼处、耳处、鼻处、舌处、身处、意处。

㊴ **彼**：此处指与自己同类的可意的有情众生。

㊵ **颠倒**：观念颠倒。即以秽为净，以苦为乐等。

㊶ **谓造种种事业及触冷热**：认为是作种种事业和触感冷热快适。指前文的"嬉戏受乐、习诸技艺"。

㊷ **何况往彼**：意思是说趣欲既无，往彼就更谈不上了。

㊸ **旁生**：佛家称畜生，指一切非人的动物，其中还包括传说中的龙。

㊹ **三处现前得入母胎**：三种能依托的因缘同时具足，阿赖耶识才能依托入母胎。本文从此处开始讲生有发生的条件和情景，以及胎儿生长的条件及过程，表明了古印度人民及佛学家对人的生殖及卫生、优生有了丰

富的知识。

㊺ **值时**：处在能受孕时，即受孕的年龄和受孕的时间都具备。

㊻ **种子**：此处种子不是指阿赖耶识种子识，而是指男女交合行的精子。

㊼ **母非父**：即母出不净非父。佛家认为受精是父母各出一滴浓血相合。

㊽ **大宗**：大乘宗。

㊾ **叶**：莲叶，清净行。

㊿ **或感非大宗叶业**：或者导致未来非大乘或小乘，清净行果。无论大乘小乘清净行都脱离尘世，自然无须受生。

(51) **即于此处便被拘碍**：中有身就在这处所被执制阻碍。即被有形质色身束住障阻，而入母胎中。

(52) **妄见**：此处作看见的幻相，或仿佛看到。

(53) **尔时父母贪爱俱极**：当中有死、生有起的一刹那，也正是父母爱欲交合达到极点的时刻。

(54) **二滴和合住母胎中合为一段**：这是古代佛学家对受孕过程的描述，无疑是以一定的观察为基础的。

(55) **微细**：未成形的根，有五根功能，但根体未成形。

(56) **大种**：非地、水、火、风等宇宙构成元素，此处特指能生出未来人体的胎种。

(57) **余有根同分精血和合抟生**：五蕴的身根与同类的精血相结合聚集成体。微细根所依托的身，即身根，身根虽未成形但仍为身。同分，指未成形的身与父母精血同类型。抟（音篆），束聚。

(58) **结生**：于轮回转生之间，指由中有托生于母胎。其相，通于大小乘，凡诸因缘具备，男女各于异性之父母起爱着而生。然此颠倒想仅限于凡夫，若菩萨则不然；菩萨入母胎时，心不颠倒，于父为父想，于母为母想，俱相亲爱，无有异心。

(59) **羯罗蓝位**：受孕成胎的第一阶段。羯罗蓝（Kalaīa），译意为凝滑、杂秽；由父母两精血和合凝结如膏脂，所以叫凝滑；由父母遗泄的不净物合生，所以叫杂秽。

(60) **诸根大种**：能生出将来人身各种根的大种。此处主要是指净色根，即眼、耳、鼻、舌的神经。

(61) **根所依处**：即肉体的各种感觉器官，也就是现代心理学所说的分析器官部分，佛家所说的扶尘根。

(62) **眼等诸根次第当生**：眼等各种根必然顺次产生。由于与身根同生的各种根的种子生长的势力，促使各种感觉神经形成，所以称为次第。眼等，指眼、耳、鼻、舌的感觉神经。

(63) **根所依处大种力**：感觉器官肉体的种子生长力。它不同于诸根大种力。

(64) **诸根及所依处具足生**：各种感觉神经和器官肉体生长齐全。

(65) **依止**：此指心识有依托得以运行。

(66)本论从“与灭同时”起，至此处的文字，讲述了从羯罗蓝到圆满的过程，这过程佛家又称为胎藏八位（八个阶段），即：（一）羯罗蓝；（二）额部昙Arbuda，意即疱，受孕后的第二个七天，胎形如疱；（三）闭尸Peśi，意为聚血、软肉，即胎生长的第三个七天，形如软肉；（四）健南Ghana，意即凝厚，受胎后第四个七天已具身意二根，其他意尚未具；（五）钵罗奢佉Praśākha，受胎后第五个七天，肉团初显出四肢及身体各部分；（六）毛发爪齿位，第六个七天所现；（七）根位，第七个七天，眼、耳、鼻、舌四根完备；（八）形位，第八个七天，形相全部完备。

(67) **色与心心法安危共同**：有形质肉体和心识、各种心理活动安危共同。色，即肉体身。心心法，也称为心心所，即心法与心所法。

(68) **由心心法依托力故色不烂坏**：由于有心心法对肉体身的依托力，所以肉体身才不会烂坏。

(69) **识于此处最初托，即从此处最后舍**：阿赖耶识在生有生时最初依托在肉体心中，将来人死时又最后从这肉体心中舍离。

译文

什么是生呢？由于自我爱着的意念，无间生起，再加上无始以来的任意执着戏论所形成的种子，造作善、不善业所形成的种子，依着这二种种子的强势力作用，使执爱自我的心所依托的身即中有身、果报身，没有间隔地在他应当去的投生处相续地生成。死和生同时发生，如秤的两头，高低同时。而这中有身，必然具备六根。作恶行的人，得到的中有身，肤色像黑羊，或像阴暗夜一样浊暗。作善行的人，得到的中有身，肤色像白衣，或像晴夜一样清明。

而且，中有身只有极为清净的天眼才能看见。这时候的中有身，因为阿赖耶识已离原有身，随中有身往当生的处所了，中有生以前的执爱自我一类的心就不再是现行的了。所以，前一期生命中的自我爱执不再现行。然而原来对境界所起的戏论，随着中有身在当生的处所，随其应有的形貌续生。而且，中有身的眼如同天眼，视力能透过物的障碍，不过只有在观望自己要去投生的处所时才能无障碍。中有身要去哪里，身体也能穿透障碍，如同获得神通一样，不过只有在到达自己投生的处所的道途上才能无障碍。而且，中有身通过这眼，能看见与自己同类的有情中有身和必将去的投生处所。而作恶行的人，中有身的眼把下面恶趣的秽垢相看成净妙的，脸朝下去，向当生的处所。往天趣投生的中有身脸朝着上行来，往人趣投生的中有身脸朝着旁边行走。

又这中有身如果未能顺利投生，就会滞留在中有状态满七天。如果能顺利投生，就不必满七天。如果满了七天还没能顺利投生，就死去又复生满七天。这样死去活来反复多次不能顺利投生，以至七七四十九天滞留在中有状态，从这以后肯定能顺利投生。而且，这中有身，逢七之日死后，有的就以已经获得的中有身类往当生处所投生；如果有的中有身以其他的造作势力使自己身里的种子转形，就往当生处所投生成其他的形类。

而且，这中有身有种种的名称，或者称作中有，是因为它在死有和生有中间生存的缘故；或者称健达缚；或者称作寻香行，是因为他四处寻求香气，用香气资养身命的缘故；或者称作意行，就是依托意念去向投生处所的缘故，不过这里说的是身随意去，不是仅仅说意念的向往；或者称为趣生，就是能发起生有生的缘故。理当知道中有身类，是不包括无色界的一切住处众生的。

所谓造作恶者，是对屠杀牲畜类的众生而言。这类众生，由于誓行杀业，所以感得未来堕入地狱的果报。

当他的中有身在投生的时候,如同处于梦中一般,在未来投生的处所,还能见到这些种类的有情众生身和屠杀羊、鸡等事相。由于以前常做,中有身便在这时产生喜爱意乐,激励着中有往投生处所投生,就在投生处所被有形质的物障碍,于是中有身随即灭亡,生有身在刹那间续生。中有身将要灭没的时刻,就像人原来死前的情景一样,现出淆乱怪诞的相状。这些状况,甚至中有身生灭的道理,如前面曾说过的道理是一样的。

又中有身投生到地狱时,只是化生,所以六根齐全。其在投生的时候,心想和那些与自己同类的可意的有情众生嬉戏享乐,习耍各种技艺,于是他在这时产生颠倒的观念,认为:嬉戏享乐、习耍技艺是作种种事业和触感冷热快适。如果远离幻见,即使见到种种适意相状,也不会有投生的欲念,何况是再往那里投生;如果不往那里投生,就不可能有生身生。上述状况在地狱趣众生受生时是这样,在其他的与地狱众生相似的鬼趣众生受生时,理当知道也是这样,如颈生瘤的丑鬼。还有其他饿鬼、畜生、人等和欲界、色界的天众同类众生,将要受生时,在当生的处所看见那些与自己同类的可意的有情众生相,这些众生对那些众生相就产生欣乐相从的欲念,随即去往当生的处所,便被有形质的物限制障碍。这样的死生道理理应知道。

而且，当三种能依托的处所同时出现时，阿赖耶识才能进入母胎，第一，他的母亲身体调和安适而且正处在能受孕时，第二，父母交合都产生污染心性的爱心，第三，中有身这时正好出现在这受生的处所。又还须无如下三种障碍，就是生产处有由于不随顺导致的障碍，精种有由于父母的不随顺导致的障碍，由于过去中有有情和父母造作的不随顺导致的受生障碍。

什么是生产有由于不随顺导致的障碍呢？指的是如生产处感受风热血瘀的苦痛；或者在生产处所中长有芝麻、麦子那样的瘤物；或者阴道门生得像车螺丝形，有畸形，有弯曲，有脏物，有浊液等，这一类生产处所的障碍理应知道。

什么是精种有由于父母的不随顺导致的障碍呢？指的是父亲泄出的精液达不到与母体卵子相合的结果，或者母亲排出的卵子达不到与父体精液相合的结果，或者父母都不泄出精血，或者父亲的精血朽烂无效，或者母亲的卵子朽烂无效，或者父母的精血都朽烂无效等，这一类精种的障碍理应知道。

什么是由于过去中有有情和父母造作的不随顺导致的受生障碍呢？指的是或者父亲或者母亲不做、不加强能导致未来生子的行为，或者父母都不做、不加强能导致未来生子的行为，或者那投生的有情众生不做、不加强导致未来有特定父母的行为，或者那父母做了并加强了导致未来生得别的子女的行为，或者那投生的有情众生做了和加强了导致未来有别的父母的行为，这一类过去的造作导致的受生障碍理应知道。

如果没有这样的三种不随顺，而且三种能依托的处所同时出现，阿赖耶识才能进入母胎。那众生就在中有身的处所，看见与自己同类的有情众生在嬉戏等相，在他要投生的处所产生了要去投生的希求。他在这时，看见他的父母一起做爱的邪事时产生颠倒的观念。产生的颠倒观念，指的是看见父母在做邪事时，不认为父母在做这邪事，于是产生颠倒的幻觉，似乎看见是自己在做邪事。看完自己做的邪事后，便产生贪爱心，如果应当受生成为女的，他就对他的父亲产生会合的贪爱心；如果应当受生成为男的，他就对他的母亲产生会合的贪爱心。如果要受生为女的，心里就想着自己已成为女人，而迫切地去向那里对付他的母亲，并想要他的母亲远离开；如果要受生为男的，心里也有这类想法。

这种欲念过后，受生成为女的就只看见父亲，受生成为男的就只看见母亲。他渐渐地接近他要去投胎的处所，如此这般渐渐地不再见到父母身体的其他部分，只看见男女的生殖器，就在这处所被执制阻碍。死与生的道理如前面说过的理应知道。

如果是福薄的，必然投生到下贱的家，他在死时和进入母胎时，就会听到种种淆乱的声音和幻见自己进入到丛林、竹苇、芦荻等境相里。如果是福多的，必然投生到尊贵的家，他在这时，就听到寂静美妙悦耳的声音和幻见自己升入宫殿等适意的境相。这时父母做爱贪爱都达到最高潮，最后决定各人泄出一滴浓厚精血，二滴精血结合依托在母胎（子宫）中，如同熟乳凝结时的状态。必然在这处所，含藏一切种子、摄持异熟果报的阿赖耶识就与精血合成的一段相结合并依托在这中间。

什么是阿赖耶识与精血结合并依托呢？指的是当父母泄出的浓厚精血相互结合时，中有身在看见父母精血相合从而产生颠倒观念的同时，中有身就灭亡了。

在中有身灭亡的同时，立即由阿赖耶识所具有的差别功能，有五蕴的未成形根和能生未来人身的大种的集合物产生，和五蕴的身根与同类的精血相结合聚集成的物体产生。在这时，可以说阿赖耶识已经入住于母胎之中，这一阶段称为凝滑位。这凝滑位中有人身各种根的大种，只能与身根和根所依托的器官肉体种同时生。由于这些与身根同生的各种根的大种势力发动的缘故，眼等各种根必然依次生出。又由于这些与身根同生的各种根所依托的器官肉体种势力发动的缘故，各种根所依托的器官肉体必然依次生出。由于那各种根及其所依托的器官肉体生长齐全，所以称为人的生长达到根形完满心识有依。又这凝滑位的肉体与内心识活动安危相是共同的，所以称为互相依托。由于有内心识活动的依托势力，所以肉体不会烂坏，由于肉体损益，内心识活动也损益，所以说他们的安危相是共同的。而且，这凝滑体是阿赖耶识最初依托的处所，名叫肉心。这阿赖耶识在这处所里最初得到依托，在将来死时也从这处所最后舍离。

意地第二之二[①]

原典

　　复次，此一切种子识，若般涅槃法[②]者，一切种子皆悉具足[③]；不般涅槃法[④]者，便阙三种菩提种子[⑤]。随所生处自体[⑥]之中，余体种子皆悉随逐[⑦]，是故欲界自体中，亦有色、无色界一切种子[⑧]；如是色界自体中，亦有欲、无色界一切种子；无色界自体中，亦有欲、色界一切种子。

　　又羯罗蓝渐增长时，名之与色平等增长俱渐广大[⑨]，如是增长乃至依止圆满应知。此中由地界⑩故，依止造色渐渐增广；由水界故，摄持不散；由火界故，成熟坚鞭；由无润故，由风界故，分别肢节各安其所。

又一切种子识，于生自体⑪虽有净不净业因，然唯乐着戏论⑫为最胜因。于生族姓⑬、色力⑭、寿量、资具等果，即净不净业为最胜因⑮又诸凡夫⑯，于自体上，计我、我所及起我慢⑰；一切圣者，观唯是苦⑱。

又处胎分中，有自性受⑲，不苦不乐，依识增长，唯此性受，异熟所摄⑳。余一切受㉑，或异熟所生，或境界缘生㉒。又苦受、乐受，或于一时从缘现起，或时不起㉓。

又种子识，无始时来相续不绝，性虽无始有之，然由净不净业差别熏发㉔，望数数取异熟果，说彼为新㉕。若果已生，说此种子为已受果。由此道理，生死流转，相续不绝，乃至未般涅槃。又诸种子未与果者，或顺生受㉖，或顺后受㉗，虽经百千劫，从自种子一切自体复圆满生㉘。虽余果生，要由自种㉙，若至寿量尽边㉚，尔时此种名已受果；所余自体种子未与果故，不名已受果。又诸种子，即于此身中应受异熟，缘差㉛不受，顺不定受㉜摄故。然此种子，亦唯住此位㉝。

是故，一一自体中，皆有一切自体种子。

注释

① **意地第二之二**：即第二意地的第二部分，亦即本论卷二。本部分又包括两大部分，前部分继续讲述意识的胜作业中的"若生"，后部分则讲述"若坏若成"。

② **般涅槃法**：灭度法，入灭法。般涅槃（Parinirvāṇa），略作涅槃（Nirvāṇa）。指烦恼之火灭尽，智慧完成而臻于觉悟之境界；故凡是能达于此最高目标之一切方法，都称为般涅槃法。

③ **一切种子皆悉具足**：一切种子全都具备，凡是未来能成就三乘果位的人，便称为"有种姓补特伽罗"。这样的人的阿赖耶识中的种子有两大类，一类为有漏种子，熏习这类种子，能使人滞留在三界受生死之苦，即漏落在三界六道中轮回不已；一类为无漏种子，即菩提觉悟的种子，修习此类种子能去尽烦恼，使人成就圣果。

④ **不般涅槃法**：无法令众生息灭烦恼，乃至究竟解脱的法。

⑤ **阙三种菩提种子**：缺少三种觉悟的种子，即声闻道种子、独觉道种子、大道（大乘菩萨道）种子。不修般涅槃法的人称为无种姓补特伽罗，他的阿赖耶识中仅有有漏种子，缺乏无漏种子。菩提，Bodhi，觉悟、道；佛家特指觉悟的境界，觉悟的智慧。

⑥ **自体**：即指这一期生命所依止的阿赖耶识本身。

⑦ **余体种子皆悉随逐**：其他体的种子全都随在不离。现生身自体具体生处在三界六趣的某一界、某一趣、某一地中,但是它体中却具有能生于其他界、其他趣、其他地的种子,只要因缘条件具备,这些种子就可以变现。唯识家以阿赖耶识缘起论解释了众生在三界六道中轮回的原因。随逐,相随不离。

⑧ **欲界自体中,亦有色、无色界一切种子**：生在欲界身的自身中,也存在能使身生于色界、无色界的种子。

⑨ **名之与色平等增长俱渐广大**：称心识和根身同等地增长,都逐渐地长大。

⑩ **地界**：即地大种。佛家在四大种基础上加上空、识,作为对众生精神和物质构成元素的分析。地界,可译为地性,或地的坚性。佛家认为一切物质现象即色,正是因为有地的坚性的支持才能得以存形生长。

⑪ **自体**：即眼识、耳识、鼻识、舌识、身识、意识自身。

⑫ **乐着戏论**：乐意执着无真实义理的观念词语。

⑬ **族姓**：指前面提到的下贱家、尊贵家等家族。

⑭ **色力**：形相与能力。

⑮ **净不净业为最胜因**：清净与不清净的造作是导致家族、色力、寿命、资具差别的主要原因。以上所述的

两种最胜因，乐着戏论是决定阿赖耶识投生哪一处的主要原因；而净不净业是造成资具寿命等差别的主要原因。

⑯ **凡夫**：指常人、俗人、异生。佛家特称没有丝毫断惑证理的人，即不入圣流的人。

⑰ **计我、我所及起我慢**：认定自己、自己所有的身外物是真实的，由于妄认定自己是真实的主宰，从而产生傲慢待人的心念。

⑱ **观唯是苦**：凭借佛法智慧认定我、我所、我慢等世间的一切无非是苦。观，梵语为毗婆舍那（Vipaśyana），以智慧通达真理，所以观又是智的别名。是，此、这些，指世间一切虚妄致苦的现象。

⑲ **自性受**：从胎中带来的对自身所具有的感受。这种感受不是接受外来作用而产生的。

⑳ **唯此性受，异熟所摄**：不苦不乐的感受，是阿赖耶识自体所具有的性质。

㉑ **余一切受**：指苦受、乐受。

㉒ **或异熟所生，或境界缘生**："异熟所生"，是指阿赖耶识中的习气种子现行；"境界缘生"是指受境界影响而起的部分。

㉓ **或于一时从缘现起，或时不起**：指苦、乐的感受，由因缘生，因缘灭。

㉔ **由净不净业差别熏发**：一切种子都是通过清净

的和不清净的行为所熏习而成的，由于熏习的差别，才能产生爱非爱的果。

㉕ **望数数取异熟果，说彼为新**：相对于反复由业熏发种子导致果报生的现象来说，就说那些种子是新熏的。

㉖ **顺生受**：也叫顺生受业，即前世造作熏习成的种子在次生生果。

㉗ **顺后受**：也叫顺后受业，即前世造作熏习成的种子在次生未能生果，而在以后的若干世中生果。

㉘ **虽经百千劫，从自种子一切自体复圆满生**：佛家说未与果的种子是坏失不了的，历百千劫也能生果，一旦作业就必有果。

㉙ **虽余果生，要由自种**：虽然有其他的果产生，也要通过一定的种子来熏发。

㉚ **寿量尽边**：寿尽的一刹那。

㉛ **缘差**：外缘不足、不全、相悖。

㉜ **不定受**：又称不定受业。

㉝ **唯住此位**：种子仍然不变地定处在阿赖耶识中一定的种子位。种子的性质是不变的，它生的果应该有一定的界、趣、所等，但是由于"顺不定受摄"，果的性位却不能决定。

译文

接下来论述这阿赖耶识中的一切种子,如果是修习涅槃解脱法的人,有漏无漏的种子就具备了所有,其阿赖耶识中,如果是没有修学涅槃解脱法的人,其阿赖耶识中就缺少声闻道、独觉道、大乘道三种觉悟的种子。阿赖耶识随顺着在现在受生的处所获得的果报身的自身,其他体身的种子也全都随在不离,所以阿赖耶识作为欲界的自身中,也存在能使身生在色界、无色界的一切种子;在作为色界的自身中,也存在能使身生在欲界、无色界的一切种子;在作为无色界的自身中,也存在能使身生在欲界、色界的一切种子。

而且,凝滑体在逐渐增长的时候,心识和根身同等地增长,直至圆满,像这样增长直到心识有依根形完满,理应知晓,由于有地的坚性,所以心识依托的根体才得以形成长大;由于有水的湿性,所以它能吸收摄取物质而不溃散;由于有火的暖性,身体得以成熟、坚硬;由于有虚空的融润性,风的动长性,人身各种肢节得以分别按空间部位长定。

而且,一切种子识,虽然依清净和不清净的业种子,召感未来的总报体,然而只有乐意执着戏论才是最主要的导因。在导致获得一定家族、形相、能力、寿命、资财等果报的原因中，清净与不清净的造作才是最主要的原因。而且，所有凡夫，对于自身认定自我、自我所有的身外物是真实的，并由于妄认自我是真实的主宰，而产生傲慢待人的心念。而一切修习佛法获得果位的圣人，却凭借佛法智慧认定世间的一切都是苦。

而且，处在胎中的生命体，依不苦不乐的感受，随阿赖耶识而得增长。只有这种感受，是阿赖耶识摄持的果报所生。其他的一切感受，或者由过去的造作导致的果报所产生，或者受到外境界的影响而产生。而且，苦的感受、乐的感受，或者在一时随外界影响现起，或者不现起。

又含藏种子的阿赖耶识，是无始以来连续不绝的，它的体性虽然是无始以来一直存在的，然而必须通过清净和不清净的不同造作的影响发动才能生出果。相对于反复熏发种子以成熟为果的现象来说，就说那些种子是新熏的。如果种子已成熟为果，就说这种子是已受果。种子识正是按照这个道理，处在生死流转中连续不绝，以至于不得涅槃。又各种子未能生果的，或者在次生生果；如果次生不能生果，就会在以后的若干世中生果，即使历经百千漫长时节，还是能从种子熏发之中，成熟出一定的果报来。虽然其他果报的产生，也要由同类种子熏发，但到寿尽的那一刹那，已现行的种子就叫已受果；其他未现行的种子，就不能叫已受果。而且，各种子，应当就在这身中生成果报，如果种种条件因缘皆不具足，种子便无法成熟为果。然此种子，仍然会被含藏在阿赖耶识中，为阿赖耶识所摄持。

所以，每一种阿赖耶识自体中，都有其他一切自体的种子。

原典

若于一处①有染欲，即说一切处有染欲。若于一处得离欲②，即说于一切处得离欲③。

又于诸自体中，所有种子，若烦恼品所摄④，名为粗重⑤，亦名随眠⑥；若异熟品所摄及余无记品所摄，唯名粗重，不名随眠⑦。若信等善法品所摄种子，不名粗重，亦非随眠。何以故？由此法生时，所依自体，唯有堪能⑧，非不堪能。是故，一切所依自体，粗重所随故，粗重所生⑨故，粗重自性故，诸佛如来安立为苦，所谓由行苦故⑩。

又诸种子，乃有多种差别之名，所谓名界⑪、名种姓⑫、名自性⑬、名因⑭、名萨迦耶⑮、名戏论⑯、名阿赖耶、名取⑰、名苦⑱、名萨迦耶见所依止处⑲、名我慢所依止处，如是等类差别应知。

又般涅槃时，已得转依诸净行者[20]，转舍一切染污法种子所依。于一切善、无记法种子，转令缘阙[21]，转得内缘[22]自在。

注释

① **于一处**：随所生处。

② **离欲**：彻底断绝爱欲获得真实解脱证究竟涅槃，达佛家最高理想境界。

③ **于一切处得离欲**：对于任何一处他都是离欲涅槃。因为他已超脱世间三界六道，不会再流转到其中。

④ **烦恼品所摄**：由烦恼类统摄。品，类聚。

⑤ **粗重**：烦恼之一种，其体无堪任性，能缚有情身心，于生死之中，故谓之"粗重"。

⑥ **随眠**：为烦恼之异名。烦恼随逐我人，令入昏昧沉重之状态；其活动状态微细难知，与对境及相应之心、心所相互影响而增强（随增），以其束缚（随缚）我人，故称为随眠。

⑦ **唯名粗重，不名随眠**：由于异熟品、无记品种子虽本身不生出烦恼，但也不能脱离生死，所以称为粗重，不称为随眠。

⑧ **堪能**：力能堪物，此处特指通过修学佛道，具有消除烦恼的智能。

⑨ **粗重所生**：粗俗堕重的烦恼种子生的无堪能相。

⑩ **由行苦故**：由于那些种子行运能致使一切烦恼众苦产生的缘故。

⑪ **界**：含藏、界藏。

⑫ **种姓**：本性。瑜伽行派将种姓分为五种，即声闻种姓、独觉种姓、菩萨种姓、不定种姓、无种姓。

⑬ **自性**：不变更的特性。

⑭ **因**：能与果、取果或导致果之组成条件。

⑮ **萨迦耶**：Sat-kāyadarśana，又名萨迦耶达利瑟致，意即有身见，起我、我所见。

⑯ **戏论**：错误无意义之言论。即违背真理，不能增进善法而无意义之言论。

⑰ **取**：为烦恼的异名；即执着于所对之境。

⑱ **苦**：果已生为苦，即苦果。

⑲ **萨迦耶见所依止处**：有身见凭依的处所。

⑳ **已得转依诸净行者**：修佛后，已将种子识转换成各种清净行的人。转依，转所依之意；即转舍劣法之所依，而证得胜净法之所依。

㉑ **转令缘阙**：小乘灰身灭智，他们脱离生死流转时，要转舍世间性善、不善、无记一切种子，从而既不

感异熟果，又不生自类果，所以称为缘阙。

㉒ **内缘**：意识于心内分别诸法事象，称为内缘。

译文

如有情众生在三界六道中某一处生污染心性的自爱欲，就说他无论转生在哪一处都生有污染心性的自爱欲。如有情众生在三界六道中某一处断绝自爱欲彻底证悟涅槃，就说他无论转生在哪一处都能断绝自爱欲彻底证悟涅槃。

而且，在各阿赖耶识自身中，所含藏的种子，如果是由烦恼统摄，称为粗重，也称为随眠烦恼；如果是由果报类统摄，和其余的非善非恶类统摄，只称为粗重，不称为随眠烦恼。如果是信等善法类统摄的种子，就不称为粗重，也不称为随眠烦恼。什么缘故？因为这些法生的时候，只有消除烦恼的能力，没有不能消除烦恼的劣能。所以一切种子依托的阿赖耶识自身中，由于有粗重的烦恼种子随附，由于有粗重的种子所生的不能消除烦恼的劣能，由于异熟的果报种子本性粗重，所以诸佛如来把它们划定在苦的范畴里，这是因为那些种子遇缘成熟以后，能使一切烦恼众苦产生。

而且，各种种子，有许多种不同的名称，有称作界的，称作种姓的，称作自性的，称作因的，称作萨迦耶的，称作戏论的，称作阿赖耶的，称作取的，称作苦的，称作萨迦耶见凭依的处所的，称作我慢凭依的处所的，等这些不同的名称，理应知道其中的差别。

而且，人们修习佛道证悟涅槃的境界时，就能转舍所有杂染法的种子，令一切有漏善及无记的种子缺缘不生，而得内心之自在如意。

原典

又于胎中经三十八七日，此之胎藏，一切支分①皆悉具足。从此以后，复经四日，方乃出生。如薄伽梵于《入胎经》广说，此说极满足者。或经九月，或复过此②。若唯经八月，此名圆满，非极圆满③。若经七月、六月，不名圆满。或复缺减④。又此胎藏六处位⑤中，由母所食生粗津味⑥而得资长。于羯罗蓝等微细位⑦中，由微细津味⑧资长应知。

复次，此之胎藏八位差别。何等为八？谓羯罗蓝位、遏部昙位、闭尸位、键南位、钵罗赊佉位、发毛爪位、根位、形位。若已结凝，箭⑨内仍稀，名羯罗蓝。若表里如酪⑩，未至肉位，名遏部昙⑪。若已成肉，仍极柔软，名闭尸。若已坚厚，稍堪摩触⑫，名为键南。

即此肉抟增长，支分相现，名钵罗赊佉。从此以后，发毛爪现，即名此位。从此以后，眼等根生，名为根位。从此以后，彼所依处分明显现⑬，名为形位。

又于胎藏中，或由先业力⑭，或由其母不避不平等力，所生随顺风⑮故，令此胎藏，或发、或色、或皮及余支分，变异而生。发变异生者，谓由先世所作能感此恶不善业，及由其母多习灰盐等味若饮若食，令此胎藏发毛希鲜。色变异生者，谓由先业因如前说，及由其母习近暖热现在缘故，令彼胎藏黑黳色生；又母习近极寒室等，令彼胎藏极白色生；又由其母多啖热食，令彼胎藏极赤色生。皮变异生者，谓由宿业因如前说，及由其母多习淫欲现在缘故，令彼胎藏或癣疥癞等恶皮而生。支分变异生者，谓由先业因如前说，及由其母多习驰走跳踯威仪及不避不平等现在缘故，令彼胎藏诸根支分缺减而生。

又彼胎藏，若当为女，于母左胁倚脊向腹而住；若当为男，于母右胁倚腹向脊而住。又此胎藏极成满时，其母不堪持此重胎，内风便发⑯，生大苦恼。又此胎藏业报所发生分风起⑰，令头向下，足便向上，胎衣缠裹而趣产门。其正出时，胎衣遂裂，分之两腋。出产门时，名正生位。生后渐次触生分触⑱，所谓眼触乃至意触。

次复随堕施设⑲事中，所谓随学世事、言说⑳。次复耽着家室,谓长大种类㉑故,诸根成熟故。次造诸业,谓起世间工巧㉒业处㉓。次复受用境界㉔,所谓色等,若可爱不可爱。受此苦乐,谓由先业因,或由现在缘㉕。随缘所牵㉖,或往五趣㉗,或向涅槃㉘。

又诸有情,随于如是有情类中自体生时㉙,彼有情类于此有情㉚作四种缘,谓种子所引故,食所资养故,随逐守护故,随学造作身语业故。初谓父母精血所引;次彼生已,知其所欲,方求饮食而用资长;次常随逐,专志守护,不令起作非时之行及不平等行;次令习学世俗言语等事。由长大种类故,诸根成熟故,此复于余,此复于余㉛。

如是展转,诸有情类无始时来受苦受乐,未曾获得出苦乐法,乃至诸佛未证菩提㉜。若从他闻音及内正思惟,由如是故,方得漏尽。

如是句义甚为难悟,谓:我无有若分、若谁、若事㉝,我亦都非若分、若谁、若事㉞。

如是略说内分死生已。

注释

① **支分**:即肢分,各部分肢节。

② **过此**:超过这九月。

③**非极圆满**：不是完满到极点。胎儿长到八月一切齐备，称圆满；但胎儿仍能生长，长到九月，到了胎内生长的极限，称极圆满。

④**缺减**：未到圆满为缺减。

⑤**六处位**：即胎藏八位中的第七根位、第八形位。六处，即十二处的内六处眼、耳、鼻、舌、身、意六处。

⑥**生粗津味**：口嚼食吞饮的生粗食物。生粗食物都是外界生长的，相对于体内营养津味是粗的。

⑦**微细位**：即指胎藏八位中的前三位，前三位还未分出身意二根，形体细微。

⑧**微细津味**：母体内资养胎儿微细位生长的细微营养物。这是对胎儿各阶段摄取营养的不同。

⑨**箭**：像箭伤心一样，佛家把招致痛苦烦恼的五蕴身比喻为像箭刺伤心性。脱苦即拔箭。

⑩**表里如酪**：胎身表里如同半凝的奶酪，还不是定形的肉体。

⑪**遍部昙**：即额部昙。

⑫**摩触**：胎身已长成定形坚厚的肉体，达到能受摸触不变形的程度。言外之意额部昙就经不住摸触。

⑬**彼所依处分明显现**：根（此处指胜义的感觉神经）依托的处所——分明呈现。

⑭**先业力**：先世造作的势力。造作的势力能作用

影响到后世果报身。

⑮ **所生随顺风**：胎体的生长随顺（上述先业力、其母不避不平等力所形成的）风动势。

⑯ **内风便发**：此是佛家对孩子产出的解释。

⑰ **胎藏业报所发生分风起**：由于先世造作的报应，胎儿在生产时的风性动势发生。此处是佛家对难产、顺产原因的解释。生分，出生的动性部分。

⑱ **生后渐次触生分触**：出生后人的触感就渐渐生出身触以外的一切不同的触，即眼触、耳触、鼻触、舌触、意触。身触在胎中就已具有，而且是胎儿唯一的一种触，出生后继续存在。

⑲ **施设**：建立，此指学会生活。

⑳ **世事、言说**：处世的事、见闻觉知所体现的一切言论谈说。

㉑ **种类**：此处指作为一定阿赖耶识种性类依托的身体，即人的婴儿阶段到童年阶段；简单地说即长成什么人。

㉒ **世间工巧**：世间生活的种种工艺技巧，本论中列举为十二种：营农、商估、事王、书算计度数印、占相、咒术、营造、生成、防那、和合、成熟、音乐。

㉓ **业处**：心业定止处，即心造作掌握一定的技艺。

㉔ **受用境界**：享用身外境界，即色、声、香、味、

触、法境界。

㉕ **现在缘**：现在外在现实境界的作用。

㉖ **牵**：牵引，招致果报，未来投生。

㉗ **或往五趣**：或者被牵引投生到地狱、畜生、饿鬼、人、天等五趣。

㉘ **或向涅槃**：由于修学佛道脱离烦恼，证得涅槃清净不再受生。

㉙ 此处及下文，是佛家论述人逐渐长大过程中，如何在世间社会中生活或适应社会。

㉚ **此有情**：实际上指的是父母长辈大人等。

㉛ **此复于余，此复于余**：如此递次辗转作四种缘接关系。

㉜ **乃至诸佛未证菩提**：直至诸佛在尚未证得彻底觉悟的时候，即成佛之前。

㉝ **我无有若分、若谁、若事**：分、谁、事，都是对五蕴和合的虚妄人身的表述。佛家认为五蕴和合的人身，本无真实主宰的"我"，"我"非实有，所以分、谁、事各种现象差别其实也无有。

㉞ **我亦都非若分、若谁、若事**：我与其他一切有情众生也都不是有分、谁、事的。言外之意，一切有情众生都是五蕴和合的虚妄，原没有人与人之间的分、谁、事的真实区别。

译文

又胎儿在胎中经三十八个七日，所有的肢节全都具备。从这以后，再经历四日，才算是出生。如同世尊在《入胎经》中广泛论述的，这经的论说是极其充分的。或者有在胎中经历九个月，或者还有超过九个月的。如果在胎中仅经八个月，这称作完满，但还不能称作极其完满。如果在胎中只经历七个月、六个月，就不能称作完满。或者在胎中经历的时间还有更少的。而且，这胎儿长到根形完满的阶段，就由母亲口嚼食吞饮的生粗食物资养长大。胎儿在凝滑等形体微细的阶段，由母亲体内微细的营养品资养长大，这些理应知道。

而且，这胎儿有八个阶段的差别。哪八个呢？就是凝滑、如疱、软肉、凝厚、初分肢、发毛爪齿、根完备、形完备。如果受孕体已经结凝，像箭伤心一样招致痛苦烦恼的五蕴身体还很稀少，称作凝滑。如果胎形表里如同半凝的奶酪，还没有长到肉质阶段，称作如疱。如果已经成为肉质，但还极其柔软，称为软肉。如果胎形的肉质体已经长坚厚，达到稍微能够受摸触的程度，称作凝厚。这肉团胎体不断生长，各部分肢节的模样显现出来，称作初分肢。从这以后，发毛指爪现出，就称作发毛爪齿阶段。从这以后，眼等感觉官能生出，称作根完备阶段。从此以后，感觉官能依托的处所——分明呈现，称作形完备阶段。

而且，又在胎中，或者是由于先世自己造作的势力招致的结果，或者是由于他的母亲不能避开危害生命健康的因缘，胎体的生长随顺着风性的动势，使得这胎儿，或者发毛、或者肉体、或者表皮以及其他的各种肢节，畸形生长。胎儿发毛畸形生长，是由于他在先世做了导致这现世恶果的不善行为，以及他的母亲习惯多吃灰盐类食物饮料，使这胎儿发毛稀少。胎儿肉体畸形生长，是由于他在先世做了导致这现世恶果的不善行为，以及由于他的母亲习惯接近暖热，使那胎儿肉色长得极黑；又他的母亲习惯居住在极寒冷的房里等，使那胎儿肉色长得极白；又由于他的母亲多吃热食，使那胎儿肉色长得极红。胎儿表皮畸形生长，是由于他在过去做了导致这现世恶果的不善行为，以及由于他的母亲多次追求淫乐，使那胎儿的表皮生出疥癞等恶疾。胎儿肢节畸形生长，是由于他在先世做了导致这现世恶果的不善行为，以及由于他的母亲举止习惯奔跑跳跃和不注意避开影响生命健康的事，使那胎儿各种感觉器官、肢节生得残缺不全。

又那胎儿，如果应是女性，胎位就在母体内左胁靠近脊柱的地方，面朝腹部；如果应是男性，胎位就在母体内右胁靠近腹部的地方，面朝脊柱。又这胎儿长到极完满的时候，他的母亲不能承受这重胎，体内风性的动势就发生，于是产生很大的痛苦烦恼。又这胎儿由于先世造作的报应，在生产时的风性动势发生时，使得头向下，足向上，被胎衣裹缠着趣向产门。当胎儿刚产出时，胎衣接着裂开，两腋从中分出。胎儿出产门的时候，称作正生阶段。出生后的婴儿的触感就渐渐生出身触以外的各种触，即眼触、耳触、鼻触、舌触、意触。

接下来，新生儿又随顺地落到现实生活的学习过程中，就是所说的处世的事、见闻觉知中的一切言论谈说。接着贪迷执着家庭，即在婴儿和童年时期，身体逐渐长大，成长为某种人；从少年阶段以后，各种感觉官能都生长成熟。接着再做各种行为，生起把握世间各种工艺技巧的心念。接着再享用身外境界，就是所说的色境、声境等，对它们产生喜欢与不喜欢的感受。对外境的苦乐感受，或者是由他在先世的造作导致的，或者是现在外在现实境界作用的结果。他随顺现实外在境界作用结果的牵引，未来再投生到地狱、畜生、饿鬼、人、天等五趣，或修学佛道，得涅槃不再受生。

又各有情众生自身随顺这类有情众生生长时，那些有情众生对这些有情众生作四种缘接关系，就是由那些有情众生自身阿赖耶识种子的牵引，受到这些有情众生的食物资养长大,跟随这些有情众生受到守护,跟随这些有情众生学习身、语的造作行为。他们出生前是父母精血牵引生长;出生后,懂得自己希求什么,才求饮食来使自己成长;后来常常跟随大人,专心得到守护,不使自己做不适时的行为和影响生命健康的行为;其次学习世间习俗言语等生活事。由于婴幼时期身体逐渐长大成长为某种人的缘故,少年时期各种感觉官能生长成熟的缘故,这些有情众生对其他的有情众生也是这样。

  这样辗转地互相缘接,各有情众生无始以来感受着苦乐,在诸佛尚未证得彻底觉悟以前,不曾获得脱离苦乐的方法。如果能够亲近善知识、听闻正法,再加上自己内心坚持断妄契真的正思维,由于经过这样的努力修习,才能断绝虚妄烦恼不再漏落到三界六道受生。

  如此语句谛义是很难领悟的,即:我本没有什么死生分界、种类谁属、体性造作,我与其他的一切有情众生也都不是具有什么死生分界、种类谁属、体性造作的。

  如上概略地论说完内在部分的死和生。

原典

  云何外分若坏若成[1]?谓由诸有情所作能感成坏业[2]故。

若有能感坏业现前，尔时便有外坏缘起③，由彼外分皆悉散坏，非如内分由寿量尽④。何以故？由一切外分所有粗色⑤，四大所成⑥，恒相续住⑦，非如内分。又感成器世间⑧业，此业决定能引劫⑨住，不增不减。若有情数⑩，时无决定⑪。所以者何？由彼造作种种业故，或过一劫，或复减少，乃至一岁⑫。

又彼坏劫，由三种灾。一者火灾，能坏世间，从无间狱乃至梵世⑬；二者水灾，能坏一切，乃至第二静虑⑭；三者风灾，能坏一切，乃至第三静虑⑮。第四静虑⑯无灾能坏⑰，由彼诸天身与宫殿俱生俱没⑱故，更无能坏因缘法故。复有三灾之顶⑲，谓第二静虑、第三静虑、第四静虑⑳。

又此世间二十中劫坏㉑，二十中劫坏已空㉒，二十中劫成㉓，二十中劫成已住㉔。如是八十中劫，假立为一大劫数㉕。又梵世间寿量一劫㉖，此最后坏，亦最初成㉗。当知此劫异相建立㉘，谓梵众天二十中劫合为一劫㉙，即依此劫施设寿量。梵前益天㉚四十中劫合为一劫，即依此劫施设寿量。若大梵天㉛六十中劫合为一劫，即依此劫施设寿量。

云何火灾能坏世间？

谓有如是时，世间有情寿量无限，从此渐减㉜，乃至寿量经八万岁。彼复受行不善法㉝故，寿量转减乃至十岁。彼复获得厌离之心，受行善法㉞由此因缘，寿量渐增，乃至八万。如是寿量一减一增，合成一中劫。

又此中劫，复有三种小灾出现，谓俭、病、刀。俭灾者，所谓人寿三十岁时方始建立，当尔之时，精妙饮食不可复得，唯煎煮朽骨共为宴会㉟，若遇得一粒稻、麦、粟、稗等子，重若末尼㊱，藏置箱箧而守护之。彼诸有情多无气势㊲，踬㊳僵在地不复能起。由此饥俭，有情之类亡没殆尽。此之俭灾，经七年七月七日七夜方乃得过。彼诸有情复共聚集，起下厌离㊴，由此因缘，寿不退减，俭灾遂息。

又若人寿二十岁时，本起厌患，今乃退舍㊵，尔时多有疫气障疠㊶、灾横热恼㊷相续而生。彼诸有情遇此诸病，多悉殒没。如是病灾，经七月七日七夜方乃得过。彼诸有情复共聚集，起中厌离，由此因缘，寿量无减，病灾乃息。

又人寿十岁时，本起厌患，今还退舍，尔时有情展转相见，各起猛利杀害之心，由此因缘，随执草木及以瓦石，皆成最极锐利刀剑更相残害，死丧略尽㊸。如是刀灾，极经七日方乃得过。

尔时㊹，有情复有三种最极衰损，谓寿量衰损、依止衰损、资具衰损。寿量衰损者，所谓寿量极至十岁。依止衰损者，谓其身量极至一搩或复一握㊺。资具衰损者，尔时有情唯以粟稗为食中第一，以发毾⁴⁶为衣中第一，以铁为庄严中第一⁴⁷。五种上味悉皆隐没，所谓酥、蜜、油、盐等味及甘蔗变味。

尔时，有情展转聚集起上厌离不复退减，又能弃舍损减寿量恶不善法，受行增长寿量善法，由此因缘，寿量、色力、富乐、自在皆渐增长，乃至寿量经八万岁。如是二十减、二十增，合四十增减，便出住劫⁴⁸。于最后增已⁴⁹，尔时那落迦有情唯没不生，如是渐渐乃至没尽，当知说名那落迦世间坏⁵⁰。如那落迦坏，旁生、饿鬼坏亦如是。尔时人中随一有情，自然法尔所得第二静虑，其余有情展转随学亦复如是，皆此没已，生极净光天众同分中，当知尔时说名人世间坏⁵¹。如人趣既尔，天趣亦然⁵²。

当于此时，五趣世间⁵³居住之处，无一有情可得⁵⁴，所有资具亦不可得。非唯资具不可复得，尔时天雨亦不可得。由无雨故，大地所有药草、丛林皆悉枯槁。复由无雨之所摄故，令此日轮热势增大。又诸有情能感坏劫业增上力故，及依六种⁵⁵所烧事故，复有六日轮渐次而现。彼诸日轮望旧日轮⁵⁶所有热势逾前四倍。既成七已，热遂增七。

云何名为六所烧事？一小大沟坑，由第二日轮之所枯竭；二小河大河，由第三日轮之所枯竭；三无热大池[57]，由第四日轮之所枯竭；四者大海，由第五日轮及第六一分[58]之所枯竭；六[59]苏迷卢山[60]及以大地体坚实故，由第六一分及第七日轮之所烧然。即此火焰为风所鼓，展转炽盛，极至梵世。又如是等，略为三事：一水所生事，谓药草等，由初所槁；二即水[61]事，由五所涸；三恒相续住体坚实事，由二所烧。如是世界皆悉烧已，乃至灰烬及与余影皆不可得。广说如经[62]，从此名为器世间已坏。满足二十中劫，如是坏已，复二十中劫住[63]。

云何水灾？谓过七火灾已，于第二静虑中有俱生水界起，坏器世间如水消盐。此之水界与器世间一时俱没。如是没已，复二十中劫住。

云何风灾？谓七水灾过已，复七火灾，从此无间，于第三静虑中有俱生风界起，坏器世间如风干支节，复能消尽。此之风界与器世间一时俱没，所以者何？现见有一由风界[64]发，乃令其骨皆悉消尽。从此坏已，复二十中劫住。

如是略说世间坏已。

注释

① **外分若坏若成**：外在部分的坏和成。本论以阿

赖耶识缘起论统摄三乘各宗的学说，在宇宙生成论和宇宙结构学上，有机地将小乘传统的业感缘起论结合纳入。阿赖耶识缘起论认定第八识阿赖耶识是世界的本体，一切精神、物质现象的本，它不仅能变现内在精神世界，也变现外在的物质世界和社会现象。本论本着阿赖耶识缘起论和《华严经》的"一切唯心造"的哲学立场，将一切精神、物质现象统一在意地里，而以一切内在精神现象及所依托的主体的生灭流转为内分死生，以一切外在自然和社会现象的形成演化为外分坏成，从而构成了意地胜作业中内外相对的范畴系统。前文论述到胜作业列举"……若死、若生等"，"等"中就包括外分若坏若成。

② **由诸有情所作能感成坏业**：由众有情众生身、口、意行为所作能感招或招致外世界的形成和坏灭。业感缘起论认定众生的业力必然感招结果即果报。果报有正报和依报，正报即众生各自获得的自受用的自体和所处的具体界趣境遇，依报是众生共同生活依存的世界国土。正报又称为别报，即众生各自不同的业力招致的不同果报；依报又称为共报，即众生共同的业力招致的共同果报。下文论述的世界的成坏都属于共业依报的范畴。

③ **外坏缘起**：外在世界坏灭的因缘发生。

④ **由彼外分皆悉散坏，非如内分由寿量尽**：外坏

发生的缘由是那外在世界全都散坏，不像内在现象的死灭是由于寿命限量已到尽头。

⑤ 粗色：一般眼见的外物形质。它与细色相对，细色又称极微，极微七七合成世界万物，即七极微合成一微量，七微量合成一金尘，七金尘合成一水尘，七水尘合成一兔毛尘，七兔毛尘合成一羊毛尘，七羊毛尘合成一牛毛尘，七牛毛尘合成一隙游尘，从而集积成世界物质。

⑥ 四大所成：即地、水、火、风四大种和合形成。

⑦ 恒相续住：长久地连续存在。物质世界诸现象替续，都要经历长久的时间，佛家有自己的宇宙时间概念。

⑧ 世间：即迁流变化的世界。佛家将世间分为有情世间和器世间。有情世间，又称众生世间，即众生自身及众生的社会。器世间，容载有情众生的无情的物质世界。

⑨ 劫：Kalpa，意即分别时节或大时节，是不能用年月日之类时节计算的，其实是古代印度人对宇宙演化时间的一种认识，具有朴素的科学观念。

⑩ 有情数：有情众生作业反复不定。数，与决定相反，反反复复变化。

⑪ 时无决定：劫时不定，或增或减。

⑫ **岁**：此处指人的寿命。佛家是以人的寿命得以增减来计量劫的时值长短的。人的寿命一减一增成为一小劫，即人的寿命以无量岁为起时，每百年人寿命减一岁，逐渐减到寿命仅十岁，称为减劫。再从十岁起，每百年人寿命增一岁，逐渐增到八万岁（一说八万四千岁），称为增劫。一小劫的具体时值说法不一，一说为一千六百八十万年，一说为一千六百万年。

⑬ **从无间狱乃至梵世**：从南赡部洲的地狱最底层的无间狱到色界诸天。

无间狱，八热地狱的最底层即第八层；所谓无间，意即万种苦痛无丝毫间歇。八热地狱传说在南赡部洲下面一千由旬（每由旬约四十里左右）。梵世，又作梵世天、梵世间，色界诸天的通称。

⑭ **第二静虑**：即第二禅天。色界由四禅十七天构成，第二禅天有少光天、无量光天、极光净天三天。

⑮ **第三静虑**：即第三禅天，由少净天、无量净天、遍净天构成。

⑯ **第四静虑**：即第四禅天，由无云天、福生天、广果天、无烦天、无热天、善现天、善见天、色究竟天等八天构成。有的说有九天，即在广果天后还有无想天。

⑰ **无灾能坏**：没有什么灾能使第四静虑坏灭。世间的坏灭是由火、水、风三大灾造成的，但只能坏至第

三禅天。

⑱ **彼诸天身与宫殿俱生俱没**：四禅天的天众和他们所居的宫殿同生同灭。色界天众的寿命奇长，无云天寿一百二十五大劫（一大劫有二十小劫），色究竟天寿一万六千大劫。

⑲ **三灾之顶**：火、水、风三灾所坏的世间的顶。顶，即三灾力达不到的天层，为下面已坏世间的顶。

⑳ **第二静虑、第三静虑、第四静虑**：第二静虑，为火灾的顶，此顶以下的世间被火焚坏；第三静虑，为水灾的顶，此顶以下的世间被水浸澜；第四静虑，为风灾的顶，此顶以下的世间被风吹散。

㉑ **此世间二十中劫坏**：这世间在二十中劫内逐渐坏灭。此处的中劫相当于通常说的小劫。通常所说一大劫包括成、住、坏、空四阶段，即四中劫，每一中劫均有二十小劫。或者说新译的中劫相当于旧译的小劫。

㉒ **二十中劫坏已空**：坏灭后只剩大冥空处历时二十中劫（小劫）。此劫称为空劫。

㉓ **二十中劫成**：历经二十中劫世界生成。此劫又称为成劫。

㉔ **二十中劫成已住**：历经二十中劫已生成的世界处在安住状态。即已生成，尚未坏。

㉕ **假立为一大劫数**：以成、住、坏、空共八十劫

立名数称为一大劫。

㉖ **梵世间寿量一劫**：此处所说的一劫，既不是大劫，又不是中劫，而是以梵世间自身的成坏过程为一劫。

㉗ **此最后坏，亦最初成**：世界的成坏不是各界同时发生的，成者由上至下依次先后发生，坏者相反。

㉘ **此劫异相建立**：这梵世间寿量的一劫的定立各天不同。

㉙ **梵众天二十中劫合为一劫**：梵众天的成坏过程历经二十中劫，所以说二十中劫合为一劫。梵众天为第一静虑的最低层。

㉚ **梵前益天**：又称为梵辅天，即为大梵天王的辅相。

㉛ **大梵天**：第一静虑天的王，他统领着梵众天，由梵辅天辅佐。

㉜ **渐减**：即有情众生在减劫中寿量递减，每百年减一岁。

㉝ **受行不善法**：领受并施行不善法。

㉞ **获得厌离之心，受行善法**：获得厌弃远离世间的心意，领受并施行善法。

㉟ **燕会**：同宴会。

㊱ **末尼**：也作摩尼，梵文 Maṇi，意即珍珠。

㊲ **无气势**：因饥饿而无气力。

㊳ **蹎**：通颠，跌倒。

㊴ **下厌离**：下等厌弃远离世间的心意。佛家将厌离心分为上、中、下三等，即上厌离、中厌离、下厌离。

㊵ **本起厌患，今乃退舍**：本来已经产生厌弃世患的心意，现在退转放弃这心意。

㊶ **障疠**：即瘴疠，亚热带地区恶性疟疾等传染病，这类病在古代印度很流行。

㊷ **灾横热恼**：疾病灾害横行肆虐、体热令人烦恼不堪。

㊸ **死丧略尽**：同亡没殆尽，即死亡到几乎灭尽。

㊹ **尔时**：三灾损害达到最后时期。

㊺ **身量极至一摆或复一握**：身长减到最小时只有一手掌长或更小的只有一握长。摆，以手掌度量长短。佛家所说的宇宙结构中，众生的寿命和身长是不同的，其长短与众生所处的三界的上下等级相应；众生作业不同，招致的果报身的寿量及身量也各异。此处指的共业共报身量。

㊻ **毼**：同褐，粗毛粗布衣。

㊼ **以铁为庄严中第一**：将铁作为装饰中第一的。言外之意没有再比铁更珍贵的了。佛家常把珍珠、金、银、琉璃、玛瑙、玻璃、砗磲（车纹海贝）等作为装饰物中的上品，称为宝。庄严，又作严饰，意即装饰、美饰，不是通常所理解的庄重严肃。

㊽ **出住劫**：住劫结束，开始变坏。

㊾ **最后增已**：增岁到顶不再增长。

㊿ **名那落迦世间坏**：称为地狱世间坏灭。世间的坏灭先从地狱开始。

(51) **尔时说名人世间坏**：人都升入极净光天不存在了，这时就称为人世间坏灭。

(52) **人趣既尔，天趣亦然**：人世间既然是这样变坏灭，诸天世间当然也是这样。

(53) **五趣世间**：即地狱、饿鬼、畜生、人、天五趣世间。

(54) **无一有情可得**：有情众生得不到五趣中的任何一趣作居住处所。

(55) **六种**：非指六大种，此处种为种类之种，即指所烧事有六种。

(56) **彼诸日轮望旧日轮**：后起的太阳与原来的太阳相对。类似的神话传说在汉民族及其他许多民族的传说中也有，是古代干旱肆虐在民初文化中的反映。

(57) **无热大池**：又名无热恼池、阿耨达池（Anavatapta），佛经中讲这大湖周围八百里，在香山以南、大雪山以北，为南赡部洲的中心。有人考证说这湖就是指喀拉山东南的玛拉萨罗瓦湖，是恒河之源。

(58) **第六一分**：第六个太阳的一分光热。

(59) **六**：六所烧事中，论数次第五；第五即妙高，第六是大地，合一处明略，无标第五名。

(60) **苏迷卢山**：即须弥山（Sumeru），一小世界的中轴，入水八万由旬，山高八万由旬。

(61) **水**：与水联系着的。

(62) **广说如经**：如同经文中详论（广泛论述）的。此说可参见《增一阿含经·七日品》。

(63) **二十中劫住**：历经二十个中劫的空住。此处不是指住劫，是空劫。

(64) **风界**：此处意指风性的世界构成元素，用在此文中不仅指自然中风吹风化现象，也指事物内的活动性（散化、消蚀、内崩等）现象。

译文

什么是外在部分的坏和成呢？就是由诸有情众生身、口、意行为所作，能感招外在世界的形成和坏灭。

如果有能感招坏灭的造作现实发生，就有外在部分坏灭的因缘条件发生，外在部分坏灭的缘由是那外在世界的全部散坏，不像内在现象的死灭是由于寿命限量已到尽头。什么缘故？由于一切外在部分所有的粗形物质，由地、水、火、风四大种构成，能长久地连续存在，不像内在部分不能长久地连续存在。而且，能感招形成众生生存的物质世界的众生造作，它的性定不变就能招致世界所经历的漫长住劫时值不变，众生寿命既不增也不减。如果有情众生的造作反复不定，漫长时节的时值就不确定。为什么会是这样的呢？由于众生造作种种业行感招的结果，或者寿命超过一劫，或者不断减少，甚至寿命减到仅有一岁。

又那坏劫，由三种灾致坏。一是火灾，能使从最底层的无间狱直到色界诸天的世间坏灭；二是水灾，能使一切世间甚至二禅诸天坏灭；三是风灾，能使一切世间甚至三禅诸天坏灭。四禅天没有什么灾能使它坏灭，它的坏灭是由于四禅天的天众和他们所居的宫殿同生同灭，此外再没有能使它坏灭的因缘条件。还有所谓三灾之顶的说法，指的是二禅天是火灾的顶，三禅天是水灾的顶，四禅天是风灾的顶。

又这世间历经二十个中劫变坏，在坏灭后有二十个中劫呈现大冥空处，历经二十个中劫形成世界，已生成的世界有二十个中劫处在安住状态，如此八十个中劫，立名称作一个大劫。又色界世间众生寿量作为一劫，这世间是最后坏灭，也是最初形成。应当知道这色界世间寿量的一劫的定立，诸天并不相同，就是梵众天是二十个中劫合成一劫，即依照这个劫来设定众生的寿量。梵前益天四十个中劫合成一劫,即依照这个劫来设定众生的寿量。大梵天六十个中劫合成一劫,即依照这个劫来设定众生的寿量。

火灾如何能使世间坏灭?

指的是有这样的时期,世间的有情众生寿量原是无限的,从这时开始逐渐减少,直到寿量成为八万岁。那些众生由于又接受奉行不善法,所以寿量转变甚至减少到仅十岁。他们又获得了厌弃远离世间的心意,接受奉行善法,由于有这因缘,寿量又逐渐增长,以至达到八万岁。如此众生寿量的一减一增,就合成一个中劫。

又在这中劫里,还有三种小灾出现,就是俭灾、病灾、刀灾。俭灾,就是人的寿量在三十岁的时候才开始形成,在这时期,精妙的饮食再也得不到,只有煎煮朽骨充作宴会,如果偶然得到一粒稻、麦、粟、稗等,竟当作珍珠一样珍重,藏在箱箧里加以守护。那些有情众生大都没有气力,跌倒在地上僵卧着再也不能起来。由于饥荒横行,有情众生死亡几乎尽绝。这饥荒,历经七年七月七日七夜方才过去。那诸有情众生再聚集在一起,共同生起下等厌弃远离世间的心意,由于有这因缘,寿量就不再减少,饥俭灾荒也随着停息。

又如果人的寿命减到二十岁时,原本产生的厌弃世患的心意,现在退转舍弃,这时就有许多的疫气疟疾等病灾肆虐、体热恼人的祸患相继发生。那些有情众生遭受各种病，大都殒命。这病灾历经七月七日七夜才能过去。那许多有情众生又聚集在一起，共生中等厌弃远离世间的心意，由于有这因缘，寿量不再减少，病灾停息。

又人的寿量减到十岁时，原本已产生的厌弃世患的心意，现在又退转舍弃，这时有情众生反复交遇冲突，各人都生起凶狠的杀人心念。由于有这因缘，随手握着的草木瓦石，都变成了锐利无比的刀剑，他们相互残忍地杀害，死丧几乎尽绝。如此刀灾，历经满七日才得过去。

这时有情众生还有三种最严重的衰弱损失，就是寿量衰损、依止衰损、资具衰损。寿量衰损，就是所说的众生的寿量减少到最高不过十岁。依止衰损，指众生心意依托的肉身减到最高不过一手掌或一握长。资具衰损，指的是这时有情众生只有将粟稗当作食物中第一精的，将粗毛布衣当作衣中第一美的，将铁当作装饰物中第一贵重的。五种最佳味道的食品全部消失，这些食品即酥、蜜、油、盐等及甘蔗变味。

这时，有情众生反复聚集产生上等的厌弃远离世间的心意不再退减，又能舍弃招致寿量减损的恶不善法，接受奉行导致寿量增长的善法，由于有这因缘，寿命、身体能力、物质享乐、通达自在的程度全都渐渐增长，甚至寿量增长到八万岁。这样二十次减、二十次增，合成四十增减，就结束了住劫。增岁到顶，这时地狱中的有情众生只有不断死亡，不再出生，如此这世间渐渐消尽，理当知道这就称作地狱世间的坏灭。与地狱的坏灭一样，畜生、饿鬼世间的坏灭也是如此。这时众人里有一人自然得法获得生入二禅天的功德，其他人反复随他修学也是如此。人世间众生都在死后生入了第三禅天的极净光天的天众同分中，应当知道在这时就称作人世间坏灭。人趣世间既然是这样，天趣世间当然也是这样。

　　到这时候，地狱、畜生、饿鬼、人、天五趣世间居住的处所，没有任何一处有情众生能够获得，所有的资养身命的条件也都不能得到。不仅资养身命的条件再也不可能得到，这时天上的雨水也不可能得到。由于没有雨水，大地上所有的药草、丛林全都枯干。又由于无雨的影响，使得这太阳热势增大。又由于众有情众生作能感招坏灭的言行力势增强，及坏灭凭借六种烧烤的事，就有六个太阳逐渐依次出现。那新出的众太阳与原来的太阳相对，所有的热势超过原有的四倍。既然有七个太阳了，热势也随着增强七倍。

　　什么是六种烧烤的事？第一种，大小沟坑，由第二个太阳照烤枯干；第二种，大河小河，由第三个太阳照烤枯干；第三种，无热大湖，由第四个太阳照烤枯干；第四种，大海，由第五个太阳和第六个太阳的一部分照烤枯干；第六种，因须弥山及大地体质坚实，由第六个太阳的一部分和第七个太阳烧烤。就此火焰被风鼓动，反反复复越烧越炽，一直烧到色界。又如此烧烤的事，概略为三类：一是烧烤由水资养生长物的事，即药草等，由原来的太阳烤枯；二是烧烤承受水的沟池、大海等物的事，由五个太阳烤干；三是烧烤长久连续存在的体质坚实物的事，由二个太阳烧毁。如此世界全都烧尽，甚至连灰烬及其他残影都不可能得到。经中已广泛论述，从此，称作物质器世间已经坏灭。历经二十个中劫，如此坏灭停息，接着是历经二十个中劫冥冥虚空不变。

什么是水灾？指经过七次火灾后，在二禅天中，有大水和世界一起生成，它坏灭器世间如同水消溶盐。此大水与物质器世间一时同灭。如此世界全部消失后，接着是历经二十个中劫冥冥虚空不变。

什么是风灾呢？指七次水灾过后，又有七次火灾，从此以后没有间断，在第三禅天中有大风与世界一起生成，坏灭物质器世间就像风将众生尸体各部分吹干缩消一样。这大风和物质的器世间一时同灭，形成这种状况的原因是什么呢？大风使物质器世间坏灭，就像现前见到一生物体内风的活性发动，使得他的骨全都松散化消无存。从这坏灭停息后，接着是历经二十中劫冥冥虚空不变。

如此概略地论说了世间的坏灭。

原典

云何世间成？谓过如是二十中劫已①，一切有情业增上力故，世间复成。

尔时最初，于虚空中第三静虑器世间成②。如第三静虑，第二及初③亦复如是。尔时第三灾顶，有诸有情④由寿量尽故、业尽故、福尽故，从彼没已⑤，生第三静虑。余一切处，渐次亦尔。复从第二灾顶，生第二静虑，余一切处，应知亦尔。复从第一灾顶，有一有情由寿等尽⑥故，从彼没已，生初静虑梵世界中，为最大梵⑦。由独一故而怀不悦⑧，便有希望：今当云何令余有情亦来生此？当发心时，诸余有情由寿等尽故，从第二静虑没已，生初静虑彼同分中。如是下三静虑器及有情世间成已。于虚空中欲界四天⑨宫殿渐成，当知彼诸虚空宫殿皆如化出。又诸有情从极净光天众同分没，而来生此诸宫殿中，余如前说⑩。

自此以后，有大风轮⑪，量等三千大千世界⑫，从下而起，与彼世界作所依持，为欲安立无有宫殿诸有情类。此大风轮有二种相，谓仰周布及旁侧布⑬，由此持水令不散坠。次由彼业增上力故，于虚空界金藏云兴[14]，从此降雨，注风轮上。次复起风，鼓水令坚，此即名为金性地轮[15]，上堪水雨之所激注，下为风飙之所冲薄[16]，此地成已。

即由彼业增上力故，空中复起诸界藏云[17]。又从彼云降种种雨，然其雨水乃侬金性地轮而住。次复风起，鼓水令坚，即由此风力所引故，诸有清净第一最胜精妙性者成苏迷卢山，此山成已，四宝为体，所谓金、银、颇胝[18]、琉璃。

若中品性者成七金山[19]，谓持双山[20]、毗那砢迦山[21]、马耳山[22]、善见山[23]、揭达洛迦山[24]、持轴山[25]、尼民达罗山[26]。如是诸山，其峰布列，各由形状差别为名，绕苏迷卢次第而住[27]。苏迷卢量高八万逾缮那[28]，广亦如之，下入水际量亦复尔。又持双山等彼之半，从此次第，余六金山其量渐减，各等其半。

若下品性者，于苏迷卢四边七金山外，成四大洲及八中洲并轮围山[29]（此山轮围四洲而住，量等尼民达罗之半）。复成非天[30]宫殿，此宫在苏迷卢下，侬水而居。复成大雪山及无热池周围崖岸[31]。次成最下八大那落迦处诸大那落迦[32]，及独一那落迦[33]、寒那落迦[34]、近边那落迦[35]。复成一分鬼、旁生处[36]。四大洲者，谓南赡部洲[37]、东毗提诃洲[38]、西瞿陀尼洲[39]、北拘卢洲[40]。

其赡部洲形如车箱，毗提诃洲形如半月，瞿陀尼洲其形圆满，北拘卢洲其形四方。赡部洲量六千五百逾缮那[41]，毗提诃洲量七千逾缮那，瞿陀尼洲量七千五百逾缮那，拘卢洲量八千逾缮那。

又七金山，其间有水，具八支德[42]，名为内海[43]。复成诸龙宫，有八大龙并经劫住[44]，谓持地龙王[45]、欢喜近喜龙王[46]、马骡龙王[47]、目支邻陀龙王[48]、意猛龙王、持国龙王[49]、大黑龙王[50]、黳罗叶龙王[51]。是诸龙王，由帝释力数与非天共相战诤[52]。其诸龙众类有四种，谓卵生、胎生、湿生、化生。妙翅鸟[53]中四类亦尔。复有余水在内海外，故名外海[54]。

又依苏迷卢根有四重级[55]，从苏迷卢初级傍出一万六千逾缮那量，即从此量半半渐减[56]，如其次第余级应知。有坚手神，住最初级；血手神，住第二级；常醉神，住第三级；持鬘神[57]，住第四级。苏迷卢顶，四隅之上，有四大峰，各高五百逾缮那量，有诸乐叉[58]谓金刚手[59]，止住其中。又持双山，于其四面，有四王都，东南西北随其次第，谓持国、增长、丑目、多闻四大天王[60]之所居止。诸余金山是彼四王村邑部落。

又近雪山有大金崖，名非天胁，其量纵广五十逾缮那，善住龙王常所居镇，又天帝释时来游幸。此中有树名曰善住；多罗[61]树行，七重围绕。复有大池名漫陀吉尼⁶²，五百小池以为眷属。善住大龙与五百牝象⁶³前后围绕，游戏其池，随欲变现，便入此池，采莲华根以供所食。即于此侧有无热大池，其量深广各五十逾缮那，微细金沙遍布其底，八支德水弥满其中，形色殊妙，端严⁶⁴喜见。从此派流为四大河：一名殑伽⁶⁵，二名信度⁶⁶，三名私多⁶⁷，四名缚刍⁶⁸。

复次于苏迷卢顶处中，建立帝释天⁶⁹宫，纵广十千逾缮那量。所余之处是彼诸天村邑聚落。其山四面对四大洲⁷⁰，四宝所成，谓对赡部洲，琉璃为面；对毗提诃，白银为面；对瞿陀尼，黄金为面；对拘卢洲，颇胝为面。

又赡部洲，遁其边有轮王路⁷¹，真金所成，如四大王天有情膝量，没住大海⁷²。若轮王出世，如彼膝量，海水减焉。又无热池南有一大树，名为赡部，是故此洲从彼得名。次于此北，有设拉末梨⁷³大树丛林，四生⁷⁴种类妙翅诸鸟栖集其中。此四大洲，各二中洲以为眷属。复有一洲，罗刹⁷⁵所住。

如是器世间成已。

注释

① 过如是二十中劫已：此处的二十中劫即空劫。

②**尔时最初，于虚空中第三静虑器世间成**：成劫开始时的最初，在虚空中的第三禅天有形质的器世间形成。佛家所说的世界形成是没有宇宙初始的，而是永远的成、住、坏、空、成……的循环过程。世界的形成，既是物质或自然的世界形成，又是众生世间（其实就是人类社会）的形成。

③**第二及初**：即第二静虑和第一静虑。

④**有诸有情**：此有情众生是指第四静虑最下层天的无云天众，他们的寿命是四禅天众中最短的，所以最先投生。

⑤**从彼没已**：从第四静虑天死后。

⑥**寿等尽**：即寿、业、福尽。

⑦**最大梵**：即大梵天（Mahābrahman）。

⑧**由独一故而怀不悦**：由于孤独一身，心怀不悦。

⑨**欲界四天**：欲界虚空中的四天，即他化自在天、化乐天、兜率天、夜摩天。

⑩**余如前说**：其余处的有情众生投生此宫殿如同前文所说。

⑪**大风轮**：三千大千世界结构中最底层的部分。

⑫**三千大千世界**：佛家说从地轮到九山八海再至欲界四天、初禅天为一个小世界；一千个小世界称为一小千世界，上由二禅天覆盖，亦即二禅天等于一千个初

禅天；一千个小千世界称为一中千世界，上由三禅天覆盖，亦即三禅天等于一千个二禅天；一千个中千世界称为一大千世界，上由四禅天覆盖，亦即四禅天等于一千个三禅天；由于一大千世界中含有小千、中千、大千三个千数，所以称为三千大千世界。又佛家说三千大千世界的地轮下，从上到底依次有金轮、水轮、风轮，它们的面积都与三千大千世界大小相等。

⑬ **仰周布及旁侧布**：纵向吹布和横向吹布。风轮虽为风，但体质坚密胜过金刚，所以能托持世界。风轮下即无边虚空。

⑭ **于虚空界金藏云兴**：在虚空界里兴起金色的云。佛籍中记载，世界初成的时候，有金色的云由二禅天的光音天起，遍布太空，降下大雨，雨线大如车轴。因云色是金色，又含藏有大雨水，所以称为金藏云。

⑮ **金性地轮**：即金轮，由轮形的金刚构成。佛家说风轮厚十六亿逾缮那；风轮之上是水轮，厚八亿逾缮那；水轮之上为金轮，厚三亿二万逾缮那；金轮之上为九山八海，即地轮。

⑯ **薄**：通迫，音博。

⑰ **诸界藏云**：含藏许多物类的云。界，此处指事物的种族类别。

⑱ **颇胝**：Sphaṭika，即玻璃，石英水晶。

⑲ **七金山**：环绕着须弥山的七座金山，山与山之间有海水。有的说这些山由纯金构成，有的说由七宝构成。七金山排列次序说法不一。

⑳ **持双山**：梵语为逾健达罗山（Yugaṁdhara），山顶有二双迹。

㉑ **毗那硐迦山**：Vinataka，即障碍、象鼻。

㉒ **马耳山**：梵名安湿缚竭拿（Aśvakarṇa），又译为马半头。

㉓ **善见山**：梵名苏达梨舍那（Sudarśana）。

㉔ **羯达洛迦山**：Khadiraka，译为檐木，檐木原是西国树名，因羯达洛迦山上有这种树，所以名为檐木山。

㉕ **持轴山**：梵名伊沙多罗山（Īṣādhara），山峰高耸如同车轴。

㉖ **尼民达罗山**：Nemiṁdhara，译为持边、持地；又此为一种鱼名，此鱼嘴尖，山形似此鱼。

㉗ **绕苏迷卢次第而住**：环绕苏迷卢山依次周匝坐落。

㉘ **苏迷卢量高八万逾缮那**：佛籍中大都说八万四千逾缮那。逾缮那，即由旬（Yojana），四十里左右。

㉙ **轮围山**：梵名为斫迦婆罗山（Cakravāḍa），又称铁围山。佛家说这山是一小世界的外廓，出外廓即太虚。

㉚ **非天**：即阿修罗（Asura），又译为无酒。因此类众生的果报无酒，似天非天，所以称非天。

㉛ **大雪山及无热池周围崖岸**：佛家说南赡部洲的中心是无热池，无热池的北面是香醉山，南面是大雪山。大雪山即雪山（Hīmālay），在印度以北，即喜玛拉雅山，梵语意为雪藏，因山顶积雪终年不化得名。

㉜ **最下八大那落迦处诸大那落迦**：世界的最底部是上下排列的八热地狱，即等活（斫刺死，风吹苏，等于前活）、黑绳（铁绳绑缚，逐节支解）、众合（又名众磕，相山磕研，或说众刑交加）、号叫（又名叫唤，斫锯烤煮，痛苦号叫）、大叫（众刑更酷，苦号加剧）、炎热（烈火烤烧）、大热（又名众热、大烧燃、极热、铁叉支身烧烤）、无间（受苦没有间隔）。

㉝ **独一那落迦**：又名孤独地狱，分散、孤立地存在于山间、旷野、树下、空中、海畔、庙中等的小地狱，有八万四千座。

㉞ **寒那落迦**：即八寒地狱，据佛家说在铁围山下仰向居，即（一）颏部陀 Arbuda，意即疱，极寒相逼，身上生疱；（二）尼剌部陀 Nirabuda，意为胞疱，极寒相逼，通身疱裂；（三）颏吒吒 Aṭaṭa，寒冻唇僵，舌发此声；（四）颏波波 Apapa，又作脐脐婆，寒冻舌僵，唇发此声；（五）呕喉喉 Hahidhara，又作虎虎婆，唇

舌俱僵，喉发此声；（六）嗢钵罗 Utpala，意为青莲华，身冻裂如青莲花；（七）钵头摩 Padma，意为红莲华，身冻裂如红莲花；（八）摩诃钵头摩 Mahāpadma，意为大红莲华，身冻裂如大红莲花。

㉟ **近边那落迦**：又名游增地狱，意即有情众生游荡到此处受苦更增。此类地狱处在八热地狱四周，每一大热地狱有十六游增地狱，即寒冰、剑树、狼豺、斤斧、铁丸、灰河、量火、脓血、石磨、多镬、铜镬、饥饿、焦渴、铁钉、沸屎、黑沙。

以上种种地狱名数各经说法略有不同，但数额相同。

㊱ **一分鬼、旁生处**：一部分鬼和畜生的生身处所。

㊲ **赡部洲**：Jambudvipa，又名阎浮提洲，因此洲中央有一种大树，名叫阎浮，比丘多喜在此树下住，所以以树名称洲。

㊳ **毗提诃洲**：Pūrva-videha，又名弗婆提，意即胜身，因此洲身形胜好，所以称呼此名。

㊴ **瞿陀尼洲**：Apara-godūniya，又名瞿伽尼，意即牛货，传说此洲牛多，也多牛货贸易。

㊵ **拘卢洲**：Uttara-kuru，又名郁单越，意即胜处，因此洲国土最胜，所以称呼此名。

㊶ **赡部洲量六千五百逾缮那**：此处的量是纵广的长度，不是指的周长。下同。

㊷ **八支德**：即八种功德，或八种好处，即（一）甘，（二）冷，（三）软，（四）轻，（五）清净，（六）不臭，（七）饮不损喉，（八）饮不伤腹。

㊸ **内海**：周匝的七金山以内的香水海。

㊹ **并经劫住**：都历经整整一个长时节住在宫中。

㊺ **持地龙王**：持地意即如地能持万物的能力，此龙王由持地菩萨所化。

㊻ **欢喜近喜龙王**：即难陀（Nanda，欢喜）、跋难陀（Upananda，近欢喜）二龙王兄弟。传说此二龙王七头，右手持刀，左手持索，来去乘云。

㊼ **马螺龙王**：即阿耨达多龙王（Anavatapta）。

㊽ **目支邻陀龙王**：即解脱龙王（Mucilinda）。

㊾ **持国龙王**：力能持国，持国菩萨所化。

㊿ **大黑龙王**：即摩诃迦罗龙王（Mahākāla）。大黑，原为天神，此化为龙王。

51 **黳罗叶龙王**：即伊罗钵龙王（Erāpattra）。伊罗钵王因损伤树叶违禁因而托生成龙王。

八龙王的名数各经说法不尽相同。

52 **是诸龙王，由帝释力数与非天共相战诤**：佛籍中记载着非天与帝释的争斗，龙站在帝释一边。

53 **妙翅鸟**：即金翅鸟。

54 **外海**：七金山以外的海，又称大咸海，由铁围山围住。

㊺ **依苏迷卢根有四重级**：实际上是从水平面往上数有上下重叠的四级。每级距离一万由旬。

㊻ **即从此量半半渐减**：佛家说妙高山呈腰鼓形，四重级仅到半腰，因四天傍出，环列广度递减，所以山腰就相对细了。

㊼ **持鬘神**：即持鬘天，佛家称神为天。鬘，音慢，头鬘美好，此天众有美鬘自然乘在胸前。

以上所说的四神，在其他佛籍中多称为天，排列、名称不尽相同。

㊽ **乐叉**：Yakṣa，又作药叉、夜叉，意即食人鬼、捷疾鬼、秘密等，其实就是指行径秘密、动作敏捷、吃人可怖的鬼类。

㊾ **金刚手**：一般指手持金刚杵的菩萨，此处指金刚夜叉，即手持金刚杵的夜叉。金刚，Vajra，梵语缚日罗，即所谓金刚石，佛家往往以金刚象征佛智无上无畏。

㉖ **四大天王**：又名护世四天王，四天王各保护一天下（四大洲称为四天下），他们是帝释的外将。东持国天王，梵语为多罗吒（Dhṛitarāṣṭra），护毗提诃洲；南增长天王，梵语为毗琉璃（Virūḍ-haka），护赡部洲；西广目天王，梵语为毗留博叉（Virūpākṣa），护瞿陀尼洲；北多闻天王，梵语为毗沙门（Vaisramaṇa），

护拘卢洲。

㉛ **多罗**：Tāla，一种棕榈树，即 Borassus flabebliformis 或 Lantarus damestuica，东印度生长极多。

㉒ **漫陀吉尼**：Mandākini，又名曼陀枳尼，池名，一说在悟利天上，一说在大雪山北。

㉓ **善住大龙与五百牝象**：善住大龙是统领一切象的龙王。牝，音聘，雌。

㉔ **端严**：与庄严同义，即装饰妙好。

㉕ **殑伽**：Gaṅgā，又名恒伽，意即天堂来，就是印度东北的恒河，印度人喜在此河浴水，认为如此可洗去一生罪污。

㉖ **信度**：Sindhu，又名辛头河、印度河。

㉗ **私多**：Śita，又名徙多河、私陀河，佛家说此河即中国境内的河，从无热池西出入东北海。

㉘ **缚刍**：Vaksu，又名婆叉河、博叉河，从无热池西出入西北海。

㉙ **帝释天**：又名天帝释、帝释，梵名为释迦提桓因陀罗（Śakra devāuām lndra），意即能天帝。帝释为悟利天主，统领妙高山顶三十三天众。

㉚ **其山四面对四大洲**：苏迷卢山的四面与四大洲相对。

㉛ **轮王路**：转轮王御路。转轮王，梵语为斫迦罗

代棘底曷罗阇（Cakravarti-raja），是古代印度传说中能以仁政统一的圣明君王，据说转轮王即位感得天赐的轮宝，轮宝引导轮王统一四方。轮是印度古代攻敌兵器，佛家引来作为佛法的象征。

⑫ **四大王天有情膝量，没住大海**：轮王路有四天王天的有情众生膝高，淹没在海水里。四天王天有情众生的身高，佛家说有半里即五百公尺，膝高则约一百二十五公尺。

⑬ **设拉末梨**：Śrāmaṇera，又名沙弥，修道求寂的人。

⑭ **四生**：卵、胎、湿、化四生。

⑮ **罗刹**：Rākṣasa，古印度神话中的男性恶魔，食人夜鬼、黑身、红发、绿眼，常变成各种形相残害人。佛家也常以此指恶人。

译文

世间是如何形成的？指的是如此历经二十个中劫以后，由于一切有情众生共同造作增强的势力，使世间又形成了。

这形成时期的最初，在虚空中第三禅天的物质器世间形成。就像第三禅天一样，第二禅天和初禅天的物质器世界也是这样形成的。这时作为第三灾顶的第四禅天,有许多的有情众生由于寿命已尽、造作已尽、福受已尽的缘故,在那里死去,投生到第三禅天。其他一切天处的有情众生,也逐渐依次如此投生。又有许多有情众生在第二灾顶即第三禅天死去,投生到第二禅天,其他一切天处的有情众生,也逐渐依次如此投生,是应该知道的。又在第一灾顶即第二禅天,有一个有情众生由于寿命等已尽的缘故,在那里死去,投生到初禅天的梵世界,成为梵世界之王的大梵天。他因为孑然一身,太孤独心怀不悦,就产生希望:现在该怎样使其他的众生也投生到这里来呢?正当他生发这种心念时,许多其他的有情众生由于寿命等已尽的缘故,在第二禅天死去,投生到初禅天与他同伍。这样第四禅天下面的三重禅天的物质器世间和众生有情世间就形成了。在虚空中的欲界四层天的宫殿逐渐依次形成,应当知道那虚空中的宫殿都是通过变化很快形成的。而且,许多有情众生在极净光天众的同类中死去投生到这许多虚空宫殿中,其他天处的有情众生依次生到虚空宫殿的过程和前面说的类似。

  从此以后,有大风轮,面积与三千大千世界相等,从下面生起,为那三千大千世界作依托,为的是要安顿没有宫殿可居的有情众生。这大风轮有二种相状,即纵向吹布和横向吹布,凭借这种势力,大风轮托持住水使它不散流坠落。然后由于那些有情众生共同造作增强的势力导致，在虚空里有金色的云兴起，从此降雨，注在风轮上。接着又兴起风，风鼓动水使水上形成坚质地轮，这就称作金性地轮即金轮，它上面能承受水雨的激注，下面能抵挡暴风的冲迫，这金性地轮也就形成了。

又由于那些有情众生共同造作增强的势力导致，空中又兴起含藏许多物类的云。又从那云中降下种种的雨，那些雨就凭依金轮聚存。接着又有风起，鼓动水使水中产生坚硬物质，随即又由于此风的导引，使许多具有清净的、第一的、最超卓精妙性质的物形成苏迷卢山即妙高山。这山形成了，由四种宝作为它的体身，即金、银、玻璃、琉璃。

这些坚硬物质中只具有中等品性的就形成了七座金山，即持双山、象鼻山、马耳山、善见山、檐木山、持轴山、持地山。这许多山，它们的山峰陈列，各因不同的形状而得名，顺次环绕妙高山周匝坐落。妙高山高八万由旬，广度同高，从入水起到接金轮的根底部分的长度也同山高。又持双山高度等于它的一半，从此排下去，其他六座金山的高度逐渐减低，每一座金山的高度都等于前座金山的一半。

这些坚硬物质中只具有下等品性的，就在妙高山四边的七金山以外，形成四大洲、八中洲和轮围山（这山如圆轮围住四大洲坐落，高度等于持地山的一半）。还形成似天非天众生居住的宫殿，此宫殿在妙高山下，临水坐落。还形成了大雪山和无热池周围的崖岸。其次形成最下层部分的八大地狱中的各大热地狱，以及许多分散的孤独地狱、八大寒冷地狱、八大热地狱周围的游增地狱。还形成了一部分鬼、畜生的居住处。四大洲，就是南方的赡部洲、东方的胜身洲、西方的牛货洲、北方的拘卢洲。那赡部洲形状像车箱，胜身洲形状像半月，牛货洲形状像圆月，拘卢洲形状呈四方。赡部洲纵广度有六千五百由旬，胜身洲纵广度有七千由旬，牛货洲纵广度有七千五百由旬，拘卢洲纵广度有八千由旬。

又七座金山，每座金山中间有海水，海水具有八种好处，称作内海。还形成了许多龙宫，有八大龙王都经历整整一劫住在宫中，即持地龙王、欢喜近喜龙王、马骡龙王、解脱龙王、意猛龙王、持国龙王、大黑龙王、黳罗叶龙王。这许多龙王，凭借帝释的势力多次与似天非天众争斗。那许多龙王和龙统领的各类众生有四种，即卵生、胎生、湿生、化生。金翅鸟中也有这样的四类。还有其他的水域在内海以外，所以称作外海。

又从妙高山入水面往上数有上下重叠的四级，从初级往四旁展开一万六千由旬，再以这个广度为基数，每上一级减半，按次第每一级的广度应当知道。有坚手神，住在最初级；血手神，住在第二级；常醉神，住在第三级；持鬘神，住在第四级。妙高山顶，四角上面，有四大峰，各高五百由旬，有许多食人夜叉即金刚夜叉居住在上面。又在持双山的四方，有四天王都，东南西北依序，就是持国、增长、丑目、多闻四大天王居住的处所。其他各金山上是四大天王所统领的村邑部落。

又靠近大雪山有大金崖，名叫非天胁，它的大小纵广五十由旬，善住龙王常在这里居住镇守，又天帝释有时也到这里来游乐。这里有棵大树，名叫善住；又有一种棕间树成行排列，围绕善住树有七重。还有大池名叫漫陀吉尼，四周有五百小池成为它的附属。善住龙王在它统领的五百雌象的前后围绕下，在那池中游戏，随心所欲变现，饥乏了就入池中，采摘莲花根作为食物。就在非天胁旁有无热大池，它的纵广、深度都是五十由旬，有极细的金沙遍布在池底，有八种好处的水弥满在池中，极美的景色，把它装饰得令人喜见。从这大池分流出四条大河：第一条叫恒河，第二条叫印度河，第三条叫徙多河，第四条叫博叉河。

又其次在妙高山顶的中间，形成了帝释天宫，纵广有十千由旬。其他的处所是山顶三十三天的村邑聚落。妙高山四方面对四大洲，山四面分别由四种宝物构成，对着赡部洲的那一面由琉璃构成，对着胜身洲的那一面由白银构成，对着牛货洲的那一面由黄金构成，对着拘卢洲的那一面由玻璃构成。

又循着赡部洲的边际有转轮王的御路，由真金构成，有四大天王的膝部那样高，淹没在大海里。当转轮王出世以后，海水就随着减低至四大天王膝部高度，露出轮王路。又无热大池的南部有一棵大树，名叫赡部，所以这块大洲依从那树得名。其次在这大洲的北部有求寂静修行人修道的大树丛林，许多卵生、胎生、湿生、化生的种种金翅鸟歇宿聚集在里面。这四大洲，各有二块中洲作为它们的附属。还有一个洲，是食人恶魔罗刹居处。

物质的器世间就这样形成了。

原典

有诸有情，从极净光天众同分没，来生此中；余如前说，此皆由彼感劫初业①，此业第一最胜微妙，欲界所摄②。唯于此时，此业感果，非于余时。尔时有情名劫初者③，又彼有色从意所生④，如是一切如经广说。

彼于尔时，未有家宅及诸聚落，一切大地面皆平正。自此以后，由诸有情福业力故，有地味⑤生。如是渐次，地饼林藤、不种秔稻⑥，自然出现，无糠无秕⑦；次有秔稻，有秕有糠；次复处处秔稻丛生，于是有情方现摄受⑧。次由受用味等资缘⑨，有情之类恶色便起⑩，光明遂灭。其多食者，恶色逾增，身极沉重，此诸有情互相轻毁⑪，恶法现行。由此因缘，所有味等渐没于地，如经广说。复从此缘，诸有情类更相顾眄⑫，便起爱染。次由能感男女业故，一分有情男根生起⑬，一分有情女根生起。递相陵犯，起诸邪行，遂为他人之所诃訾⑭，方造室宅以自隐蔽⑮。复由摄受粳稻因故，遂于其地复起摄受⑯，由此缘已更相争夺，不与取法⑰从此而生。即由此缘立司契者⑱，彼最初王名大等意⑲，如是便有刹帝利⑳众、婆罗门㉑众、吠舍㉒众、戍陀罗㉓众出现世间，渐次因缘如经广说㉔。

又彼依止光明㉕，既灭，世间便有大黑暗生，日月星辰渐渐而起。其日轮量五十一逾缮那㉖，当知月轮其量减一。日轮以火颇胝所成，月轮以水颇胝所成。此二轮中，月轮行速及与不定。又彼日轮恒于二洲俱时作明，复于二洲俱时作暗：谓于一日中，于一日出，于一夜半，于一日没㉗。又一切所有日月星宿，历苏迷卢处半而行㉘，与持双山高下量等。又复日行时有远近，若远苏迷卢，立为寒分㉙；若近苏迷卢，立为热分㉚。即由此故，没有迟速。又此月轮于上稍欹，便见半月；由彼余分障其近分，遂令不见；如如渐侧㉛，如是如是渐现圆满；若于黑分如如渐低，如是如是渐现亏减。由大海中有鱼鳖等影现月轮，故于其内有黑相现。诸星宿中，其量大者，十八拘卢舍[32]量；中者，十拘卢舍量；最小者，四拘卢舍量。

复次于世间四姓生已，方乃发起顺爱不爱五趣受业。从此以后，随一有情由感杂染增上业故，生那落迦中作静息王[33]。从此无间，有那落迦卒，犹如化生；及种种苦具，谓铜铁等那落迦火起。然后随业有情于此受生，及生余趣。

如是百拘胝[34]四大洲、百拘胝苏迷卢、百拘胝六欲天、百拘胝梵世间、三千大千世界俱成俱坏[35]。即此世界有其三种：一小千界，谓千日月乃至梵世，总摄为一；二中千界，谓千小千；三大千界，谓千中千。合此名为三千大千世界。如是四方上下，无边无际，三千世界，正坏正成。犹如天雨，注如车轴，无间无断，其水连注，堕诸方分，如是世界遍诸方分，无边无际，正坏正成。即此三千大千世界，名一佛土[36]，如来[37]于中现成正觉，于无边世界施作佛事。

如是安立世界成已。

于中五趣可得，谓那落迦、旁生、饿鬼[38]、人、天；及四生可得，谓卵生、胎生、湿生、化生；复有六种依持[39]；复有十种时分，谓时、年、月、半月、日、夜、刹那[40]、怛刹那[41]、腊缚[42]、目呼剌多[43]；复有七摄受事㊹；复有十种身资具㊺；复有十种受欲㊻者，此如中阿笈摩㊼说；复有八种随行㊽；复有八世法，谓得、不得、若誉、若毁、称、讥、苦、乐；复有三品，谓怨、亲、中；复有三种世事㊾；复有三种语言㊿；复有二十二种发愤㉛；复有六十二种有情之类㉜；又有八位㉝；复有四种入胎㉞；复有四种威仪㉟；复有六种活命㊱；复有六种守护㊲；复有七种苦㊳；复有七种慢㊴；复有七种憍㊵；复有四种言说㊶；复有众多言说句㊷。

注释

① **感劫初业**：造作导致成劫的最初阶段。劫初，成劫之初。

② **欲界所摄**：欲界的范畴。

③ **劫初者**：成劫初期形成或生于各世间处所的众生。

④ **彼有色从意所生**：从色界的极净光天来的有情众生是具有形质的，但他们顺随意念转生。

⑤ **地味**：大地长出的食物。味，指代可食有味道的食物。

⑥ **不种秔稻**：不须人工种植自然长出的粳稻。秔，通粳、粳（音京），稻的一种，茎秆较矮，米质黏性较强，胀性较小。

⑦ 秔：音河，舂捣不破不能食用的硬米。

⑧ 方现摄受：才能现前摄取作食受用。

⑨ 味等资缘：与供自己养身的食物等的缘故。

⑩ 恶色便起：丑恶病态的形质就产生了。

⑪ 互相轻毁：互相傲视诋毁。

⑫ 眄：音免，斜视，此处仅用作一般的看视。

⑬ 一分有情男根生起：一部分有情众生的男性生殖器生出。

⑭ 诃訾：呵斥诋毁。訾：音子，诋毁，说人坏话。

⑮ 方造室宅以自隐蔽：才建造住宅来隐蔽自己的男女事。此是佛家从伦理的角度解释住宅的发生。

⑯ 复起摄受：进一步或更盛地摄取受用。

⑰ 不与取法：不合法地给予、夺取的现象。

⑱ 立司契者：设立执掌契约的人员。

⑲ 彼最初王名大等意：那些司契人的最初的王者名叫大等意。大等意，最高的主持平等公道的人。

⑳ 刹帝利：Kṣatriya，意即王族，包括王族的武士。古代印度最早的阶级等级差别，表现为世袭的四种姓（Varṇa），刹帝利属于四种姓的第二等级。

㉑ 婆罗门：Brāhmaṇa，意为祭司，祭司阶级的宗教师，他们具有专门的宗教知识，世代相袭，生来为僧侣，被视为神，是四种姓的第一等级。

㉒ **吠舍**：Vaiśya，意为庶民，包括其他从事农工商等一般职业的雅利安人（Ārya），是四种姓的第三等级。

㉓ **戍陀罗**：Śūdra，又作首陀罗，意为隶民，即从事劳役的土著居民、奴隶、贱民。

㉔ **如经广说**：此处的经指《增一阿含经·七日品》。经中有颂言："初有刹利种，次有婆罗门，第三名毗舍，次复首陀姓。有此四种姓，渐渐而相生，皆是天身来，而同为一色。"

㉕ **彼依止光明**：那些在成劫初生存的有情众生依托光明生活，那时没有日夜之分；当有情众生恶色生，所依托的光明就消失了。

㉖ **日轮量五十一逾缮那**：这是古代印度人民当时对天体的认识。

㉗ **又彼日轮恒于二洲俱时作明……于一日没**：古代佛学家对宇宙结构和天体运行有独特的构想和解释，他们认为世界的中轴是妙高山，日月星辰只是在妙高山半腰绕山运行。由于妙高山的遮挡，太阳无论运行到哪一方，它都同时照亮四大洲中相邻的二洲，而同时未受阳光的二洲便处于黑暗中；另外，四洲中的众生看到阳光的时间和情境也各不相同。如当太阳正处南赡部洲上空时，是此洲的日中；这时西牛货洲却是刚刚能见太阳，即此洲的日出；北拘卢洲则完全看不到太阳，正值

夜半；而东胜神洲，太阳才从视野中消失，即日落。古代佛家聪明地解释了世界的时差。

㉘ **历苏迷卢处半而行**：经苏迷卢山半腰运行。

㉙ **寒分**：寒冷时分或时节。

㉚ **热分**：炎热时分或时节。

㉛ **如如渐侧**：渐渐地侧过来。如如，渐渐变化的状词。

㉜ **拘卢舍**：Krośa，又作俱卢舍、卢舍，长度单位，一说为牛鸣的最远传送距离，约五里；一说四肘为一弓，五百弓为一拘卢舍，约二里。一般说八拘卢舍为一由旬。

㉝ **静息王**：梵语为琰摩、阎罗（Yama-rāja），译为缚，意即缚罪人；又译为双王，即兄妹二人并为王；又译为平等王，即平等治罪；又译为诤息，即息诤息罪；又译为静息，即静息诸罪。此为地狱之王，俗称鬼王。

㉞ **拘胝**：Koṭi，又作拘利、俱利，数名，即百万。佛家数名始为一；一十为十；十十为百；十百为千；十千为万；十万为洛叉（Lakṣa）；十洛叉为度洛叉（Dūlakṣa）。度洛叉即百万，佛家又说十度洛叉为拘利，拘利当为千万。但佛家仍习惯以拘胝为百万，本论中说百拘胝，即十亿，正是三千大千世界的数值。

㉟ **三千大千世界俱成俱坏**：俱成俱坏，如按佛家

对宇宙世界的成、住、坏、空的理论理解，应释为一起处在成与坏的不同变化过程，不能解释为同时处在同样变化的成与坏过程中或同步变化中，因为三千大千世界虽然都在经历成住坏空的变化，但在同一个时间每个世界却处在不同的变化阶段，即有的在成，有的在住，有的在坏，有的处空。佛家的这一思想甚合现代宇宙观。

㊱ **一佛土**：一尊佛所教化的国土，又叫佛刹。一个三千大千世界有一个教主，我们所处的这一三千大千世界称为娑婆界（Sahā），意即忍界，教主即释迦牟尼。佛家认为三千大千世界在宇宙中不过一尘而已，宇宙中有无数的三千大千世界。

㊲ **如来**：梵语为答塔葛达（Tathā-āgata），佛的十种称号之一。

㊳ **饿鬼**：即鬼趣，因鬼中饥饿者最多，所以特举饿鬼作为鬼的通称。旧译多写作饿鬼，新译多写作鬼。

㊴ **六种依持**：六种赖以生存的条件，即（一）建立依持（使世界得以建立的依持），指风轮、水轮、地轮；（二）藏覆依持，指屋宇；（三）丰稔（音忍）依持，指庄稼成熟；（四）安隐依持，安隐通安稳，指远离刀兵争斗不受扰害；（五）日月依持；（六）食依持。

㊵ **刹那**：Kṣana，意即一念，极短的时间，弹指间有六十刹那。

㊶ **怛刹那**：Takṣaṇa，一百二十刹那。

㊷ **腊缚**：Lava，时刻名，即六十怛刹那。

㊸ **目呼刺多**：Muhūrta，又作牟呼栗多，即三十腊缚。又译为须臾、坚实心。

㊹ **七摄受事**：七种社会人事间摄取承受的作事，即（一）父母事，（二）妻、子事，（三）奴婢、仆使事，（四）朋友、官僚、兄弟、眷属事，（五）田、宅、邸、肆（店）事，（六）福业事（指行施作福、受斋持戒等）及方便造作事（如耕田用牛、过河行舟等），（七）库藏事。

㊺ **十种身资具**：十种养身条件，即（一）食，（二）饮，（三）乘，（四）衣，（五）装饰，（六）歌笑舞乐，（七）香鬘涂末，（八）杂物，（九）照明，（十）男女受行。

㊻ **十种受欲**：十种受用欲求，即（一）非法求财，自己不受用，也不供养别人，也不施舍给修福德的事业；（二）非法求得财物，仅自己受用，既不供养他人，也不施给修福德的事业；（三）非法求得的财物，除自己受用，能供养别人，也能施给修福德的事业；（四）如法与非法求得财物，虽自己不受用，也不供养别人，也不施给修福德的事业；（五）如法与非法求得财物，仅自己受用，不供养别人，也不施给修福德的事业；

（六）如法与非法求得财物，自己受用外，还能供养别人，施给修福德的事业；（七）如法求得财物，不自己受用，也不供养别人，也不施给修福德的事业；（八）如法求得财物，自己受用，但不供养他人，也不施给修福德的事业；（九）如法求得财物，自己受用，也能供养他人，也能施给修福德的事业，然而还不明了觉知出世离欲的佛道；（十）如法求得财物，能自己受用，也能供养别人，施给修福德的事业，而且还能明了觉知出世离欲的佛道。

㊼ **阿笈摩**：Āgama，又作阿含，即依师承相传；又意译为法归、趣无、无比法。其实为北传佛教小乘佛典的总集。阿含分为四大部分，即《长阿含经》(Dirgha-āgama)、《中阿含经》(Madhyama-āgama)、《杂阿含经》(Saṃyukta-āga-ma)、《增一阿含经》(Ekottara-āgama)。

㊽ **八种随行**：八种生活随常事，即（一）蔽覆事，（二）莹饰事，（三）威仪事，（四）饮食事，（五）睡眠事，（六）交会事，（七）世间造作事，（八）世间言谈事。

㊾ **三种世事**：即（一）语言谈论，更相庆慰事；（二）娶嫁宾主，更相饮啖事；（三）于起作种种事中，更相营助事。

㊿ **三种语言**：三种言教，即（一）宣说厌世离欲的有法语言，（二）谈论污染心识的无法语，（三）其他

的非善非恶的余语言。

(51) **二十二种发愤**：二十二种生愤的现象，即（一）伪斗（用斗量物作伪）；（二）伪称，假意称赞；（三）伪函；（四）邪业方便，方便不善的造作；（五）拒斗；（六）轻调；（七）违反；（八）诤讼；（九）骂詈；（十）忿怒；（十一）诃责；（十二）迫胁；（十三）捶打；（十四）杀害；（十五）系缚；（十六）禁闭；（十七）割截；（十八）驱摈（驱赶排斥）；（十九）谄曲；（二十）矫诳；（二一）陷逗；（二二）妄语。

(52) **六十二种有情之类**：即（一）地狱；（二）畜生；（三）鬼；（四）天；（五）人；（六）王族；（七）祭司；（八）庶人；（九）隶民；（十）女人；（十一）男人；（十二）非男非女人，即阴阳人；（十三）劣质人；（十四）中质人；（十五）妙质人；（十六）在家人；（十七）出家人，即出家修道人；（十八）苦行人；（十九）非苦行人；（二十）律仪，即遵守律仪禁令的人；（二一）不律仪，即反对律仪的人；（二二）非律仪非不律仪；（二三）离欲的人；（二四）未离欲的人；（二五）邪性聚定；（二六）正性聚定；（二七）不定聚定；（二八）比丘（Bhikku），二十岁以上的出家男子；（二九）比丘尼（Bhikkuni），二十岁以上的出家女子；（三十）正学，梵语为式叉摩那（Sikkhamānā），成为比丘尼的前二年的出家女；（三一）勤策男，梵语为沙弥（Sāmanera），未满二十岁的出家男子；（三二）勤策女，梵语为沙弥尼（S ā maneri），未满二十岁的出家女；（三三）近事男，梵语为优婆塞（Upāsaka），在家受五戒的男子；（三四）近事女，梵语为优婆夷（Upāsika），在家受五戒的女子；（三五）习断者，修习断灭情欲法的人；（三六）习诵者；（三七）净施人，布施时不求名利的报答，只求资助佛事，用心清净；（三八）宿长；（三九）中年人；（四十）少年人；（四一）轨范师，梵语为阿遮利耶（Ācārya），又作阿阇梨，又译为教授，行正规范，又能教弟子法式；（四二）亲教师，梵语邬波驮耶（Upādhyāya），指亲自受教于人，旧称和尚；（四三）共住弟子及近住弟子，即出家和在家受八戒的弟子；（四四）宾客；（四五）营僧事者；（四六）贪利养恭敬者；（四七）厌舍者；（四八）多闻者；（四九）大福智者；（五十）法随法行者；（五一）持经者；（五二）持律者；（五三）持论者；（五四）异生，即凡夫；（五五）见谛者；（五六）有学；（五七）无学；（五八）声闻；（五九）独觉；（六十）菩萨；（六一）如来；（六二）转轮王。

(53) **八位**：人生的八个生长阶段，即（一）处胎位；（二）出生位；（三）婴孩位；（四）童子位；（五）

少年位；（六）中年位；（七）老年位；（八）耄熟位，七十岁以上者。

㊾ **四种入胎**：即（一）正知入胎，不正知住出，指轮王的入胎相；（二）正知入住，不正知出，指独觉的入胎相；（三）正知入住，正知而出，指菩萨的入胎相；（四）不正知入，不正知出，指其他人的入胎相。

㊿ **四种威仪**：四种行为举止合则有威，即（一）行，（二）住，（三）坐，（四）卧。

㊱ **六种活命**：六种谋生方式，即（一）营农，（二）商贾，（三）牧牛，（四）事王，（五）习学书算、计数及印，（六）习学其余的工巧。

㊲ **六种守护**：六种武装守护力量，即象军、马军、车军、步军、藏力、友力。

㊳ **七种苦**：即生苦、老苦、病苦、死苦、怨憎会苦、爱别离苦、求不得苦。

㊴ **七种慢**：即（一）慢，（二）过慢，（三）慢过慢，（四）我慢，（五）增上慢，（六）卑慢，（七）邪慢。参见前面关于心法"慢"的注释。

㊵ **七种憍**：即无病憍、少年憍、长寿憍、族姓憍、色力憍、富贵憍、多闻憍。

㊶ **四种言说**：四种对别人表达自己思想的讲述，即（一）依见言说，将自己眼见所得到的认识向别人讲

述；（二）依闻言说，将自己从他人听来的内容向另外的人讲述；（三）依觉言说，将完全由自己对现象的思维所获得的结果向别人讲述；（四）依知言说，通过自己的感受、证解、契悟真理，获得智慧，然后将所获的成果向别人宣说。

㉖ **众多言说句**：许多种类的表述词句。众多言说句，又名释词句、戏论句、摄义句；其中还包括字母，因为佛家将字母变成了指代或缩涵一定意义的符号，在佛家内约定俗成。本论卷二在解释"众多言说句"时举了许多例，如地根、境、法、补特伽罗、自性、差别、作用、自、他、有、无、问、答、取、与、正性、邪性；听制、功德、过失、得、不得、毁、誉、苦、乐、称、讥、坚妙、智退、沉、量、助伴、示现、教导、赞励、庆慰；施设、教敕、标相、静息、表了、轨则、安立、积集、决定、配属、惊骇、初、中、后；族姓、立宗、言说、成办、受用、寻求、守护、羞耻、怜悯、堪忍、怖畏、拣择；愁叹、少年、无病、长寿、爱会、怨离、所欲随应、若不随应、往来、顾视、屈、伸、行、住、坐、卧、警悟、语默、解睡、解劳；饮啖、咀味、串习、不串习、放逸、不放逸、广略、增减、寻伺、烦恼、随烦恼、戏论、离戏论、力劣、所成、能成、流转、定异、相应、势速、次第、时、方、数、和合、不

和合、相似、不相似；杂糅、共有、现见、不现见、隐显；能作、所作、法律、世事、资产、真妄、利益、非利益、骨体、疑虑、惊怪；怯弱、无畏、显了、不显了、杀害、系缚、禁闭、割截、驱摈；骂詈、忿怒、捶打、迫胁、诃责、烧烂、燥暑、摧伏、浑浊、圣教、随逐、比度等。

另外，本论还举出梵语语法中名词变格的实例，说明一个名词可以变出众多言说句，如：

补卢沙（Puruṣa），词义即丈夫或人，属于名词八啭之第一啭体声，梵语称为俪利提势（Nirdeśa），其实就是名词八格的主格，表示行为的主体。

补卢衫（Puruṣam），词义也是丈夫或人，但属于名词八啭之第二啭业声，梵语称为邬波提舍泥（Upadeśana），其实就是名词的宾格，表示行为的对象。

补卢崽拏（Puruṣena），词义也是丈夫或人，但属于名词八啭之第三啭具声，梵语称为羯咥唎迦罗泥（Kaitṛkārana），其实是名词的具格，表示行为的工具。

补卢沙耶（Puruṣāya），词义也是丈夫或人，但属于名词八啭之第四啭所为声，梵语称为三钵啰陀俪鸡（Saṁpradānike），其实是名词的为格，表示行为所指向的人或物。

补卢沙头（Puruṣāt），词义也是丈夫或人，但属于名词八啭之第五啭所从声，梵语称为系哀波陀泥（Apādāna），其实是名词的从格，表示行为所从来的处所。

补卢杀娑（Puruṣasya），词义也是丈夫或人，但属于名词八啭之第六啭所属声，梵语称为莎弭婆者（Svamivacana），其实是名词的属格，表示一切所属，作为其他名词的不一致定语。

补卢鐩（Puruṣe），词义也是丈夫或人，但属于名词八啭声之第七啭所依声，梵语称为珊儞陀那啰梯（Saṁnidhānārtha），其实是名词的位格，表示行为所发生的处所或时间。上七啭声，均由附加词尾显示，又称为七例句、七言论句。第八啭声并无词尾变化，由于只是表示呼唤，只是在基词前加上醯（he），如补卢沙变为呼格，只要前面加上醯变成醯补卢沙（Hepuruṣa）即可。

译文

有许多有情众生，在极净光天的众生同伍中死去，投生到这里；其他天的众生也有许多投生这里，情状如前文说的一样，这些众生之所以投生到这里都是由于他们的造作感招了成劫的最初阶段，这种造作第一最胜精微奥妙，属于欲界的范畴。唯有在这种时候，这种造作才感招这样的果，在其他时候就不能感招这样的果。这时候的有情众生称作成劫初期的众生,从色界来的有情众生本是具有形质的,但他们能顺随意念转生,这一切如同佛经中全面讲述过的。

那些有情众生在这时,还没有家室住宅和各种村落,一切大地表面平正。从这以后,由于许多有情众生的导致福德的造作势力感招,大地长出食物。这样渐渐依次,有地上长的饼状食物、树林牵藤、非人工种植的粳稻,从地上自然地出现,米粮中没有糠也没有舂捣不破的硬化粒;接后长出的粳稻,有舂捣不破的硬化粒和糠;接后又处处粳稻丛生,于是有情众生才能现前摄取作食物受用。这以后由于受用食物资养身命的缘故,有情众生丑恶病态的形质就生起,他们生存所依托的光明就随着消失。那些多吃的,丑恶病态的形质就越来越增,身体变得极为沉重,这许多的有情众生互相傲视诋毁,恶的不善现象便形成普遍存在的社会现实。由于这些缘故,所有的食物逐渐从地上消失,这一切如同佛经中全面讲述过的。还是由于这些缘故,许多有情众生类更互相顾看,生起污染心识的贪爱心念。其次由于有了能感招男女性别的造作,一部分有情众生的男性器官生起,一部分有情众生的女性器官生起。男女互相追逐,发生许多不轨的行为,受到别人呵斥诋毁,于是造房屋住宅来隐蔽自己。又由于摄取受用粳稻的缘故,于是人们更贪婪地摄取受用；由于这缘故人们更互相争夺，于是不合法地给予、夺取的现象从此产生。正是由于这些缘故就设立执掌契约的人，那最初司契的王者名叫大等意，这样就有了刹帝利众、婆罗门众、吠舍众、首陀罗众出现在世间，这些逐渐依次发生的因缘，如同佛经中全面讲述过的。

而且，那些有情众生依赖的光明既然消失，世间就有大黑暗产生，于是日月星辰渐渐生起。那太阳轮的直径有五十一由旬，应当知道月亮轮的直径比太阳的少一由旬。太阳轮由火玻璃构成，月亮轮由水玻璃构成。这二轮中，月亮轮的运行速度和形相都不确定。又那太阳轮常在两大部洲同时照明，又在另两洲同时作暗：指的是在一部洲是正午，在一部洲是日出，在一部洲是夜半，在一部洲是日落。又所有的日月星辰，都经妙高山半腰运行，与持双山高相等。又太阳运行时距妙高山时近时远，如离妙高山远，就立为寒冷时节；如距妙高山近，就立为炎热时节。冷热的形成就是由于此缘故，太阳的运行本身并没有慢快。而且，这月亮向上稍微倾斜，人们就见到半月；由于那其他部分障蔽了靠近的部分，就使人看不见；渐渐地侧过来，这样就渐渐显现圆满；如果黑暗的部分渐渐低侧，这样就显现亏缺。由于大海中有鱼鳖等身影映现在月亮上，所以在月亮内有黑色影相显现。各星宿中，那直径大的，有十八个五里长；直径中等的，有十个五里长；直径最小的，仅有四个五里长。

又次，在世间的四种姓产生以后，人们方才做起随顺爱或者不爱的招致五趣中的各种感受的行为。从此以后，随即有一个有情众生由于大做污染心性的业行感招的缘故，投生到地狱中做阎罗王。从此没有间断，有了地狱卒，如同化生来此；还有种种刑具，即铜、铁刑具等烧炽成地狱的大火。然后有情众生随顺自己的造作感招的结果在这里投生，或投生到其他的趣处。

如此百百万四大洲、百百万妙高山、百百万六欲天、百百万梵世间、三千大千世界一起处在从形成到坏灭的变化过程中。这三千大千世界中有三种千数：一小千世界，意指有一千个日月、梵世，总概为一个千数；第二中千世界，意指有一千个小千世界；第三大千世界，意指一千个中千世界。合此三个千数为三千大千世界。这样四方上下，无边无际，三千大千世界，有的正在形成，有的正在坏灭。如同天雨，雨线像车轴一样下注，没有间断，那雨接连下注，落在各个方所的每一处。就这一个三千大千世界，称为一佛土即佛教化的领土，如来在其中现行获得彻底觉悟，在这无边的世界里做着教化众生的佛道事业。

就这样世界安顿建立完成了。

在这世界中，有五种趣处可得，即地狱、畜生、饿鬼、人、天；有四种投生方式可得，即卵生、胎生、湿生、化生；还有六种众生赖以生存的条件；还有十种时分，即时、年、月、半月、日、夜、刹那、怛刹那、腊缚、目呼剌多；还有七摄受事，十种养身条件，十种受用欲求，这内容与《中阿含》中说的相同；还有八种生活随常事；还有八种世相，指有得、不得、颂誉、诋毁、称赞、讥讽、苦、乐；还有三种情品，即怨恨、亲爱、不怨恨也不亲爱；还有三种世事；还有三种言教；还有二十二种生愤的现象；还有六十二种有情众生类别；又有人的八个生长阶段；还有四种入胎相；还有四种行为举止的合则有威；还有六种谋生方式；还有六种武装守护力量；还有七种苦；还有七种轻慢；还有七种憍傲；还有四种对别人表达自己思想的讲述；还有许多种类的表述词句。

意地第二之三 [1]

原典

复次，即前所说自性乃至业等五事[2]，当知皆由三处所摄[3]，谓由色聚[4]故，心心所品[5]故，及无为[6]故。除余假有法[7]。

注释

① **意地第二之三**：本论将意地分为三部分，此第三部分归入本论的第三卷。

② **前所说自性乃至业等五事**：这里所说的五项，总指前文论述的五识身相应地及意地中的五项。

③ **皆由三处所摄**：上述五种事项都由三类普遍现象统摄。

④ **色聚**：也作聚色，佛家认为有形质的物都是由极微形成，极微有三种义：（一）极微之微，指十种色（色、声、香、味、触、眼、耳、鼻、舌、身）的最极微分，是不可更进一步细分的实体。（二）色聚之微，由极微之微积集和合成有形质的物质的最极微分，此微又称为微聚；相对而言，极微而微是实，由极微而微聚

集的微聚或色聚是假。（三）微尘之微，即七倍色聚之微，又称眼见之微，就是眼见到的最微细物。

⑤ **心心所品**：心法、心所法品类。色聚指的主要是物质范畴，心心所品指的是精神范畴。

⑥ **无为**：无为法，指佛家所立的真如实体、理想境界，即不依因缘和合的无造作的永恒存在。

⑦ **除余假有法**：佛家将世界万有分为百法，又将百法分为五大类，即五位：色法、心法、心所法、不相应行法、无为法。本论将心心所、色聚、无为立为能统摄五项的三处，但除开了不相应行法。不相应行法即得、非得、同分、无想果、无想定、灭尽定、命根、生、住、异、灭、文身、名身、句身，既非色范畴，又非心范畴，既不与色相应又不与心相应，而且有生灭变化，由于它们只是借色法、心心所法的差别而立，即假有，又非无为范畴，所以有了三处的统摄即已尽义，因而将不相应行法列入余假有法而除开。

译文

接下来论述的，即前面讲述过的自性、所依、所缘、助伴、作业等五种事项，应当知道它们都由三类普遍现象统摄，指由极微聚积结合的物类统摄，由心法、心所法品类统摄,并由无为法统摄。其余的假有性的不相应行法除开。

原典

今当先说色聚诸法。

问:一切法生皆从自种而起①,云何说诸大种能生所造色②耶?云何造色依彼、彼所建立、彼所任持、彼所长养耶?

答:由一切内外大种③及所造色种子④,皆悉依附内相续心⑤,乃至诸大种子未生诸大以来⑥,造色种子终不能生造色⑦。要由彼生,造色方从自种子生,是故说彼能生造色,要由彼生为前导⑧故。由此道理,说诸大种为彼生因⑨。

云何造色依于彼耶?由造色生已⑩,不离大种处而转⑪故。

云何彼所建立?由大种损益,彼同安危⑫故。

云何彼所任持?由随大种等量不坏故。

云何彼所长养?由因饮食、睡眠、修习梵行、三摩地等,依彼造色倍复增广⑬,故说大种为彼养因。

如是诸大种望所造色⑭,有五种作用应知。

注释

① **一切法生皆从自种而起**：一切事物现象的产生都是从它们自己的种子萌发的。瑜伽行派的阿赖耶识缘起论认为世界万有无非源自阿赖耶识，外部器世界也是由阿赖耶识生成，上一节文字讲述的世界安立、大千世界成坏，本论都视为意地的胜作业，只不过本论将小乘的业感缘起论巧妙地加以改造纳入到瑜伽论系统中。

② **诸大种能生所造色**：众世界构成的基本元素能生出被构造而成的有形质物类。佛家关于色的概念，有广义和狭义之分。狭义者，指一般有形质的物类，或者说作为具体现象性存在的物；广义者，指有形质的物类和构成这些物类的基本元素，即四大种或六大种。对于广义的色，佛家将其分两大类，一类是诸大种，即构成世界一切事物的基本元素地、水、火、风，它们是不能再分的；一类是由诸大种和合造成的有形质的具体物类，由于它们是被造成的色，所以称为所造色。四大种和合成所造色的过程，称为生所造色。

③ **内外大种**：构成众生主体内的具有执受性的肉体的世界构成基本元素、构成众生外的器世间的不具有执受性的物质的世界构成基本元素。

④ **所造色种子**：被构造的有形质的物类的种子。

瑜伽行派根据阿赖耶缘起论，认定一切事物现象都由含藏在种子识中的诸种子生成，即种子生现行。种子所生的现行，即形成的所造色，所造色的种子即所造色种子。内外大种所生的所造色也有内外的区分。

⑤ **皆悉依附内相续心**：一切内外大种和所造色种子全都依附内在的流变连续不断的心。相续心也就是一切种子执受所依、异熟所摄的阿赖耶识心。

⑥ **诸大种子未生诸大以来**：世界构成基本元素未能作为世界构成基本元素进行物类的构造，在这种前提下。

⑦ **造色种子终不能生造色**：作为被构造的物类的种子始终不能生出被构造的物类。造色种子即所造色种子，种子生现行过程的实际发生和完成，都必须依赖世界构成基本元素的势力。

⑧ **要由彼生为前导**：必须通过那世界构成基本元素的生造作为那造色种子生成造色的前提导因。

⑨ **诸大种为彼生因**：本段的几个"彼"字，指代的对象各有不同，不能相混。

⑩ **造色生已**：被构造的有形质的物类生成了。

⑪ **不离大种处而转**：已构造成的物类的动变不能脱离世界构成基本元素的存在处所。佛家认为有形质的具体现象事物不是元体，只是世界构成基本元素的结合，或称和合、假合，所以具体现象事物的形相和动转

都必须依赖世界构成基本元素的结合条件和方式。

⑫ **大种损益，彼同安危**：世界构成基本元素被损坏或增益，其所生成的物类与之安危相同相应，或同步。

⑬ **依彼造色倍复增广**：依赖那被资养增长的世界构成基本元素，身体诸根成倍地增盛增大。本处讲"彼所长养"，主要是讲人体内大种的长养。本论讲到由于人通过饮食、睡眠、修习梵行和三摩地等能资养诸根的大种，再由已增长的大种长养诸根的形质，使诸根增长，因为作为色的诸根是由四大种（或六界）和合造成的。增广，增、广均作为动词。本论《决择分》中曾讲到诸有色法，由二长养之所长养：（一）由处宽遍长养流；（二）由相增盛长养流。增广正是指的此二长养。

⑭ **诸大种望所造色**：世界构成基本元素相对它所构造的有形质物类。

译文

现在该先讲述极微聚积的物类的各种法。

问：既然一切事物现象的产生都是由它们自己的种子萌发的，为什么说构成世界的各种基本元素能生成由这些元素构造的物类呢？为什么说被构造成的有形质的物类依赖那构成世界的各种基本元素、由那些构成世界的基本元素具体地造成、由那些构成世界的基本元素保持一定的特性质量、由那些构成世界的基本元素长久地资养呢?

答:因为一切构成众生主体内的具有执受性的肉体的世界构成基本元素、构成众生主体外的不具有执受性的物质的世界构成基本元素,以及这两类的世界构成基本元素所构造的众生主体内外一切物类的种子,全都依附主体内在的流变连续不断的心,乃至构成世界的各种基本元素未能作为此类基本元素进行物类的构造,被构造的物类的种子始终不能生出物类。只有通过那些构成世界的基本元素来构造物类,被构造的物类才从自己的种子生成,所以说那被构造的物类种子能生成被构造的物类,必须由那些构成世界的基本元素构造物类作为前提导因。由于有这些道理,所以说构成世界的各种基本元素是那些被构造的物类产生的原因。

为什么说被构造成的物类依赖那构成世界的各种基本元素呢?因为被构造的物类生成了,它的动变不能脱离构成世界的基本元素的存在处所。

为什么说被构造成的物类由那些构成世界的各种基本元素具体地造成呢?因为构成世界的各种基本元素被损坏或增益,被构造的物类的安危也与它相应。

为什么说由那些构成世界的基本元素保持被构造的物类的一定特性质量呢？因为被构造物类的形质顺随构成世界的基本元素，它的质量与构成世界的各种基本元素的本量相等，它的形体受构成世界的各种基本元素的力势保持才不坏溃。

　　为什么说被构造成的物类由那些构成世界的基本元素长久地资养？由于人通过饮食、睡眠、修习清净行、禅定法等，长久资养了构成人体各部分的世界构成基本元素，体内被资养增长的世界构成基本元素长久地资养身体各部分，使它们长壮长大，所以说构成世界的基本元素是被构造的物类的资养因。

　　如此构成世界的各种基本元素相对由这些基本元素构成的物类，有五种作用是应当知晓的。

原典

　　复次，于色聚中，曾无极微生①。若从自种生时，唯聚集生②，或细，或中，或大。又非极微集成色聚，但由觉慧③分析诸色极量边际④，分别假立以为极微⑤。

　　又色聚亦有方分⑥，极微亦有方分，然色聚有分非极微⑦。何以故？由极微即是分⑧，此是聚色所有⑨，非极微复有余极微⑩，是故极微非有分。

又不相离⑪有二种：一同处不相离⑫，谓大种极微与色、香、味、触等，于无根处⑬有离根者⑭，于有根处⑮有有根者⑯，是名同处不相离。二和杂不相离⑰，谓即此大种极微与余聚集能造所造色处俱⑱故，是名和杂不相离。

又此遍满聚色⑲，应知如种种物⑳，石磨为末，以水和合㉑，互不相离，非如胡麻、绿豆、粟、稗等众㉒。

又一切所造色，皆即依止大种处，不过大种处量㉓乃至大种所据处所，诸所造色还即据此。由此因缘，说所造色依于大种；即以此义，说诸大种名为大种——由此大种，其性大㉔故，为种生故。

注释

① **于色聚中，曾无极微生**：佛家各宗派对物类由极微聚的表述上大体相同，但在极微是否实有，是否存在着极微积聚成物类的实际过程问题上则意见殊异。

一种是以说一切有部为代表的小乘观点，这种观点认为极微是实有的，但却并非眼见的现实现象，只能凭借智慧逐渐分析到最极微。大乘评价这种极微观不过是假极微。

一种是以瑜伽行派为代表的大乘观点，他们认为极微不是实有的，一切物类不过是阿赖耶识的种子变现，识变时物类也随着变量，并不存在什么由极微积集成可见粗物的过程。但是这派学者为了破除我执的戏论和分析空观，也借用极微概念，他们借智慧的想象将可见的粗色渐次分析到不可析位（若再分析即不再成其为色而成其为空），于是借极微来称呼它，并说极微是色边际，然而仍有方所现相。本论持瑜伽行派思想，但也糅入了小乘的说法。

② **若从自种生时，唯聚集生**：意思是物类只是随着种子的萌发而生长成，长大所显现的物相本身就是聚集相，即所谓的"唯聚集生"；并不是由实体的极微集合成物类。

③ **觉慧**：觉悟的智慧，即佛家倡导的观悟真理所具有的智慧。

④ **分析诸色极量边际**：分析各种物达到不可再细分的微小量的边际。

⑤ **分别假立以为极微**：具有思量识别能力的智慧，借极微的名字命名所分析的物的极量边际。假立，借以立名。

⑥ **方分**：空间方角处所及其显现。

⑦ **色聚有分非极微**：聚集相的物类虽然可以分析，

但分析成的极细小物的极微却不能再分析了。非极微，非极微有分。

⑧**极微即是分**：极微就是色聚的分析结果。此句的意思不能理解为"极微就是有分"。

⑨**此是聚色所有**：极微是聚色所有。色聚本意是极微聚集，所以能分析成极微，极微为聚色所有。

⑩**非极微复有余极微**：佛家说极微的含义就是无分，即不能再往细分析；另外，极微不存在聚义，即极微不是由其他什么更极微聚成，否则极微就非是极微。

⑪**不相离**：指极微与聚色不相离。这是在极微聚成聚色的命题基础上，更进一步推阐其中的义蕴。

⑫**同处不相离**：指大种极微与由大种极微所聚集的物类的处所方式是同一而不相舍离的。佛家认为物类是可以分析为四大种的，四大种又是可以分析为极微的，不同的物类是由大种极微的各种不同的结合方式聚集成的。

⑬**无根处**：主体外的自然器世间处所。器世间称为无根，因为它不像众生体内一样具有执受性的能生识的感官，即根。

⑭**离根者**：在无根处所聚集的色，称为离根者，即离感觉器官的聚色。

⑮**有根处**：主体内的处所。众生体内的处所是有

执受性的能生识的感官所在。

⑯ **有有根者**：具有作为感觉器官而存在的聚色。有根者，在有根处所聚集的色。所谓离根者、有根者与前面讲述的内外大种相呼应。

⑰ **和杂不相离**：意指构成不同物的大种极微聚集成不同物互相结合，大种极微与这些物的结合体的处所方式同一而不相舍离。和杂，不同物结合。

⑱ **此大种极微与余聚集能造所造色处俱**：这些大种和那些大种的极微，它们聚集生成不同物然后相结合，并与这些相结合的不同物处所方式同一。

⑲ **此遍满聚色**：指和杂的全相密合的聚集物。此，指和杂不相离的。遍满，指不同物结合，紧密全面。

⑳ **种种物**：指结合物中的各种不同的物成分。

㉑ **石磨为末，以水和合**：用石磨将不同的物磨成粉末，然后相混用水调合。比喻物的和杂不相离的性状。

㉒ **非如胡麻、绿豆、粟、稗等众**：这些类颗粒物混在一起，并不是密合不分的，比喻非和杂不相离的现象。

㉓ **不过大种处量**：被构造的物类不会超过世界构成基本元素处所的大小或体量。这是说明世界构成基本元素与被构造物类的体量同一。

㉔ **其性大**：是说大种可以作为一切物类的基本元素，没有物不依凭大种而存在。

译文

又次，在聚集的物类中，本没有实体的由极微构造物类的过程存在。物类从自己的种子生成的时候，就有所谓的聚集相同时显现，有的体量细小，有的体量中等，有的体量硕大。而且，这并非是由极微集合成聚集相的物类，只是人们凭借觉悟的智慧分析各种物达到不可再细分的微小量的边际，并在思量识别这微小量的边际时借用极微的名词来称呼它。

而且，聚集的物类有空间方角处所及其显现，极微也有空间方角处所及其显现，然而聚集的物类虽然可以细分，极微就不能再细分。为什么呢？因为极微就是物类细分的结果，它归聚集成的物类所有，并非极微还可以分析出其他更细小的极微，所以极微就不能再细分了。

而且，极微与极微聚集的物类不相离的义蕴有二种，一是同处不相离，即世界基本元素极微与由世界基本元素极微聚集的物类在处所方式上是同一不相离的，意指世界基本元素与色、香、味、触等，在不存在感官的主体外物质器世间生成没有感官的聚集物类，在存在感官的主体内生成具有执受性的感知功能的聚集物，这就叫同处不相离。二是和杂不相离，意指这些世界基本元素和那些基本元素的极微，聚集生成不同物然后相结合，它们与这些相结合的物类在处所方式上同一不相离，这就名为和杂不相离。

而且，这和杂不相离的结合物，各种物全面紧密的结合，应当知道这如同将各种物，同石磨磨成粉末，然后混合起来用水调匀，使它们密合互不相离；不是像把许多胡麻、绿豆、粟米、稗子混合在一起那样。

而且，一切被构造的物类，都就其本体依居世界基本元素的处所，它们的体量不会超过世界基本元素；乃至世界基本元素存在的处所，各种被构造的物类也就此作为存在的处所。由于这些因缘，就说被构造的物类依赖世界基本元素；根据这道理，就说众生世界基本元素的名是大种——由于是大种，所以它们的本性周遍广大，它们作为种，能造生物类。

原典

复次，于诸色聚中，略有十四种事，谓地、水、火、风、色、声、香、味、触及眼等五根。除唯意所行色[①]。

一切色聚有色诸根[②]所摄者，有一切，如所说事界[3]。如有色诸根所摄聚如是，有色诸根所依大种所摄聚亦尔[4]。所余色聚，除有色诸根，唯有余界[5]。

又约相摄有十四事[6]，即由相摄施设事极微[7]。若约界摄[8]，随于此聚有尔所界，即说此聚尔所事摄。若约不相离摄，或内或外所有诸聚，随于此聚中，乃至有尔所法相可得，即说此聚尔所事摄应知。所以者何？或有聚中，唯一大种可得[9]，如石、末尼、真珠、琉璃、珂贝[10]、璧玉、珊瑚等中[11]；或池、沼、沟、渠、江、河等中[12]；或火焰、灯烛等中[13]；或四方风轮有尘、无尘风等中[14]。或有聚中，二大种可得，如雪湿树叶、华果等中[15]；或热末尼等中[16]。或有聚中，三大种可得，如即热树等中[17]，或动摇中[18]。或有聚中，四大种可得，谓于内色聚中，如薄伽梵说：于各别内身，若发毛等乃至粪秽，是内地界[19]；若小便等，是内水界；若于身中所有暖事等，是内火界；若上行等风[20]，是内风界。如是若于此聚彼相可得[21]，说彼相为有；若不可得，说彼相为无。

复次，声于一切色聚中，界故说有，相即不定[22]，由现在方便生故[23]。

风有二种，谓恒相续及不恒相续。恒相续者，谓于彼彼聚有恒旋转风[24]。不恒相续者，谓旋风及空行风[25]。

又暗色、明色，说名空界及孔隙[26]，又诸暗色恒相续者，谓世界中间㉗。不恒相续者，谓于余处㉘。如是明色恒相续者，谓于自然光明天㉙中。不恒相续者，谓于余处㉚。又明暗色㉛，谓于显色增聚㉜应知。

又由依止色聚种子功能故，若遇相似缘时㉝，或小聚无间大聚生，或大聚无间小聚生。由此因缘，施设诸聚有增有减，如经言，若坚、坚摄、近摄、非近摄、执受乃至广说。

坚云何？谓地。坚摄云何？谓彼种子。又坚者，即彼界；坚摄者，谓发毛等，或土块等。近摄云何？谓有执受。执受云何？谓内所摄。非近摄云何？谓无执受。无执受云何？谓外所摄。又心心所所执种子，名近摄，名执受；与此相违，名非近摄，名非执受。又随逐自身㉞故，名近摄、执受如前说。如是水等界㉟，如理应知。

又于一切色聚中，一切时具有一切大种界，如世间现见干薪等物，钻即火生，击石等亦尔；又铜、铁、金、银等，极火所烧，即销为水。从月爱珠，水便流出㊱。又得神通者，由心胜解力，变大地等成金银等。

又色聚有三种流转：一者长养，二者等流，三者异熟生。长养有二种：一处遍满长养，二相增盛长养。等流有四种：一长养等流，二异熟等流㊲，三变异等流，四自性等流。异熟生有二种：一异熟体生㊳，名异熟生；二从异熟生㊴，名异熟生。

又诸色聚，略说依六处[40]转，谓建立处[41]、覆藏处[42]、资具处[43]、根所依处[44]、根处、三摩地所行处[45]。

注释

① **除唯意所行色**：一般说来，色聚主要是物质的现象，不包括无表色，所以此处将唯意所行色除开。要说明的是，佛家所谓色也不是严格意义上的物质。如法处色多属主观范畴。

② **有色诸根**：此处作为名词使用，其中已除意根。

③ **界**：指事物的区别，事物各异的固有性质。

④ **有色诸根……所依大种所摄聚亦尔**：此二句的意义乃基于大种与色聚不相离的义理之上。

⑤ **余界**：其他有特性的事物，即除眼、耳、鼻、舌、身以外的，即地、水、火、风、色、声、香、味、触。

⑥ **约相摄有十四事**：此处十四事，也就是前面说的十四事。前文"所说事界"，是从"约界摄"的角度说的。约界摄与约相摄指的对象事项是同一的，不过前者是从事物本性差别上区分，后者是从事物相状差别上区分。

⑦ **由相摄施设事极微**：此句实为"相摄施设以事极微"。事，用作动词，是借用事物的名来命名。施设，建立、安立，此为安立各类极微并加以命名。

⑧ **约界摄**：按事物本性差别统摄事物，即将凡是具有本性的物类归统在范畴中，并将其中的物类概略地划类。

⑨ **唯一大种可得**：只有构成物的一种世界基本元素可得。此处唯一大种，不是指只有四大种中的一种，而是指可以观得的一种。佛家认为一切色均为四大种造成，不是只有一种大种可以造成，然而人们在观察事物的法相时，不一定都能同时在一物中观得所有四种。如下讲到的二大种、三大种、四大种可得，都是说明各种不同的不相离现象。

⑩ **珂贝**：美玉一样的海贝。珂，美石、玉。古人用它充作货币，古天竺人也如此。

⑪ **如石……珊瑚等中**：此类事物中可观得地种法相。

⑫ **池……河等中**：此类事物中可观得水种法相。

⑬ **火焰、灯烛等中**：此类事物中可观得火种法相。

⑭ **四方风轮有尘、无尘风等中**：此类事物中可观得风种法相。

⑮ **雪湿树叶、华果等中**：雪湿即现水种，树叶、华果即现地种。

⑯ **热末尼等中**：热即现火种相，末尼即现地种相。

⑰ **热树等中**：热现火种相，树现地种相，树含水现水种相。

⑱ **动摇中**：指树动摇，动摇现风种相，树现地种相，树含水现水种相。

⑲ **发毛等乃至粪秽，是内地界**：发毛、粪秽作物都现坚相，能保持自形，所以现出地种相。内地界，即体内或根体中的地性，或作内地种。

⑳ **上行等风**：身体上部呼吸运行等类风。

㉑ **若于此聚彼相可得**：在此不相离的所有聚集成的物类中，有那一定法相可以观得。

㉒ **相即不定**：声音的相状当即不确定。

㉓ **由现在方便生故**：声音由于现前方便的条件随机发生（所以它的相，当即不确定）。

㉔ **彼彼聚有恒旋转风**：那些物类有恒常不间断的来回旋转风动。例如内风界的呼吸，外风转的旋动托持世界。

㉕ **旋风及空行风**：空中旋风一阵即逝，空中一般风的运行有间断，所以不恒相续。

㉖ **空界及孔隙**：空界既有暗色，又有明色；孔隙只有暗色。

㉗ **世界中间**：即空劫，世界已坏灭，尚未再形成，其间称世界中间。佛家说世界中间，无众生居，暗色恒续。

㉘ **不恒相续者，谓于余处**：暗色不恒相续的现象，指的是世界处在非中间时节有众生居住的明暗色现象。

参见前面"世界成坏"部分。

㉙ **自然光明天**：诸天众自身自然地辉耀光明。佛家说人因食用杂粮五味，所以生臭秽恶色；而诸天不食人间烟火，内外清洁无秽，所以身体自然耀光。

㉚ **余处**：指地狱、饿鬼、畜生、人。

㉛ **明暗色**：佛家对色泽的中间层次所立的概念，即介于明色与暗色之间的。

㉜ **于显色增聚**：在青、黄、赤、白之类的显色上面再增加其他色。聚，色聚。

㉝ **遇相似缘时**：色聚种子各自与自身相同种子和合在刹那间聚色生。相似缘，此处特指自与自身缘接。

㉞ **随逐自身**：随逐不离自身的生因，即所造色随逐造色种子，造色种子随逐大种。随逐，随应不离。

㉟ **如是水等界**：如地界一样，水界、火界、风界……前文"坚云何？……又随逐自身故"，是以地界或地种为例，阐述坚、坚摄、近摄、非近摄、执受；此处说"水等界"，则强调对水、火、风等界也应作如此理解。

㊱ **从月爱珠，水便流出**：佛家称人受月光为月爱，因月光能除人热恼。月轮下面由颇胝迦（玻璃）水珠构成，能冷能照。

㊲ **异熟等流**：前后世果报本属于异熟，因果两者

的等流佛家称为假等流。例如前世杀生已使自己短命，后世感果也是短命，前后两者短命相似，所以前后因果流转称为等流。

㊳ **异熟体生**：由异熟因生异熟果体，即作业生异熟。

㊴ **从异熟生**：即异熟所生，或异熟果所生，此处指阿赖耶识所生。

㊵ **六处**：此处不是指十二处中的内六、外六处，而是指一切色存在的处所方式或存在方式，不能简单理解为处所。

㊶ **建立处**：六依持中的建立依持，即风轮、水轮、地轮。

㊷ **覆藏处**：使有情得以藏身的物类存在方式，即洞穴、屋宇等。

㊸ **资具处**：作为人的养身条件的物类存在方式，即指十种身资具。

㊹ **根所依处**：感官外体物类存在方式，即浮尘根。根处，感官内在形式的存在方式，即胜义根、净色根、感知神经。

㊺ **三摩地所行处**：修行禅定法所生的自在物境存在方式。佛家说的修习禅定可以凭超卓的胜定力自在地变现色、声、香、味等境，此种有形质相的事物类属于"法处色"。

译文

接下来论述。在一切聚集成的物类中，概略说包括有十四种事项，指的是地、水、火、风、色、声、香、味、触及眼等五根。除开内在精神活动的状相。

在一切聚集成的物类中，眼、耳、鼻、舌、身等五种属于物质性的感官体所统摄的，包括一切聚集成的物类，如同前面说到的各种性质不同的事物。如物质感官体统摄的事物的聚集相是这样，物质感官体所依赖的世界基本元素所统摄的事物聚集相也是这样。所余的聚集物类，指的是除眼、耳、鼻、舌、身以外的其他物界，即自有性质界限的地、水、火、风、色、声、香、味、触。

又按事物自身相状统摄事物，将其中事物概略划分，就有十四种事项，即按事物相状的差异归划极微并借用事物的名来命名极微。如按事物本性差别统摄一切事物，归随在这些物类中的物有一定的界属，就说这些物被这一切事物各界中一定的物界统摄。如按世界基本元素与这些基本元素所构造的物类不相离来统摄事物，有的是主体内的根体物类，有的是主体外的自然物类，这一切物类，归随在这一切的聚集成的物类中，乃至有其中一定的现象相状可以观察获得，就说这些根体、非根体物被这一切事物中一定不相离状统摄，此道理是应该知道的。为什么这样说呢？在有的物类中，只有一种世界基本元素相状可以获得，如在石、宝珠、真珠、琉璃、玉具、璧石、珊瑚等物中；或者在池、沼、沟、渠、江、河等事物中；或者在火焰、灯烛等事物中；或者在四方旁达的风轮的有尘风、无尘风等事物中。在有的物类中，有二种世界基本元素相状可以获得，如在雪渍湿树叶、花、果的事物中；或者在热的宝珠等事物中。在有的物类中，有三种世界基本元素相状可以获得，如在热树等事物中，或在动摇的树的事物中。在有的物类中，有四种世界基本元素相状可以获得，如世尊说的：在各人身内，如发毛等以至粪秽，属于主体内的地性；如小便等，属于主体内的水性；如在主体身内所有温暖的事项等，属于体内的火性；如身体上部呼吸运行等类风，属于体内的风性。如此如在这世界基本元素与世界基本元素聚成的物类不相离的所有聚集物中，有那一定现象的相状可以获得，就说那现象相状是有；如果不可以获得，就说那现象相状是无。

接下来说，声音在一切聚集成的物类中，它的特性界限固然可以说是有，但是它的现象相状在当即现前却不确定，这是因为现前方便的条件随机发生的缘故。

风有二种，即恒常不间断地连续和非恒常不间断地连续。恒常不间断地连续的风，指的是在那些物类中有恒常不间断的来回旋转的风动。非恒常不间断地连续的风，指的是旋风和空中运行的风。

又暗物、明物，称它们是空界和孔隙。又恒常不间断连续的暗物类，指的是世界演变中的空劫空界。非恒常不间断连续的暗物类，指的是其他的空界。如此恒常不间断连续的明物类，指的是在众天人自身自然地辉耀、光明。非恒常不间断连续的明物类，指的是在其他的趣处。又明暗之间的物，指的是在现出颜色的物上面再增添其他的有颜色的物，其中道理是应知的。

又由于聚集成的物类要依赖它们的种子生发增长的功能，如果种子各自与自身相同的种子结合，在刹那间生成聚集的物类，就有的是细小的物无间隔地在刹那间结合生成大的物，有的是大的物无间隔地在刹那间化成小的物。由于这些缘故，在安顿众物的时候，有的在增长，有的在减少，如佛经中讲到的坚性、坚性统摄的物类、近心识的范畴所统摄的物类、非近心识的范畴所统摄的物类、具有摄取领受功能的物类，以至广泛论说。

坚性指什么？指地界。坚性统摄的物类指什么？指那些种子。又坚性即那具有坚性的界别；坚性统摄的物类，指发毛等，或土块等。近心识的范畴所统摄的物类指什么？指具有摄取领受功能的物类。具有摄取领受功能的物类指什么？指主体内根体范畴统摄的物类。非近心识的范畴所统摄的物类是指什么？指没有摄取领受功能的物类。没有摄取领受功能的物类是指什么？指主体外非根体物类范畴所统摄的物类。又心法、心所法所持的种子，称作近心识的范畴所统摄的物类，称作具有摄取领受功能的物类；与此相违悖的，称作非近心识的范畴所统摄的物类，称作没有摄取领受功能的物类。又由于有的物类具有随逐不离自身的生因的缘故，称作近心识的范畴所统摄的物类、具有摄取领受功能的物类，这理由如前面所说的。和上面说的地界一样，水、火、风界的自性等事项也当作这样的解释，是理应知晓的。

又在一切聚集成的物类中，在一切时间里都具有一切世界的基本元素，如世间现实见到的干柴等物，加以旋钻就生出火，石块碰击也能生出火来；又铜、铁、金、银等，用温度极高的火烧烤就销融成液态。面对月亮钟爱月轮中玻璃宝水珠的冷照光，如清水的月光便流泻下来。又获得神通的人，由于有心超卓地胜解的力势，就可以将大地等变成金银等。

又聚集成的物类的流转变化有三种方式：一是长养，二是因果相似，三是前世因后世果报变异。长养有二种：一是长养使物体达到丰满，二是长养使物相显现盛壮。因果相似的流转有四种：一是对因果相似的流转的长养，二是前世作业感招后世果报有相似相的流转，三是前后因果体状变异性质相似的流转，四是因果本性不变的流转。前世因后世果报变异的流转有二种：一是前世造作招致后世异熟果体生，称作异熟生；二是阿赖耶识的异熟果所生，称作异熟生。

而且，一切聚集成的物类，概略说是依托六种存在方式流转变化，六种存在方式即对世界起造建托持作用的物类存在方式、使有情众生得以藏身的物类存在方式、作为人的养身条件的物类存在方式、感官外体物类存在方式、感官内在形式的存在方式、修行禅定法所生的自在物境存在方式。

原典

复次，于心心所品中，有心可得；及五十三心所[①]可得，谓作意等乃至寻、伺为后边[②]，如前说。

问：如是诸心所几依一切处[③]心生、一切地[④]、一切时[⑤]、一切[⑥]耶？答：五[⑦]，谓作意等，思为后边[⑧]。几依一切处心生、一切地、非一切时[⑨]、非一切[⑩]耶？答：亦五，谓欲等，慧为后边[⑪]。几唯依善非一切处心生[⑫]、然一切地、非一切时、非一切耶？谓信等，不害为后边[⑬]。几唯依染污非一切处心生[⑭]、非一切地、非一切时、非一切耶？谓贪等，不正知为后边⑮。几依一切处心生、非一切地、非一切时、非一切耶？谓恶作等，伺为后边⑯。

注释

①**五十三心所**：世亲著《百法明门论》列心所法为五十一种，本论称五十三种是多列入了邪欲、邪胜解。

②**作意等乃至寻、伺为后边**：从作意到排列在最后的寻、伺。此处指的是心所法，前面叙述助伴者已列举过。

③**一切处**：指遍及善性、恶性、无记性（非善非恶性）。

④**一切地**：指遍及有寻有伺地、无寻唯伺地、无寻无伺地三地。

⑤**一切时**：在过去、现在、未来时中相续流转。

⑥**一切**：一种心所法产生，其他的心所法也相应地产生。

⑦**五**：五种，即遍行法中的五种。

⑧**作意等，思为后边**：即作意、触、受、想、思，思排在最后。

⑨**非一切时**：不是在过去、现在、未来时中相续流转。

⑩ **非一切**：一种心所法产生，其他的心所法并不相应产生。

⑪ **欲等，慧为后边**：即欲、胜解、念、三摩地、慧。这五种都由别境法统摄，所谓别境，只是对某种境起作用，而不是像遍行法那样对一切境起作用，所以它们"非一切时"、"非一切"。

⑫ **唯依善非一切处心生**：心所法只依托善法而不是遍依一切处生，即只依托善法，不依托恶法、无记法。此类法即心所法中的善法，共有十一种。

⑬ **信等，不害为后边**：即信、惭、愧、无贪、无瞋、无痴、精进、轻安、不放逸、舍、不害。

⑭ **唯依染污非一切处心生**：心所法只依托污染心性的精神现象产生而不是遍依一切处产生。

⑮ **贪等，不正知为后边**：即烦恼与随烦恼法类，烦恼类有贪、恚、无明、慢、见、疑六种；随烦恼类有忿、恨、覆、恼、嫉、悭、诳、谄、憍、害、无惭、无愧、昏沉、掉举、不信、懈怠、放逸、邪欲、邪胜解、忘念、散乱、不正知等二十二种。

⑯ **恶作等，伺为后边**：即不定法类，有恶作、睡眠、寻、伺四种。由于此类心所法的善恶性质不定，所以可能遍及一切处。然而上述烦恼却是与善心所法相对的，佛家有时称它们为恶心所，所以它们非一处心生。

译文

又次，在心法、心所法中，有各种心法可以获得；及有五十三种心所法可以获得，即作意等，直到最后的寻和伺，如前面说过的。

问：如此众多心所法中，有几种是依托一切处发生，依托一切寻伺境地、一切时间发生，其中一种心所法发生就引起其他心所法的发生呢？答：有五种，即作意等，到后边的使内心在通过思维领取境界后产生相应善、恶、非善非恶性的心理活动。心所法中有几种是依托一切处发生，依托一切寻伺境地、不在一切时间里发生，其中一种心所法发生不会引起其他心所法的发生呢？答：也有五种，即欲等，到后边的慧。心所法中有几种是依托善法却不在一切处发生，然而在一切寻伺境地、不在一切时间里发生，其中一种心所法发生不会引起其他心所法的发生呢？答：即信等，到后边的不害。心所法中有几种是依托污染心性的烦恼却不在一切处发生，不在一切寻伺境地、不在一切时间里发生，其中一种心所法发生不会引起其他心所法的发生呢？答：即贪等，到后边的不正知。心所法中有几种是依托一切处发生，不在一切寻伺境地、一切时间里发生，其中一种心所法发生不会引起其他心所法的发生呢？答：恶作等，到最后边的伺。

原典

复次，根①不坏，境界现前②，能生作意正起，尔时从彼识乃得生。

云何根不坏？谓有二种因：一不灭坏故，二不羸劣故③。

云何境界现前？谓或由所依处④故，或由自性⑤故，或由方⑥故，或由时⑦故，或由显了不显了⑧故，或由全分及一分⑨故。若四种障所不障碍，亦非极远⑩，谓覆蔽障、隐没障、映夺障、幻惑障；极远有二种，谓处所极远、损灭极远⑪。

云何能生作意正起？由四因故：一由欲力，二由念力，三由境界力，四由数习力。云何由欲力？谓若于是处心有爱着，心则于彼多作意生。云何由念力？谓若于彼已善取其相，已极作想，心则于彼多作意生。云何由境界力？谓若彼境界或极广大，或极可意⑫，正现在前，心则于彼多作意生。云何由数习力？若于彼境界已极串习，已极谙悉，心即于彼多作意生。若异此者⑬，应于一所缘境，唯一作意一切时生⑭。

又非五识身有二刹那相随俱生⑮，亦无展转无间更互而生⑯。又一刹那五识身生已⑰，从此无间必意识生。从此无间，或时散乱⑱，或耳识生，或五识身中随一识生[19]；若不散乱，必定意识中第二决定心生[20]。

由此寻求、决定二意识故，分别境界[21]。又由二种因故，或染污，或善法生[22]，谓分别故，及先所引故。意识中所有，由二种因：在五识者，唯由先所引故，所以者何？由染污及善意识力所引故，从此无间，于眼等识中，染污及善法生。不由分别，彼无分别故[23]。由此道理，说眼等识随意识转[24]，如经言：起一心，若众多心[25]。

云何安立此一心耶？谓世俗言说一心刹那，非生起刹那[26]。云何世俗言说一心刹那？谓一处[27]为依止于一境界事，有尔所了别生，总尔所时名一心刹那。又相似相续亦说名一[28]，与第二念极相似故。

又意识任运散乱缘不串习境时无欲等生，尔时意识名率尔堕心[29]，唯缘过去境[30]。五识无间所生意识，或寻求，或决定，唯应说缘现在境，若此即缘彼境生[31]。

注释

① **根**：包括色根和意根。

② **境界现前**：感官对象能顺利地呈现在感官前让感官感受到。

③ **一不灭坏故，二不赢劣故**：一不毁灭无用，二不

残损不健。如果有此二种前提,人的感官就不会损毁了。

④ **所依处**:指有情众生赖以生存的一切物类差别,主要指有情众生自身的肉体与那物质的器世间。

⑤ **自性**:指境界的性质各别,体现在相状、作用、分位差别。

⑥ **方**:即方位,境界显现出东南西北等方位差别。

⑦ **时**:境界显现出过去、未来、现在差别。

⑧ **显了不显了**:境界显现眼前能让意识明了,或境界只在忆念中浮现,意识难以明了。显了不显了,指感知的取实与不实。本论《决择分》五十一卷、五十四卷中解释说,境界显现在五根中某一根或某几根前,意识与其他识同时对境起作用所获的结果明了,此即取实;如果只是忆念过去曾受的境,意识作用结果不甚明了,此即取不实。可见此处显了不显了只是心理学范畴。

⑨ **全分及一分**:人的感官对呈现在前的聚集成的物,是全部感知领受或一部分感知领受。

以上"所依处"至"全分及一分",本论称为境界现前的"六种所行性",即境界能否现前的六种前提条件,境界以六个方面的差别让心识发动行运。

⑩ **非极远**:不是远到感官达不到的极端程度。意即极远,境界无法现前;非极远,境界才能现前。

⑪ **损灭极远**:事物被分析到极微,极微无法被感

官感知，所以相对于感官成为极远。

⑫ **彼境界或极广大，或极可意**：那境界或极广大，引人注意；或极可意，诱人倾衷。此处都是强调境界的特殊条件容易吸引感官缘接。

⑬ **异此者**：与前面讲述的由四种原因引起的"多作意"的情况不同。

⑭ **应于一所缘境，唯一作意一切时生**：意即并不是由四种缘由产生的多作意全都在一切所缘境一切时生。

⑮ **非五识身有二刹那相随俱生**：当境界现前的时候，五识体如不坏，或某一识作用境，或某几识作用境，或全部识作用境，都是在刹那间与境界相随俱生。五识都是依作意随生，所以不会有二次甚至二次以上的刹那间随境俱生，以后再随意识转。

⑯ **无展转无间更互而生**：五识身依作意随一定境俱生，此识与彼识各有不同，它们不会刹那间无间隔地互相转换。

⑰ **一刹那五识身生已**：此处仍指或一、或几、或全部识生。

⑱ **或时散乱**：五识刹那生后，有的当时心态散乱无着，五识刹那生时，即率尔心阶段；接下来就是寻求心。在寻求阶段，人们的心态会出现两种状况，一种是散乱，一种是不散乱。

⑲ **或耳识生,或五识身中随一识生**:此两句是叙述散乱的现象,即漫不经心,注意力分散。

⑳ **第二决定心生**:继寻求心后决定心生。当注意力不散乱,寻求心已定,意识便能对境相起胜解了知或识别的作用。

㉑ **分别境界**:此处指意识对境界所起的识别认知作用,也即寻求心、决定心后的等流心现象。

㉒ **由二种因故,或染污,或善法生**:由于寻求心、决定心的导引,和对境界的分别,或者污染心识的烦恼生,或者善心生。或染或善,又称染净心,染净心即随决定心后生。二种因指分别和先所引。

㉓ **不由分别,彼无分别故**:五识染净法其所以不由分别产生,是因为它们本身不具有识别认知的功能。意识的分别,具有思量认知的功能,而眼等五识的了别只具有一般感性识别的功能。

㉔ **眼等识随意识转**:按本论所述,六识与五心的关系是这样的,先由眼等五识缘境率尔心起,刹时无意识随之俱起;在意识中接着率尔心后起寻求心、决定心、染净心;然后眼等五识随意识转生染净法;最后眼等五识和意识或染或净相续流转,即所谓等流心。

㉕ **起一心,若众多心**:佛家从来不将内心具体活动视为孤立的,互不相关的。特别是对有性的心念,佛

家认为发一善心，如同有多种善心作；发一恶心，如同有多种恶心作。

㉖ **世俗言说一心刹那，非生起刹那**：世俗间所说的刹那间产生一个心念，不是刹那间的造作产生果报。由于一心刹那指的是对外界境相的最初了别，即感知阶段，尚未起染净心即善恶念，所以也就无所谓造作果报，即生起刹那。生起刹那，刹那间有造作果报，造作为生，果报为起。

㉗ **一处**：内六处（眼、耳、鼻、舌、身、意）中的一处。

㉘ **相似相续亦说名一**：指前念后念相似，连续发生，统称作一心。

㉙ **率尔堕心**：即率尔心，率尔心起时，是人初观境，即初落境中，或称作初堕。

㉚ **唯缘过去境**：意识在没有五识激发的前提下，在随意散乱的心理状态下，且没有什么希求心念，去接触从未感知的事物是不可能的，只有在率尔间忆起过去曾感知思量过的境界现象。

㉛ **唯应说缘现在境，若此即缘彼境生**：应只一个结论，说意识缘接的是现在的境界，如果是这样，意识就对作用的那境界产生认知。

以上论述了刹那间的一念或一心从萌发至形成的

过程、机制及五识与意识的辩证关系，分析的精细、科学，是可以与现代心理学相伯仲的。

译文

接下来论述，如果人的感官没有损坏，境界能顺利地呈现在感官面前，有作意恰好发动，这时随从各根的识体才能产生。

什么是感官不损坏呢？有二种原因：一是不被全部坏灭，二是不残损劣弱。

什么是境界顺利呈现在感官面前呢？意指或者由于有情众生赖以生存的物类呈现出人世间的或自然界的差别，或者境界在自身性质上呈现出相状、作用、分位的差别，或者境界显现出东南西北等方位的差别，或者境界显现出过去、未来、现在的时间差别，或者境界的显现有着能让意识明了和难以让意识明了的差别，或人的感官对呈现在前的物类有着全部感知领受和部分感知领受的差别。如果对境界顺利呈现在感官面前起障碍作用的四种事因都没有发生，境界又不是处在感官达不到的极远状态，境界就能顺利地呈现在感官面前。四种障碍即由黑暗无明、混浊不清的事物覆蔽所形成的障碍，由药草力或咒术力使得境界隐没所形成的障碍，由少的小的事物被多的大的事物掩盖所形成的障碍，由外境变化幻相或内在精神迷糊昏惑所形成的障碍。极远有二种，即境界的处所离感官极远；事物被分析到极微，感官作用不到，成为极远。

什么是作意能够恰好发动呢？由四种原因导致：一由希求心念形成的势力导致，二由想念形成的势力导致，三由境界具有的势力导致，四由对一定境界反复接触作用所形成的心理势力导致。什么是由希求心念形成的势力可以导致？就是如果对境界处怀有执着的爱心，内心就有作意产生。什么是由想念形成的势力导致？就是如果对过去很好地摄取领受过的一定境界的相状，已作过极刻苦的思维，内心就有作意产生。什么是由境界具有的势力导致？就是如果那境界或者极其广大，或者极合人意，并正呈现在感官面前，内心就有作意产生。什么是由对一定境界反复接触作用所形成的心理势力导致？就是如果对那境界反复接触观察次数非常多，已经极为熟悉，内心就有作意产生。如果与前面讲述的由四种原因引起内心多有作意产生的情况不同，那么就应该是对于一种境界，只有一种作意在一切时间里产生。

而且，五识体不会有两次刹那间随所对的境界同时而生，也不会没有间隔地转去换来。而且，一刹那间五识体产生了，从此意识就一定会没有间隔地产生。意识从此没有间隔地运行，有的当时心态散乱无着，或者在有声相呈现在面前时就产生耳识，或者在有其他境相呈现在面前时就随着产生其他的识；如果当时心态不是散乱无着，那么意识就一定会在第一种寻求心念后生发第二种决定识别的心念。

经过这寻求心、决定心二种意识阶段后，意识就识别思量境界对象了。又由于有了二种原因，或者染污心生，或者善心生，这二种原因指的是对境界的识别思量，和前面决定心的导引。意识中所有的染污心、善心，是由二种原因带来的结果；在眼等五识中的染污心、善心，只是由意识中的决定心导引所产生，为什么会是这样呢？因为由于染污性的和善性的意识势力的导引，才从此无间隔地在眼等五识中产生染污和善的感知现象。眼等五识之所以不能由思量性识别生出染污和善的感知现象，是因为它们本身没有思量性识别的功能。由于这个道理，就说眼等五识是跟随着意识流转变化的，如同佛经中说的：发一种心念，如同有众多的心念。

这一心是怎样形成的呢？就是世俗所说的刹那间产生一个心念的过程，不是刹那间造作产生果报的业报过程。什么是世俗所说的刹那间产生一个心念的过程呢？指的是识体以一种感官为依托，对于一种境界事物，有了这一种识体的感知识别的异体活动发生,就总括这一种识体感知识别的全过程,称作刹那间产生一个心念。又相似性的连续运行的心理活动也称作一心,这是因为一心念与后面接着的第二个心念极为相似。

而且,意识漫不经心散乱无着地接触从未感知过的境界时,没有什么希求心念发生,这时的意识称作率尔堕心,它这时只能作用过去的境界对象。由五识体无间隔地带生出的意识,或者是寻求心,或者是决定心,都应只有一个结论,即意识接触作用现在的境界。如果是这样,意识接触作用境界进行认知的心理过程就产生了。

原典

又识能了别事之总相①。即此所未了别所了境相②能了别者,说名作意。即此可意、不可意、俱相违相③,由触了别。即此摄受、损害、俱相违相,由受了别。即此言说因相④,由想了别。即此邪正俱相违行因相,由思了别。是故说彼作意等,思为后边,名心所有法遍一切处、一切地、一切时、一切生⑤。

作意云何?谓心回转。触云何?谓三和合。受云何?谓领纳。想云何?谓了像。思云何?谓心造作。欲云何？谓于可乐事，随彼彼行欲有所作性。胜解云何？谓于决定事，随彼彼行印可随顺⑥性。念云何？谓于串习事，随彼彼行明了记忆性。三摩地云何？谓于所观察事，随彼彼行审虑所依心一境⑦性。慧云何？谓即于所观察事，随彼彼行简择诸法⑧性，或由如理所引，或由不如理所引，或由非如理非不如理所引。

又作意作何业⑨？谓引心为业⑩。触作何业？谓受、想、思所依为业⑪。受作何业？谓爱生所依为业⑫。想作何业？谓于所缘，令心发起种种言说为业。思作何业？谓发起寻伺身语业等为业⑬。欲作何业？谓发动为业⑭。胜解作何业？谓于所缘印持功德过失为业⑮。念作何业？谓于久远所思、所作、所说忆念为业。三摩地作何业？谓智⑯所依为业。慧作何业？谓于戏论⑰所行染污、清净、随顺推求为业。

注释

①**总相**：事物的一般属性的相状，或一般现象，与个别事物现象相对；或指境界对象的总体相状。

②**所了境相**：指应了别的境相。

③**俱相违相**：既非此又非彼的相状。此处指既非可意，又非不可意。

④ **言说因相**：作为事因的言论的相状。

⑤ **名心所有法遍一切处、一切地、一切时、一切生**：此即心所法中的遍行法。

⑥ **印可随顺**：审决印证后不再犹豫，随顺不移。

⑦ **审虑所依心一境**：审虑所依托的专一对境的心。

⑧ **简择诸法**：对事物各种现象进行推度决定，不再疑虑。

⑨ **作意作何业**：能发动内心活动的心理活动造作什么？本段阐释的作意等心所法的作业与前面讲述的作意等心所法的概念是有区别的。前面讲述的作意等心所法，侧重讲明它们的特性即心理活动运行方式；此段阐释作意等心所法的作业，侧重讲清它们的活动内容。

⑩ **引心为业**：此处提法与前面"心回转"有所不同，即强调引发心的造作，也就是有造作的心活动。

⑪ **受、想、思所依为业**：即受、想、思依赖触的造作才能起作用。

⑫ **爱生所依为业**：爱的产生依赖受的作业。受即感受，有三种：苦、乐、不苦不乐。三受导引三爱：依苦的感受生出别离爱，即别时依依之情；依乐的感受生出和合爱，即对结合欢聚的爱；依不苦不乐的感受生出既非别离又非和合的爱。

⑬ **发起寻伺身语业等为业**：思的造作即心思考造

作并使身体言语造作。此处的寻伺，即通过思考生起善、恶、无记的心理活动。心有善、恶、无记的造作，心的造作又导引身体行为及言语的造作。

⑭ **发动为业**：欲的造作通过希求心念激发身语意的造作。

⑮ **于所缘印持功德过失为业**：此处对胜解的解释突出了审定的内容即功德过失。

⑯ **智**：在佛家有特定含义，即悟真断疑。

⑰ **戏论**：此处指言说。

译文

又识能够识别对象事物的总体相状。就在这对象事物总相中有还没有识别的部分，其中又有应识别的部分，对这应识别部分产生能识别的精神活动，就称作作意。就在这对象事物总体相中的乐意的、不乐意的、既非乐意又非不乐意的事相，由触识别。就在这对象事物总体相中的让人摄受的、损害人的、既非让人摄受又非损害人的事相，由受识别。就在这对象事物总体相中的作为事因的言论相，由想识别。就在这对象事物总体相中的作为邪、正、非邪非正的行为原因的事相，由思识别。所以说那从作意到后边的思，称为能在一切处、一切寻伺境地、一切时间、一切心理活动互相连带的现象中发生的心理活动。

作意是什么？指调动内心各种活动一起转向所要作用的境界对象。触是什么？指使感官、境界对象、感知识别三者结合交涉，从而使内心各种活动作用于境界对象。受是什么？指领纳外境后的内心感受。想是什么？指对事物种种相状进行思维并形成言语概念加以表述。思是什么？指内心造作形成善、恶、非善非恶的心念。欲是什么？指对乐意的事，心理随着那些事物现行状产生希求作什么的心念的特性。胜解是什么？指对已经决断的事，心理随着那些事物的现行状进行审定不移的特性。念是什么？指对曾经感知过的事，心理随着那些事物的现行状产生明确记忆的特性。三摩地是什么？指对所观想的事，心理随着那些事物的现行状一心思虑所对境界不移的特性。慧是什么？指所观想的事，心理随着那些事物的现行状进行推度决定断绝疑念的特性，推度决定或者依循真实的理，或者依循不真实的理，或者依循既非真实又非不真实的理。

又作意造作什么？引发内心活动使它作用于境界对象。触造作什么？使受、想、思得以生起。受造作什么？使爱得以产生。想造作什么？使心对境界对象产生概念言语进行思维。思造作什么？使心思考造作并使身体言语造作。欲造作什么？用希求心念激发身语意的造作。胜解造作什么？对于境界审定功德过失并坚持不移。念造作什么？对很久以前曾经思考、造作、讲述过的事明确记忆。三摩地造作什么？使内心得以断疑悟真。慧造作什么？它是在戏论的染污法、清净法基础上进行思维推求。

原典

　　云何建立三世？谓诸种子不离法①故，如法建立②。又由与果未与果③故，若诸果法④，若已灭相，是过去⑤；有因未生相，是未来⑥；已生未灭相，是现在⑦。

　　云何建立生、老、住、无常？谓于一切处识相续中⑧，一切种子相续俱行建立。由有缘力故，先未相续生法今最初生，是名生有为相。即此变异⑨性，名老有为相。此复二种：一异性变异性。二变性变异性。由有相似生⑩故，立异性变异性；由有不相似生⑪故，立变性变异性。即已生时，唯生刹那随转故，名住有为相⑫。生刹那后，刹那不住⑬故，名无常有为相。如是即约诸法分位⑭差别，建立四相。

　　又有四缘：一因缘，二等无间缘，三所缘缘，四增上缘。因缘者，谓种子。等无间缘者，谓若此识无间，诸识决定生，此是彼等无间缘[15]。所缘缘者，谓诸心心所所缘境界[16]。增上缘[17]者，谓除种子[18]余所依[19]，如眼及助伴法望眼识，所余识亦尔；又善不善性能取爱非爱果，如是等类，名增上缘。

又由种子故，建立因缘。由自性故[20]，立等无间缘。由所缘境故，立所缘缘。由所依及助伴等故，立增上缘。如经言诸因诸缘能生识者，彼即此四[21]。因缘一种，亦因亦缘[22]余唯是缘[23]。

注释

① **诸种子不离法**：阿赖耶识所含藏的种子离不开它们所变生的现行，即现实现象。

② **如法建立**：即划分确立已生现象为过去，未生现象为未来，正生现象为现在。

③ **与果未与果**：取果未取果或生果未生果。以种子为因，那么种子所生的现行即是果。

④ **诸果法**：此是将现行用果的概念重加表述。

⑤ **若已灭相，是过去**：如果已与果即已取生的果相灭没了，就是过去。佛家把一切现实现象都视为前因所生的结果，果相对于因是接受因导引，即为已与果，

而果相已灭也就意味着所受的因的导引作用完结，所以称为过去。

⑥ **有因未生相，是未来**：有种因但尚未与果即未生果，只要有机缘将来一定会生果，就是未来。

⑦ **已生未灭相，是现在**：已与果，而且还在接受因的导引，即现行相尚未灭，就是现在。

对于三世，无论用种子变现关系还是用因果关系划分确立，结果是同一的。

⑧ **于一切处识相续中**：关于阿赖耶识在一切有中的结生相续，前面章节已论述，可参见。一切处与前面所说的一切处不同，前面所说"诸心所几依一切处心生"之一切处，指的是善、恶、无记；此一切处则指有情众生居住的三界一切居处。

⑨ **变异**：相续的转变，一般作衰变。

⑩ **有相似生**：有相似的异相续生，其实就是事物发生的渐变。

⑪ **有不相似生**：有不相似的异相续生，其实就是事物发生的突变。

⑫ **住有为相**：安住状态的有造作、依因缘的事物相状。此处的住，意指已形成的具有一定体性的事物。

⑬ **生刹那后，刹那不住**：在一刹那间生出后，就没有一刹那不变。此处的住，意即不变。

⑭ **分位**：事物现象变化的一定时分和地位，统称为一定过程或阶段。

⑮ **此识无间，诸识决定生，此是彼等无间缘**：这个心识念头无间隔地导致生出其他种种决定了的（即已具有自性和善、恶等性的）心识念头，这个心识念头就是那生出来的心识念头的平等无间隔地产生的前提条件。等无间缘，又称为次第缘，只是在精神世界中存在，主要指的是心识活动时前念和后念的关系。等，指前后念的构成因素和功用相等，此处等的概念是相对于色类前后相续流转不等的。无间，此处所指的前后念关系的无间隔，不是指刹那相续的无间隔，前后念只要中间无障碍，不管刹那非刹那，都视为无间隔。

⑯ **所缘缘者，谓诸心心所所缘境界**：所缘缘指的是各心王、心所（即各种内心活动）攀缘作用（感知认识）的对象。所缘缘，意即作为心心所攀缘的境界对象，反过来作为心心所活动的前提和制约条件（即缘），即认识对象能致使和限制内心的活动。以实际生活为例，舞引起观赏性内心活动并把内心活动限制在观赏范畴；歌引起听赏性内心活动并把内心活动限制在听赏范畴，两种对象境界（所缘）作为不同的前提条件（缘），相应的内心活动也不同。可见佛家对认知的分析富有辩证法。

⑰ **增上缘**：即一现象能对另一现象起作用影响。

⑱ **除种子**：增上缘为什么要除开种子，因为种子已归入因缘。

⑲ **余所依**：诸识有三依，即根、意、种子，除种子外其余所依即根、意。

⑳ **由自性故**：因诸识各有自性各不相同，各识在各识基础上前后念相等无间。

㉑ **彼即此四**：佛经中所说的能生识的各种因和缘，就是这四种。按佛家一般说法，精神现象由此四缘生，而物质现象仅由因缘和增上缘生。

㉒ **因缘一种，亦因亦缘**：因缘这一种缘，既是事物产生的原因，又是对事起影响作用的条件。

㉓ **余唯是缘**：其余的缘即无间缘、所缘缘、增上缘都只是缘。

译文

怎样划分确立三种世？由于阿赖耶识含藏的种子离不开它们所变生的现行，所以要按现实现象来划分确立三种世。又由于有阿赖耶识种子取果、未取果的关系存在，如从各种种子所变生的现行果论说，如果已取生的现行果相灭没了，就是过去世；有种因但未生现行果，将来遇有机缘就一定会生成现行果，就是未来世；种子已在生现行果，而且还在接受种子因的导引，就是现在世。

怎样划分确立生、老、住、无常呢？即在三界一切有情众生居处，在一切阿赖耶识的连续生转中，受阿赖耶识含藏的一切种子也相应地连续流转，对生、老、住、无常的划分确立就以这连续过程的阶段差别为依据。由于有缘接条件的势力影响，原先没有连续地发生的现象现在开始生发，这称作生发阶段的有造作、依因缘的事物相状。就这已经生发的事物处在体性变异的阶段，称作老化的有造作、依因缘的事物相状。这种老化有二种状况：一是性质渐变的体性变异，二是性质迥变的体性变异。由于有相似性的异相连续生成，就设立性质渐变的体性变异概念；由于有不相似的异相连续生成，就设立性质迥变的体性变异。就在这生出的时候，在生的那一极短时间里就随阿赖耶识流转，称为安住形成阶段的有造作、依因缘的事物相状。事物在那产生的极短时间过后，由于没有一刹那不变，所以称为没有恒常不变的有造作、依因缘的事物相状。这样就将众多事物现象变化的阶段差别加以概略区分，划分确立四种有造作、依因缘的事物相状。

又有四种缘：一是因缘，二是等无间缘，三是所缘缘，四是增上缘。因缘，指的是种子。等无间缘，意指如这个心识念头无间隔地导生出其他已定体性的心识念头，那么这个心识念头就是那个被导生出的心识念头的等无间缘，即前后心念平等无间隔地产生的前提条件。所缘缘，指的是众多内心活动攀缘认知的境界对象。增上缘，指除种子以外的各识所依托的根体、意念，以眼识为例，眼根和作为眼识助伴的心理活动就是眼识的增上缘，即对眼识起作用影响的因素，其他识的增上缘也是这样；又心识的善不善性能够生出自己所喜爱和不喜爱的现象结果，如此等类，称为增上缘。

又由于是种子，就确立因缘。由于众多识各有不同的自性，各识在各识基础上前后念相等无间隔，就确立等无间缘。由于众多识攀缘作用的境界对象影响众多识，就确立所缘缘。由于众多识有所依托的根体、意念及伴随影响它们的众多心理活动，就确立增上缘。如佛经所说的众多因众多缘能使识生的，那就是这四种。因缘这一种，既是因也是缘，其他的三种只是缘。

原典

又如经言善、不善、无记者，彼差别云何？谓诸善法：
或立一种，由无罪义故。
或立二种，谓生得善及方便善。

或立三种，谓自性善①、相应善②、等起善③。

或立四种，谓顺福分善④、顺解脱分善、顺决择分⑤善及无漏善。

或立五种，谓施性善、戒性善、修性善、爱果善、离系果善。

或立六种，谓善色、受、想、行、识及择灭⑥。

或立七种，谓念住所摄善⑦、正勤所摄善⑧、神足所摄善⑨、根⑩所摄善、力⑪所摄善、觉支⑫所摄善、道支所摄善⑬。

或立八种，谓起迎合掌、问讯礼敬业所摄善，赞彼妙说、称扬实德所摄善，供奉病者所摄善，敬事师长所摄善，随喜所摄善，劝请所摄善，回向⑭所摄善，修无量所摄善。

或立九种，谓方便⑮、无间、解脱⑯、胜进⑰道所摄善，及软、中、上⑱、世、出世道所摄善。

或立十种，谓有依善⑲、无依善⑳、闻所生善、思所生善、律仪所摄善、非律仪非不律仪所摄善、根本眷属所摄善㉑、声闻乘所摄善、独觉乘所摄善、大乘所摄善。

又立十种，谓欲界系善，初、二、三、四静虑系善，空无边处、识无边处、无所有处、非想非非想处系善，无漏所摄善；又有十种，谓十善业道；又有十种，谓无学㉒正见乃至正解脱、正智㉓；又有十种，谓能感八福生㉔及转轮王善、及趣不动善㉕。

如是等类，诸善差别。

略说善有二种义，谓取爱果义，善了知事及彼果义。

不善法者，谓与善法相违，及能为障碍，由能取不爱果故，及不正了知事故。

无记法者，略有四种，谓异熟生及一分威仪路、工巧处及变化。若诸工巧但为戏乐，不为活命，非习业想，非为简择，此工巧处业是染污㉖；余是无记。如工巧处，威仪路亦尔㉗。

变化有二种，谓善及无记㉘。

注释

① **自性善**：自性清净的善，具体指心所法中的善法类，即信、精进、惭、愧、无贪、无瞋、无痴、轻安、不放逸、行舍、不害。

② **相应善**：指与自性善相应起的心所法。

③ **等起善**：指由自性善、相应善所引起的善性的身、语造作。

④ **顺福分善**：能导致生到诸天或富贵家族受乐的果报的善。意即善之果能顺福分。

⑤ **决择分**：决择，即抉择，指智性的判断、选择。

分，阶段、部分。决择分，即指见道所具有的无漏真智，能抉择断疑分别四谛相，从而能初入圣道。

⑥**择灭**：通过无漏智的判断选择达到寂灭。择，即简择、抉择。灭，寂灭涅槃。善五蕴属于有漏范畴，择灭属于无漏范畴。

⑦**念住所摄善**：四念住所摄的善。佛家道谛有七科三十七道品之分，其中第一科为四念住（也作四念处）。所谓念住，即用智慧观照对象并使心念明记。四念住包括身念处，观身不净；受念处，观受是苦；心念处，观心无常；法念处，观法无我。

⑧**正勤所摄善**：四正勤所摄的善。四正勤又作四正断，即三十七道品中的第二科，包括已生恶今勤修使它断灭，未生恶今勤修使它不生，未生善今勤修使它生起，已生善今勤修使它增长。

⑨**神足所摄善**：四种神足所摄的善。四神足又作四如意足，即三十七道品中的第三科，包括欲神足、勤神足、心神足、观神足。神足即神通如意的禅定。

⑩**根**：即根基、根源。此有五根，非指感官，而是指能生圣道的五种慧根。五根包括信根；进根，即勤根；念根，即念住；定根，即四禅；慧根，即抉择四谛。

⑪**力**：此有五力，即五慧力，由五慧根增长的势力维护修行入圣，包括信力、进力、念力、定力、慧力。

⑫ **觉支**：此有七觉支，又名七觉分、七等觉支、七菩提分等。觉，觉悟。支，分、品类。七觉支包括择法觉支，择法即依佛道抉择；精进觉支；喜觉支，得悟佛理，法喜意悦；轻安觉支，断却烦恼，身轻意安；念觉支；定觉支；行舍觉支，舍弃一切分别，心无偏颇，平等寂静。

⑬ **道支所摄善**：八正道统摄的善。八正道又称八圣道、八圣道分、八直圣道、八支圣道等。正道，合乎佛道的正理，包括正见，智见四谛理；正思维，智思四谛理；正语，即言语纯正和善顺依佛法；正业，行为纯正和善循依佛德；正命，用符合佛教规范的方式谋生；正精进，在修善解脱上精进不懈；正念，忆念正道；正定，依法禅定身心清净入无漏定。

⑭ **回向**：大乘慈悲行要由将修行觉悟所获得的功德果回施给众生，做到普济众生，自、他同入圣道。

⑮ **方便**：即方便善巧（Upāyakauśala），大乘为普度众生所采用的种种机动手段。

⑯ **无间、解脱**：才断惑且不被惑间隔的无漏智慧称为无间道，又作无碍道。已断惑并证悟真理的智慧称为解脱道。无间道为前念的因道，解脱道为后念的果道。

⑰ **胜进**：即胜进道，在获解脱道后更进一步达到果德究竟圆满。

方便、无间、解脱、胜进为达涅槃四道。第一方便，有的称作加行。

⑱ **软、中、上**：此三道是佛家对修行道划分的三个境界。软，即软道，脱离不了利养的修道；佛家称有利养为软。中，中道，指修习自利之道，即小乘道。上，上道，指修习圆满自利又利他的大乘道。

⑲ **有依善**：作善是为了求得名利回报。

⑳ **无依善**：作善不为名利回报，只是行菩萨道，回向众生，证无上佛道。

㉑ **根本眷属所摄善**：实指十善业道范畴，即在家修行的善性造作，包括身三善业即不杀生、不偷盗、不邪淫；口四善业即不妄语、不两舌、不恶口、不绮语；意三善业即不贪、不瞋、不痴。根本眷属，入佛道的善道为根本，达到根本善道之前所作的善事努力为眷属，所以根本眷属所摄善又称作根本所摄善先起加行。

㉒ **无学**：学道圆满无需再学为无学境界。声闻乘中前三为有学，意即还得进趣修习；阿罗汉果为无学。

㉓ **正智**：即圣智。

㉔ **感八福生**：作善感招生八种受福处。八种受福处即人世大富贵家族、六欲天、梵众天。

㉕ **趣不动善**：作业能趣向彻底觉悟契悟真如。不动，真如体性常住不动，大菩提心大寂不动。

㉖ **此工巧处业是染污**：佛家认为，如果作工艺技巧既不是出于谋生养命，又不是为了行善，就是对心性的污染。

㉗ **如工巧处，威仪路亦尔**：如同工巧处，威仪路如果只是为了娱乐（如为伎乐扮戏），也会是这样，是对心性的污染。

㉘ **变化有二种，谓善及无记**：变化心有二种，一种是善性，指的是为利益别人起变化；一种是无记心，指只是为方便嬉戏起变化。

译文

又如佛经所说的善性、不善性、非善非恶性，他们的差别怎样？众多善性现象的差别：

有的确立一种，依据行事不会带来罪报的理义。

有的确立二种，指由原先的努力感得的，现已成为本性的善和听闻正法依理修行的善。

有的确立三种，指自性清净的善，与自性清净善相应生起的心理活动，由自性清净善和相应的心理活动所引起的善性身、语造作。

有的确立四种，指行的善能导致生到诸天或富贵家族受乐的果报、修习解脱尘世烦恼的善、修习达到初生无漏智照见真理阶段的善和修习达到永断烦恼涅槃出世的善。

有的确立五种，指修行布施的善、持戒修行的善、勤修佛道的善、能导引入人天可爱趣居的善、能导引脱离尘世入涅槃清净的善。

有的确立六种，指善性的色、受、想、行、识等五蕴和通过无漏智的判断选择达到寂灭清净的善。

有的确立七种，指念住所统摄的善、正勤所统摄的善、神足所统摄的善、由五根所统摄的善、由五力所统摄的善、由觉支所统摄的善、由合佛道的正理所统摄的善。

有的确立八种，指起迎合掌、问讯礼敬的造作一类的善，赞颂别人的妙说、称扬别人的实德一类的善，供养侍奉病人一类的善，尊敬对待师长一类的善，随着他人善行心生喜悦一类的善，虔诚祈祷诸佛传法一类的善，将自己修行获得的功德回施给众生一类的善，修习最高佛乘无量功德一类的善。

有的确立九种，指普度众生的种种机智方法、刚断惑并且不再受惑间隔的无漏智慧、已断惑并证悟真理的智慧、已获解脱道后更努力达到果德圆满等四种所统摄的善，以及脱离不了利养的修道、修习自利小乘道、修习自利又利他的大乘道、修习世间行善的道、修习出世间涅槃清净的道等五种所统摄的善。

有的确立十种，指为求得名利回报作的善、只为利益众生不求名利回报作的善、听受有道人的妙说产生的善、自己思维悟得佛法产生的善、遵守佛教规定的身语意戒律一类的善、既不遵守也不反对佛教规定的身语意戒律所行的善、作为佛道根本善的附属的十种善、修习声闻乘教法所统摄的善、修习独觉乘教法所统摄的善、修习大乘教法所统摄的善。

还有确立这样十种的，即欲界所系的善，初、二、三、四禅天所系的善、空无边处天、识无边处天、无所有处天、非想非非想处天所系的善、修习不再落入三界生的佛道所统摄的善；另有确立这样十种的，即不杀生、不偷盗、不邪淫、不妄语、不两舌、不恶口、不绮语、不贪、不瞋、不痴等十善业道；还有确立这样十种的，即属于学道圆满无需再学境界的正见、正思维、正语、正业、正命、正精进、正念、正定、正解脱、正智所统摄的善；还有十种划分确立法，指能感招投生八种受福处的善，以及生为转轮王的善，以及能趣向彻底觉悟契悟真如的善。

以上种类，就是众多善的种种差别。

概略说善有二种涵义，指能获得生在可乐的人、天趣的果报，能正确透彻地认知事物以及那些事物现象所导致的果报。

不善法，指与善法相违悖以及对善法的障碍，因为它会获得不可乐的地狱、鬼、畜生趣的果报，以及不能正确地认知事物现象。

非善非恶法，可概略分为四种，指造作导致的果报生，以及一部分有轨则的举止、工艺技巧和变化心。如果众多工艺技巧的操作仅仅是为了娱乐，不是为了谋生，不是想依赖它们养命去操习它们，更不是为了对善的抉择，那么这种操习工艺技巧的心念就是污染心性的；其余的是非善非恶性的。如同操习工艺技巧的心念一样，对有轨则的威仪的划分也是这样。

变化心有二种，指善性的和非善非恶性的。

原典

复次，眼有一种，谓能见色。

或立二种，谓长养眼[1]、异熟生眼[2]。

或立三种，谓肉眼[3]、天眼[4]、慧眼[5]。

或立四种，谓有瞹眼、无瞹眼[6]、恒相续眼[7]、不恒相续眼[8]，恒相续者谓色界眼[9]。

或立五种，谓五趣所摄眼。

或立六种，谓自相续眼[10]、他相续眼[11]、端严眼[12]、丑陋眼、有垢眼、无垢眼[13]。

或立七种，谓有识眼、无识眼[14]、弹眼、弱眼、善识所依眼、不善识所依眼、无记识所依眼[15]。

或立八种，谓依处眼[16]、变化眼[17]、善业异熟生眼[18]、不善业异熟生眼、食所长养眼[19]、睡眠长养眼、梵行长养眼、定所长养眼。

或立九种，谓已得眼、未得眼、曾得眼、未曾得眼、得已失眼[20]、应断眼、不应断眼、已断眼、非已断眼[21]。

或立十种者，无。

或立十一种，谓过去眼、未来眼、现在眼、内眼、外眼[22]、粗眼、细眼[23]、劣眼、妙眼、远眼、近眼[24]。

如眼如是，耳等亦尔。是中差别者，谓增三增四[25]：

三种耳者，谓肉所缠耳、天耳、审谛耳[26]；四种耳者，谓恒相续耳、不恒相续耳、高听耳、非高听耳[27]。

三种鼻舌者，谓光净、不光净及被损；四种鼻舌者，谓恒相续、不恒相续、有识、无识。

三种身者，谓滓秽处、非滓秽处[28]及一切遍诸根所随逐故；四种身者，谓恒相续、不恒相续、有自然光、无自然光[29]。

注释

① **长养眼**：受资养物长久资养的眼。

② **异熟生眼**：先世造作所得的果报生就的眼。

③ **肉眼**：只能识见显露出来的没有障碍的物类。此处眼，不能简单释为视见。

④ **天眼**：可以识见显露的不显露的、有障碍的无障碍的色境。

⑤ **慧眼**：慧能观察，所以称为眼。照诸法皆空真理的空慧，称为慧眼。

⑥ **有瞚眼、无瞚眼**：有开闭的、无开闭的眼。瞚，ㄕㄨㄣˋ音顺，眼开闭。有开闭的眼指肉眼，无开闭的眼指法眼。

⑦ **恒相续眼**：因果相续不住的眼。相续，因果相续。

⑧ **不恒相续眼**：因果相续有住的眼，此也指法眼。

⑨ **色界眼**：只能识见色界的眼。色界，指十八界（六根、六境、六识）中的色界即色境，非指三界中的色界。

⑩ **自相续眼**：自己造作导致果报生的眼。

⑪ **他相续眼**：别人造作（父母）导致果报生的眼。

⑫ **端严眼**：美好的眼。端严，与庄严、严饰同义，在佛经中，都具有美饰或美好的含义。

⑬ **有垢眼、无垢眼**：有垢眼，含有不善意的污垢的眼。无垢眼，没有不善意的污垢的眼，即清净眼。

⑭ **有识眼、无识眼**：有识眼，能生识的眼。无识眼，不能生识的眼。

⑮ **善识所依眼、不善识所依眼、无记识所依眼**：此处指依托眼根的识有善、不善、无记（非善非恶）等三性的不同。

⑯ **依处眼**：依托根体的眼。实际上指的肉体身眼。处，内六处的处。

⑰ **变化眼**：指菩萨为度众生随意变化的眼。

⑱ **善业异熟生眼**：作善行导致的果报生的眼。

⑲ **食所长养眼**：食物助长的眼，此处食主要指段食，即一般生活的食物。后文的梵行、定的长养，即佛家所谓法食、禅食，主要指精神的涵养或修养。

⑳ **已得眼、未得眼、曾得眼、未曾得眼、得已失眼**：此五种眼是依得失之不同，所显露出的五种眼神。

㉑ **应断眼、不应断眼、已断眼、非已断眼**：意识到应断烦恼的眼、不是意识到应断烦恼的眼、已断烦恼的眼、不是已断烦恼的眼。

㉒ **内眼、外眼**：观内心现象的眼、观外物境界的眼。

㉓ **粗眼、细眼**：观一般事物外形的眼、观构成事物的微细成分的眼（此眼佛家一般指佛家慧眼）。

㉔ **远眼、近眼**：此处所谓远、近，非指生理上的远、近视力。远眼是法力眼，可观极远、极微物。

㉕ **增三增四**：在三分法、四分法中有所增加，其实是部分名目不同。

㉖ **审谛耳**：用耳精核真理言声。

㉗ **高听耳、非高听耳**：能听受佛道高义的耳、不能听受佛道高义的耳。

㉘ **滓秽处、非滓秽处**：身体为容纳滓秽的处所、非容纳滓秽的处所。容滓秽处所即容不净处所，佛家指世俗人身虚假污秽，难脱生死之苦。

㉙ **有自然光、无自然光**：佛家认为诸佛菩萨及诸天自身能发光即自然光，凡人身体无光即无自然光。修习瑜伽术、禅定、密法达到自身发光境界并非子虚乌有。

译文

再次，眼有的确立一种，指能看见色。

有的确立二种，即长养眼、异熟生眼。

有的确立三种，即肉眼、天眼、慧眼。

有的确立四种，即有瞄眼、无瞄眼、恒相续眼、不恒相续眼。恒相续，是只能见色界的眼。

有的确立五种，指地狱、饿鬼、畜生、人、天等五趣众生不同的眼。

有的确立六种,即自相续眼、他相续眼、端严眼、丑陋眼、有垢眼、无垢眼。

有的确立七种,即有识眼、无识眼、强眼、弱眼、善识所依眼、不善识所依眼、无记识所依眼。

有的确立八种,即依处眼、变化眼、善业异熟生眼、不善业异熟生眼、食所长养眼、睡眠长养眼、梵行长养眼、定所长养眼。

有的确立九种,即已得眼、未得眼、曾得眼、未曾得眼、得已失眼、应断眼、不应断眼、已断眼、非已断眼。

确立十种的,没有。

有的确立十一种,即过去眼、未来眼、现在眼、内眼、外眼、粗眼、细眼、劣眼、妙眼、远眼、近眼。

如同眼一样,耳等的划分差别确立种数也是这样。耳等的种数差别与眼不同的地方,在三种、四种分法中有部分增减:

三种耳,指的是凡人依托肉体的耳、能听受凡人无法听到的声境的天耳、能精核真理言声的耳;四种耳,指的是因果相续不住的耳、因果相续有住的耳、能听受佛道高义的耳、不能听受佛道高义的耳。

三种鼻舌,指的是光净的鼻舌、不光净的鼻舌和被损坏的鼻舌；四种鼻舌，指的是因果相续不住的鼻舌、因果相续有住的鼻舌、能生识的鼻舌、不能生识的鼻舌。

三种身，指作为容纳滓秽处所的不净身、不容纳滓秽的清净身、一切各种感官全面附随的身体；四种身，指的是因果相续不住的身、因果相续有住的身、自身放光的身、自身不放光的身。

原典

或立一种意，谓由识法①故。

或立二种，谓堕施设意、不堕施设意②。初谓了别名言者意，后谓婴儿③意；又初谓世间意，后谓出世间意。

或立三种，谓心、意、识。

或立四种，谓善、不善、有覆无记、无覆无记④。

或立五种，谓五位差别，一因位、二果位、三乐位、四苦位、五不苦不乐位。

或立六种，谓六识身。

或立七种，谓依七识住⑤。

或立八种，谓增语触相应⑥、有对⑦触相应、依耽嗜⑧、依出离、有爱味、无爱味⑨、世间、出世间。

或立九种，谓依九有情居⑩。

或立十种者，无。

或立十一种，如前说⑪。

或立十二种，即十二心，谓欲界善心、不善心、有覆无记心、无覆无记心；色界有三心，除不善，无色界亦尔；出世间心有二种，谓学及无学。……⑫

注释

① **识法**：此处指色、声、香、味、触、法的法境界。

② **堕施设意、不堕施设意**：前者实指不能超脱世间法的观念，后者之意则相反。堕，由上至下进入，有局限义。施设，即安立，此处指世界的安立。

③ **婴儿**：佛家称凡夫、小乘的行善学道如同婴儿学步。

④ **有覆无记、无覆无记**：妄惑心掩蔽圣道，但因太弱，呈不善不恶性；非妄惑心太弱，也呈不善不恶性。

⑤ **依七识住**：依托七种识立。此处第七识指阿赖耶识。

⑥ **增语触相应**：即意是由言语引起的。增语，以言语作为引起内心认知的对象。

⑦ **有对**：前五（眼、耳、鼻、舌、身）根识，相

对外物境界，称为有对。

⑧ **依耽嗜**：即局限贪恋世间生活的意。

⑨ **有爱味、无爱味**：此处的味，不是指食味，而是指道味，即道的属性。

⑩ **九有情居**：又称九有情乐住处、九众生居、九居，即（一）欲界人和天，（二）梵众天，（三）极光净天，（四）遍净天，（五）无想天，（六）空无边处天，（七）识无边处天，（八）无所有处天，（九）非想非非想处天。

⑪ **如前说**：如同前面说的眼的十一种分法，即以过去、未来、现在、内、外、粗、细、劣、妙、远、近分类。

⑫ 此处未录文字是关于色、声、香、味、触、法的种种差别的划分确立，与前面各章节的有关内容重复甚多。

译文

意有的确立一种，指以识别法境界为根据。

有的确立二种，指局限在世界万有安顿的心意、不局限在世界万有安顿的心意；最初的意指仅仅能懂得世人名称语言的意，后阶段的意指凡夫、小乘学道的道；还有一种说法，指前阶段的世间尘染意，后阶段的超脱世间意。

有的确立三种，即心、意、识。

有的确立四种，即善、不善、虽隐覆圣道但显不善不恶意、虽没有隐覆圣道但显不善不恶意。

有的确立五种，指的是五种方面的差别，即第一因位、第二果位、第三乐位、第四苦位、第五不苦不乐位。

有的确立六种，指眼识、耳识、鼻识、舌识、身识、意识。

有的确立七种，指眼识、耳识、鼻识、舌识、身识、意识、阿赖耶识。

有的确立八种，指内心触及言语相应产生的意、由前五识触及对象境界所相应起的意、依托沉迷所嗜好的世俗生活的意、依托出离世俗生活的意、有贪爱的意、无贪爱的意、世间范畴的意、超脱世间范畴的意。

有的确立九种，凭依九种果位的有情众生的意。

有的确立十种，无具体罗列。

有的确立十一种，如同前面所说的眼的十一种分类法。

有的确立十二种，即十二心，指的是欲界的善心、不善心、虽本障覆善道但显不善不恶心、虽本不障覆善道但显不善不恶心；色界中有三种心，即同上述欲界四种心中除不善心外的三种，无色界也同这三种心；出世间有二种心，修学戒、定、慧过程中的心，修学达到最高果位无须再学的心。……

原典

复次，屡观众色，观而复舍，故名为眼。数数于此声至能闻，故名为耳。数由此故能嗅诸香，故名为鼻。能除饥羸，数发言论，表彰呼召，故名为舌。诸根所随，周遍积聚，故名为身。愚夫长夜，莹饰藏护，执为己有，计为我所、我及我我[①]；又诸世间，依此假立种种名想，谓之有情、人与命者[②]、生者[③]、意生[④]及儒童[⑤]等[⑥]，故名为意[⑦]。

数可示现在甚方所，质量可增，故名为色。数宣数谢，随增异论，故名为声。离质潜形，屡随风转，故名为香。可以舌尝，屡招疾苦，故名为味。数可为身之所证得，故名为触。变能任持唯意境性，故名为法[⑧]。

如是等类，诸法差别应知。此中重说嗢柁南曰：

自性及所依，所缘助伴业，
由此五种门，诸心差别转。

此中显由五法、六识身差别转[⑨]，谓自性故、所依故、所缘故、助伴故、业故。

又复应知蕴善巧摄、界⑩善巧摄、处⑪善巧摄、缘起⑫善巧摄、处非处⑬善巧摄、根⑭善巧摄。

又复应知诸佛语言,九事所摄,云何九事?一有情事,二受用事,三生起事⑮,四安住事⑯,五染净事,六差别事,七说者事,八所说事,九众会事。

有情事者,谓五取蕴⑰。受用事者,谓十二处⑱。生起事者,谓十二分缘起及缘生⑲。安住事者,谓四食⑳。染净事者,谓四圣谛㉑。差别事者,谓无量界㉒。说者事者,谓佛及彼弟子。所说事者,谓四念住等菩提分法㉓。众会事者,所谓八众:一刹帝利众,二婆罗门众㉔,三长者众㉕,四沙门众㉖,五四大天王众,六三十三天众,七焰摩天众,八梵天众㉗。

又嗢柁南曰:

色聚、相应品㉘,世、相及与缘㉙,
善等㉚差别门㉛,巧便㉜、事㉝为后㉞。

注释

①**我我**:认定自身存在永恒主宰后竟固执地自居为永恒主宰。

②**命者**：认定自己的寿命是实有的人。

③**生者**：认定自己生存的种种相是实有的人。

④**意生**：由意所生，即由阿赖耶识生成。

⑤**儒童**：童子。梵名磨纳缚迦（Mānavaka），童子依托意分出高、下。

⑥**等**：除以种种名想外，还有称为养育者、补特迦罗的。

⑦**故名为意**：愚夫有种种意识，为愚夫称呼的种种也都是意指他们有种种意想，所以称这种现象为意。

⑧**故名为法**：此处法即十二处的法处，即意识所识别的对象。

⑨**由五法、六识身差别转**：由自性、所依、所缘、助伴、业等五法和眼识、耳识、鼻识、舌识、身识、意识等六识形成的种种差别转化。

⑩**界**：即六根、六识、六境等十八界。

⑪**处**：即六根、六境等十二处。

⑫**缘起**：即无明、行、识、名色、六入、触、受、爱、取、有、生、老死等十二因缘。

⑬**处非处**：善的因果即处，恶的因果即非处。

⑭**根**：即眼、耳、鼻、舌、身、意、女、男、命、苦、乐、忧、喜、舍、信、精进、念、定、慧、未知当知、已知、具知等二十二根。以上六种善巧摄，均属于

缘觉乘观行的十善巧的范畴。

⑮ **生起事**：关于人的因果流转方面的内容。因是生，能生结果的事因；果是起，所生的结果事。

⑯ **安住事**：关于众生如何现实生存方面的内容。此处安住不同于前面讲述过的世界的安立。

⑰ **五取蕴**：又作五受阴、五蕴。取，佛家特指导致烦恼，所以取为烦恼的异名。五蕴由烦恼生，五蕴又能生烦恼，所以五蕴又名五取蕴。指色取蕴、受取蕴、想取蕴、行取蕴、识取蕴。

⑱ **十二处**：即内六处的六根，外六处的六境。

⑲ **十二分缘起及缘生**：即十二因缘。

⑳ **四食**：长养支持人的身命的物质、精神食粮的统称，即段食，指入口饮食；乐食，指喜乐感受；思食，指思念所想往的境物；识食，小乘指第六意识，大乘以阿赖耶本体识为识食。

㉑ **四圣谛**：又名四真谛、四谛，即指苦谛、集谛、灭谛、道谛。圣，正。

㉒ **无量界**：无数事物现象的差别。界，梵语驮都（Dhātu），本义为差别。

㉓ **四念住等菩提分法**：即三十七菩提分法，又称三十七道品，参见前面有关注释。

㉔ **刹帝利众、婆罗门众**：古印度四种姓之二的王

族（Kṣatiya 刹帝利）、之一的祭司（Brāhmaṇa 婆罗门）。本论将四种姓之三的庶民（Vaiśya 吠舍）、之四的隶民（Śūdra 首陀罗）排在八众之外。

㉕ **长者众**：梵语疑叨贺钵底（Dṛha-pati），通称地位高贵、财富德厚的人。

㉖ **沙门众**：出家的僧众。沙门，Śramaṇa，意即止息、净志、贫道等，古印度通称出家修道人，不论佛道、外道均以此称；后习称出家修佛道的人。

以上四众为人趣众。

㉗ **四大天王众、三十三天众、焰摩天众、梵天众**：此四众为天趣众，前二众为地居天众，后二众为空居天众。焰摩天，又名夜摩天，是欲界空居天中最始层。梵天，为色界空居天最始层。

㉘ **色聚、相应品**：概括了有形质的聚积的物类，六识身、五法相应类。

㉙ **世、相及与缘**：概括了三世、万有诸法相、四缘。

㉚ **善等**：概括了善、恶、无记。

㉛ **差别门**：概括了前述的诸类差别。

㉜ **巧便**：即善巧方便，概括了前述的六种善巧摄。

㉝ **事**：概括了前述的诸佛语言的九事。

㉞ **为后**：指诸佛语言九事为最后要强调受持的。

此嗢柁南是对前面论述内容的全面概括。

译文

又次,屡次观看众多的物境,看后随即放舍,所以称作眼。多次地对在耳边响着的各种声音能听清楚,所以称作耳。多次因这缘故能嗅众气味,所以称作鼻。能解除饥饿瘦弱,多次地发表言论,述明道理,呼称召请诸佛菩萨及众生,所以称作舌。有众感觉器官随附并遍及所附的肉体,所以称作身。愚人在长夜里,得晶亮美物装饰珍藏,将它们固执地据为己有,于是认为身外的万物都是自己所拥有的、自身存在永恒的主宰中,并固执地以永恒的主宰自居;又众世间众生,依据这些人的状况假借种种想出的名字来称呼他们,称呼他们为有情、人、命者、生者、意生、儒童等,所以称作意。

屡次可以显现存在什么方角处所,质量可以增加,所以称作色。多次地宣发出又多次地消逝,随着增添各种不同的言论,所以称作声。能脱离质地潜隐形相,屡次地随风流转,所以称作香。可以用舌品尝,屡次招致疾苦,所以称作味。屡次可被身体验证,所以称作触。能被意识普遍地把握而作为意识的对境,所以称作法。

如此等类,众多法的差别应知晓。就此再念一首略语偈:

自性和所依、所缘、助伴及业,从此五个方面,使心法的差别产生。

此偈内容述明了众心意识现象随着五法、六识体相应产生的差别流转，作为流转因的五法指的是自性、所依、所缘、助伴、作业。

又还应知晓五蕴范畴的善巧方便的义理、十八界范畴的善巧方便的义理、十二处范畴的善巧方便的义理、十二因缘范畴的善巧方便的义理、善恶因果范畴的善巧方便的义理、二十二根范畴的善巧方便的义理。

又还应知晓诸佛宣谕的道理，统摄到九个方面，九个方面的内容是什么？第一是关于众生方面的内容，第二是关于众生摄受作用外境对象方面的内容，第三是关于众生的因果流转方面的内容，第四是关于众生如何现实生存方面的内容，第五是关于众生心识的污染与净化方面的内容，第六是关于世间万有现象差别方面的内容，第七是关于宣讲真理的圣贤方面的内容，第八是关于圣贤所宣讲的真理方面的内容，第九是关于会合的各类众生方面的内容。

关于众生方面的内容，指五蕴。关于众生摄受作用外境对象方面的内容，指十二处。关于众生的因果流转方面的内容，指十二因缘。关于众生如何现实生存方面的内容，指段、乐、思、识四种食。关于众生心识的污染与净化方面的内容，指四圣谛。关于世界万有现象差别方面的内容，指无数事物现象的差别的识别。关于宣讲真理的圣贤方面的内容，指佛及他们的弟子。关于圣贤所宣讲的真理方面的内容，指四念住等三十七菩提分法。关于会合的各类众生方面的内容，即所说的八众：第一刹帝利众，第二婆罗门众，第三长者众，第四出家修道人众，第五四大天王众，第六三十三天众，第七焰摩天众，第八梵天众。

又略语说：

色聚以及六识身与五法的相应，世、相和各种条件。善等属性及上述各种差别，巧便及事放在最后强调。

有寻有伺等[①]三地第三～五

已说意地。

云何有寻有伺地[②]？云何无寻唯伺地[③]？云何无寻无伺地[④]？总嗢柁南曰：

界[⑤]相[⑥]如理[⑦]不如理[⑧]，
杂染等[⑨]起最为后。

如是三地略以五门施设建立[⑩]：一界施设建立，二相施设建立,三如理作意施设建立,四不如理作意施设建立,五杂染等起施设建立。

注释

① **有寻有伺等**:即有寻有伺、无寻唯伺、无寻无伺。

此章将第三地、第四地、第五地结合在一起论述。有寻有伺等不是意指前面所论及的百法中的寻、伺,百法中的寻、伺通指心所法中一般的心理活动现象,而有寻有伺等则意指修行人在观境过程中修三摩地(Samādhi)所达到的三种不同的境界,所以旧称寻为觉,伺为观。三摩地,又作三昧,梵语原义为沉思、冥想,佛家引用来专指一心专注不散乱的修行方法,意译为定、正受、正定、等持、一境性。有寻有伺等三地又称为三三摩地。

此章包括原典的卷四—卷十。

② **有寻有伺地**:此为三定之第一定。有寻有伺,在此定中存在着对所缘境匆然粗略的推寻,也存在着对所缘境精细深入的思考。此定指欲界、色界第一静虑(梵众天)的根本定、未至定。

佛家说上界八地或八定(色界四禅定、无色界四空定)都具有根本定和近分定。各地根本定断各地的下地修惑,得上地禅定;各地近分定只是伏压各地的修惑,其功能近似于根本定。由于第一地近分定与其他地近分定有区别，即须伏压欲界修惑，所以特命名为未至定以示差别。

③ **无寻唯伺地**：此为三定之第二定。八地定中，第一静虑为有寻有伺地，第二静虑以上七地已至极静，为无寻无伺地。当第一静虑修习完，上品善便达到第一静虑与第二静虑之间的禅定境地，这时寻已不存在，唯有伺，所以称为无寻唯伺地，也称中间定。以三界论，即为第一禅天顶的大梵天王。以修禅境界论，即指修习者已至大梵境界。

④ **无寻无伺地**：此为三定之第三定。第二静虑以上七地，已至极寂静，不与寻、伺相应，称为无寻无伺地。

⑤ **界**：本论从五个大的方面即五门论述有寻有伺等三地，界是第一方面，指的是众生所处世间或世间诸众生的状况、果报的种种差别。

⑥ **相**：五门之一，指寻伺运行的种种相状。

⑦ **如理**：五门之一，指寻伺作意趋向善性的真理。

⑧ **不如理**：五门之一，指寻伺作意悖离善性的真理。

⑨ **杂染等**：种种杂染。杂染，有漏法的总名，包括善、恶、无记。如烦恼仅为恶性，称为染。当染性与有漏法中的善性、无记性相通相杂糅，则称为杂染。

⑩ **施设建立**：施设本也有建立义，施设、建立合

用，意即思量拟立名言，安排对世标立，可简译为加以确立。

译文

已说完意境界。

什么是有寻有伺地呢？什么是无寻唯伺地呢？什么是无寻无伺地呢？总地用略语说：

界、相、如理、不如理、杂染等的生起，放在最后强调。

如此三地可概略地从五个方面加以确立：第一，从世间众生差别方面加以确定；第二，从寻、伺的相状方面加以确定；第三，从寻、伺趋向善性真理方面加以确立；第四，从寻、伺悖离善性真理方面加以确立；第五，从种种善恶杂糅现象俱起方面加以确立。

原典

云何界施设建立？别嗢柁南曰：

数[①]处[②]量[③]寿[④]受用[⑤]生[⑥]，
自体[⑦]因缘果[⑧]分别[⑨]。

当知界建立由八相：一数建立，二处建立，三有情量建立，四有情寿建立，五有情受用建立，六生建立，七自体建立，八因缘果建立。

云何数建立？略有三界，谓欲界、色界、无色界。如是三种，名堕摄界⑩。非堕摄界⑪者，谓方便⑫并萨迦耶灭⑬，及无戏论无漏界⑭。

此中欲界及色界初静虑，除静虑中间若定若生⑮，名有寻有伺地。

即静虑中间若定若生，名无寻唯伺地。随一有情，由修此故，得为大梵⑯。

从第二静虑，余有色界及无色界全⑰，名无寻无伺地。此中由离寻、伺欲⑱道理故，说名无寻无伺地，不由不现行⑲故。所以者何？未离欲界欲者，由教导作意⑳差别故，于一时间㉑，亦有无寻无伺意现行；已离寻、伺欲者，亦有寻、伺现行，如出彼定及生彼者。

若无漏界有为定所摄初静虑㉒，亦名有寻有伺地。依寻、伺处法，缘真如为境㉓，入此定故，不由分别现行㉔故。……㉕

注释

① 数：本论从八种相状展开论述界，数为八相之

一，指界的分别数，此处概分为欲、色、无色三界。

② **处**：八相之一，指各界中众生所居的种种处所。

③ **量**：有情众生身长量。

④ **寿**：有情众生寿命。

⑤ **受用**：有情众生的苦乐感受及饮食、淫欲。

⑥ **生**：指不同界处众生追求不同导致的欲乐不同。

⑦ **自体**：指众生自体形态及生存的命运。众生都具有一定形体，从胎中各位到六趣众生，从中有身到菩萨最后身，自体都不同。命运也各异，有的夭折，有的不夭折。夭折的原因也不同，有的由自害，有的由他害。

⑧ **因缘果**：分析诸法的因、缘、果关系。彼法的产生，要有最先生的因；还要有缘，即建立（形成自性）和和合（与其他因素相结合）；最后产生的果报为果。

⑨ **分别**：指从界的大方面论述有寻有伺等三地要注意八相分别。

⑩ **堕摄界**：由堕落世间法统摄的地界。堕，堕入世间法，未出世间。界，境地界。

⑪ **非堕摄界**：由不堕落世间法统摄的地界。

⑫ **方便**：方便善巧（Upāyakauśala），菩萨为普度众生获究竟真理过程中所采用的种种妙法。此处指四圣谛中的道谛。

⑬ **萨迦耶灭**：执身有实我的妄心灭，此处指四圣

谛的灭谛。萨迦耶，Satkāya，有身、怀身。

⑭ **无戏论无漏界**：没有任何不合真实言说的不漏落世间法地界。

⑮ **若定若生**：即定且生，若为虚语词。中间定，即初静虑修习上品善圆满便生入大梵天。

⑯ **大梵**：即大梵天（Mahābrahman），初禅天之王。梵，离欲清净。

⑰ **余有色界及无色界全**：其他有色界及无色界全部。

⑱ **寻、伺欲**：有贪欲烦恼的寻、伺。

⑲ **不由不现行**：（称为无寻无伺地），不是由于完全没有慧思寻、伺的运行。

⑳ **作意**：调动慧思入定。

㉑ **于一时间**：当未离欲界的欲者由瑜伽师导引修行入定，一时进入了六想（无相想、无分别想、寂静想、无作用想、无所思慕躁动想、离诸烦恼寂灭乐想）境界。

㉒ **无漏界有为定所摄初静虑**：属于通入无漏界的有为性范畴的初静虑，即初静虑中有一种定，统摄入通入无漏界的有为性。无漏界有为，又作无漏有为、有为无漏，即既是有为法的又通入无漏界的，如道谛。

㉓ **缘真如为境**：以真如为所对的境。

㉔ **不由分别现行**：不是依据寻、伺的现前的运行加以分别命名；或不是由于存在寻、伺心理活动现象的

缘故。此处分别指代依心心所法分别的心理现象。

㉕略去部分为其他七相的论述。

译文

什么是从世间众生差别方面加以确立呢？分立的略语说：

数、处、量、寿、受用、生、自体和因缘果，各有差别。

应当知晓从世间众生差别方面加以确立通由八种相状：第一，从众生所处的界数加以确立；第二，从众生所居的处所加以确立；第三，从有情众生的身量加以确立；第四，从有情众生的寿命加以确立；第五，从有情众生的受用加以确立；第六，从众生不同追求生不同欲乐加以确立；第七，从众生自体的形态及生存命运加以确立；第八，从因、缘、果的关系加以确立。

什么是从众生所处的界数加以确立呢？概略分有三界，指欲界、色界、无色界。如此三种界，称作堕落世间法统摄的界。由不堕落世间法统摄的界，指修习道谛和灭谛圆满所处的界，以及无戏论的不漏落世间法的界。

这些界中，欲界及色界的初静虑，除开初静虑与第二静虑中间的大梵天，称为有寻有伺地。

即初静虑与第二静虑中间的大梵天，称作无寻唯伺地。任何一位有情众生，只要在初静虑修习上品善圆满，就能成为大清净的大梵天。

从第二静虑起，包括其余的有色界天和全部无色界天，称作无寻无伺地。此境界由于脱离了有贪欲烦恼的寻伺这一道理，才称作无寻无伺地，这样称名，并非由于完全没有慧思，处于对境匆略推寻、精深思考境界的心意运行现象的缘故。这样的原因是什么呢？未脱离欲界中的贪欲的人，由于有瑜伽师教导使心识慧思入定趋向不同的境性，在某一时间，也有无寻无伺的心意运行现象出现；脱离了有贪欲烦恼寻伺的人，也有寻伺的心理运行现象出现，如修定的人出离那禅定状态和生入那禅定境界的时间。

如果处在通入无漏界的有为性范畴的初静虑，也称作有寻有伺地。这是依据寻伺处在有为法，以真如为对境进入此定的缘故，不是以存在寻伺心理活动现象为依据的缘故。……

原典

复次，云何相施设建立？嗢柁南曰：

体①所缘行相②，等起③与差别，

决择及流转，略辨相应知。

应知此相略有七种：一体性，二所缘，三行相，四等起，五差别，六决择，七流转。

寻、伺体性者，谓不深推度所缘④，思⑤为体性；若深推度所缘，慧⑥为体性应知。

寻、伺所缘者，谓依名身⑦、句身⑧、文身⑨义为缘。

寻、伺行相者，谓即于此所缘寻求行相⑩，是寻；即于此所缘伺察行相⑪，是伺。

寻、伺等起者，谓发起语言。

寻、伺差别者，有七种差别，谓有相、无相乃至不染污，如前说⑫。

寻、伺决择者⑬，若寻、伺即分别耶⑭？设分别即寻、伺耶⑮？谓诸寻、伺必是分别⑯或有分别非寻、伺⑰。谓望出世智，所余一切三界心心所皆是分别而非寻、伺⑱。

寻、伺流转者，若那落迦寻、伺，何等行⑲？何所触？何所引？何相应？何所求？何业转？如那落迦如是，旁生、饿鬼、人、欲界天、初静虑地天，所有寻、伺，何等行？何所触？何所引？何相应？何所求？何业转耶？谓那落迦寻、伺，唯是戚行⑳，触非爱境，引发于苦，与忧相应，常求脱苦，娆心业转[21]。如那落迦寻、伺一向受苦，饿鬼寻、伺亦尔。旁生、人趣、大力饿鬼，所有寻、伺，多分戚行，少分欣行；多分触非爱境，少分触可爱境；多分引苦，少分引乐；多分忧相应，少分喜相应；多分求脱苦，少分求遇乐；娆心业转。欲界诸天所有寻、伺，多分欣行，少分戚行；多分触可爱境，少分触非爱境；多分引乐，少分引苦；多分喜相应，少分忧相应；多分求遇乐，少分求脱苦；娆心业转[22]。初静虑地天所有寻、伺，一向欣行，一向触内可爱境界[23]，一向引乐，一向喜相应，唯求不离乐，不娆心业转。

注释

① **体**：体性，此处指寻、伺各自的本质性。

② **行相**：寻、伺运行的相状。

③ **等起**：与寻、伺同时起动者，指语言。

④ **不深推度所缘**：对所缘的对境事理不加以深入推求审度，即匆草粗浅。

⑤ **思**：心所法中的遍行法，意即思寻，尚能寻思求取善、恶、无记境。

⑥ **慧**：心所法中的别境法，即智慧，能推求决定

断却疑念，达到对佛理真实的善法抉择。

⑦ **名身**：两个字构成的词，如白莲、汉文、佛典、静虑。单字构成的词，佛家称为名，如莲、人、典、虑，三个字以上称为多名身，如白莲花、初静虑、汉文大藏经。

⑧ **句身**：即句子，佛家称为名字圆满，即表达完整意思，如白莲花妙、佛典浩瀚。

⑨ **文身**：即字、字母。佛家称所依字，即名身、句身所依的字，梵文即字母。一说两个字母才能称文身。

⑩ **于此所缘寻求行相**：相对文义境，内心运行状态是粗略匆忙推求寻思的。

⑪ **于此所缘伺察行相**：相对文义境，内心运行状态是深入严谨精密审察的。

⑫ **如前说**：如前面意地中说，即分别所缘的七种分别：有相分别、无相分别、任运分别、寻求分别、伺察分别、染污分别、不染污分别。

⑬ **寻、伺决择者**：意即对寻、伺与否的判断确定，非指寻、伺判断选择的功能。

⑭ **寻、伺即分别耶**：寻、伺就是一切心心所法吗？此处分别，指所分别的种种内心活动现象。

⑮ **分别即寻、伺耶**：一切心心所法都是寻、伺吗？

⑯ **寻、伺必是分别**：寻、伺必然是心心所法所摄。

⑰ **有分别非寻、伺**：有的心心所法并非寻、伺。

⑱ **所余一切三界心心所皆是分别而非寻、伺**：所余下的一切三界心心所，指除开了出世智和寻、伺的心心所。出世智无分别，所以不属于分别了的心心所。

⑲ **行**：此处行指寻、伺的愁戚与欣悦所摄。

⑳ **唯是戚行**：全都是愁戚性的运行。指地狱众生只得受苦无乐的心态表现于寻、伺。

㉑ **娆心业转**：不离烦扰心的贪爱欲的作业导致的流转。娆，ㄖㄠˇ音扰，烦扰。

㉒ **娆心业转**：此处指欲界诸天也有娆心业转，是因为欲界诸天业转仍不离贪爱欲，所以不免烦恼生。

㉓ **一向触内可爱境界**：自始至终缘触内心可爱的境界，即禅定中内证体认的精神境界。

译文

其次，什么是从寻、伺的相状方面加以确立？略语说：

体、所缘、行相、等起和差别、抉择、流转，略辨其相状，即应知晓。

应当知晓此相状略分有七种：第一，本质性；第二，对象；第三，运行相状；第四，同时起动者；第五，分类差别；第六，如何判定；第七，流转变化。

寻、伺的本质性，指对事理对象不加以深入推求审度，即以思寻为本质性；如对事理对象加以深入推求审度，即以智慧为本质性，上述是应当知晓的。

寻、伺的对象，指依托名身、句身、文身的意义为对象。

寻、伺的运行相状，指对这对象匆略寻求的运行相状，是寻；对这对象精细审察，是伺。

与寻、伺同时俱起的，指发出的语言。

寻、伺的分类差别有七种，指有相、无相至不染污，如前面意地说过的。

寻、伺的判定，如寻、伺就是一切心心所法吗？或一切心心所法就是寻、伺吗？不对！寻、伺必然是心心所法的范畴，或有的心心所法并非寻、伺。相对出世的智慧，除开出世智慧和寻、伺，其他的一切三界的心心所法都不是寻、伺。

寻、伺的流转变化，如地狱众生的寻、伺，在怎么的情状下运行？接触什么对象？由什么感受引发？与引发的感受相应的情绪是什么？企求什么？以什么造作导致流转变化？如同地狱众生，畜生、饿鬼、人、欲界天、初静虑地天的所有众生的寻、伺，在怎样的情状下运行？接触什么对象？由什么感受引发？与引发的感受相应的情绪是什么？企求什么？以什么造作导致流转变化？地狱众生的寻、伺，全是愁戚的运行，接触不可爱的对境，由苦的感受引发，与忧伤情绪相应，常常企求脱离苦，由不离烦扰心的贪爱欲造作导致流转变化。如同地狱众生的寻、伺始终受苦，饿鬼的寻、伺也是这样。畜生、人、大力饿鬼所有的寻、伺大都是在愁戚中运行，较少在欣悦中运行；大都接触不可爱的对境，较少接触可爱的对境；大都由苦的感受引发，较少由乐的感受引发；大都与忧伤情绪相应，较少与欢喜情绪相应；大都企求脱苦，较少企求遇乐；由不离烦扰心的贪爱欲造作导致流转变化。欲界诸天众生所有的寻、伺，大都在欣悦中运行，较少在愁戚中运行；大都在接触可爱的对境，较少接触不可爱的对境；大都由乐的感受引发，较少由苦的感受引发；大都与欢喜的情绪相应，较少与忧伤的情绪相应；大都企求遇乐，较少企求脱苦；由不离烦扰心的贪爱欲造作导致流转变化。初静虑地天众生所有的寻、伺，始终在欣悦中运行，始终接触可爱的境界，始终由乐的感受引发，始终与欢喜的情绪相应，只企求不离乐，由离烦扰心贪爱欲的造作导致流转变化。

原典

复次，云何如理作意施设建立？嗢柂南曰：

依处①及与事②，求③受用正行④，

二菩提资粮⑤，到彼岸⑥方便⑦。

应知建立略有八相，谓由依处故、事故、求故、受用故、正行故、声闻乘资粮方便故、独觉乘资粮方便故、波罗蜜多引发方便故。

如理作意相应寻、伺依处者，谓有六种依处：一决定时⑧，二止息时⑨，三作业时⑩，四世间离欲时⑪，五出世离欲时⑫，六摄益有情时⑬。

如理作意相应寻、伺事者，谓八种事：一施所成福作用事⑭，二戒所成福作用事，三修所成福作用事⑮，四闻所成事⑯，五思所成事⑰六余修⑱所成事，七拣择⑲所成事，八摄益有情所成事。

如理作意相应寻、伺求者，谓如有一以法及不凶险追求财物，不以非法及凶险。

如理作意相应寻、伺受用者，谓如即彼追求财已，不染⑳、不住、不耽、不缚、不闷、不着，亦不坚执，深见过患，了知出离而受用之。

如理作意相应寻、伺正行者，谓如有一了知父母、沙门、婆罗门及家长㉑等，恭敬供养利益承事。于今世、后世所作罪中见大怖畏，行施、作福、受斋㉒、持戒㉓。

声闻乘资粮方便者，声闻地中我当广说。独觉乘资粮方便者，独觉地中我当广说。波罗蜜多引发方便者，菩萨地中我当广说。

注释

①**依处**：如理的各种善法依托处，此处指寻、伺在各种运行时有各种善法相应生。

②**事**：与如理的寻、伺相应做的种种功德事。

③**求**：与如理的寻、伺相应的追求轨范。

④**正行**：与如理的寻、伺相应的正确行为轨范。

⑤**二菩提资粮**：资助二种修习觉悟道成功的善根功德。菩提，Bodhi，彻底觉悟境界，无上道。二菩提，二种修道，指修声闻乘和独觉乘。资粮，修道成就须以善根功德相助，如粮食资养身命。

⑥**到彼岸**：梵语为波罗蜜多（Pāramitā），即指大乘六种度达涅槃彼岸的法门，也就是菩萨乘的方便。

⑦**方便**：此方便也是二菩提的中心词，即为二菩提方便。

⑧**决定时**：在决定道义时，就有对佛道的信仰心相应。

⑨**止息时**：在止息烦恼时，就有对所犯错恶的羞耻惭愧心相应。

⑩ **作业时**：在造作流转时，就有勤勉而无贪、瞋、痴迷的心相应。

⑪ **世间离欲时**：在修世间善法离欲时，就有轻适安稳的心态相应。

⑫ **出世离欲时**：在修出世间法离欲时，就有不放纵、舍偏执的心态相应。

⑬ **摄益有情时**：在摄教利益有情众生时，就有不害众生之心相应。

⑭ **施所成福作用事**：通过布施成就福利事业的事。施，布施。福，福利，利己利他为福。作用，成办事业为作用。

⑮ **修所成福作用事**：通过修习成就福利事业的事。此处修主要指静虑修、般若修。成福的修，在静虑修即指修习慈、悲、喜、舍四种无量心。以上三事为福事，即成就福利事。

⑯ **闻所成事**：通过听闻学习成就的事。此处听闻内容主要指五明知识技能，参见后面第十"闻所成地"。

⑰ **思所成事**：通过思维抉择成就的事。此思维抉择的对象主要指法义道理。

⑱ **余修**：指成福修以外的修习，如静虑修，除修四无量外，其他所修的方便善巧法如五蕴等为余修。

以上闻、思、余修为智事，旨在成就修佛道所具有的智慧修养。

⑲ **拣择**：又作择灭，即以智慧力判断选择，断灭烦恼达到寂灭。

⑳ **染**：贪爱欲导致扰心生烦恼为染，即污染清净的心性。

㉑ **了知父母、沙门、婆罗门及家长**：深知父母养育的恩惠、沙门出家修道的虔诚、婆罗门及家族长的尊胜。

㉒ **受斋**：接受奉行斋法。斋法，佛家为清净心性施设的律条。

㉓ **持戒**：遵守戒法。佛家为约束行为所设立的律条。清心禁身之律法，统称为斋戒。

译文

又次，什么是从寻、伺趋向善性真理方面加以确立？略语说：

依处以及事、求、受用、正行，还有两种菩提资粮和到达涅槃彼岸的方便法门。

应当知道此方面的确立大略通由八种相状，指各种善法依托处、种种功德事、企求的轨范、受用的轨范、行为的轨范、资助二种修习觉悟道成功的善根功德、度到涅槃彼岸的法门。

与趋向善性真理的寻、伺相应的各种善法依托处有六种：第一，在决定道义时；第二，在止息烦恼时；第三，在造作流转时；第四，在修世间善法离欲时；第五，在修出世间法离欲时；第六，在摄教利益有情众生时。

与趋向善性真理的寻、伺相应的种种功德事有八种：第一，通过布施成就福利事业的事；第二，通过持戒成就福利事业的事；第三，通过修习定慧成就福利事业的事；第四，通过听闻学习成就的事；第五，通过思维抉择成就的事；第六，通过其他的修习成就的事；第七，以智慧抉择断灭烦恼、证得真如的事；第八，通过摄教利益有情众生成就的事。

与趋向善性真理的寻、伺相应的企求轨范，意指如追求财物通过合法度和不凶险的方式，不能用非法度和凶险的方式。

与趋向善性真理的寻、伺相应的受用轨范，指如在将财物追求到后，不乐得享受、不守财不舍、不爱财不已、不被随得到财物生的烦恼束缚、不因考虑得失生闷、不享用无度，也不固执随起的种种邪见，深知随财物来的过咎祸患，深明出世脱离尘世烦恼的真理来轨范自己的受用。

与趋向善性真理的寻、伺相应的行为轨范，指如深知父母、沙门、婆罗门及家族尊长等的尊胜，恭敬地供养他们，承担有利他们的事。在今世、后世做的罪过中见到果报的苦痛产生大的恐怖畏惧心，从而行布施、作福事、受斋法、持戒禁。

资助声闻乘修习觉悟道成功的善根功德，我将要在"声闻地"中详说。资助独觉乘修习觉悟道成功的善根功德，我将要在"独觉地"中详说。度到涅槃彼岸的法门，我将要在"菩萨地"中详说。

原典

复次，云何不如理作意施设建立①？嗢柁南曰：

执因中有果，显了②有去来③，
我④常⑤宿作因⑥，自在等⑦害法⑧，
边无边⑨矫乱⑩，计无因⑪断⑫空⑬，
最胜⑭净⑮吉祥⑯，由十六异论。

由十六种异论差别，显不如理作意应知。何等十六？一因中有果论，二从缘显了论，三去来实有论，四计我论，五计常论，六宿作因论，七计自在等为作者论，八害为正法论，九有边无边论，十不死矫乱论，十一无因见论，十二断见论，十三空见论，十四妄计最胜论，十五妄计清净论，十六妄计吉祥论。

因中有果论者，谓如有一若沙门、若婆罗门起如是见，立如是论：常常时、恒恒时于诸因中具有果性[17]。谓雨众外道[18]作如是计。问：何因缘故彼诸外道起如是见、立如是论，显示因中具有果性？答：由教及理故。教者，谓彼先师所造教藏，随闻转授传至于今，显示因中先有果性。理者，谓即如彼沙门、若婆罗门，为性寻思，为性观察，住寻、伺地，住自办地，住异生[19]地，住随思维观察行地。

彼作是思：若从彼性，此性得生，一切世间共知共立彼为因，非余。又求果者，唯取此因，非余。又即于彼，加功营构诸所求事，非余。又若彼果即从彼生[20]，不从余生。是故彼果因中已有。若不尔者，应立一切是一切因[21]，为求一果应取一切，应于一切加功营构，应从一切一切果生。如是由施设故[22]、求取故[23]、所作决定故[24]、生故[25]，彼见因中常有果性。

应审问彼：汝何所欲？何者因相，何者果相？因、果两相为异、不异？

若无异相，便无因、果二种决定[26]。因、果二种无差别故，因中有果，不应道理。若有异相，汝意云何？因中果性为未生相，为已生相？若未生相，便于因中果犹未生，而说是有，不应道理。若已生相，即果体已生，复从因生，不应道理。是故因中非先有果，然要有因，待缘果生。

又有相法㉗，于有相法中由五种相方可了知：一于处所可得，如瓮中水；二于所依可得，如眼中眼识；三即由自相可得，如因自体不由彼度；四即由自作业可得；五由因变异故果成变异，或由缘变异故果成变异。是故彼说常常时、恒恒时因中有果，不应道理。

由此因缘，彼所立论非如理说。如是不异相故、异相故、未生相故、已生相故，不应道理。

从缘显了论者，谓如有一若沙门、若婆罗门，起如是见，立如是论：一切诸法，性本是有，从众缘显，不从缘生。㉘谓即因中有果论者及声相论㉙者作如是计。问：何因缘故，因中有果论者见诸因中先有果性从缘显耶？答：由教及理故。教如前说。理者，谓如有一为性寻思，为性观察，广说如前。

彼如是思：果先是有，复从因生，不应道理。然非不用功为成于果，彼复何缘而作功用㉚？岂非唯为显了果耶？彼作如是妄分别已，立显了论。

应当问彼：汝何所欲？为无障缘而有障碍，为有障缘耶㉛？若无障缘者，无障碍缘而有障碍，不应道理。若有障缘者，属果之因，何故不障？同是有故，不应道理。譬如黑暗，障瓮中水，亦能障瓮。若言障缘亦障因者，亦应显因俱被障故，而言但显因中先有果性，不显因者，不应道理。

复应问彼：为有性是障缘，为果性耶？若有性是障缘者，是即有性常不显了，不应道理。因亦是有，何不为障？若言果性是障缘者，是则一法亦因亦果（如芽是种子果、是茎等因），是即一法亦显、不显㉜，不应道理。

又今问汝，随汝意答。本法与显为异、不异㉝？若不异者，法应常显，显已复显㉞，不应道理。若言异者，彼显为无因耶？为有因耶？若言无因，无因而显，不应道理。若有因者，果性可显，非是因性，以不显因，能显于果，不应道理。如是无障缘故、有障缘故、有相故、果相故、显不异故、显异故，不应道理。

是故汝言：若法性无，是即无相；若法性有，是即有相㉟。性若是无，不可显了；性若是有，方可显了㊱者，不应道理。

我今当说：虽复是有，不可取相。谓或有远故，虽有而不可取；又由四种障因障㊲故，而不可取；复由极微细故，而不可取；或由心散乱㊳故，而不可取；或由根损坏故，而不可取；或由未得彼相应智故，而不可取。

如因果、显了论不应道理，当知声相论者亦不应理。此中差别者，外声论师起如是见，立如是论：声相常住，无生无灭，然由宣吐，方得显了[39]。是故此论如显了论，非应理说。

注释

① **不如理作意施设建立**：本论在不如理门的论述中，批驳了十六种外道言论。驳论中闪烁的辩证法和运用逻辑之娴熟自如，使此部分文字极为生动可观，佛家智光耀然纸表。因篇幅所限，本注译仅选了第一、二异论。

② **因中有果，显了**：参见后文。

③ **有去来**：即去来实有论，此论认为过去未来性相实有。本论（即瑜伽师地论）依据生灭无常的理论破之。

④ **我**：计有我论，此论认为众生有自身实有常住的主宰（我）。佛家依据五蕴假合为虚，诸法因缘无常等义理破之。在佛籍中，破我的文字随处可见。

⑤ **常**：计常论认为我与世间皆实常住。本论用诸行无常、生灭流转义理破之。

⑥ **宿作因**：此论认为现世所受的苦完全是由过去世作业招致，不承认现世功用感果。本论则证明现世法大量由现世功用导致，以破此论的偏执。

⑦ **自在等**：此论认定凡世间众生所受的一切都是

大自在天、大梵天等实有永住者变化所作。本论用大自在天等与世间的矛盾或不平等破之。

⑧ **害法**：此害为正法论是指某些婆罗门，在祭祀中施咒施、杀畜食，称祭祀的、被杀的、相助的都能升天。本论揭露了这帮婆罗门的虚伪（指责其实想食肉）和咒术的悖理。

⑨ **边无边**：此论者在禅定中生世间有边或无边的念想。本论以世间的成住坏空理义驳之。

⑩ **矫乱**：此不死矫乱者自称依不死净天（有善清净天）无乱而转，问他们为什么能如此，回答则矫乱无理。本论剖析他们的矫乱出于种种邪见。

⑪ **无因**：无因论者否认我及世间生有因。本论以他们自身行为的因果先后关系驳之。

⑫ **断**：此断见论者认定身死后一切断灭，本论以五蕴体生生灭灭相续的义理破之。

⑬ **空**：此空见论者认定无有一切诸法实体，即否定世间一切现象以及诸法实相的存在。本论以世界安立的存在以及空见论在阿罗汉问题上的自相矛盾破之。

⑭ **最胜**：此妄计最胜论者，自视婆罗门为最胜种，贬斥其他种姓。本论从众人的出生、作业、工巧业处都平等以及都必须修道才能证菩提破之，充分体现了佛家的平等思想。

⑮ **净**：此妄计清净论者提出获得涅槃第一清净的方式，如升天享受妙欲、恒河沐浴、狗戒、牛戒、油墨戒。本论以此论者种种方式均未完全脱欲驳之。

⑯ **吉祥**：此妄计吉祥论者供养日月星辰诵咒烧表祈求吉祥。本论以世事兴衰为净不净业果报，非日月星辰所作加以驳斥。

⑰ **常常时、恒恒时于诸因中具有果性**：这是因中有果论要言；这一命题还包含因中先有果的属命题，因果律本有先后，此论者认为果不在后一时间中而存在先一时间中或与因俱时。

⑱ **雨众外道**：僧借耶派（Sāṁkhya-school），即数论派的大弟子，十八部主。

⑲ **异生**：凡夫名，因凡夫在三界六道轮回受种种变异果报得此名。

⑳ **彼果即从彼生**：那果就从那因生。如黄豆芽就从黄豆生，黄豆又从黄豆种子生。此句与"从彼性，此性得生"着意不同，"从彼性，此性得生"强调彼因是此果因，此句强调彼果是彼因果。

以上是因中有果论的四条依据。

㉑ **应立一切是一切因**：应该确立一切现象是一切现象的因。因中有果论者坚持因与果完全同一论，不然就不承认因与果的必然联系，于是就有了他们对因果问

题的此条及如下的四条推论。

㉒ **由施设故**：由于确立此因彼果。此指"从彼性，此性得生"。

㉓ **求取故**：由于须从此因求彼果。此指"求果者，唯取此因"。

㉔ **所作决定故**：由于通过对此因的劳作加功才决定此果生。此指"即于彼，加功营构诸所求事"。

㉕ **生故**：由于彼果须彼种生。此指"彼果即从彼生"。

㉖ **若无异相，便无因、果二种决定**：如果因、果相状没有差别，便不存在将因、果区分为二种的判定。

㉗ **有相法**：即有为法，即有造作因缘而呈现相状的诸现象。

㉘ **一切诸法，性本是有，从众缘显，不从缘生**：佛家义理是因待缘果生，而显了论者从因中有果论走向另一极端，完全否定因的决定作用，将果与缘完全同一。

㉙ **声相论**：此外道认为声以缘而显，声体本有。

㉚ **非不用功为成于果，彼复何缘而作功用**：声相论者以声为例，说声这种果就显现在对乐器的操作（即用功营构）中，声本身是一种实体，不是由因待缘生。他们把对声相分析的错觉推广为一种哲理。

㉛ **为无障缘而有障碍，为有障缘耶**：是无障蔽性的能使事物外现的外缘接事物却显示有障碍的果，还是

有障蔽性的不使事物外现的外缘接事物？障，障蔽。佛家以有障缘、无障缘显果的矛盾来驳从缘显了论。

㉜ **若言果性是障缘者，是则一法亦因亦果，是即一法亦显、不显**：如果说果体性是被有障蔽性的缘接显示，然而同一种事物现象既是因又是果，这就成了同一种事物现象既被显现又不被显现。按显了论逻辑，果先从缘显，不显因；如果缘是有障的，果显示在缘上便显现成被障（即不显现），而因则因为不在缘上显示所以不被障。佛家则指出，一种事物现象往往是既为因又为果的（如豆芽既是豆的果又是豆株茎的因），如一事物作为果显示于障缘则不能现前，而这一事物同时又作为因不显示于障缘又可以现前，于是同一事物陷入又显又不显的悖论。

㉝ **本法与显为异、不异**：因中先有果性论与从缘显了论是相异的，还是不相异的。本法，指因中有果论者及声相论者的基本论点——因中先有果论。

㉞ **若不异者，法应常显，显已复显**：如果因中先有果论与从缘显了论不相异，那应当果法常常显示，既从因中得到显示了，又从缘中再得到显示，这就不合道理。

㉟ **若法性无，是即无相；若法性有，是即有相**：若事物现象本性是无，这就是无相；若事物现象本性是

有，这就是有相。佛家否定这种说法，佛家认为事物现象的自相可以得到才称为有相，还没有得到称为无相，但这并不能认定那事物现象本性的有无，如果未生时，虽相不可得，但有因性，说它无相则可，说它性无则不可。

㊱ **性若是无，不可显了；性若是有，方可显了**：事物现象本性如果是无，不可显出；本性如果是有，才可显出。此处显当然也是指从缘显。佛家指出，果性虽未显出，但因性并非无，所以此言也不合道理。

㊲ **四种障因障**：即覆蔽障、隐没障、映夺障、幻惑障障蔽。参见前面有关注释。

㊳ **心散乱**：内心散乱不专注。心散乱，即使有相也取不了。

㊴ **声相常住，无生无灭，然由宣吐，方得显了**：声相论者把声相视为永恒实有的实体，把宣吐才显的特殊现象抽象为哲理，所以不合道理。

译文

又次，什么是从寻、伺悖离善性真理方面加以确立呢？略语说：

执着因中有果、显了、有去来、我、常、宿作因、自在等、害法、边无边、矫乱，主张无因、断、空、最胜、净、吉祥，这是十六种外道的不同言论。

　　通过十六种外道的不同言论与本论的种种差别，来显示悖离善性真理，是应当知晓的。哪十六种？第一，因中有果论；第二，从缘显了论；第三，去来实有论；第四，计我论；第五，计常论；第六，宿作因论；第七，计自在等为作者论；第八，害为正法论；第九，有边无边论；第十，不死矫乱论；第十一，无因见论；第十二，断见论；第十三，空见论；第十四，妄计最胜论；第十五，妄计清净论；第十六，妄计吉祥论。

　　因中有果论，指的是如果有一位沙门或婆罗门心起如此见解，确立如此言论：每一时间、自始至终在众因中具有果的体性。这讲的是雨众外道做这样的度想。问：什么缘故那众外道生起如此见解，确立如此言论，显示众因中具有果的体性？答：由于教传和理论。教传原因，指那些外道先师造下教义典藏，门徒随师听教辗转传到现在，奉立因中先有果性的教义。理论原因，指有的沙门或婆罗门，作匆略推寻性的思寻，作细致察纠性的思考，局限在有贪欲的寻、伺，局限在自持辩才立论的境地，局限在凡夫无明的境地，局限在无圣贤引导的自己随意思维推究的境地。

　　他们做这样的思考：如果依从甲体性，乙体性才得以产生，那么世间一切人都知道并确立甲是乙的因，不会立其他的什么为因。又求取乙果的人，只会取这甲作为因，不会取其他的什么作为因。又随即在甲上进行种种劳作加功，而不是对其他的什么进行劳作加功。又如那甲作为果就只依从那甲的因产生，不依从其他的什么产生。所以那果在因中先已有。如果不是这样，就应当把一切现象作为一切现象的因，为求得一种果就应该取一切现象作为因，应对一切事物进行劳作加功，应该是从一切事物中生出一切果。由于经如此确立甲因乙果、由于须从甲因求乙果、由于须通过对甲因的劳作加功才决定乙果生，由于甲作为果又依从甲的因生出，他们便认定因中常有果的体性。

应细问他们：你们希求什么？什么是因相？什么是果相？因、果两种相是异，还是不异？

如果因、果二相不异，便不存在将因、果区分为二种的判定。由于因、果两者没有差别，说因中有果，就不合道理。如果因、果相有差别，你们如何想？因中的果体是未生相，还是已生相？如果是未生相，在因中果的体性就还没有生出，然而你们说成是因中已有果体性，就不合道理。如果说果是已生相，即在因中果的体性已经生成，然而你们的理论意味着果体性须再次从因中生出，这就不合道理。所以因中并非先就有了果体性，而是果体性先要有因，因在其他有关条件具备并起作用后才生成果。

又存在有造作因缘呈现相状的诸现象，对这些现象须通由五种相状才能详知：第一，通由处所可以得知，如瓮中的水；第二，通过识别现象所依赖的识体可以得知，如眼中的眼识；第三，通由自身体相可以得知，如因自体种子成熟，不须经由其他因素度成；第四，通由自己的造作可以得知；第五，由于因发生变异，果也会随着变异，或者由于有关条件发生变异，果也会随着发生变异。所以他们说每一个时间、自始至终因中有果，不合道理。

由于这些原因，他们所确立的言论是悖离善性真理的说法。如此有不异相、异相、未生相、已生相的缘故，都使他们的说法不合道理。

从缘显了论，指的是如果有一位沙门或婆罗门心起如此见解，确立如此言论：一切事物现象，体性本是实有，一事物现象就从各种相关条件的其他事物现象中显示出来，不是在各种相关条件的其他事物现象作用下由因生成。这讲的就是因中有果论者和声相论者做这样的度想。问：什么缘故，因中有果论者认定众因中先有果的体性从各种相关条件的其他事物现象中显示出来呢？答：由于教传和理论。教传的原因如前文所说。理论的原因，指的是如有一人作匆略推寻性的思寻，作细致察纠性的思考，详说也如前文。

他们这样思考：果先就有了，又再从因生成，就不合道理。然而不劳作加功就不能办成果，那果还能通过其他什么方式作用形成果呢？难道不是只从相关条件的事物现象显示果吗？他们做出如此分析后，就确立了从缘显了论。

应当问他们：你们希求什么？是无障蔽性的能使事物外现的外缘接事物却显示有障蔽的果，还是有障蔽性的不使事物外现的外缘接事物显示有障蔽的果？如果是无障蔽性外缘接因素，无障蔽性的外缘接事物显示有障蔽的果，不合道理。如果是有障蔽性外缘接因素，有障蔽性的外缘接事物显示不障蔽的果，对于与果密切联系的因为什么不障蔽？因为因与果都是现象存在，所以因不被障蔽不合道理。譬如黑暗，既障蔽瓮中的水，也障蔽瓮。如果说有障蔽性的外缘接事物也障蔽因，那么它也应显示果与因都被障蔽，然而却说只显示因中先有果体性而不显示因，这就不合道理。

还应问他们：是存在的现象体性被有障蔽性的外缘接事物显示，还是果体性被有障蔽性的外缘接事物显示？如果是存在的现象体性被有障蔽性的外缘接事物显示，这就成了存在的现象体性常常不能显现出来，所以不合道理。因的体性也是存在的现象体性，为什么不被障蔽？如果说是果的体性被有障蔽性的外缘接事物显示，然而同一事物现象既是因又是果体性（例如芽既是种子的果，又是茎等的因），这就成了同一种事物现象既被显现又不被显现，所以不合道理。

现在又问你们，随你们的言意作答。因中有果论与从缘显了论是相异的，还是不相异的？如果是不相异的，果性事物现象应该是常常显示的，既从因中显示了又从外缘接事物中显示，不合道理。如果说是相异的，那从外缘接事物中显示出的是有因体性，还是无因体性呢？如果说无因体性，没有因却显出果体性，不合道理。如果有因，只有果体性可以显示，不是因体性可以显示；因不能显示因，只能显示果，与有因相悖，所以不合道理。如此无障蔽性的外缘接事物、有障蔽性的外缘接事物、存在的现象相状、果体性相状、因中有果论与从缘显了论不相异、因中有果论与从缘显了论相异，都使他们的说法不合道理。

所以你们说的如果事物现象本性是无，这就是无相；如果事物现象本性是有，这就是有相。事物现象的本性如果是无，就不可能显示出；事物现象的本性如果是有，才可能显示出。不合道理。

我现在应当说：虽然有的事物现象还是有存在的相状的，但是人们不能获取它们的相状。指的是或者由于存在的事物现象极远，虽然存在却不能获取它们的相状；又由于有四种障碍人们获取事物相状的因素作用，而不能获取它们的相状；又由于存在的事物现象极其微细，而不能获取它们的相状；或者由于人心散乱不专，而不能获取事物相状；或者由于人的根体损坏，而不能获取事物相状；或者精深崇高的义理虽也有相状，但是不具备相应的智慧也获取不了。

如果因中有果论、从缘显了论不合道理，应当知晓声相论也不合道理。它们之间的差别在于，外道声相论师心起如此见解，确立如此言论：音声的相状是恒常存在的，既无生又无灭，然而只有通由宣发吐出，才能显示出。所以此论如同从缘显了论，是不合道理的言论。

原典

复次，云何杂染施设建立①？谓由三种杂染应知。何等为三？一烦恼杂染②，二业杂染③，三生杂染④。

烦恼杂染云何？嗢柁南曰：

自性若分别，因位及与门，
上品⑤颠倒摄⑥，差别⑦诸过患。

当知烦恼杂染由自性故、分别故、因故、位故、门故、上品故、颠倒摄故、差别故、过患故，解释应知。

烦恼自性者，谓若法生时，其相自然不寂静起[8]，由彼起故，不寂静行相续而转，是名略说烦恼自性。

烦恼分别者：或立一种，谓由烦恼杂染义故；或分二种，谓见道所断[9]、修道所断[10]；或分三种，谓欲系[11]、色系、无色系；或分四种，谓欲系记、无记[12]、色系无记、无色系无记[13]；或分五种，谓见苦所断[14]、见集所断、见灭所断、见道所断[15]、修道所断。或分六种，谓贪、恚、慢、无明、见、疑；或分七种，谓七种随眠[16]，一欲贪随眠，二瞋恚随眠，三有贪随眠，四慢随眠，五无明随眠，六见随眠，七疑随眠；或分八种，谓贪、恚、慢、无明、疑、见及二种取[17]；或分九种，谓九结[18]，一爱结，二恚结，三慢结，四无明结，五见结，六取结[19]，七疑结，八嫉结，九悭结；或分十种，一萨迦耶见[20]，二边执见[21]，三邪见，四见取，五戒禁取，六贪，七恚，八慢，九无明，十疑；或分一百二十八烦恼，谓即上十烦恼由迷执十二种谛建立应知[22]。……

烦恼因者，谓六种因：一由所依故，二由所缘故，三由亲近故，四由邪教故，五由数习故，六由作意故。由此六因，起诸烦恼。

所依故者，谓由随眠起诸烦恼。所缘故者，谓顺烦恼境界现前[23]。亲近故者，谓由随学不善丈夫。邪教故者，谓由闻非正法。数习故者，谓由先植数习力势。作意故者，谓由发起不如理作意故，诸烦恼生。

烦恼位者，略有七种：一随眠位，二缠位，三分别起位，四俱生位，五软位，六中位，七上位。由二缘故，烦恼随眠之所随眠：一由种子随逐故，二由彼增上事故[24]。

烦恼门者，略由二门烦恼所恼，谓由缠门及随眠门。缠门有五种：一由不寂静住故，二由障碍善故，三由发起恶趣恶行[25]故，四由摄受现法鄙贱[26]故，五由能感生等苦故。云何随眠门所恼？谓与诸缠作所依故及能引发生等苦故，又由七门，一切烦恼于见及修能为障碍应知，谓邪解了[27]故、不解了[28]故、解了不解了[29]故、邪解了迷执[30]故、彼因依处[31]故、彼怖所生[32]故、任运现行故。

云何烦恼上品相？谓猛利相及尤重相。此相略有六种：一由犯故，二由生故，三由相续故，四由事故，五由起恶业故，六由究竟故。由犯故者，谓由此烦恼缠故，毁犯一切所有学处。由生故者，谓由此故生于欲界苦恶趣中。由相续故者，谓贪等行、诸根成熟少年盛壮、无涅槃法者。由事故者，谓缘尊重田[33]、若缘功德田、若缘不应行田而起。由起恶业故者，谓由此烦恼缠故，以增上适悦心起身、语业。由究竟故者，谓此自性上品所摄，最初软对治道之所断㉞故。

烦恼颠倒摄者，谓七颠倒：一想倒，二见倒，三心倒，四于无常常倒，五于苦乐倒，六于不净净倒，七于无我我倒。想倒者，谓于无常、苦、不净、无我中起常、乐、净、我妄想分别。见倒者，谓即于彼妄想所分别中，忍可欲乐，建立执着。心倒者，谓即于彼所执着中贪等烦恼。当知烦恼略有三种：或有烦恼是倒根本，或有烦恼是颠倒体，或有烦恼是倒等流。倒根本者，谓无明。颠倒体者，谓萨迦耶见、边执见一分㉟、见取、戒禁取及贪。倒等流者，谓邪见、边执见一分、恚、慢及疑。此中萨迦耶见是无我我倒，边执见一分是无常常倒，见取是不净净倒，戒禁取是于苦乐倒。贪通二种，谓不净净倒及于苦乐倒。

烦恼差别者，多种差别应知，谓结、缚、随眠、随烦恼、缠、暴流、枙、取、系、盖、株杌、垢、常害、箭、所有、根、恶行、漏、匮、烧、恼、有诤、火、炽然、稠林、拘碍如是等类烦恼差别。当知此中能和合苦，故名为结；令于善行不随所欲，故名为缚；一切世间增上种子之所随逐，故名随眠；倒染心故，名随烦恼；数起现行，故名为缠；深难渡故，顺流漂故，名暴流；邪行方便，故名为柅㊱；能取自身相续不绝，故名为取；难可解脱，故名为系；覆真实义，故名为盖；坏善稼田，故名株杌㊲；自性染污，故名为垢；常能为害，故名为常害；不静相故，远所随故，名为箭㊳；能摄依事，故名所有；不善所依，故名为根；邪行自性，故名恶行；流动其心，故名为漏；能令受用无有厌足，故名为匮㊴；能令所欲常有匮乏㊵，故名为烧；能引衰损，故名为恼；能为斗讼诤竞之因，故名有诤；烧所积集诸善根薪，故名为火；如大热病，故名炽然；种种自身大树聚集，故名稠林；能令众生乐着种种妙欲尘故，能障证得出世法故，名为拘碍。……

烦恼过患者，当知诸烦恼有无量过患，谓烦恼起时先恼乱其心，次于所缘发起颠倒，令诸随眠皆得坚固；令等流行相续而转；能引自害、能引他害、能引俱害，生现法罪、生后法罪、生俱法罪，令受彼生身心忧苦；能引生等种种大苦；能令相续远涅槃乐；能令退失诸胜善法㊶；能令资财衰损散失；能令入众不得无畏，悚惧无威；能令鄙恶名称流布十方，常为智者之所诃毁；令临终时生大忧悔，令身坏已，堕诸恶趣，生那落迦中；令不证得自胜义利㊷，如是等过无量无边。

注释

①**杂染施设建立**：关于杂染的研究，是佛学的重要内容，在法相唯识学中尤为重要。本论论述此门的篇幅有整整三卷，本注译只选取了第一烦恼杂染的重要部分。

②**烦恼杂染**：烦心恼意的杂染。此杂染属于精神方面，是杂染的主要部分。

③**业杂染**：造作杂染。此杂染属于行为方面。

④**生杂染**：受生流转杂染。此杂染属于生死果报方面，从属于烦恼杂染、业杂染。

⑤**上品**：最严重者。佛家习惯将现象的程度按重、一般、轻，定为上品、中品、下品。

⑥**颠倒摄**：是非颠倒的烦恼范畴。

⑦**差别**：指烦恼作用的类别。与前面说的分别不同，分别指烦恼的种种分类法。

⑧**若法生时，其相自然不寂静起**：当烦恼法产生的时候，心不寂静的相状就自然地生起。自然起，再不须有其他因缘而与烦恼俱起。

⑨**见道所断**：由见道所断灭的见惑烦恼。见道，初生无漏智观照真谛（苦、集、灭、道）理，即初明佛理真谛。见惑，理不明。

⑩**修道所断**：由修道所断灭的事惑（或思惑）烦

恼。事惑，事（善恶）不明。

⑪ **欲系**：将众生羁在欲界的烦恼或被欲界烦恼羁绊的烦恼。系，不能解脱如羁绊。如下类推。

⑫ **欲系记、无记**：羁在欲界的不善的和虽覆障善道却是非善非不善的烦恼。无记，此处指有覆无记。

⑬ **色系无记、无色系无记**：色界、无色界没有善非善记，只有有覆无记。

⑭ **见苦所断**：能照见（明识）苦圣谛（四圣谛之一）从而断绝的烦恼。如下类推。

⑮ **见道所断**：能照见道圣谛所断绝的烦恼。此处与前面的"见道所断"不等义。见苦所断、见集所断、见灭所断、见道所断，实际上是前文"见道所断"一分为四。下文"修道所断"则与前文"修道所断"义同。

⑯ **随眠**：有多种解释，小乘视为烦恼的异名，因为烦恼随逐有情众生增强他们的昏滞。大乘唯识论则说诸烦恼附身，作为种子眠伏在阿赖耶识中，可生起一切烦恼缠，因此随眠可简译为烦恼种。其中欲贪为欲界贪，有贪为色界、无色界贪。

⑰ **二种取**：即见取、戒禁取。固执地以劣见（悖理）为胜见（契理）是见取，固执地遵守外道邪戒条以为可以成就胜功德是戒禁取。取，佛家视为烦恼总名，义即执取对象境贪爱。

⑱ **结**：能结合苦为结。

⑲ **取结**：修难成正果的事和合苦。

⑳ **萨迦耶见**：Stkāyadarśama，又名萨迦耶达利瑟致，意译为有身见、身见。身见包括我见和我所见，即不知己身实为五蕴和合的虚假物，执着地认为我实有及身边他物实为我有。

㉑ **边执见**：即边见，参见前面作意的有关注释。

㉒ **即上十烦恼由迷执十二种谛建立应知**：具体划分如下：欲界十种烦恼各具四种迷执谛（即迷苦、集、灭、道），合四十种；色界、无色界只有九种烦恼（除恚）各具四种迷执谛，合七十二种。以上烦恼共一百一十二种，为见道所断。又欲界对治修中有萨迦耶见、边执见、贪、恚、慢、无明六烦恼迷执；色界、无色界中各只有五烦恼迷执（除恚），合十六烦恼，为修道所断。两类所断烦恼共一百二十八种。

㉓ **顺烦恼境界现前**：即境界现前顺生烦恼。如可爱境界出现在面前顺生贪爱，不可爱境界出现在面前顺生瞋恚，非可爱非不可爱境界出现在面前顺生痴迷。

㉔ **由彼增上事故**：由于烦恼生起后又使得随伏的烦恼种子性更坚。因此，使得烦恼无从退转。

㉕ **发起恶趣恶行**：烦恼起使人作种种恶行，死后堕入各种恶趣（地狱、畜生、鬼）。

㉖ **摄受现法鄙贱**：烦恼致使人陷入种种鄙贱处境，如退失正法、被正人呵斥等。

㉗ **邪解了**：具体指身见、边见、邪见。

㉘ **不解了**：具体指无明。

㉙ **解了不解了**：具体指疑。

㉚ **邪解了迷执**：具体指见取、戒禁取等。

㉛ **彼因依处**：那以上的一切妄念产生于对妄念产生的因缘迷惑。具体指对苦谛、集谛迷惑不解。

㉜ **彼怖所生**：那以上的一切妄念产生于对怖畏果报受生的迷惑。具体指对灭谛、道谛的迷惑。怖所生，也作怖畏生，众生因生妄念作不善行，果报受生恶趣遭罪，明理人就会产生对果报受生的恐怖畏惧心理。

㉝ **田**：又作福田，佛家将应供养者加以供养从而得福报比作种田。一般分为三种，报恩田（即尊重田），对父母师长；功德田，对佛、法、僧三宝；贫穷田（即不应行田），对贫穷困苦人。

㉞ **最初软对治道之所断**：初级的不离利养断烦恼法加以断绝的烦恼。软，欲界不离利养，对人有无形的（软性的）伤害。对治，针对性断烦恼。

㉟ **边执见一分**：边见中的一部分。边见包括常见、断见，此处具体指常见。

㊱ **柅**：同厄（さ゛音饿），木节，引申为困厄，此

处比喻障碍断绝烦恼。

㊲ **株杌**：（ㄨˋ 音务），矮杂木。田中有矮杂木不利耕植，比喻有了烦恼，身心便难以从善。

㊳ **不静相故，远所随故，名为箭**：由于烦恼起后使身心呈不寂静相，长远地随逐，称作箭。此箭能远达，比喻烦恼影响人的久远。此处远指久远，非指远离。

㊴ **匮**：因对受用无满足心，常恐贫乏的心态称为匮。

㊵ **匮乏**：形容烦恼使得所企求的是乖离非爱的事物。此义不同前面的匮。

㊶ **能令退失诸胜善法**：能使众定地的善法退失。胜善法，此处指修到定地所获得的善法。

㊷ **自胜义利**：修证自身涅槃具有大功德。自胜义，修证自涅槃。利，具有大功德，可乐无祸患。

译文

又次，什么是从种种善恶杂染现象俱起方面加以确立？指由三种善恶杂染现象确立。哪三种？第一，烦恼的善恶杂染现象；第二，造作的善恶杂染现象；第三，受生流转的善恶杂染现象。

烦恼的善恶杂染现象是什么？略语说：

自性若分别，因位及与门，上品颠倒摄，差别诸过患。

应当知晓烦恼的善恶杂染现象的确立通由烦恼的本性、分类、成因、不同阶段、恼门、严重相状、见解是非颠倒范畴、作用差别、各种过咎祸患，有关的解释应该知晓。

烦恼的本性，指如果烦恼现象产生时，心不寂静的相状就自然地生起，由于那不寂静相已经生起，心便以不寂静的运行状态连续流转，这叫概略说明烦恼的本性。

烦恼的分类：有的确立一种，以烦恼杂染善恶、污染心性的涵义为依据；有的分成二种，指由见道断绝的见惑烦恼，由修道断绝的事惑烦恼；有的分成三种，指将众生羁在欲界的烦恼，羁在色界的烦恼，羁在无色界的烦恼；有的分为四种，指将众生羁在欲界的不善和无记烦恼，羁在色界的无记烦恼，羁在无色界的无记烦恼；有的分为五种，指见苦圣谛所断绝的烦恼，见集圣谛所断绝的烦恼，见灭圣谛所断绝的烦恼，见道圣谛所断绝的烦恼，由修道断绝的事惑烦恼；有的分为六种，指对三界尘世生活贪爱执取，对痛苦或不顺利愤恨不忍、傲慢不让，对众事理不能明解，对是非真假见解颠倒错误，对佛道真理疑虑不定；有的分为七种，指七种随身不离藏伏在阿赖耶识的烦恼种，第一，欲界贪爱执取尘世生活的烦恼种，第二，对痛苦不顺利愤恨不忍的烦恼种，第三，色界、无色界贪爱执取尘世生活的烦恼种，第四，傲慢不让的烦恼种，第五，不明解众事理的烦恼种，第六，对是非真假见解颠倒错误的烦恼种，第七，对佛道真理疑虑不定的烦恼种；有的分为八种，指对三界尘世生活贪爱执取，对痛苦不顺利愤恨不忍，傲慢不让，对众事理不能明解，对佛道真理疑虑不定，对是非真假见解颠倒错误，以及二种对外境的执取贪爱；有的分为九种，指九种结合苦的烦恼，第一，结合苦的对三界尘世生活的贪爱执取，第二，结合苦的对痛苦不顺利的愤恨不忍，第三，结合苦的傲慢不让，第四，结合苦的对众事理不能明解，第五，结合苦的对是非真假见解颠倒错误，第六，结合苦的修难成正果的事，第七，结合苦的对佛道真理疑虑不定，第八，结合苦的对他人成就的嫉妒，第九、结合苦的秘藏财物吝惜不舍；有的分为十种，第一，认定我实有及身边物为我实有，第二，执着偏见，第三，否定因果报应义理的邪恶见，第四，执取各种悖理见解以为最胜，第五，对外道戒律的恪守，第六，对三界尘世生活的贪爱执取，第七，对痛苦不顺利愤恨不忍，第八，傲慢不让，第九，对诸事理不能明解，第十，对佛道真理疑虑不定；有的分为一百二十八种烦恼等，指上面说的十种烦恼在三界中各别相对十二种对真谛的蒙昧形成一百二十八种烦恼……

烦恼形成的原因，指六种原因：第一，由于依托的因素；第二，由于缘接的对象；第三，由于亲近他人；第四，由于闻受邪教；第五，由于反复熏习；第六，由于内心调动。由于这六种原因，才生起诸烦恼。

由于依托的因素，指由烦恼种子发起众烦恼。由于缘接的对象，指外缘接境界出现在面前顺生烦恼。由于亲近他人，指由于跟随不善的人学习。由于闻受邪教，指由于闻受非真正的道法。由于反复熏习，指由于现行烦恼反复猛力熏习先时植下的种子。由于内心调动，指内心发起违悖善性真理的趋向，众烦恼产生。

烦恼的阶段，概略分为七种：第一，种子阶段；第二，烦恼缠身不脱的阶段；第三，类别产生的阶段；第四，各种烦恼一起产生的阶段；第五，欲界烦恼阶段；第六，欲界天烦恼阶段；第七，上界天烦恼阶段。由于二种缘故，烦恼种子随身伏藏相续不断，第一，由于烦恼种子始终随附逐身；第二，由于烦恼生起后又使得随伏的烦恼种子性更坚。

烦恼的恼门，概略说由二种门烦恼恼心，指由缠身不得出离的门及烦恼种门恼心。缠身不得出离的门又分为五种：第一，由于心处在不寂静状态；第二，由于障碍善法；第三，由于发起使人死后堕入恶趣（地狱、畜生、饿鬼）的种种恶作；第四，由于使人陷入种种鄙贱处境；第五，由于能感招受生果报等苦。什么是烦恼种门恼心？指烦恼种成为缠身不得出离的烦恼所依托的因素和能引发受生果报等苦，此又由七门恼心，一切烦恼对于见解和修习能成为障碍是应当知晓的，指由于错讹见解、由于对四圣谛（苦、集、灭、道）蒙昧不解、由于对佛法圣谛疑虑不决、由于迷执错讹见解、由于对以上妄念产生的因缘（苦谛、集谛）迷惑不解，由于以上妄念产生于对怖畏果报受生的迷惑、由于修道断绝的一切烦恼自然地现行。

什么是烦恼的严重相状？指烦恼现行猛利难伏的相状和对微劣事现行加重的相状。此相概略说有六种：第一，由于毁犯；第二，由于受生；第三，由于连续流转；第四，由于种种事；第五，由于起恶造作；第六，由于不完全出离。由于毁犯，指由于此烦恼缠身，毁坏一切对真理正道的学习。由于受生，指由于此烦恼死后只能生在欲界受苦的恶趣中。由于连续流转，指被对三界贪爱执取等烦恼支配的人、诸根成熟的从少年阶段到壮年阶段的人、缺乏菩提种子的人。由于种种事引起，指面对父母师长不尊重、面对佛法僧不积功德、面对贫穷困苦的人不施恩救济。由于起恶造作，指由于此烦恼缠身，凭着很强的适悦感受起行为、语言的恶行。由于不完全出离，指此烦恼属于严重范畴，用初级不离利养的方法加以断绝，没有什么功效。

烦恼的见解是非颠倒范畴，指的是七种颠倒：第一，在思维上颠倒；第二，在见解上颠倒；第三，在心识上颠倒；第四，将无恒常不变倒视成恒常不变；第五，将苦的倒视成乐的；第六，将不清净的倒视成清净的；第七，将无真实的我倒视成有真实的我。在思维上颠倒，指对无恒常不变、苦、不净、无真实的我起常、乐、净、我妄想性的分别。在见解上颠倒，就是指对那以妄想分别出的事理，内心认可乐受，并形成执着不舍的烦恼。在心识上颠倒，就是指那执着不舍的烦恼中的贪爱尘世等烦恼。应当知晓，烦恼概略分为三种：有的烦恼是根本颠倒烦恼，有的烦恼是自体颠倒烦恼，有的烦恼是流转相续性质无变的颠倒烦恼。根本颠倒的烦恼，指不能明解诸事理。自体颠倒烦恼，指认定我实有及身边物为我实有、执着偏见中的一部分、执取种种妄见认为最胜、对外道戒律的恪守和对三界尘世生活的贪爱执取。流转相续性质无变的颠倒烦恼，指否定因果报应义理的邪恶见解、执着偏见中的一部分、对痛苦不顺利愤恨不忍、傲慢不让及对佛道真理疑虑不定。这些中间，认定我实有及身边物为我实有是将无真实的我倒视为有真实的我，执着偏见中的一部分是将无恒常不变倒视为恒常不变，执取种种妄见认为最胜是将不清净的倒视为清净的，对外道戒律的恪守是将苦的倒视为乐的。对三界尘世生活的贪爱执取通有二种颠倒，指将不清净的倒视为清净的，将苦的倒视为乐的。

烦恼的作用差别，有许多种差别应当知晓，指结、缚、随眠、随烦恼、缠、暴流、枙、取、系、盖、株杌、垢、常害、箭、所有、根、恶行、漏、匮、烧、恼、有诤、火、炽然、稠林、拘碍这些种类烦恼的作用差别。应知这些烦恼作用中，能结合苦，所以称作结；使得奉善行不自在，所以称作缚；一切世间强化的烦恼种子随附逐身，所以称作随眠；烦恼一旦从心生反过来使心不得解脱，所以称作随烦恼；烦恼起反复相续不绝，所以称作缠；烦恼像深广难渡的流水，使人无奈地顺流漂溺，称作暴流；奉种种邪法障碍出离，所以称作枙；能取来自身果报苦趣连续不断，所以称作取；使人难以解脱，所以称作系；覆蔽真实义理，所以称作盖；像矮杂木坏稼田，烦恼生就阻碍人从善，所以称作株杌；心性受污染，所以称作垢；长久地毁害人，所以称作常害；烦恼使身心呈不寂静相，并长远地随附逐身，称作箭；能摄取五蕴不舍，所以称作所有；使种种不善行依托烦恼生，所以称作根；作为种种邪行的本因，所以称作恶行；心意识缘境流散动乱生杂染，所以称作漏；因对受用无满足心常恐受贫乏，所以称作匮；使得所企求的是乖离不可爱的事物，所以称作烧；使人愁苦衰损，所以称作恼；能成为斗讼争执的动因，所以称作有诤；像烧薪柴一样地毁掉所有积集的种种善根，所以称作火；如大热病烧恼身心，所以称作炽然；取种种苦蕴密稠如林，所以称作稠林；能使众生乐着种种尘世的妙欲，而且能障碍人修证超尘出世法，所以称作拘碍。……

烦恼的过咎祸患，应当知晓烦恼有无数的过咎祸患，指烦恼生起时先恼乱人的心，其次使人对所认识的对象事理发起是非真假颠倒的见解，使得种种烦恼种子都得以坚固；使得众烦恼互相引发作相同性质的连续流转；能引起对自己的毁害、能引起对别人的毁害、既引起对自己的毁害又引起对别人的毁害，使人生现世罪、生后世罪、既生现世罪又生后世罪，使人承受那受生身的身心忧苦；能引来果报受生等种种大苦；能使烦恼逐身流转不绝从而远离出世涅槃的欣乐；能使人修习定地所获得众善法退失；能使人的资财衰损散失；能使人处在大众中不能无畏，恐惧而没有威仪；能使人的鄙恶名称十方流传，经常受到智者的诃责批评；能使人在临终时产生大的忧伤悔恨，使自身坏死后堕落到众恶趣，在地狱中受生；使人不能修证得到具有大功德的自身出世涅槃，如此等过咎无量无边。

三摩呬多地① 第六

原典

已说有寻有伺等三。

云何三摩呬多地？嗢柁南曰：

总标②与安立，作意相差别，
摄诸经宗要③，最后众杂义④。

若略说三摩呬多地，当知由总标故、安立故、作意差别故、相差别故、略摄诸经宗要等故。

云何总标？谓此地中略有四种：一者静虑，二者解脱，三者等持⑤，四者等至⑥。

静虑者，谓四静虑：一从离生有寻有伺静虑⑦，二从定生无寻无伺静虑⑧，三离喜静虑⑨，四舍念清净静虑⑩。

解脱者，谓八解脱：一有色观诸色解脱，二内无色想⑪观外诸色解脱，三净解脱⑫身作证⑬具足住⑭解脱,四空无边处⑮解脱,五识无边处解脱,六无所有处解脱,七非想非非想处解脱,八想受灭身作证具足住解脱。

等持者,谓三三摩地:一空⑯,二无愿⑰,三无相;复有三种,谓有寻有伺、无寻唯伺、无寻无伺;复有三种,谓小⑱、大⑲、无量⑳;复有二种,谓一分修㉑、具分修㉒;复有三种,谓喜俱行㉓、乐俱行㉔、舍俱行㉕;复有四种,谓四修定㉖;复有五种,谓五圣智三摩地㉗;复有五种,谓圣五支三摩地㉘;复有有因有具圣正三摩地㉙;复有金刚喻三摩地㉚;复有有学、无学、非学非无学等三摩地㉛。

等至者,谓五现见㉜三摩钵底、八胜处三摩钵底㉝、十遍处三摩钵底㉞、四无色三摩钵底、无想三摩钵底、灭尽定等㉟三摩钵底。

注释

① **三摩呬多地**:Samāhita 地,即等引地。等引,定的别名;等,身心安和平等;引,定心专注导引。因此等引地可直译为定心专注引导身心安和平等的境界。

本论开篇的嗢柁南说成"三摩地俱",表明本论将三摩呬多与三摩地(Samādhi)视为同一的,即都泛指定。但是在名相具体运用中，两者又有所差异，三摩地侧重一心境；三摩呬多地侧重定心等。

本地即本论的卷十一至卷十三的前一部分，本论是从六个大的方面加以论述，本注译仅节选了其中总标和安立部分文字。

② **总标**：意指主要范畴，或基本名相。

③ **摄诸经宗要**：摄取众经典宗旨要义。此方面专用以解释八解脱。

④ **众杂义**：有关的种种名义。

⑤ **等持**：定的别名，梵名即三摩地。意即心专注一境平等维持。

⑥ **等至**：梵名三摩钵底（Samāpatti），意即定心专注达到身心安和平等的境界。它与三摩呬多的区别俱在一者侧重引向，一者侧重已至。其实在经典中两者往往混用。

⑦ **从离生有寻有伺静虑**：此静虑为初静虑，此静虑虽因离欲而生，却不能观出寻、伺的过咎，所以是离欲贪而不能离寻、伺贪。

⑧ **从定生无寻无伺静虑**：此静虑为第二静虑，因恃定力观出寻、伺的过咎，所以脱离寻、伺贪，因而此静虑又称作寻、伺寂静静虑。但此静虑尚未离喜贪。

⑨ **离喜静虑**：此静虑即第三静虑。人们在修定法进入第一、第二静虑境界，因至脱欲和寂灭寻、伺，往

往产生自我庆幸喜悦、乐于增上的情感，佛家称作喜。存在喜贪仍然不是究竟的清净。此静虑能观出喜的过咎加以寂灭，所以又称作喜寂静静虑。但此静虑未能观乐过。

⑩ **舍念清净静虑**：此即第四静虑，观出乐的过咎加以舍离。所以此静虑又称作乐寂静静虑。人们在修定法进入第三静虑境界，因至脱离诸烦恼又未舍离一切念想，往往产生解脱乐的情感，佛家称作乐；不能舍乐称作乐贪。

⑪ **内无色想**：对无色定内在的相状不作思维。

⑫ **净解脱**：已脱诸苦乐，已舍诸念，已脱净不净变化的障碍。

⑬ **身作证**：修习圆满已成就为贤圣。

⑭ **具足住**：修习圆满随意自在。

⑮ **空无边处**：无色界四天第一天，也是无色定第一境界。

⑯ **空**：观察修习空。修此三摩地，能认明外在各种现象事物变化无常没有常乐，五蕴和合原本是虚，从而空去贪欲等一切烦恼；认明内心精神执迷我的真实存在及身外物为我实有等观念见解的谬误加以摒弃，并思维契合空性。

⑰ **无愿**：观察修习空从而对无常有苦的生活不存

希愿。

⑱ **小**：小范畴三摩地。缘接的对象相事理小，所观想的事物小，内心产生的正信念和正确思维判断仅为初等阶段。

⑲ **大**：大范畴三摩地。缘接的对象相事理大，所观想的事物大（如观诸天光明遍大地大海），内心产生的正信念和殊胜见解达到上等阶段。

⑳ **无量**：无量范畴的三摩地。缘接的对象是无量的事理，所观想的事物相是无边无际的，内心产生的正信念和殊胜悟解是无量无边的。

㉑ **一分修**：修奢摩他毗钵舍那（Śamatha-Vipaśyanā）的一部分。奢摩他，止息、寂静，止息妄念，专心一境，也即定。毗舍那，观照、智慧，也即慧。一分修即修止观中的止或观。

㉒ **具分修**：修奢摩他毗钵舍那的所有部分，即止观（定慧）双修。

㉓ **喜俱行**：同有喜运行的静虑诸三摩地。此类静虑有初静虑、第二静虑的诸三摩地。意即此类静虑中都有喜运行。

㉔ **乐俱行**：同有乐运行的静虑三摩地。此类静虑有第三静虑诸三摩地。

㉕ **舍俱行**：同有舍运行的静虑诸三摩地。此类静

虑有第四静虑以上诸三摩地。

㉖ **四修定**：以上的分类多是纵向的，四修定分法则是横向，即修定得到的静寂相状、修定得到的观照智力、修定得到的入圣慧解、修定得到的尽灭有漏。

㉗ **五圣智三摩地**：五种无漏无染的圣智相的三摩地。圣，无漏、无染、善性。五圣智即自体智（明识圣性无染无执）、补特伽罗智（Pudgala智，即人智，识明此三摩地非凡夫能近）、清净智（识明此三摩地寂静微妙）、果智（识明此三摩地果报安乐）、入出定相智（识明此三摩地以正念入定、出定）。

㉘ **圣五支三摩地**：圣贤心一境性的具有寻、伺、喜、乐、寂灭的三摩地。此处圣，指四静虑所有圣贤心专注缘境。

㉙ **有因有具圣正三摩地**：有主导因和辅助因的无漏无染的正三摩地。有因，即正见、正思维、正语、正业、正命。有具，意为辅助因，即正精进、正念。此七正与正三摩地（正定）合称为八正道。

㉚ **金刚喻三摩地**：像金刚一样坚牢能摧伏一切烦恼的三摩地。即最后边学（无学阿罗汉位）三摩地。

㉛ **非学非无学等三摩地**：一切世间三摩地。此三摩地不能断惑，能断惑的三摩地一为有学，一为无学即学到无须再学的境界。

㉜ **五现见**：五种针对性观照断灭烦恼之法。五现见又分为三类：第一类称为治伏对治，又指观身不净，此类包括二种现见，即观内身朽秽不净、观外身及身一切朽秽不净；第二类称为断灭对治，又指观识流转，此类包括二种现见，即粗观察（观生灭相续、生身辗转相续）、细观察（观种种心识差别、种种时间内种种心识异生异灭）；第三类称为观察于断（观有学者未离欲俱住二世间、阿罗汉果不受后有）。现见，已掌握真谛修此等至。

㉝ **八胜处三摩钵底**：具有八种以胜解治伏所缘对境的等至。胜处，以胜解治伏所缘对境，又称胜知胜见。八胜处，（一）内有色想外诸色观少，（二）内有色想外诸色观多，（三）内无色想外诸色观少，（四）内无色想外诸色观多，（五）内无色想外诸色观青，（六）内无色想外诸色观黄，（七）内无色想外诸色观赤，（八）内无色想外诸色观白。

㉞ **十遍处三摩钵底**：从十个方面对遍一切处作胜解以治伏所缘对境的等至。十遍处，即地、水、火、风、青、黄、赤、白、虚空、识。

㉟ **等**：包括非想非非想定。

译文

已说完有寻有伺等三种境界。

什么是三摩呬多境界呢？略语说：

总标和安立、作意、相差别，含摄各经要旨，最后强调的是与此相关的各种名义。

如概略说三摩呬多境界，应当知晓要通由基本范畴、概念安顿、作意差别、相状差别、简略摄取众经典宗旨要义、其他有关的种种名义。

什么是基本范畴？指此境界中概略分有四种范畴：第一，静虑；第二，解脱；第三，等持；第四，等至。

所说的静虑，指这样四种：第一，从厌离欲界生出的有寻有伺静虑；第二，从定心中生出的无寻无伺静虑；第三，脱离因修习定法所生的喜悦情感的静虑；第四，非苦非乐的感受和一切念想都达到极其清净的静虑。

所说的解脱，指这样八种：第一，生在欲界，已离欲界欲，未离色界欲，面对外在种种事物现象作出正确殊胜思维判断的解脱；第二，生在欲界，已离色界欲，虽已修证到无色界定，但未能思维此定境内的光明相，仅仅对外在种种事物现象作出正确殊胜思维判断的解脱；第三，修习清净圣行圆满，身处贤圣随意自在的解脱；第四，在空无边处天处已得离欲，并对无边虚空作正确殊胜思维判断的解脱；第五，在识无边处天处已得离欲，并对无边内识作正确殊胜思维判断的解脱；第六，已修达无所有处天处，仍对无边内识作正确殊胜思维判断的解脱；第七，已修到非想非非想处天处，已脱离下界一切关于有所有、无所有心念的解脱；第八，一切思想感受寂灭，身处圣位达到最胜清净寂静随意自在的解脱。

所说的等持，指这样三种三摩地：第一，空；第二，无；第三，无相。还有一种三分法，指有寻有伺等持、无寻唯伺等持、无寻无伺等持。还有一种三分法，指小范畴等持、大范畴等持、无量范畴等持。还有一种二分法，指修止观法中的一部分、修止观法中的全部。还有一种三分法，指同有喜运行的静虑诸等持、同有乐运行的静虑诸等持、同有舍运行的静虑诸等持。还有一种四分法，指修定达到的境界四方面。还有一种五分法，指五种无漏无染的圣智相的等持。还有一种五分法，指诸圣贤对境专注一心的具有寻、伺、喜、乐、寂灭的等持。还有一种是有主导因和辅助因的无漏无染的正等持；还有一种是像金刚一样坚牢能摧伏一切烦恼的等持；还有有学的、无学的、超出于小乘的有学和无学境界的等持。

所说的等至，指在修定的过程中用所掌握的真谛作五种针对性观照，以断离各种烦恼，达到内心安和平等；具有八种以殊胜思维判断治伏所缘对境的等至；从十方面对遍一切处作殊胜思维判断治伏所缘对境的等至；无色界四天处等至；修习背离一切念想的无想、寂灭诸心心所法的等至；修习灭尽一切念想定等至。

原典

云何安立？谓唯此等名等引地，非于欲界心一境性[①]；由此定等，无悔、欢、喜、安、乐所引，欲界不尔；非欲界中于法全无审正观察。

复次，初静虑中脱离生喜，由证住此，断除五法，谓欲所引喜、欲所引忧、不善所引喜、不善所引忧、不善所引舍。又于五法修习圆满，谓欢、喜、安、乐及三摩地。

欲所引喜者，于妙五欲若初得时[②]、若已证得正受用时[③]、或见、或闻、或曾领受，由此诸缘，忆念欢喜。

欲所引忧者，于妙五欲若求不遂、若已受用更不复得、或得已便失，由此诸缘，多生忧恼。

不善所引喜者，谓如有一，与喜乐俱而行杀业，乃至邪见。

不善所引忧者，谓如有一，与忧苦俱而行杀业，乃至邪见。

不善所引舍者，谓如有一或王王等，或余宰官，或尊尊等，自不乐为杀等恶业，然其仆使作恶业时，忍而不制，亦不安处毗奈耶④中，由纵舍故，遂造恶业。彼于此业现前领解，非不现前。又住于舍，寻求伺察为恶方便。又于诸恶耽着不断，引发于舍。又于不善现前转时，发起中庸非苦乐受。

欢者，谓从本来清净行者，观资粮地所修净行⑤，无悔为先慰意适悦，心欣踊性。

喜者，谓正修习方便为先，深庆适悦，心欣踊性。

安者，谓离粗重，身心调适性。

乐者，谓由如是心调适故，便得身心无损害乐及解脱乐。以离彼品粗重性故，于诸烦恼而得解脱。

三摩地者，谓于所缘审正观察，心一境性。世尊于无漏方便中先说三摩地，后说解脱，由三摩地善成满力，于诸烦恼心永解脱故⑥；于有漏方便中先说解脱，后说三摩地，由证方便究竟果作意烦恼断已，方得根本三摩地故⑦；或有俱时⑧，说三摩地及与解脱，谓即于此方便究竟作意及余无间道三摩地中，由三摩地与彼解脱俱时有故。……

复次，于初静虑，具足五支：一寻，二伺，三喜，四乐，五心一境性。第二静虑有四支：一内等净⑨，二喜，三乐，四心一境性。第三静虑有五支：一舍⑩，二念⑪，三正知，四乐，五心一境性。第四静虑有四支：一舍清净⑫，二念清净，三不苦不乐受，四心一境性。

初静虑中，寻、伺为取所缘，三摩地为彼所依，喜为受境界，乐为除粗重。第二静虑中，内等净为取所缘，三摩地为彼所依，余如前说。第三静虑中，舍、念、正知为取所缘，三摩地为彼所依，余如前说。第四静虑中，舍净、念净为取所缘，三摩地为彼所依，余如前说。诸静虑中虽有余法，然此胜故，于修定者为恩重故，偏立为支。

问：何因缘故初静虑中有寻有伺耶？答：由彼能厌患欲界入初静虑，初静虑中而未能观寻、伺过故。第二静虑能观彼过，是故说为寻、伺寂静。如第二静虑见彼过故名寻、伺寂静，如是第三静虑，见喜过故，名喜寂静。第四静虑，见乐过故，名乐寂静，舍念清净，差别应知。

注释

① **非于欲界心一境性**：并非在欲界中的对境心专的性质。并不是所有的心一境性现象都属于等引范畴，

欲界中的心一境性不是唯善性。

②**于妙五欲若初得时**：如初获色、声、香、味、触五方面可爱物境时。妙五欲，又称五妙欲、五妙，即色、声、香、味、触境；其实统称可享用的物，或物质享受。妙五欲虽致使人最终受苦，但凡人初获并享用并不以为苦而是生喜。

③**若已证得正受用时**：如果谋求五妙欲到正享用时。此处证字不是"信解行证"之证。

④**毗奈耶**：Vinaya，即戒律梵名。

⑤**观资粮地所修净行**：观照能使自己持住境地所修的清净行。资粮地，使人能长养持住不损的境地。

⑥**由三摩地善成满力，于诸烦恼心永解脱故**：由于要使烦恼心永远解脱，必须修满三摩地善法功力具足。此句是在解释世尊为什么在无漏方便中先说三摩地，后说解脱的原因。

⑦**由证方便究竟果作意烦恼断已，方得根本三摩地故**：由于通过种种修习方式觉知终极善果，断绝下地所有烦恼，才能获得根本性三摩地的缘故。此句是在解释世尊为什么在有漏方便中先说解脱（此处解脱意即暂伏断烦恼，与上文所说的解脱即永断烦恼义不同），后说三摩地。方便究竟果作意，瑜伽师修的有漏方便有七种：一是了相作意，了知应断应得心生希愿；二是胜解

作意，对应断应得正发加行；三是远离作意，舍一切上品烦恼；四是摄乐作意，舍一切中品烦恼；五是观察作意，对于所得能安，离增上慢；六是加行究竟作意，舍一切下品烦恼；七是加行究竟果作意，能正领受前面诸作意的善修习果。

⑧ **有俱时**：生起对治一切烦恼的方便究竟作意，和从此无间隔正断烦恼的无间道三摩地同处在定地中时。因为方便究竟作意与无间道有俱，所以世尊同时说三摩地与解脱。

⑨ **内等净**：对治寻、伺，从而远离寻、伺等内心浊念。

⑩ **舍**：厌弃舍离喜。

⑪ **念**：对离喜不忘的明了。

⑫ **舍清净**：超出前三地寻、伺、喜、乐，内心平等安住。

译文

什么是安立？指的是这四种基本范畴称为定心专注引导身心安和平等境界，是与欲界中的对境心专的性质不同的；由于此定等境界，是由无悔、欢、喜、安、乐引导的，然而欲界中的对境心专就不是由这些引导；此定境界还与欲界中对事物现象全无精细正确的观想思考不同。

其次，在初静虑中，因脱离尘欲烦恼心生喜悦，修习此静虑圆足并坚持不退，从而断除这样五种现象，即欲引的喜、欲引的忧、不善引的喜、不善引的忧、不善引的舍。又对另五法修习圆满，指欢、喜、安、乐及正定。

欲引的喜，指在初获得色、声、香、味、触等五方面可爱事物，如果达到正享用时，或者观赏，或者听享，或者领略承受，由于这些缘故，所以忆想起来心生欢喜。

欲引的忧，指在谋求色、声、香、味、触等五方面可爱事物未成，或已经享用过这些事物不能再次谋得，或已经谋得却随即失去，由于这些缘故，心中生出许多的忧恼。

不善引的喜，指如有一人，在做杀生的事，同时心生喜乐，甚至生起否定因果有报的邪见。

不善引的忧，指如有一人，在做杀生的事，同时心生忧苦，甚至生起否定因果有报的邪见。

不善引的舍，指如有一人，或者是各种王中的某一位，或者是其他官吏中的某一位，或是各种尊长中的某一位，自己不乐意做杀生的恶事，然而他的仆使在做恶事时，他容忍不加制止，也不安住在戒律中，由于他放纵仆使行恶而自己处在非苦非乐，所以他也就造下了恶业。他是在仆使做的恶业面前表示接受理解，并非事没有呈现在他面前。又他匆略寻求、精细察纠恶的行为方式，使情感始终处在非苦非乐状态。又对众恶业沉溺不绝，形成恶习以至情感处在非苦非乐状态。又面对现在面前的不善事流转时，产生不偏不倚的非苦非乐感受。

欢，指从起初受戒律清净不犯的人，观照能使自己的清净持住不退的境地所修的清净行；在无悔的前提下身心感到调适怡悦，内心欢欣踊跃的性质。

喜，指在修习远离烦恼的定地诸法的前提下，深自庆幸身心调适怡悦，内心欢欣踊跃的性质。

安，指远离使人身心沉重不舒调的赘累，身心感到协调安适的性质。

乐，指由于如此心协调安适，使得身心具有不受损害的乐和从尘累中解脱的乐。由于远离了使人身心沉重不舒调的粗重赘累，所以从众烦恼中获得解脱。

正定，指对所缘的对象境精细正确地观想判断，对境定心专注不散。世尊在讲授无漏慧巧方便法时，是先说正定，后说解脱，这是由于要使烦恼心永远解脱，必须修满正定善法功力具足。世尊在讲授有漏慧巧方便法时，先说解脱，后说正定，这是由于通过种种修习方式觉知终极善果，断绝下地的所有烦恼，才能获得根本的正定。当对治一切烦恼的方便究竟作意和从此无间隔断烦恼的无间道正定同时处在定境界中时，世尊就同时说正定和解脱，这是因为在这方便究竟作意和其他无间道正定中，正定与那解脱同时有。……

又次，在初静虑中，具有全部五个分支：第一寻，第二伺，第三喜，第四乐，第五对境定心专注不散。第二静虑有四个分支：第一远离内心种种浊念，第二喜，第三乐，第四对境定心专注不散。第三静虑中有五个分支：第一舍离喜，第二对喜的舍离明了不忘，第三对喜相加以正确识别，第四乐，第五对境定心专注不散。第四静虑有四个分支：第一超出前三静虑的寻和伺及喜乐，第二对以上超出明了不忘，第三非苦非乐感受，第四对境定心专注不散。

在初静虑中，寻、伺是领取境界对象的方式，正定是它的依托，喜是对境界对象的感受，乐是离除使人身心沉重不舒调的粗重赘累。在第二静虑中，远离了种种浊念的内心是领取境界对象的方式，正定是它的依托，其余的如同前面说的。第三静虑中，离喜、对离喜明了不忘、对喜相正确识别的内心是领取境界对象的方式，正定是它的依托，其余的如同前面说的。在第四静虑中，超出前三静虑的寻、伺、喜、乐并明了不忘的内心是领取境界对象的方式，正定是它的依托，其余的如同前面说的。众静虑中，虽然还有其余的现象存在，然而由于唯有上述分支法殊胜，对修习定法的行人恩惠重，所以才将它们特立为众静虑的分支。

问：什么原因使得在初静虑中存在寻、伺呢？答：由于修行人虽能够从厌患欲界生入初静虑中，但在初静虑中尚未观照出寻、伺的过咎。在第二静虑中，能够观照出它们的过咎，所以说是寻、伺相寂静不运行。如同在第二静虑中观见寻、伺的过咎因而称为寻、伺寂静，如此第三静虑，因观见喜的过咎，所以称为喜寂静。第四静虑，因观见乐的过咎，所以称为乐寂静，超出前三静虑一切动想并明了不忘的清净。这些差别是应当知晓的。

非三摩呬多地① 第七

原典

已说三摩呬多地。

云何非三摩呬多地？当知此地相略有十二种：

或有自性不定故，名非定地，谓五识身②。

或有阙轻安③故，名非定地，谓欲界系诸心心法（彼心心法虽复亦有心一境性，然无轻安含润转故，不名为定)。

或有不发趣故，名非定地，谓受欲者于诸欲中深生染着而常受用。

或有极散乱故，名非定地，谓初修定者于妙五欲心随流散。

或有太略聚④故，名非定地，谓初修定者于内略心，惛睡所蔽。

或有未证得故，名非定地，谓初修定者虽无散乱及以略聚娆恼其心，然犹未得诸作意故，诸心心法不名为定。

或有未圆满故，名非定地，谓虽得作意，然未证得加行究竟及彼果故，不名为定。

或有杂染污故，名非定地，谓虽证得加行究竟果作意，然为种种爱味等惑染污其心。

或有不自在故，名非定地，谓虽已得加行究竟果作意，其心亦无烦恼染污，然于入、住、出诸定相中未得自在，未随所欲，梗涩艰难。

或有不清净故，名非定地，谓虽自在随其所欲，无涩无难，然唯修得世间定⑤故，未能永害烦恼随眠诸心心法⑥，未名为定。

或有起故⑦，名非定地，谓所得定虽不退失，然出定故，不名为定。

或有退故,名非定地,谓退失所得三摩地故,不名为定。

注释

① **非三摩呬多地**:即非定地。此地论中讲述了种种非定境界的现象,既有上行的,也有下行的。此地篇幅仅居本论卷十三中间一小部分。

② **五识身**:此处是说五识体本身无所谓定不定,因为五识体的属性要在触外境时才能形成,外境变五识身也变。

③ **轻安**:身心轻舒安稳。轻安使人修习得以顺利上进,称为轻安含润转。

④ **太略聚**:即太简略。用心太简略,虽修习定但仍免不了昏昧沉睡而不起趣。佛教教法素有广略之分,略教适应利根,广教通利钝根,但又认为太简略达不到功效,形同于无。

⑤ **世间定**:即非学非无学定,不能断烦恼。

⑥ **未能永害烦恼随眠诸心心法**:没有能永远除掉烦恼种子众心想活动。

⑦ **有起故**:因为借定力转生。

译文

已说完三摩呬多地。

什么是非三摩呬多地呢？应当知晓此境界相状概略分有十二种：

有的由于本身不具有定的性质，称作非入定境界，指眼识、耳识、鼻识、舌识、身识五识体。

有的由于身心缺乏轻安，称作非入定境界，指的是羁限在欲界的各种心想活动（这些心想活动虽也有对境定心的专注性，然而由于缺乏轻安使修习难以顺利上进，所以这种对境定心专注不能称作入定境界）。

有的由于不生发离欲的进趣之心，称作非入定境界，指的是贪恋欲望的人在各种欲念中生有很深的污染心性的贪欲心，并且常常享受欲望。

有的由于内心处在极其散乱的状态，称作非入定境界，指的是刚开始修习定法的人，心趣随色、声、香、味、触等五欲使得定心流散。

有的由于修习用功太简略，称作非入定境界，指的是刚开始修习定法的人，在内修定心上用心太简略，仍免不了昏昧沉睡难以进趣。

有的由于还未能明识定法，称作非入定境界，指的是刚开始修习定法的人，虽然没有散乱不定的心态和用心简略来烦扰苦恼他的心，然而由于内心未能获得入定的各种趋向，所以，他的各种心想活动不称作入定境界。

有的由于修习不圆满，称作非入定境界，指的是此类修习人虽然获得趣向入定的思维心态，然而还未获得断绝一切烦恼的入定趋向，所以他的内心不能称作入定境界。

有的由于有杂糅善恶的烦恼惑污染心性，称作非入定境界，指的是修习人虽然获得了断绝一切烦恼的入定趋向，然而被对事物的贪爱等烦恼惑污染了他的心。

有的由于修习尚未达到随意自在，称作非入定境界，指的是修习人虽然已经获得了断绝一切烦恼的入定趋向，他的心也没有烦恼污染，然而未能在入定、住定、出定等定的相状上获得随意自在，不能随他的意欲，所以显出梗涩艰难。

有的由于存在着不清净，称作非入定境界，指的是修习人虽然入定、住定、出定能随意欲，无涩无难，然而只是由于修习获得的是不能断烦恼的世间定，不能永远离除烦恼众心想活动，所以他的内心不能称为入定境界。

有的由于借定力转生，称作非入定境界，指的是有的修习人获得的定虽没有退失功用，然而由于他已经出了入定境界，所以他的内心不再称作入定境界。

有的由于功用退失，称作非入定境界，指的是由于从定心专注引导的安和平等境界退落到修习前的境界，所以不称作入定境界。

有心无心二地① 第八第九

原典

已说非三摩呬多地。

云何有心地？云何无心地？谓此二地俱由五门应知其相：一地施设建立门，二心乱不乱建立门，三生不生建立门，四分位建立门，五第一义建立门。

地施设建立者，谓五识身相应地、意地、有寻有伺地、无寻唯伺地，此四一向②是有心地；无寻无伺地中，除无想定并无想生及灭尽定③，所余一向是有心地；若无想定、若无想生及灭尽定是无心地。

心乱不乱建立者，谓四颠倒④颠倒其心，名为乱心；若四颠倒不颠倒心，名不乱心。此中乱心亦名无心，性失坏故，如世间见心狂乱者便言此人是无心人，由狂乱心失本性⑤故。于此门中诸倒乱心，名无心地；若不乱心，名有心地。

生不生建立者，八因缘故，其心或生，或复不生，谓根破坏故、境不现前故、阙作意故、未得⑥故、相违故、已断故、已灭故、已生⑦故，心不得生；由此相违诸因缘故，心乃得生。此中若具生因缘故，心便得生，名有心地；若遇不生心因缘故，心则不生，名无心地。

分位建立者，谓除六位，当知所余名有心地。何等为六？谓无心睡眠位⑧、无心闷绝位⑨、无想定位、无想生位、灭尽定位及无余依涅槃⑩界位，如是六位，名无心地。

第一义建立者，谓唯无余依涅槃界中，是无心地。何以故？于此界中，阿赖耶识亦永灭故。所余诸位⑪，转识⑫灭故，名无心地；阿赖耶识未永灭尽，于第一义非无心地。

注释

① **有心无心二地**：此二地是本论根据修行人内在的思想心念的状态的不同而拟立的，有具体思想心念的运行就称为有心境界，无具体思想心念的运行或思想心念颠倒混乱称为无心境界。此二地内容仅占本论卷十三中间小部分。

② **一向**：全、专、偏、始终。

③ **无寻无伺地中，除无想定并无想生及灭尽定**：

无寻无伺地中，除无想定等，即除第四静虑以上的部分；即实指第三静虑以下的部分，包括第二、三静虑。无想定，定心专注无想，厌背种种想。无想生，即生于无想处，即生于无想天处及无色界。灭尽定，入定灭尽一切心想。

④ **四颠倒**：即将无常倒视为常，将苦倒视为乐，将无我倒视为有我，将不净倒视为净。

⑤ **狂乱心失本性**：狂乱的心想使人本性丧失。佛家认为人心性本净。

⑥ **未得**：未得生缘，即未能生成的条件。

⑦ **已生**：已生过，即生成了的已经谢灭。

⑧ **无心睡眠位**：处在睡眠深重，第六识已不能运行的阶段或地步。

⑨ **无心闷绝位**：处在闷绝即死，第六识已不能运行的阶段或地步。

⑩ **无余依涅槃**：身心都寂灭的涅槃。无余依，不依托有漏法，即阿罗汉灰身灭智。

⑪ **所余诸位**：指前文六位中除无余依涅槃界位之外的五位。

⑫ **转识**：即前七识。唯识家认为阿赖耶识是本体识，其他各识依本体识转。

译文

已经说完非三摩呬多地。

什么是有心地？什么是无心地？指此二境界应当知晓都是通由五个方面明确它们的相状：第一，从众境界心想有无方面加以确立；第二，从心想颠倒混乱与否方面加以确立；第三，从心想产生与否方面加以确立；第四，从精神境界的阶位差别方面加以确立；第五，从最高理义范畴方面加以确立。

从众境界心想有无方面加以确立，指的是，五识身相应地、意地、有寻有伺地、无寻唯伺地，这四种境界都始终是有心地；无寻无伺地中，除了无想定、无想生和灭尽定以外，其他的始终是有心地；不管是无想定、无想生，还是灭尽定，都是无心地。

从心想颠倒混乱与否方面加以确立，指的是在四种颠倒上呈现出心想的颠倒，称作乱心；如果在四种颠倒上心想不颠倒，称作不乱心。此中说的乱心也称作无心，因为此人的本性损坏丧失，如同在世间的人们见到心性迷狂混乱的人，就说此人是无心人，这是因为迷狂混乱的心已丧失了本性。在此方面中，众颠倒混乱的心，称作无心地；不是颠倒混乱的心，称作有心地。

从心想产生与否方面加以确立，指的是由于八种原因，心想或者产生，或者不产生，指有此八种原因即人的感受根体已破坏、对象境界不呈现面前、心想缺乏入众定趋向、未能获得心想产生的条件、心想产生中受到其他原因的障碍、已伏断现行心想、永远除掉了种种心想的种子、心想已经生过谢去，心想不能产生；与这八种原因相违悖，心想才能产生。其中如果具有产生的原因条件，心想就能产生，称作有心地；如果遇上使心想不能产生的原因条件，心想就不能产生，称作无心地。

从精神境界的阶位差别方面加以确立，指的是除六种阶位外，应当知晓其他阶位的称作有心境界。哪些属于这六种阶位？指处在睡眠深重第六识已不能运行的阶位、处在闷绝即死第六识已不能运行的阶位、无想定位、无想生位、灭尽定位、无余依涅槃位，如此六种阶位，称作无心地。

从最高理义范畴方面加以确立，指的是唯有无余依涅槃的范畴中的，是无心地。什么缘故？因为在这范畴中，阿赖耶识也永远寂灭。其他的众阶位，由于七种转识（眼识、耳识、鼻识、舌识、身识、意识、末那识）已灭，所以称作无心地；但是阿赖耶识未永远灭尽，所以从最高理义范畴上说它们仍然不是无心地。

闻所成地① 第十

原典

已说有心、无心地。

云何闻所成地？谓若略说于五明处名、句、文身无量差别②，觉慧③为先，听闻领受，读诵忆念；又于依止名身、句身、文身义中无倒解了，如是名为闻所成地。

何等名五明处？谓内明处④、医方明处⑤、因明处⑥、声明处⑦、工业明处⑧。

云何内明处？当知略说由四种相：一由事施设建立相⑨，二由想差别施设建立相⑩，三由摄圣教义相⑪，四由佛教所应知处相⑫。……

云何想差别施设建立相？嗢柁南曰：

句⑬迷惑⑭戏论，住⑮真实净妙，
寂静性⑯道理⑰，假施设⑱现观⑲。……

复次，嗢柁南曰：

思择⑳与现行㉑，睡眠及相属㉒，

诸相摄㉓相应㉔，说㉕任持㉖次第㉗。……

云何次第？谓六种次第：一流转次第，二成所作次第㉘，三宣说次第㉙，四生起次第㉚，五现观次第，六等至次第。……

已说九种佛教所应知处㉛。次说十种，谓十遍处㉜，当知即诸解脱所作成就。余解脱胜处遍处，如《摄事分》当广分别㉝。

又有十无学支㉞，当知无学五蕴所摄，谓戒蕴㉟、定蕴㊱、慧蕴㊲、解脱蕴㊳、解脱知见蕴㊴。

如是已说十种佛教所应知处及前所说佛教所应知处等，当知皆是内明处摄。

云何医方明处？当知此明略有四种，谓于病相善巧、于病因善巧、于已生病断灭善巧、于已断病后更不生方便善巧。如是善巧广分别义如经应知。

注释

① **闻所成地**：通过听受佛法获得成就的境界。此地内容占本论的卷十三后部分至卷十五。本地内容很丰富，突出体现了佛法的理性化。本注释仅选取了小部分内容，约略显示此地风貌。其中论及的五明并非佛家独

创，但佛家结合自己的需要作了创造性的发展和丰富。

②**于五明处名、句、文身无量差别**：对于体现（或表述）五明内容的名身、句身、文身（或名想或语言）的无量差别。

③**觉慧**：此处主要指理智，而不是指悟道或觉悟。

④**内明处**：内，特指佛教范畴内，以别于佛教外范畴。处，集中处，范畴。

⑤**医方明处**：此处医的广义，意指一切苦痛，因而也涵盖狭义的疾病诊疗。

⑥**因明处**：对论理的方法和逻辑轨范的明了掌握。通常说因明即佛教的逻辑学，此说不够全面。

⑦**声明处**：相当于世俗语言学。

⑧**工业明处**：对工、农、商、营造、伎乐等一切工巧技艺的明了掌握。工，工巧；业，造作。此处工业非指近代的工业生产。佛家将咒术、占相等也列入了工巧技艺一类。

⑨**由事施设建立相**：内明处的一种相状从统摄一切诸佛言教的事相方面加以确立。此类事，即言语应表述的对象事，本论述其事有三，即契经、调伏、本母。

⑩**由想差别施设建立相**：内明处的一种相状从表述理义的种种名相概念差别方面加以确立。想，或称名想，即思维借以运行的概念范畴。

⑪ **由摄圣教义相**：内明处的一种相状从佛道教义的基本范畴方面加以确立。圣教义即苦、集、灭、道、世出世法、究竟无学等。

⑫ **由佛教所应知处相**：内明处的一种相状从修道成佛所应知晓的种种教义方面加以确立。

⑬ **句**：表述现象和义理的种种范畴概念。

⑭ **迷惑**：即关于四颠倒的表述词。

⑮ **住**：关于念住的表述辞。

⑯ **性**：关于诸法性的表述词，如自相、共相、假立相、因相、果相等。

⑰ **道理**：关于诸缘起和如实观察（观想）的表述词。

⑱ **假施设**：关于借立诸名言概念表述唯法实相的词。

⑲ **现观**：关于修道决定证理断欲的表述词。现观，通过修道决定断欲的理。特指六种现观，即思现观、信现观、戒现观、现观智谛现观、现观边智谛现观、究竟现观。

⑳ **思择**：关于思维抉择方式的表述词。

㉑ **现行**：关于诸烦恼缠的表述词。

㉒ **相属**：关于诸法互相系属联系的表述词。

㉓ **诸相摄**：关于万有相状的范畴划分的表述词，具体指十六种摄：即界摄（三界）、相摄、种类摄、分位摄、不相离摄、时摄、方摄、一分摄、具分摄、胜义

摄、蕴摄、界摄（内外十八界）、处摄、缘起摄、处非处摄、根摄。

㉔ **相应**：关于诸法种种相应关系的表述词。

㉕ **说**：关于各种言说的表述词。

㉖ **任持**：关于长养持住有情众生方面的表述词。

㉗ **次第**：关于诸法次第关系的表述词。

㉘ **成所作次第**：工巧作业成办的先后次第过程，即先具有工巧智，次勤勉努力实务，再次利用器具操作，最后成办。

㉙ **宣说次第**：具体列为三步：一是圆满次第（全面准确地述明义理），二是解释次第（对义理的多方阐说解释），三是能成次第（使宣说对象顺利受持）。

㉚ **生起次第**：随种子自体诸法生成的次第。

㉛ **九种佛教所应知处**：本论阐述佛教所应知处，是从一种数依次讲到十种数的。

㉜ **十遍处**：修习观行的遍及一切处的法。十遍处即地、水、火、风、青、黄、赤、白八色遍处及识遍处、空遍处；即依胜解作意，观色等十法各周遍一切处无间隙，故称地遍处乃至空遍处等。

㉝ **余解脱胜处遍处，如《摄事分》当广分别**：查《摄事分》中并未说及余解脱胜处遍处。余解脱胜处遍处，意即其他的遍及一切处的完全彻底解脱法。

㉞ **十无学支**：无学（达到无须再学的至上境界）的十种分支，即正语、正业、正命、正念、正定、正见、正思维、正精进、正解脱、正智。

㉟ **戒蕴**：此蕴包括正语、正业、正命。蕴，集合、范畴、系统。

㊱ **定蕴**：此蕴包括正念、正定。

㊲ **慧蕴**：此蕴包括正见、正思维、正精进。

㊳ **解脱蕴**：此蕴包括正解脱。

㊴ **解脱知见蕴**：彻底解脱所具备的无上智系统。此蕴包括正智。

译文

已经说完有心地、无心地。

什么是闻所成地呢？概略地说指对表述五明内容名身、句身、文身的无量差别，在具有能理解宣述的理义的智慧的前提下，耳听闻心领会，读解诵习明记不忘；又对依寓在言语的理义内容的理解不颠倒，如此称作闻所成地。

哪些称作五明处？即内明处、医方明处、因明处、声明处、工业明处。

什么是内明处呢？应当知晓可以概略说由四种

相状确立：第一，从统摄一切诸佛言教的事相方面加以确立；第二，从表述理义的种种名相概念差别方面加以确立；第三，从佛道教义的基本范畴方面加以确立；第四，从修道成佛所应知晓的种种教义方面加以确立。……

如何从表述义理的种种名相概念差别方面加以确立？略语说：

句、迷惑、戏论、住、真实、净、妙、寂静、性、道理、假施设、现观。……

又次略语说：

思择与现行、睡眠及相属、诸相摄、相应、说、任持、次第。……

什么是事物现象的次第？指六种次第：第一，十二缘起流转的前后次第；第二，工巧作业成办过程的先后次第；第三，宣讲道义的次第；第四，随种子自体诸方面生成的次第；第五，六种现观的次第；第六，修习入定的次第。……

已经讲述了九种数的佛教，应该知晓的教法系统内容。接着讲述十种数的，指修习观行的遍及一切处的现象，应当知道此观行即诸解脱所作的成就。其他的遍及一切处的完全彻底解脱法，将在《摄事分》中加以详细说明。

又有修习至无学境界的十种分支，应当知道这十种分支由五蕴统摄，五蕴即戒蕴、定蕴、慧蕴、解脱蕴、解脱知见蕴。

如此已讲述的十种数的佛教应该知晓的教法内容和前面所讲的佛教应该知晓的教法内容等，应当知道都是对佛道义理的范畴。

什是医方明呢？应当知道此明的内容概略有四种，指的是观察疾病相状高明慧巧、诊断疾病根因高明慧巧、断灭病人的疾病高明慧巧、使病愈者不再生病的方法高明慧巧。如此四种高明慧巧的详细内容如经中所说，应当知晓。

原典

云何因明处？谓于观察义[①]中诸所有事。此复云何？嗢柁南曰：

论体[②]论处所[③]，论据[④]论庄严[⑤]，
论负[⑥]论出离[⑦]，论多所作法[⑧]。

当知此中略有七种：一论体性，二论处所，三论所依，四论庄严，五论堕负，六论出离，七论多所作

法。……

云何论所依？当知有十种，谓所成立义有二种，能成立法有八种。

所成立义有二种者：一自性[9]，二差别[10]。

所成立自性者，谓有，立为有；无，立为无[11]。

所成立差别者，谓有上，立有上；无上，立无上；常，立为常；无常，立无常。如是有色、无色，有见、无见，有对、无对，有漏、无漏，有为、无为，如是等无量差别门，当知名所成立差别。

能成立法有八种者：一立宗[12]，二辩因[13]，三引喻[14]，四同类[15]，五异类，六现量[16]，七比量[17]，八正教[18]。

立宗者，谓依二种所成立义[19]，各别摄受自品所许[20]，或摄受论宗[21]。……

辩因者，谓为成就所立宗义，依所引喻、同类、异类、现量、比量及与正教建立顺益道理言论[22]。

引喻者，亦为成就所立宗义，引因所依诸余世间串习共许易了之法比况言论。

同类者，谓随所有法望所余法，其相展转少分相似[23]。……

异类者，谓所有法望所余法，其相展转少不相似。……

现量者，谓有三种：一非不现见[24]，二非已思应思㉕，三非错乱境界㉖。

非不现见现量者，复有四种，谓诸根不坏、作意现前、相似生㉗故，超越生㉘故，无障碍故，非极远故。……

非已思应思现量者，复有二种：一才取便成取所依境㉙，二建立境界取所依境㉚。

才取便成取所依境者，谓若境，能作才取便成取所依止。犹如良医授病者药，色、香、味、触皆悉圆满，有大势力成就威德，当知此药色、香、味、触，才取便成取所依止㉛。药之所有大势威德，病若未愈名为应思；其病若愈名为已思。如是等类㉜，名才取便成取所依境。

建立境界取所依境，谓若境，能为建立境界取所依止。如瑜伽师于地思维水、火、风界，若住于地思维其水，即住地想，转作水想㉝；若住于地思维火、风，即住地想，转作火、风想。此中地想，即是建立境界之取；地者，即是建立境界取之所依。如住于地，住水、火、风，如其所应，当知亦尔㉞。……此中建立境界取所依境，非已思维，非应思维。地等诸界，解若未成，名应思维㉟；解若成就，名已思维㊱。如是㊲名为非已思应思现量。

非错乱境界现量者，谓或五种、或七种。五种者，谓非五种错乱境界。何等为五？一想错乱，二数错乱，三形错乱，四显错乱，五业错乱。七种者，谓非七种错乱境界。何等为七？谓即前五及余二种遍行错乱㊳合为七种。何等为二？一心错乱，二见错乱。……若非如是错乱境界，名为现量。……

比量者，谓与思择俱，已思应思所有境界。此复五种：一相比量，二体比量，三业比量，四法比量，五因果比量。

相比量者，谓随所有相状相属，或由现在，或先所见，推度境界。如见幢故比知有车；由见烟故比知有火；……以具如来微妙相好、智慧、寂静、正行、神通，比知如来应㊴等正觉㊵，具一切智㊶；以于老时见彼幼年所有相状，比知是彼。如是等类名相比量。

体比量者，谓现见彼自体性故比类彼物不现见体，或现见彼一分自体比类余分，如以现在比类过去，或以过去比类未来，或以现在近事比远，或以现在比于未来。……如是等类名体比量。

业比量者，谓以作用，比业所依。如见远物无有动摇，鸟居其上，由是等事比知是杌；若有动摇等事，比知是人；……高声侧听，比知是聋……

法比量者，谓以相邻相属之法，比余相邻相属之法㊷。如属无常，比知有苦；以属苦故，比空无我；……属有为故，比知生、住、异、灭之法；属无为故，比知无生、住、异、灭之法。如是等类，名法比量。

因果比量者，谓以因果展转相比。如见有行，比至余方；见至余方，比先有行。……若见修道，比知当获沙门果证；若见有获沙门果证，比知修道。如是等类，当知总名因果比量。

是名比量。

正教量者，谓一切智所说言教，或从彼闻，或随彼法。此复三种：一不违圣言，二能治杂染，三不违法相[43]。……

问：若一切法自相成就，各自安立己法性中，复何因缘，建立二种所成义耶[44]？

答：为欲令他生信解故，非为生成诸法性相[45]。

问：为欲成就所成立义，何故先立宗耶？

答：为先显示自所爱乐宗义故。

问：何故次辩因耶？

答：为欲开显依现见事决定道理，令他摄受所立宗义故。

问：何故次引喻耶？

答：为欲显示能成道理之所依止现见事故。

问：何故后说同类、异类、现量、比量、正教等耶？

答：为欲开示因、喻二种相违不相违智[46]故。又相违者，由二因缘：一不决定故，二同所成故。不相违者，亦二因缘：一决定故，二异所成故。其相违者，于为成就所立宗义不能为量⁴⁷，故不名量；不相违者，于为成就所立宗义，能为正量，故名为量。

是名论所依。

注释

①**观察义**：对于基本义理（或基本原理）的思维抉择。

②**论体**：即论体性，指一切论理的言语形式和内容性质。从形式看，包括一切言说方式，音词载体；从内容看，有的真实有义利可学，有的非真实无义利不宜学等。

③**论处所**：论理时所处的环境，此处环境主要指不同的人众场境，如大众、王家、贤哲、婆罗门等。

④**论据**：即论所依，指论理所具有的依据。其实指的是论证的过程及方式，与通常所说的论据有所差异。

⑤**论庄严**：论理宣说所具有的说服力、感染力。对此佛家有很细致的要求，从立意、逻辑（如前后法义相符不散）到言词（如不用方言俚词用世间共同词、巧妙雄壮、言词柔软如对善友）、情态（如心无忧惧、面

无怖色）等都有规定。

⑥ **论负**：即论堕负，意即与人论理失败。堕负，被人攻破，堕在负处，落在别人后。佛家为立论取胜，对立论失败的条件、原因、表现有精细的分析，耐人寻味。

⑦ **论出离**：决定是否参与立论。立论者处在众人中，应不应该立论宣说要视自己理论是否有益公众、公众是否能接受、自己论理是否善巧有效而定，如无益公众、公众不能接受、自己无力服人便退出辩理，即出离。

⑧ **论多所作法**：宣立理论大都要遵循的做法。论庄严中有三条属于此类，即一善自他宗（对彼此论都明了，能谈论一切法），二勇猛无畏（在一切人众中能谈论无畏），三辩才无碍（论理充足，能答辩一切问难）。

⑨ **自性**：意即根本体性。此指基本观点中的最高范畴。

⑩ **差别**：指基本观点中最高范畴下属的主要概念或下级范畴，或分支。

⑪ **谓有，立为有；无，立为无**：有和无是古印度佛教哲学与其他哲学论理中抽象出的最高范畴，并由此派生出一系列概念，用以对宇宙人生万有现象进行哲学概括。注意，有、无用于概括相对的两极或相反的两面，不能简单理解为存在与否或肯否，可译为存在性、非存在性或空无性。

⑫ **立宗**：因明中的第一支，即论题。

⑬ **辩因**：使宗得以成立的原因或理由。

⑭ **引喻**：引用世间人们熟习的事物现象加以比喻，增强人们对所树立的基本观点的理解。

⑮ **同类**：即同喻，喻与因的属性类同。

⑯ **现量**：对呈现在面前的对象境界本身进行正常的思量。现，现在面前，现行。量，即量知，对境思量即思维判断。现量可以简译为对现境思量。现量与比量都是讲的思维方式，佛家强调在论证过程中要注重思维方式，达到论证无误有力。

⑰ **比量**：即推理，从已知推论未知。

⑱ **正教**：即正教量，又称为圣言量，遵循佛说教义对境思量。

⑲ **二种所成立义**：即前面所说的自性及差别。

⑳ **各别摄受自品所许**：论者各自接受树立本宗派所依属的基本观点或立场。自品所许，自宗所许品类差别，即有、无、有为、无为等。

㉑ **摄受论宗**：即摄受自宗所许品类差别。

㉒ **建立顺益道理言论**：建立有助于基本观点的论述，即展开论述基本论点。

㉓ **随所有法望所余法，其相展转少分相似**：随所有诸事物现象相对其他的事物现象，它们的相状间辗转

存在少部分相似联系。展转，互相间，或递次间。

㉔ **非不现见**：即现见，不存在不现见。佛家认为境界呈现在面前，人要能对它进行量知还必须具备一些条件，如境界呈现在人的感知前不受障蔽，人的感知器官不坏，人的思量已调动等。

㉕ **已思应思**：已思，思维过去的或已知的；应思，思维未来的或未知的。现量中不能存在这两种状况。

㉖ **错乱境界**：对境界认知的错乱谬误。错乱状况有七种，（一）想错乱，将此想成彼；（二）数错乱；（三）形错乱；（四）显（颜色）错乱；（五）业错乱；（六）心错乱，指对以上五错乱产生感受；（七）见错乱，在以上五种错乱上起执见。

㉗ **相似生**：人受生得以根、境相对在同一界地。这是佛教的界地概念，三界众生，各界众生的根只有对自己所处界的境才可成立现量，如欲界人的根对色、无色界的境就无法现见。

㉘ **超越生**：受生得以处在上地根对下地境。佛家处在上地的众生，他的诸根面对下地的境界可以形成现量。

㉙ **才取便成取所依境**：思维一开始思取境界，境界就成为正运行的思维的作用着落的对象，或境界就成为思维的运行所依托的对象。这是在描叙一般现量思维的相状，它既不是已思，又不是应思，而是正思或现

思。取所依境，思维领取托境生。

㉚ **建立境界取所依境**：这种状况出现在修三摩地人的思维现象中。

㉛ **此药色、香、味、触，才取便成取所依止**：药色、香、味、触一开始被病人服用，便作用于病人发生病情变化，如同思维才取便成取所依止。

㉜ **如是等类**：不包括病若愈、病未愈。

㉝ **若住于地思维其水，即住地想，转作水想**：瑜伽师修三摩地如以对地境界思维为基础，思维与地联系的水界，就在对地思维的过程中转而思维地境中的水界。此中地、水即大种。

㉞ **如住于地，住水、火、风，如其所应，当知亦尔**：如同住于地思维水、火、风，住水、火、风相应思维其他各界，也是这样。

㉟ **地等诸界，解若未成，名应思维**：对地、水、火、风四大界的思维未达到理解地步，称作应思维即思维未来。

㊱ **解若成就，名已思维**：已达到理解地步，称作已思维即思维过去。

㊲ **如是**：如此。其中不包括解若未成和解若成就。这两种情况均非取所依境的现量。

㊳ **二种遍行错乱**：指心错乱、见错乱对五种具体错

乱起错乱的感受和见解，所以称作遍行，即普遍性运行。

㊴ **应**：应供，应受众生供养恭敬。

㊵ **等正觉**：无上、彻底觉悟。

㊶ **一切智**：即佛智，觉知一切法义的无上智慧。

㊷ **以相邻相属之法，比余相邻相属之法**：通过相邻近的法、相系属的法，推知其他相邻近的法、相系属的法。相邻，义相近，如无常、无我等。相属，互相系属引生，如生、老等。其实此二句义宜表述为通过某法可以推知与它相邻相属的法。

㊸ **不违法相**：不违悖万法本相。宇宙万有，有的有相，有的无相，有的有常，有的有断等相，即法相。不把法本相作相反见，即不违法相。

㊹ **复何因缘，建立二种所成义耶**：既然各事物现象自身成就本性，并不是由人的名相左右它们的本性，那么又因为什么，人们要用言语形式建立表述事物现象本性的基本观点呢？

㊺ **非为生成诸法性相**：佛家此处认为言论并不能生出事物现象，只是对本来存在的事物现象进行表述。但唯识家认为一切事物现象由阿赖耶识变现生成。

㊻ **开示因、喻二种相违不相违智**：开启明识展开论述、比喻引证这二种论证方法与各自宗派的基本观点相违悖或不相违悖的智慧。因，辩因。喻，引喻。相

违不相违，与宗义相悖不相悖。同类、异类可立相违不相违，现量、比量、正教量则给以辩识相违不相违的智慧。相违，对所立的宗义不顺益。

㊼**于为成就所立宗义不能为量**：在成就要树立的宗义的过程中，不能对境正确量知。意即在努力使宗基本观点成立的论证中，因、喻二种因为与宗基本观点相违悖，不能成为对境的正确思维抉择。

译文

什么是因明处呢？指对基本义理的思维抉择的各种方法轨范，这是哪些？略语说：

论体、论处所、论据、论庄严、论负、论出离、论多所作法。

应当知晓这略语中概略说了如下的七种：第一，论理的一切言语形式和内容性质；第二，论理时所处的环境；第三，论理所具有的依据；第四，论理宣说所具有的说服力和感染力；第五，论理的失败；第六，对是否参与立论的决定；第七，宣立理论大都要遵循的作法。……

什么是论理所具有的依据？应当知晓依据有十种，指的是所树立的理义的基本观点有二种，能使基本观点成立的论证方法有八种。

所树立的理义基本观点有这样二种：一是基本观点中的最高范畴；二是基本观点中的最高范畴下的主要概念。

所树立的理义基本观点中的最高范畴，指的是相对宇宙人生的现象存在性，就树立存在性的观点；相对宇宙人生的现象非存在性，就树立非存在性的观点。

所树立的理义基本观点中最高范畴下的主要概念，指的是相对存在上性，就立存在上性的概念；相对非存在上性，就立非存在上性的概念；相对恒常不变性，就立恒常不变性的概念；相对变化不常性，就立变化不常性的概念。诸如此类有形质性、无形质性，能眼见性、不能眼见性，有对碍性、无对碍性，有漏性、无漏性，有造作因缘性、无造作因缘性，如此等无数的差别概念，应当知晓称作所树立的理义基本观点中最高范畴下的主要概念。

能使基本观点成立的论证方法有八种：第一，立宗；第二，辩明原因；第三，引用世间人们熟习的事物现象进行比喻；第四，用同类事物进行比喻，即同喻；第五，用异类事物进行比喻，即异喻；第六，现量；第七，比量；第八，遵循圣人的正确教诲认识事物。

所说的立宗，即依二种所成立之义，即依自性所成立义，摄受自宗所许品类差别，或者摄受本派所承认的宗。……

所说的辩因，为了成立所立的宗义，依据同喻、异喻、现量、比量和圣言量，建立顺益所立宗义道理的言论。

所说的利用比喻，也是为了成立所立的宗义。利用因支所依据的其他许多世间熟习公认易晓的事物现象，进行比喻论述。

所说的同喻，就此事物相对其他事物来说，它们的相状间辗转存在少部分相似。……

所说的异喻，就此事物相对其他事物来说，它们的相状间辗转存在少部分不相似。……

所说的现量，有三种：一并非不是现见的；二不是已思，但应当思的；三不是对境界认知的错乱谬误。

并非不是现见的现量，又分为四种：各种感觉器官没有破坏，作意心所法出现在面前，使感知器官与感知对象境相对在同一地界；使处在上地的感知器官相对下地感知对象境的状况；对象境界呈现面前不存在障碍；对象境界相对人的感知不处在极远难及的状况。……

不是已思，但应当思的现量，又分有二种：第一种，思维一开始思取对象境界，对象境界就成为思维运行所依托的对象；第二种，设想各种境界相，这些境界就成为正运行的思维的作用着落的对象。

第一种,指的是对于对象境界,思维一开始思取它,它就成为思维运行所依托的对象。如同高明的医生开给病人药,药物的色、香、味、触药性齐全,发挥大势力获得良好疗效显示威德,应当知晓这药的色、香、味、触起效过程的药性,一开始作用于病人,就始终在疗病过程中依赖病体显示药性的势力威德。药虽有大势力威德,如果病未治愈,称作思维未来的;如果病已治愈,称作思维过去的。如此等类,就称作思维一开始思维对象境界,对象境界就成为思维运行所依托的对象。

第二种,指的是对于对象境界,设想出它们后,它们就成为正运行的思维的作用着落的对象。例如修行人对地界思维水、火、风界,如果是以地界思维为基础,思维与地界联系的水界,就在对地界思维的过程中转向思维地界中的水界;如果是以对地界思维为基础,思维与地界联系的火界、风界,就在对地界思维的过程中转向思维地界中的火界、风界。这些思维中,对地界的思维,就是设想出各种境界相来对这些境界思维领取;地界相,就是设想出各种境界后思维领取的过程依赖这些境界相;和以思维地界为基础的思维过程一样,以思维水界或火界或风界为基础来思维其他界,应当知晓也是如此。……这些思维中,设想各种境界相,这些境界就成为正运行的思维的作用着落的对象，不是思维过去，不是思维未来。地等各界，对它们的思维未达到理解地步，称作思维未来；如果已达到理解地步，称作思维过去。如此称为不存在思维过去和思维未来的，对呈现面前的对象境界本身进行的正常思量获知。

不存在对境认知错乱谬误的、对呈现面前的对象境界本身进行正常思量获知，指的是或者五种，或者七种。五种的，指不存在五种对境认知错乱谬误。哪五种呢？第一，思想张冠李戴的错乱谬误；第二，对数量认知错乱谬误；第三，对形体认知错乱谬误；第四，对色彩认知错乱谬误；第五，对造作动态认知错乱谬误。七种的，指不存在七种对境认知错乱谬误。哪七种呢？指就前面讲述的五种和其他的二种普遍存在的错乱谬误共七种。其余二种是哪些呢？第一，对前五种心生感受的错乱谬误；第二，对前五种生起执见的错乱谬误。……如果思维不是如此对境认知的错乱谬误，就称作对呈现面前的对象境界本身进行正常思量获知。……

所说的比量，指与思维抉择同起的，所有对过去、未来境界的思量获知。这类思量获知状况有五种：一相比量，二体比量，三业比量，四法比量，五因果比量。

所说的相比量，指的是所知境界的相状与其他境界相状的相互联系，或者由现在见到的境界相状，或者由先前见到的境界相状，推求得知与它们有联系的境界。例如因为看见了幢柄就类比推知有车；由于看见了烟就类比推知有火；……由于见到有人具有如来微妙大丈夫好相、无上智慧、寂灭清净、慈悲善行、神通自在，就推知他是应受世间众生供养恭敬的、彻底觉悟的、具有觉知一切法义的无上智慧的如来；通过对某人老年相中显出的幼年时所有相状，就能推知某老人正是幼年的某人。如此等类，称作相比量。

所说的体比量，指由见到某事物现象的体性类比推知某事物现象的未见到的体性，或者由当前见到的某物一部分体性类比推知某事物的其余的部分，例如以现知的类比推知过去的，或者以过去的类比推知未来的，或者以现在相近的事物类比推知远的，或者以现在的类比推知未来的。……如此等类，称作体比量。

所说的业比量，指通过起作用的行动类比推知行动者的体性。如看见远处的物没有动摇，有鸟栖息上面，就由这些事相类比推知那物是矮树；如果有动摇等事相，就类比推知那是人；……见有人侧耳倾听大声音，就类比推知那人耳聋……

所说的法比量，指从某现象类比推知与它相邻近、相系属的现象。例如属于流变不常的现象，可以类比推知其中存在苦；因为这现象属于苦，就可以类比推知其实本空不存在恒常主宰的我；……因为现象属于有造作因缘范畴，就可以类比推知它有生成、保持、变异、消灭的现象；因为现象属于无造作因缘的范畴，就可以类比推知它无生成、保持、变异、消灭的现象。如此等类，称作法比量。

所说的因果比量，指以因与果境界辗转相互类比推知。例如看见行走，就可以类比推知达到的其他地方；看见所达到的其他地方，就可类比推知之前的行走；……如看见有人在修习道法，就可以类比推知出家人修行所获得的道果；如看见出家人修行所获得的道果，就可以类比推知他如何修习道法。如此等类，应当知晓总的称作因果比量。

这些称作从已知境类比推知未知境界。

所说的圣言量，指佛自说的言教，或从佛听闻后有所言说，或依佛法如理言说。这种思量获知又有三种状况：第一，不违悖佛及其弟子等圣人的言教；第二，能治伏一切烦恼；第三，不违悖万有现象本相。……

问：一切事物现象自身成就本性，各自具有自身本性而存在着，又是什么原因，使得人们要用言语形式建立表述事物现象本性的基本观点呢？

答：为的是想使他人产生对所表述的事物现象本性的信心和理解，并不是为了生成诸事物现象的本性相状。

问：为使所要树立的理义基本观点成立，为什么先要立宗呢？

答：为的是显扬标示自己所爱好乐意的宗之理义。

问：为什么把辩因放在其次呢？

答：为的是想启迪导引人们能循依现见事物体性抉择一定道理，使他人接受所要树立的理义基本观点的缘故。

问：为什么把引用世间人们熟习事物现象加以比喻放在其次呢？

答：为的是要显示论证道理所依据的现见事物的缘故。

问：为什么把同喻、异喻、现量、比量、正教等放在后面说呢？

答：为的是要开启明识展开论述因、喻这二种论证方法与各自的宗相违悖与否的智慧。又相违悖的状况，原因有二种：第一，不决定。即因、喻不能使自宗成立，反而使他宗成立。第二，同所成。因、喻不是立、敌双方共同承认的。不相违的情况也有二种：第一，决定。因、喻能使自宗成立。第二，异所成。因、喻二支，立、敌双方共同承认。那相违的，对于自己所立的宗来说，不能成为量，所以不能叫作量。所说的不相违，对于所要立的宗来说，可以成为正确的量，所以叫作量。

这一切，就称为论理的依据。

思所成地① 第十一

原典

已说闻所成地。

云何思所成地？当知略说由三种相：一由自性清净故②，二由思择所知故，三由思择诸法故。

云何自性清净？谓九种相应知：一者、谓如有一，独处空闲，审谛思维如其所闻、如所究达诸法道理③；二者、远离一切不思议处④，审谛思维所应思处⑤；三者、能善了知默说⑥、大说⑦；四者、凡所思维，唯依于义，不依于文；五者、于法少分，唯生信解，于法少分以慧观察；六者、坚固思维；七者、安住思维⑧；八者、相续思维；九者、于所思维能善究竟，终无中路厌怖退屈。由此九相，名为清净善净思维。

云何思择所知？谓善思择所观察义。何等名为所观察义？谓于有法⑨，了知有相；于非有法⑩，了知无相，如是名为所观察义。

何等名为所观有法？当知此法略有五种：一自相有法⑪，二共相有法⑫，三假相有法⑬，四因相有法，五果相有法。……

何等名为所观无法？当知此相亦有五种：一未生无，二已灭无，三互相无⑭，四胜义无⑮，五毕竟无⑯。……

复有五种有性，五种无性。

何等名为五种有性？一圆成实相⑰有性，二依他起相⑱有性，三遍计所执相有性⑲，四差别相有性⑳，五不可言说㉑相有性。此中，初是胜义相，第二是缘生相相，第三是假施设相，第四是不二相㉒……，第五由四种不可说故，名不可说相：一无故不可说，谓补特伽罗于彼诸蕴㉓，不可宣说若异不异；二甚深故不可说，谓离言法性不可思议㉔，如来法身不可思议㉕，诸佛境界、如来灭后若有若无㉖等不可宣说；三能引无义㉗故不可说，谓若诸法非能引发法义梵行㉘，诸佛世尊虽证不说；四法相法尔之所安立㉙故不可说，所谓真如于诸行等，不可宣说异不异性㉚。

何等名为五种无性㉛？一胜义相无性㉜，二自依相无性㉝，三毕竟自相无性㉞，四无差别相无性㉟，五可说相㊱无性。

注释

① **思所成地**：思维抉择成就的境界。此地内容即本论的卷十六至十九。

② **由自性清净故**：由于心性本来清净从而思维有成就。

③ **审谛思维如其所闻、如所究达诸法道理**：精细思维契合他听受的、研究通达的诸法道理。

④ **远离一切不思议处**：意即对错乱邪执不迷念想，以免生惑染性致使清净心性受污。

⑤ **审谛思维所应思处**：对应思维的事理诸法加以精细思维。

⑥ **默说**：小乘言教，通常说的不了义。

⑦ **大说**：大乘言教，通常说的了义。

⑧ **安住思维**：由此正思维了知理义作出正确抉择。

⑨ **有法**：事物现象的存在性。

⑩ **非有法**：即无法，事物现象的非存在性。

⑪ **自相有法**：诸事物现象自身存在着的具体相状。

⑫ **共相有法**：诸事物现象间存在着的共性相状。如一切行无常性相、一切有漏行皆苦性相等。

⑬ **假相有法**：由非实指性的抽象性的言词对事物现象相状属性或关系的表述。例如舍、生、住、无常

等，如不配属主体就不能显示事物相状，只有配属事物主体才能使人知道某种事物相状。如瓦钵破，称钵舍、瓦片生。舍、生配属主体，表述的相状使人可晓；仅仅说舍、生，人们无法晓知钵破相状。又舍、生不限定某一主体，它们可以表述许多事物的转化，如食物被吃掉，就食物言是舍；便秽由此产生，就便秽言就生。所以舍、生之类的表述相对于实指性的表述，称作假相有法。

⑭ **互相无**：如有色与无色、明与无明等事物现象间的相违相状。

⑮ **胜义无**：事物现象相状本性是无。胜义，关于事理真实的法义，此处意即就事理真实义而言是无。

⑯ **毕竟无**：世上不存在的人为臆造的相状，诸如石女儿、兔有角之类。

⑰ **圆成实相**：也作圆成实性、成就相、圆成实自性。法相唯识对圆成实相的本性表述为无自性；但无著、世亲从有宗义的中道观对圆成实相的本性表述为实有，对其他相表述为假有。

⑱ **依他起相**：也作依他起性、依他起自性、他根性等，指一切事物现象必须依托其他的各种因缘和合才能生起。佛家认为这种相状不是事物现象自身实生的，如无其他因缘就不可能存在，因而是假有，不是实有。

⑲ **遍计所执相有性**：普遍地固执地认为是实在的

诸事物现象相状的存在性。遍计所执相，又作遍计所执性、遍计所执自性、普观察性等。佛家认为遍计所执相，是经遍计以名言概念表示的事物现象相即依诸识现，并非事物现象本相；又遍计所执不明事物现象依托因缘和合生即依众缘起，所以称遍计所执相的有性为假有。

⑳ **差别相有性**：如生、老、住、无常、苦、空、无我等种种不同属性的相状的存在性。

㉑ **不可言说**：又作不可说、不可宣说等，意即不可能用言语明确描述的，往往指空无、甚深、无上的事理境界。

㉒ **不二相**：种种不同相状所依托的体相同一不二。例如生、老、住、无常、苦、空、无我等法相状都依托众生体相，也就是说同一众生都具有生等不同相状。

㉓ **补特伽罗于彼诸蕴**：佛家常将众生说成是五蕴（色、受、想、行、识）身，以表明众生身原是五蕴假合虚幻不实。

㉔ **离言法性不可思议**：不能由言语表述的事理性相是不可思量议论的。佛家对非常玄妙深奥的理义往往形容为不可思议，常用否定式表述法加以表述，或干脆不加以表述。

㉕ **如来法身不可思议**：如来法身同一永恒真实的真如理体，无相无二相唯实相法界，所以不可思量议论。

㉖ **如来灭后若有若无**：佛家认为如来灭后生死、涅槃二俱不住，不住生死若无，不住涅槃若有，如此亦有亦无、非有非无，不可宣说。

㉗ **无义**：无利益之义，意即其内容与人的利益没有什么关系。

㉘ **若诸法非能引发法义梵行**：那些引无义的诸事物现象不能引发教法理义清净事业。这些引无义法指器世间、不可记（无善恶性）的事等。

㉙ **法相法尔之所安立**：诸法真实的理体相在诸法中的存在方式。法相，即一切法。法尔，指诸法的总相，即法界，即诸法真实理体。

㉚ **真如于诸行等，不可宣说异不异性**：真如也即法界，法界即诸法总相，一即一切，一切即一，所以不能加以区别。

㉛ **无性**：此无性与前面的五种有性相对。

㉜ **胜义相无性**：即圆成实相胜义无性，即圆成实相无自性。

㉝ **自依相无性**：即依他起生相无自性。自依相，依缘生的事物现象自身体相。

㉞ **毕竟自相无性**：即遍计所执相无自性性，意即普遍固执地认为是实在的诸事物现象相状本非实在。毕竟自相，非遍计所执相而是事物现象自身实在相。

㉟ **无差别相无性**：此相无性是针对差别相有性的。

㊱ **可说相**：落入由名言概念表述的相，只是假名、戏论，并非真实。

以上的五有相、五无相，既讲了各种形式的现象相存在着，又讲了各种形式的现象相的无自性，或非真实性或作为真实的空性。

译文

已经说完闻所成地。

什么是思所成地？应当知晓概略说由三种相状确立：第一，由于心性本来清净；第二，由于思维抉择观想事理；第三，由于思维抉择佛教箴言、偈颂中表述的种种义法。

什么是心性本来清净？应当知晓指九种相状：第一，指如有一人，在独处空闲时，精细思维契合他听受的、研究通达的关于众事物现象的道理；第二，远离一切不应思量议论的事理，对应思维的事理加以精细思维；第三，能善于通晓小乘言教、大乘言教；第四，凡进行思维，都依据事理本身内容，不是依据表述事理内容的文词；第五，知晓佛法不多，但对它深信理解，知晓佛法不多却能以正智慧思维悟道；第六，对此正思维反复加强巩固；第七，由此正思维通晓理义作出正确抉择；第八，在此正思维成就上继续思维不退失；第九，能使正确思维终获成就，不中途厌倦、畏缩、退怯。由于有此九种相状，就称作心性清净的善性非烦恼的思维。

什么是思维抉择观想事理？指善于思维抉择所观想的事物现象的根本理义。哪些称为所观想的事物现象的根本理义？指对事物现象的存在性，能明识存在的相状；对事物现象的非存在性，能明识非存在的相状。这样就称作所观想的事物现象的根本理义。

哪些称为所观想的事物现象的存在性？应当知晓属于此性的略说有五种：第一，事物现象自身存在的具体相状；第二，事物现象间存在着的共性相状；第三，由非实指性的抽象言词表述的事物现象属性或关系的相状；第四，作为原因的事物现象存在着的相状；第五，作为结果的事物现象存在着的相状。……

哪些称为所观想的事物现象的非存在性？应当知晓属于此性的相状也有五种：第一，未生的未来的事物现象还不存在；第二，已灭的过去的事物现象已不存在；第三，诸事物现象间相对形成的相违相状；第四，事物现象的相状本性空无；第五，毕竟不存在的事物现象。……

还有五种事物现象的存在性，五种事物现象的非存在性。

哪些称为五种事物现象的存在性？第一，圆成实相的存在性；第二，依他起相的存在性；第三，遍计所执相的存在性；第四，各事物现象的种种不同属性的相状的存在性；第五，不能用言语表述的事理相状的存在性。其中，第一种是关于事物现象的真实义的相状，第二种是由因缘产生的现象相状，第三种是假借人为的名言概念设立的种种不同相状，第四种是种种不同相状所依托的体相同一相状，第五种因为由四种不能用言语述明的相状构成，所以称作不可说相：第一，因为不存在真实所以不能用言语述明，指人相对于和合形成他的五蕴，不能说成是相异还是不相异；第二，因为理义很深奥所以不能用言语述明，指不能由言语表述的性相不能思量议论，例如与真如理体同一的如来法身不能思量议论，诸佛的境界、如来灭后的有无不能宣说；第三，因为能引发无利益义所以不能用言语述明，指引发无利益义的事物现象不能引发教法理义清净事业，诸佛世尊即使证得也不宣说；第四，由于是一切事物现象的真实理体相在一切事物现象中存在，所以不能用言语述明，指的是真如理体相对于众意念相等相，不能宣说为相异或不相异性。

哪些称为五种事物现象的非存在性？第一，圆满成就的真实义相本是远离妄执相的空性；第二，依赖各种因缘产生的事物现象自身实生的体相本不存在；第三，普遍地观想执迷为实在的诸事物现象相状本非实在；第四，依识确立由名言表示的各事物现象种种性相原本非真实存在；第五，由语言表述的事物现象相状原本非真实存在。

原典

云何思择诸法？此复二种应知：一思择素呾缆[①]义，二思择伽他[②]义。

思择素呾缆义，如《摄事分》及菩萨藏教授中当广说。

思择伽他义复有三种：一者建立胜义伽他[③]，二者建立义趣义伽他[④]，三者建立体义伽他[⑤]。……

今当建立体义伽他，如颂言：

　　于身语意诸所有，一切世间恶莫作；
　　由念正知离诸欲，勿亲能引无义苦。

今此颂中所言恶者，谓诸恶行，于一切种[⑥]、一切因缘、一切处所所有恶行皆不应作。云何于一切种不作恶耶？谓由身、语、意不造众恶故。云何于一切因缘不作恶耶？谓由贪、瞋、痴所生诸恶终不造作故。云何于一切处所不作恶耶？谓依有情事处及非有情事处不造众恶故。

云何由念正知⑦远离诸欲？谓断事欲⑧及断烦恼欲故。云何断事欲？谓如有一，于如来所证正法毗奈耶⑨中，得清净信⑩，了知居家迫迮犹如牢狱⑪，思求出离，广说乃至由正信心舍离家法，趣入非家；然于欲贪犹未永离，如是名为断除事欲。云何断烦恼欲？谓彼既出家已，为令欲贪无余断故。……

何等名为引无义苦⑫？谓如有一若诸沙门或婆罗门，行自苦行⑬，于现法中以种种苦自逼自切，周遍烧恼，自谓我今由现法苦所逼恼故，解脱当苦。虽求是事，而自煎逼，彼于此事终不能得，然更招集大损恼事，如是名为引无义苦。诸圣弟子能于如是受用自苦行边⑭能引非圣无义苦法善了知已，远而避之，不亲，不近，亦不承事。

复次，今当略辩上所说义。云何略辩？谓诸有情有二种满：一增上生⑮满⑯，二决定胜满。

增上生满者，谓往善趣。决定胜满者，谓爱尽，离欲，寂灭涅槃。于此二满及与障碍⑰能断能证，是名略义。若于一切种、一切因缘、一切处所不作恶行，彼便能断增上生满所有障碍，亦能证得增上生满；若于受用欲乐行边及于受用自苦行边决定远离，彼便能断决定胜满所有障碍，亦能证得决定胜满，当知是名此中略义。

注释

①**素呾缆**：Sūtra，又作修多罗，意即箴言，往往指佛经或佛经中释迦牟尼佛之言。

②**伽他**：Agada，又作伽陀，意即颂、偈颂。

本论对思择诸法的论述非常特殊，在论述思择伽他义中，通例是先引用经典中的偈颂，然后对偈颂逐句阐释，在阐释中将传统义与本论唯识系统理论融通起来，从而达到对本论有关理义的展开论述。

③**建立胜义伽他**：本论引用了一首长颂，加以阐释，论述从无我义导向解脱烦恼证入有余、无余依涅槃的佛法理义。因颂、释太长，本注译未选。

④**建立义趣义伽他**：本论引用了一首长颂，加以阐释，论述了三学（戒、定、慧）摄一切学的理义。因颂、释太长，本注译未选。意趣，作意趣向、行趣向。

⑤**建立体义伽他**：此处体、义是对上面胜义、意

趣义的补充。本体、义伽他共列有十四种内容。体伽他十三种，各引颂加释；义伽他二十七种，各引颂加释。义伽他二十七种合为一种，与体伽他十三种合为十四种。本注译仅选体伽他中的第一种，以见思择伽他义部分论述的一般体例风格。体，此处指对佛教法要的宣说。义，法要展开引申出的理趣。

⑥ **一切种**：一切种类，一切方式，此指身、语、意诸方式。

⑦ **念正知**：修四念住得以正确了知（或认知）。

⑧ **断事欲**：断除有情事的欲念；只是在有情的事上断了，并未永断烦恼。

⑨ **毗奈耶**：Vinaya，即戒律、戒。

⑩ **清净信**：善信，对佛法清净的信仰。

⑪ **居家迫迮犹如牢狱**：居家生活给人的困扰压抑如同牢狱。

⑫ **引无义苦**：引发对人无利益义的苦。

⑬ **行自苦行**：即修苦行。

⑭ **边**：际、端、到极点。

⑮ **生**：生道，逐渐觉知佛道。

⑯ **满**：成就彼果。

⑰ **障碍**：此指对增上生满和决定胜满的障碍。

译文

什么是思维抉择佛教箴言、偈颂中的种种义法？这又有二种应当知晓：第一，思维抉择佛经箴言中的种种义法；第二，思维抉择偈颂中的种种义法。

思维抉择佛经箴言中的义法将在《摄事分》和关于菩萨的经典教授内容中详说。

思维抉择偈颂中的种种义法又有三种：第一，确立偈颂中蕴含的最高真实理义；第二，确立偈颂中蕴含的关于戒、定、慧学趣的理义；第三，确立偈颂中蕴含的种种教法要义及种种相关理趣。……

现在确立偈颂中蕴含的种种教法要义及种种相关理趣，如颂说：

身、语、意所有方面的，一切世间的恶行都莫做；坚持正确识知断离众欲，莫亲近能引致无利益义的苦。

现此颂中说到的恶，指种种恶行，一切种类、一切因缘、一切处所所有的恶行都不应做。什么是一切种类的恶行都不做呢？指身体、言语、意念的种种恶都不做。什么是一切因缘的恶都不做呢？指由贪欲、瞋恚、痴迷所生发的众恶始终都不做。什么是一切处所的恶都不做呢？指无论在依托众生事的处所还是非依托众生事的处所众恶都不做。

什么是坚持识知远离众欲？指由于断离有情事的欲念和断离烦恼的欲念。什么是断离有情事的欲念？指比如有一个人，在守持如来证得的真正教法的戒律中，获得对佛法的信心，深知居家的有情生活苦对自己的困扰压抑像牢狱，思求脱离此苦，经常说起此心，甚至在对佛法信心的支配下，舍离居家的生活，出家修行；然而没有永远断离欲贪，如此称作断离有情事的欲念。什么是断离烦恼的欲念？指那人既然出家了，为使他断离一切欲贪无余存。……

哪些称作引致无利益义的苦？指如果众沙门或婆罗门中有一人，做出使自己痛苦的行径，在现实生活中用种种苦行自我逼迫，使自己极度痛苦，使自己全身处处受痛而苦恼，自以为自己现今因为已经受了现实生活苦行的逼迫恼心，所以能解脱将来要受的苦。那人虽企求解脱的事，自我煎逼，但是至终也不能获得解脱，反而招受更大的损害恼心事，如此称作引致无利益义的苦。众圣弟子能对如此承受极度苦行导致自身痛苦的能引致非圣的无利益的苦行法正确认知，远远避开它，不亲它，不近它，也不承受它那样的苦行事。

其次，现在对上面所说的理义略展开阐述。怎样略加阐述？指诸有情众生有二种成就结果：第一，不断努力精进觉知更多佛道获得结果；第二，抉择断欲契合真理获取正果。

不断努力精进觉知更多佛道获得结果，指修习归往离欲的善途。抉择断欲契合真理获取正果，指情爱消尽，远离欲贪，寂灭烦恼，获得涅槃。能成就这二种结果和断绝对这二种结果的障碍，这就称作略加阐述的理义。如果有人在一切种类、一切因缘、一切处所不作恶行，他就能断绝对精进觉知佛道获得结果的所有障碍，也能做到精进觉知佛道获得结果；如果有人能决定远离极度的欲乐和承受极度苦行导致自身痛苦，他就能断绝对抉择断欲契合真理获取正果的所有障碍，也能做到抉择断欲契合真理获取正果，应当知晓这些就称为其中的略加阐释的理义。

修所成地[①] 第十二

原典

已说思所成地。

云何修所成地？谓略由四处当知普摄修所成地。何等四处？一者修处所[②]，二者修因缘[③]，三者修瑜伽，四者修果。如是四处，七支所摄。何等为七？一生圆满[④]，二闻正法圆满，三涅槃为上首[⑤]，四能熟解脱慧⑥之成熟，五修习对治⑦，六世间一切种清净⑧，七出世间一切种清净⑨。

如此四处七支所摄普圣教义，广说应知依善说法毗奈耶⑩中，一切学处皆得圆满。……

云何修习对治？当知略说于三位中有十种修习瑜伽所对治法⑪。云何三位？一在家位，二出家位，三远离闲居修瑜伽位。

云何十种修习瑜伽所对治法？

谓在家位中，于诸妻室有淫欲相应贪，于余亲属及诸财宝有受用相应爱，如是名为处在家位所对治法，由此障碍，于一切种不能出离；设得出家，由此寻思之所扰动为障碍故⑫，不生喜乐。如是二种所对治法，随其次第，修不净想，修无常想，当知是彼修习对治。

又出家者于出家位中，时时略有四种所作：一常方便修善法所作⑬，谓我于诸法常方便修为依止故，当能制伏随爱味乐一切心识，又能如实觉了苦性；二于无戏论涅槃⑭信解爱乐所作，谓我当于无戏论涅槃心无退转，不生忧虑；谓我我⑮今者何所在耶？三于时时中游行聚落乞食所作，谓我乞食受用为因，身得久住有力调适，常能方便修诸善法；四于远离处安住所作，谓若爱乐与诸在家及出家众杂居住者，便有种种世间相应见闻受用诸散乱事⑯，勿我于彼正审观察心一境位当作障碍⑰。于此四种所作事中当知有四所对治法：于初所作有懒惰懈怠，于第二所作有萨迦耶见，于第三所作有爱味贪，于第四所作有世间种种乐欲贪爱。如是四种所对治法，如其次第亦有四种修习对治：一于无常修习苦想，二于众苦修无我想，三于饮食修厌逆想，四于一切世间修不可乐想。

又于远离闲居方便作意位中，当知略有四种所治。何等为四？一于奢摩他毗钵舍那品有暗昧心⑱；二于诸定有随爱味⑲；三于生有随动相心；四推后后日，顾待余时，随不死寻⑳，不能炽然勤修方便。如是四种所对治法，当知亦有四种修习对治：一修光明想，二修离欲想，三修灭想，四修死想。

又不净想略有二种：一思择力摄㉑，二修习力摄㉒。思择力摄不净想中，当知五法为所对治。何等为五？一亲近母邑㉓；二处显失念㉔；三居隐放逸；四通处隐、显由串习力㉕；五虽勤方便修习不净而作意错乱㉖，谓不观不净，随净相转，如是名为作意错乱。修习力摄不净想中，当知七法为所对治。何等为七？谓本所作事心散乱性；本所作事趣作用性㉗；方便作意不善巧性，由不恭敬勤问故㉘；又由不能守根门故，虽处空闲，犹有种种染污寻思扰乱其心；又于饮食不知量故，身不调适；又为寻思所扰乱故，不乐远离内心寂静奢摩他定㉙；又由彼身不调适故，不能善修毗钵舍那，不能如实观察诸法。如是一切所对治法，当知总说一门十二㉚，一门十四㉛。又即如是所对治法，能治白法还有尔所㉜，于修二种不净想中当知多有所作。

又于无常所修苦想，略有六种所对治法。何等为六？一于未生善法最初应生，而有懈惰；二于已生善法应住不忘、修习圆满、倍令增广所有懈怠㉝；三于恭敬师长往请问中，不恒相续；四于恒修善法常随师转，远离净信㉞；五由远离净信，不能常修；六于内放逸，由放逸故，于常修习诸善法中，不恒随转。如是六种所对治法，还有六法能为对治，多有所作，与此相违，应知其相。

又光明想，缘多光明以为境界，如三摩呬多地中已说。今此义中，意辩缘法光明以为境界。修光明想，谓如所闻已得究竟不忘念法㉟，名法光明；与彼俱行、彼相应想㊱，应知名光明想。何以故？真实能令心暗昧者，谓方便修止观品时，于诸法中所有忘念，与此相违，当知即是光明。

又第一义思所成慧及修所成慧俱光明想，有十一法为所对治。云何十一？谓思所成慧俱光明想有四法，修所成慧俱光明想有七法，如是所治合有十一。思所成慧俱光明想有四法者：一不善观察故、不善决定故，于所思维有疑随逐；二住于夜分懒惰懈怠故、多习睡眠故，虚度时分；三住于昼分习近邪恶食故，身不调柔，不能随顺谛观诸法；四与在家、出家共相杂住，于随所闻、所究竟法不能如理作意思维。如是疑随逐故、障碍能遣疑因缘㊲故，此四种法是思所成慧俱光明想之所对治，令思所成若智若见不得清净。

何等名为修所成慧俱光明想所治七法？一依举相修极勇精进所对治法㊳；二依止相修极劣精进所对治法㊴；三依舍相修贪着定味与爱俱行所有喜悦㊵；四于般涅槃心怀恐怖、与瞋恚俱其心怯弱二所治法；五即依如是方便作意，于法精勤论议决择，于立破门多生言论相续不舍㊶，此于寂静正思维时能为障碍；六于色、声、香、味、触中，不如正理执取相好，不正寻思，令心散乱；七于不应思处强摄其心思择诸法㊷。如是七种是修所成慧俱光明想所对治法，极能障碍修所成慧俱光明想，令修所成若智若见不清净转。此所治法还有十一与此相违能对治法，能断于彼，当知亦令思、修所成若智若见清净而转。

又正方便修诸想者㊸，有能断灭所治法欲；又于所治现行法中，心不染着，速令断灭；又能多住能对治法，断灭一切所对治法。如是三法随逐一切对治修故，名多所作。

如是名为修习对治。此修对治，当知即是修习瑜伽。此第五支修习对治广圣教义，当知唯有如是十相㊹，除此更无若过若增。

注释

① **修所成地**：修习四处七支所成就的境界。闻所成地、思所成地、修所成地是三乘修行人必须具备的智慧。此地内容即本论的卷二十。本注译主要选了颇具代表性的第五支修习对治。

② **修处所**：即修习得圣处所，意即通过修习居于圣贤环境中。

③ **修因缘**：意即具备得道的基本前提条件，如闻正法圆满、涅槃为上首、能熟解脱慧之成熟。

④ **生圆满**：共有十种，依内五种，众同分圆满、处所圆满、依止圆满、无业障圆满、无信解障圆满；依外五种，大师圆满、世俗正法施设圆满、胜义正法随转圆满、正行不灭圆满、随顺资缘圆满。

⑤ **涅槃为上首**：即依居有余及无余依涅槃界。

⑥ **能熟解脱慧**：能使信等向善的根性成熟并使人趣向涅槃解脱，这种智慧本论中说的就是奢摩他、毗钵舍那，即止观。

⑦ **修习对治**：针对一定的烦恼执妄修习破除它的教法。所对治法，即一定烦恼执；对治法，即破除一定烦恼执妄的教法或方法。修习对治也就是修习对治法破所对治法。

⑧ **世间一切种清净**：世间范畴的一切种类的清净离欲法。一切种，实指三种，即得到三摩地、三摩地圆满、三摩地自在。得到三摩地自在也只是第四静虑，不出世间，所以称世间一切种清净。

⑨ **出世间一切种清净**：出世间范畴的一切种类的清净涅槃法。一切种，实指五种，即入圣谛现观；入圣谛现观已，离诸障碍；三入圣谛现观已，为欲证得速疾通慧作意思维诸欢喜事；修习如所得道；证得极清净道、果、功德。

⑩ **善说法毗奈耶**：佛道教法的戒律。不同于外道戒律。

⑪ **修习瑜伽所对治法**：修习系统内证修行法深知要对治的烦恼执妄。此处的修习，不是直接指修习所对治法，而是意指在修习中能深知所对治法的要害。

⑫ **由此寻思之所扰动为障碍故**：由于这类挂念的扰乱动摇形成对出家生喜乐心的障碍。此寻思，指对亲属、国土的寻思。

⑬ **常方便修善法所作**：持续不断向上努力修习善

法所做的事或修习善法的作为。常方便修，即持续不断向上努力修习。善法，此处具体指定心品。所作，所做的事或作为。

⑭ **无戏论涅槃**：即无余依涅槃，因此涅槃界若异不异、当有当无不能宣说，所以称为无戏论。

⑮ **我我**：即我、我所。

⑯ **世间相应见闻受用诸散乱事**：世间相应存在的见闻享受众使定心散乱的事。

⑰ **勿我于彼正审观察心一境位当作障碍**：自己不把那散乱心的事当作对正确精细观想的定心的障碍。或不使彼成为对正审观察心一境位的障碍。彼，指代使定心散乱的事。

⑱ **暗昧心**：对正法暗昧不明。佛家指无明、疑惑为暗昧。

⑲ **于诸定有随爱味**：在众定修中获得成就随着产生爱恋心而不上进。

⑳ **推后后日，顾待余时，随不死寻**：推托后日又后日，只盼他时有成，随时动摇决心。不死寻，也即不死寻思，意即由于心怀染污，不能发奋，决心随时迁变不定。

㉑ **思择力摄**：即通过思维见出一切恶行的过咎决定加以息灭改修善行。

㉒ **修习力摄**：实指修习四念住等菩提法。

㉓ **亲近母邑**：此指出家人游行乞食对原居地过于亲近容易受染动摇信念。

㉔ **处显失念**：此处言显，与隐居的隐相对而言。

㉕ **通处隐、显由串习力**：属于在隐居、显处都能存在的由习惯势力导致的不净。这类不净区别于上述的暂时失念。

㉖ **虽勤方便修习不净而作意错乱**：虽然勤奋地运用种种慧巧方法修习不净想，但是发起思维的心意却错乱了。意即本来修的是不净想，作意却发起净想，将本来不净的当作净的。

㉗ **趣作用性**：心趣向色相欲贪运行。色相欲贪即色、声、香、味、触、贪、瞋、痴、男、女。

㉘ **方便作意不善巧性，由不恭敬勤问故**：发起的种种思维方法不善巧，原因在于不能恭敬地勤问修习有成就的瑜伽师。

㉙ **不乐远离内心寂静奢摩他定**：不乐意远离居家及内心寂静止息欲贪情爱。

㉚ **一门十二**：指思择力摄五种所对治法加上修习力摄七种所对治法共十二种。

㉛ **一门十四**：指在上述十二种所对治法数上又加上二力摄（思择力摄、修习力摄）共十四种。

㉜ **能治白法还有尔所**：能治烦恼的白净法还有所对治的不善法。白法，白净法，总称一切善法。尔所，所对治的不善法；或它们的所对治法，所为所对法的略说。

㉝ **于已生善法应住不忘、修习圆满、倍令增广所有懈怠**：对于已生有的善法应不让退忘，不断修习使它圆满和使它增强广大，却在这些方面都松懈懒怠。

㉞ **于恒修善法常随师转，远离净信**：意即随师学习所产生的信心，不是基于对善法的信，而是基于对人的信。

㉟ **如所闻已得究竟不忘念法**：此法即为念法。

㊱ **与彼俱行、彼相应想**：与明记不忘的善法同起同灭的心想，与明记不忘的善法同行相应的心想。

㊲ **障碍能遣疑因缘**：意即对能遣除疑念的因缘形成障碍，使疑念随逐，消除不了。

㊳ **依举相修极勇精进所对治法**：只对躁动不安的心相修习极其用功形成所要对治的现象。

㊴ **依止相修极劣精进所对治法**：对止息烦恼的心相修习极不用功形成所要对治的现象。

㊵ **依舍相修贪着定味与爱俱行所有喜悦**：对舍弃欲爱的心相修习只贪爱入定境，所生起的入定喜悦与贪爱相应。由此不知过患，不求第一义。

㊶ **即依如是方便作意，于法精勤论议决择，于立**

破门多生言论相续不舍：这里表明佛家虽然提倡思考议论，但并不鼓励过分的没完没了的寻思论议，因为如此过分难以寂静入定。

㊷ **于不应思处强摄其心思择诸法**：此处不应思处诸法，即我、有情、世间、业报、静虑者境界、诸佛境界、不可记（非善非恶）事、非正法、一切烦恼之所引摄等九种。

㊸ **正方便修诸想者**：即前述的不净想、苦想、光明想等。

㊹ **十相**：即在家位二种、出家位四种、远离位四种，共十种。

译文

已经说完思所成地。

那什么是修所成地呢？概略说就是由四个方面的修习普遍地统摄思维抉择成就的境界应当知晓。哪四个方面？第一，修习获得圣贤的环境；第二，修习获得圆满解脱的因缘；第三，依境、行、果顺次修习的成就；第四，修习达到一定的果位。如此四个方面，又由七个分支统摄。哪七个分支？第一，受生所获得的入圣道的种种条件都完满；第二，在宣说教法和听闻教法时各方面都要保持清净无染、有利法教；第三，修习听闻正法以涅槃为最首要；第四，能使信等众根成熟获得涅槃解脱的智慧达到成熟；第五，修习对应破除种种烦恼执妄的教法；第六，修习世间范畴的一切种类的清净离欲法；第七，修习出世间范畴的一切种类的清净涅槃法。

如此四大方面七个分支所统属的普遍性的佛圣教法理义，详说应当知晓都依托在佛道教法的戒律中，循此修一切须学的内容都能完满获得。……

什么是修习对应破除种种烦恼执妄的教法？应当知晓概略说是在三种地位中的十种修习系统内证修行法。哪三种地位？第一，在家的地位；第二，出家的地位；第三，远离人众杂居闹区闲居修习系统内证修行法的地位。

十种修习系统内证修行法所要对应破除的烦恼执妄是哪些？

指在家的地位中，对众妻妾有与淫欲相应的贪求，对其余的亲属和各种财宝有与享受相应的爱欲，如此称作在家地位所要对应破除的烦恼执妄，由于这些烦恼执妄的障碍，在一切种类苦都不能获得脱离；如果已出家，由于对妻妾、亲属、财宝的挂念而扰乱动摇出家修行之心形成对出家修行的障碍，所以对出家修行不感到喜乐。如此二种所要对应破除的烦恼执妄，顺随它们的次第,修习思维欲贪情爱的不净,修习思维一切事物现象的变化无有恒常,应当知晓这就是修习对应破除烦恼执妄的方法。

又出家的人在出家的地位中,时时大略有四种作事:第一,持续不断向上努力修习善法的作事,指我以对诸法不断向上努力修习作为出家依托的缘故,所以定能制伏随各种欲念生出爱乐的一切心念,又能如实地觉知明悟一切贪爱执迷是苦的本性;第二,对不能用名言宣说的涅槃信仰理解心产生爱乐的作事,指我一定对不能用名言宣说的涅槃信仰理解心无退失转变,不感到忧虑,指执迷有永恒真实主宰的我和身外物为我所有的心念现在在什么地方呢?已没有了;第三,在随时游行村邑聚落乞食时的作事,指我由于乞得食物受用,身体得到营养持久地处在强壮有力调和适悦状态,能长久努力地向上修习善法;第四,在远离杂居人众的处所安静闲住的作事,指如果爱好乐意和诸在家、出家的人们杂住在一起,就会遇有世间相应存在的各种见闻享受而使定心散乱的事,而现在我不使那些使定心散乱的事成为正确精细观想的定心的障碍。应当知晓这四种所作的事中有四种所要破除的烦恼执妄:在第一种所作事中有懒惰懈怠,在第二种所作事中有颠倒的身见,在第三种所作事中有对情爱的贪求,在第四种所作事中有世间种种乐欲贪爱。如此四种所要相应破除的烦恼执妄，按它们的次第相应也有四种修习的破除烦恼执妄的方法：第一，对应事物现象变化无常修习思维世事一切都是苦；第二，对应世事一切苦修习思维不存在永恒真实主宰性的我；第三，对应饮食修习思维厌弃不乐；第四，对应一切种世间事物修习思维不会带给人快乐。

又在远离杂居人众安闲居处修习思维的地位中，应当知晓概略说有四种所要对应破除的烦恼执妄。是哪四种？第一，在修习止观想法中对正教法有暗昧不明的心想；第二，在修习各种定法中随着获得的成就产生爱恋心而不上进；第三，以为五蕴和合的生身是永恒真实的从而随着身相起动摇心念；第四，推托后日又后日，只盼其他时日有成就，随时动摇决心，不能热忱地勤奋修习种种教法。如此四种所要对应破除的烦恼现象，应当知晓有四种修习破除它们的方法：第一，修习思维佛道佛相的光明；第二，修习思维远离欲贪；第三，修习思维寂灭烦恼执妄；第四，修习思维无常迅速，念死之将至。

又修习思维欲贪情爱的不净有二种：第一，由思维抉择的势力统摄；第二，由修习正法的势力统摄。属于由思维抉择的势力统摄的，应当知晓有五种所要对应破除的烦恼执妄现象。哪五种？第一，亲近自己出身的村邑聚落；第二，处在村邑聚落容易被物欲形色美事所惑而失去净念；第三，居在人众罕至的隐秘地方放逸不努力修习；第四，在隐居、显处都存在的由习惯势力导致的不净；第五，虽勤奋努力修习思维欲贪情爱的不净，但是发起思维的心意错乱了，指不去观想欲贪情爱的不净，反而念着欲贪情爱是净，如此称作发起思维的心意错乱。属于由修习正法的势力统摄的，应当知晓有七种所要对应破除的烦恼执妄现象。哪七种？指对本来作的修习事不能坚持而心意流散混乱；本来作的修习事不能坚持心意而趣向色相欲贪运行；修习方法思维观想不完善巧慧，这是由于没有恭敬地勤问修习有成的瑜伽师；又由于不能努力防止信等众根动摇，虽然处在空闲状态，还是有种种污染心性寻思扰乱他的心；又由于对饮食不知道量度节制，使得身体不调和适悦；又因为被污染心性的寻思所扰乱，不乐意远离杂居人众的家及内心寂静止息欲贪情爱；又由于他身体不调和适悦，不能正常善巧地修习种种观想法，不能如实地观想诸法。如此一切所要对应破除的烦恼执妄现象，应当知晓总说为一门十二种，或一门十四种。又所要对应破除的烦恼执妄现象，能破除烦恼执妄的白净善法及所要对应破除烦恼执妄的不善法，在修习二种思维欲贪情爱的不净过程中，应当知晓，大都会发生。

又在修习思维变化无常的现象都是苦时，略说有六种所要对应破除的烦恼执妄现象。哪六种？第一，在还没有生出善法而最初应当生的时候，懈怠懒惰不再努力；第二，在生出善法后，本应该不让善法退忘，不断修习使它圆满、使它增强广大，却在这些方面松懈懒怠；第三，在恭敬师长向其请益之中，不能坚持不断；第四，在恒修善法常随师父学习的过程中，远离对善法的信；第五，由于远离对善法的信，所以不能恒常修习善法；第六，在内心观修上放逸不专，由于放逸不专，在经常修习众善的过程中不能恒久地随着善法转化。如此六种所要对应破除的烦恼现象，还有六种法能相应破除它们，是在修习过程经常发生的，与所要破除的六种烦恼现象相对立的，应当知晓它们的相状。

又修习思维佛道佛相的光明，多以光明为缘接的境界，如同三摩呬多地中已说过的。现在所要说的这一理义中，进一步展开说以佛法光明为缘接境界的问题。所谓修习思维佛道佛相的光明，是意指多听受修习善法达到究竟圆满明记不忘的境界，称为佛法光明；与这境界同起同灭、同时相应的心想，应当知晓称作光明想即思维佛道佛相的光明。是什么原因呢？真实能够使得内心暗昧者，即以各种方法修习止观时，对已得诸法忘失的人，与暗昧相悖，应当知道这就是光明。

为成就第一涅槃义与思维和修习所成的智慧同起运行的光明想，有十一种现象是它们所要对应破除的。哪十一种？指与思维所成的智慧同起运行的光明想有四种，与修习所成的智慧同起运行的光明想有七种，如此所要对应破除的现象合计有十一种。与思维所成的智慧同起运行的光明想有四种所要对应破除的现象：第一，由于不修正确观想思维、不能抉择善法，所以在他的思维中常有对善法的疑念跟随追逐；第二，由于在夜晚时分懒惰懈怠，多习惯睡眠，所以使时光虚度；第三，由于在白日时分习惯亲近邪恶食物，使身体不调和柔适，因而不能适应精细深入地观想诸法；第四，和在家、出家的人杂住在一起，对任何所听到的、所要获得终极的教法不能循依真理发起思维。如此因疑念随身追逐不舍、障碍遣除疑念的因缘，这四种烦恼现象是与思维所成的智慧同起运行的光明想所要对应破除的，它们使得所要成就的智慧和观念不清净。

哪些称作与修习所成的智慧同起运行的光明想所要对应破除的七种烦恼执妄现象呢？第一，只对躁动不安的心相修习极其用功而形成的所要对治的烦恼现象；第二，只对止息烦恼的心相修习极不用功而形成的所要对治的烦恼现象；第三，对舍弃欲爱的心相修习只是贪爱入定境，所生起的入定喜悦与贪爱相应；第四，指对寂灭涅槃心怀恐怖、在瞋怒愤恨情感的同时，内心怯弱不敢加以寂灭这二种所要对应破除的烦恼现象；第五，就依如此方式发起思维，即对于诸法过分地努力议论抉择，对要立或要破的宗门太多发出言论而且连续不已，这样在寂静思维正法时就形成障碍；第六，相对色、声、香、味、触，不合理地执取它们的好相，不能正确地寻思，使得内心流散倒乱；第七，对不应加以思维抉择的义项强要心意加以思维抉择。如此七种是与修习所成的智慧同起运行的光明想所要对应破除的烦恼现象，对与修习所成的智慧同起运行的光明想形成极大的障碍，使修习所成的智慧或观念不能向清净方面转化。这所要对应破除的烦恼现象，还有十一种与这些烦恼现象相对立的能破除它们的方法，这些方法能断绝这些烦恼现象，应当知晓这些方法也使思维所成的、修习所成的智慧或观念向清净方面转化。

又前面讲述修习思维欲贪情爱的不净、世事一切都是苦、佛道佛相的光明，具有能断灭对所要对应破除的烦恼执妄的欲念；又能在破除现行烦恼执妄现象过程中，心不被污染，迅速使烦恼执妄断灭；又能经常坚持运用能对应破除种种烦恼执妄的方法，断灭一切所要对应破除的烦恼执妄现象。如此三种状况会追随着一切对应破除烦恼执妄的方法的修习，称作普遍发生的作事。

如此称作修习对应破除烦恼执妄，应当知晓这就是修习系统内证观想思维法。这第五分支修习对应破除烦恼执妄的普遍性佛圣教理义，应当知晓只有如此十种相状，除此以外更没有超过的或增多的。

声闻地① 第十三

初瑜伽处种性地② 品第一

原典

如是已说修所成地。

云何声闻地？一切声闻地总嗢柁南曰：

若略说此地，性等数取趣③，
如应而安立④，世间出世间。
此地略有三，谓种性趣入⑤，
及出离想地⑥，是说为声闻。

云何种性地？嗢柁南曰：

若略说一切，种性地应知，

谓自性安立，诸相[7]数取趣。

谓若种性自性、若种性安立、若住种性者所有诸相、若住种性补特伽罗。如是一切，总略为一，名种性地。

云何种性？谓住种性补特伽罗，有种子法[8]，由现有故，安住种性补特伽罗[9]，若遇胜缘，便有堪任，便有势力，于其涅槃能得能证。问：此种性名有何差别？答：或名种子，或名为界，或名为性，是名差别。问：今此种性，以何为体？答：附在所依，有如是相，六处所摄[10]，从无始世展转传来，法尔所得[11]，于此立有差别之名，所谓种性、种子、界、性，是名种性。

云何种性安立？谓应问言：今此种性为当言细，为当言粗[12]？应答言：细。何以故？由此种子未能与果，未习成果[13]，故名为细。若已与果，已习成果，尔时种性若种、若果，俱说名粗。

问：如是种性当言堕一相续，堕多相续[14]？答：当言堕一相续。所以者何？若法异相俱有而转，见彼各别种种相续，种种流转；如是种子非于六处有别异相，即于如是种类分位[15]，六处殊胜[16]，从无始世展转传来，法尔所得；有如是想及以言说，谓为种性、种子、界、性，是故当言堕一相续。

问：若住种性补特伽罗有涅槃法，此住种性有涅槃法补特伽罗何因缘故有涅槃法，而前际来长时流转不般涅槃？答：四因缘故不般涅槃。何等为四？一生无暇故，二放逸过故，三邪解行故，四有障过故。……如是名为四种因缘。由此因缘故，虽有般涅槃法而不般涅槃。彼若值遇诸佛出世，听闻正法，获得随顺教授教诫，无彼因缘[17]，尔时方能善根成熟，渐次乃至得般涅槃。无涅槃法补特伽罗住决定聚[18]，彼若遇缘若不遇缘，遍一切种毕竟不能得般涅槃。

问：何等名为涅槃法缘，而言阙故、无故、不会遇故，不般涅槃？答：有二种缘。何等为二？一胜，二劣。云何胜缘？谓正法增上他音及内如理作意。云何劣缘[19]？谓此劣缘乃有多种，谓若自圆满、若他圆满、若善法欲、若正出家、若戒律仪、若根律仪、若于食知量、若初夜后夜常勤修习悎寤瑜伽[20]、若正知而住[21]、若乐远离[22]、若清净诸盖[23]、若依三摩地。……

彼由如是渐次修行，后后转胜、转增、转上，修集诸缘，初自圆满，依三摩地以为最后，得如是心清净鲜白[24]，无诸瑕秽，离随烦恼，质直堪能[25]，安住无动。若复获得依四圣谛为令遍知[26]、永断[27]、作证[28]、修习他音教授教诫[29]，便有如是堪能势力发生如理所引作意，及彼为先所有正见[30]，由此便能于四圣谛入真现观,圆满解脱,于无余依般涅槃界而般涅槃。当知此中始从正见,圆满解脱,于无余依般涅槃界而般涅槃,是名种性真实修集[31]。从自圆满乃至最后依三摩地,当知是名修集劣缘;若依四谛法教增上所有教授教诫他音,若如正理所引作意,当知是名修集胜缘。

如是名为种性安立。

云何住种性者所有诸相?谓与一切无涅槃法补特伽罗诸相相违[32],当知即名安住种性补特伽罗所有诸相。问:何等名为无涅槃法补特伽罗所有诸相,成就彼故,应知说名无涅槃法补特伽罗?答:无涅槃法补特伽罗有众多相,我今当说彼相少分。谓彼最初不住种性无涅槃法补特伽罗阿赖耶爱,遍一切种皆悉随缚[33];附属所依,成无量法不可倾拔[34];久远随逐,毕竟坚固,依附相续,一切诸佛所不能救,是名第一不住种性补特伽罗无种性相。……谓彼少有所作善业,或由于身、或语、或意;一切皆为希求诸有,或求当来殊胜后有,或求财宝,或求殊胜所有财宝,是名第六不住种性补特伽罗无种性相。如是等类有众多相,成就彼故,堕在不般涅槃法数。

云何安住种性补特伽罗?谓住种性补特伽罗,或有唯住种性而未趣入,亦未出离;或有安住种性,亦已趣入而未出离;或有安住种性,亦已趣入及已出离;或有软根，或有中根，或有利根㉟；或有贪行㊱，或有瞋行，或有痴行；或生无暇，或生有暇；或有纵逸，或无纵逸；或有邪行，或无邪行；或有障碍，或无障碍；或远㊲，或近；或未成熟㊳，或已成熟；或未清净㊴，或已清净。……如是名为安住种性补特伽罗所有差别。为度彼故，诸佛世尊出现于世，谓若未趣入，令其趣入；若未成熟，令其成熟；若未清净，令其清净，转正法轮，制立学处㊵。

注释

①**声闻地**：听受佛的言教成就解脱的境界。本地内容即本论的卷二十一至卷三十四的前半部分。本地内容共分为四瑜伽处，第一瑜伽处又分为三品：《种性地品》《趣入地品》《出离地品》。本注译仅选了第一瑜伽处三品中的主要内容，基本上代表了本论关于声闻地的理论。

②**种性地**：种子本性的境地。此处种性地特指具有声闻乘本性的种子的境地。种性，各种子的不同本性。种性论是唯识学说的重要内容，也是其他宗派攻击的主要对象。

③**性等数取趣**：即种性、趣入、出离想地等数取

趣。数取趣，意即反复辗转在六趣（六道）中受取苦未能出离；此语的梵语即补特伽罗（Pudgala），补（Pu）即数，特伽（dga）即取，罗（la）即趣。数取趣是新译，旧译为人或众生。性等数取趣即人的性等。

④ **如应而安立**：指人的性等关系如理所应当的那样加以建立。

⑤ **趣入**：具有菩提种性的人听受了圣教进入了般涅槃的过程。趣入地，趋入般涅槃的境地。

⑥ **出离想地**：即出离地，意即趣离欲的境地。此包括两个阶段，一是由世间道趣离欲，局限在三界内；二是由出世道趣离欲，可超出三界外。

⑦ **诸相**：具有声闻乘菩提种性的人所现出的种种相状。

⑧ **有种子法**：具有声闻乘菩提的种子。意地中说："一切种子识，若般涅槃法者，一切种子皆悉具足；不般涅槃法者，便阙三种菩提种子。"声闻乘种性的人，不阙声闻菩提种子。

⑨ **安住种性补特伽罗**：人具有菩提种子，种子没有变异坏失。

⑩ **有如是相，六处所摄**：有如此安住种性补特伽罗的种种相状，由眼、耳、鼻、舌、身、意六处统摄。

⑪ **从无始世展转传来，法尔所得**：意即有般涅槃

法菩提种子的人才有安住种性相，没有般涅槃法菩提种子的人即使熏习也没有此种性相。

⑫ **今此种性为当言细，为当言粗**：种子性难以现见，即潜在状，称为细；已经现见，呈显性状，称为粗。

⑬ **未能与果，未习成果**：种子因未能生发成果，未能将熏习的种因生发成果。般涅槃菩提种子有二种，一种是本性的存在，一种是熏习的存在。未能与果是相对本性种性而言的，未习成果是相对熏习所成的种性而言的。

⑭ **堕一相续，堕多相续**：落生成一种处相连续流转，还是落生成多种处相连续流转，因为前文讲到六处所摄，所以才提种性是依六处多相相续还是依一处一相相续的问题。此处堕一相续，即堕一意处。堕，落，由上及下、由理及事、由因及果称为堕。

⑮ **种类分位**：种性处在般涅槃法补特伽罗类声闻分位。种类分位，意即种性的类别和位别。

⑯ **六处殊胜**：作为安住种性位的人，他的六处总体都是特殊优越的。

⑰ **无彼因缘**：没有那使得有般涅槃而不能般涅槃的生无暇等四种因缘。

⑱ **住决定聚**：无论现在还是未来始终不能止息。此处说无涅槃法补特伽罗无论如何都不能般涅槃。本论

的这一思想与"一切众生皆有佛性"的大乘精神相悖，所以遭到其他宗派的严厉批评。

⑲ **劣缘**：此处的劣等缘仍属于般涅槃法缘，只是相对于胜缘要差些。

⑳ **悎寤瑜伽**：在晚上通过来回走动或原地坐禅使内心警动不惛，乃净修心意的方法。悎，厂ㄠˋ音皓，心警动。

㉑ **正知而住**：任何行为举措都保持正知，即正纯的理智。

㉒ **乐远离**：乐意远离杂居人众和优越的生活条件，到寺庙或人迹罕至地居修。

㉓ **清净诸盖**：净修内心，清离诸种盖阻内心脱欲的烦恼。诸盖，指贪欲、瞋恚、惛沉睡眠、掉举恶作、疑。

㉔ **心清净鲜白**：依三摩地修至第四静虑，内心清净无染。

㉕ **质直堪能**：品质正直不近谄谄，能承受加行（能不断修习进步）。

㉖ **遍知**：遍知苦谛。即完全知晓人生一切都是苦。

㉗ **永断**：永远断除集谛所说的人生集起的一切烦恼。

㉘ **作证**：修道获得解脱的涅槃真理圣果。即灭谛。

㉙ **修习他音教授教诫**：修习别人讲授劝说的解脱生死痛苦的正道。即道谛。

㉚ **为先所有正见**：意即进入无余依涅槃必须从正见开始。

㉛ **真实修集**：对无漏智慧（获得真实的智慧）的修集。

㉜ **谓与一切无涅槃法补特伽罗诸相相违**：这是佛家常用的否定式表述法，意即与一切无涅槃法人诸相对应相悖的诸相就是住种性的人所有的诸相。

㉝ **遍一切种皆悉随缚**：由于将阿赖耶执迷为内自我，其他一切种类的见地都被这执迷束缚。于是又有了我、我所见。

㉞ **附属所依，成无量法不可倾拔**：一切杂染烦恼依托阿赖耶爱，形成无量的厚积现象而不能拔除。

㉟ **或有软根，或有中根，或有利根**：信、定、慧等各种根性无能加行也无势力，难以通达法义，证获真实，即软根补特伽罗；信、定、慧等各种根性运转迟缓为中根补特伽罗；信、定、慧等诸根性能承受加行，有发挥的大势力，能通达一切法义，速证真实，为利根补特伽罗。

㊱ **贪行**：即贪行补特伽罗，对可爱乐事物有强烈长时的贪恋。

㊲ **远**：即远补特伽罗，因加行努力迟或不充分，离涅槃远。加行及时、充分离涅槃近，即近补特伽罗。

㊳ **未成熟**：即未成熟补特伽罗，未获得最后身。

㊴ **未清净**：即未清净补特伽罗，未生圣道未离烦恼。

㊵ **转正法轮，制立学处**：传播弘扬佛法圣道，制订建立修学正法的系统内容和方式。法轮，Dharma-Cakra，将佛法喻为转轮王轮宝，利益众生，破除邪说。正法，Saddharma，佛法正道，主要指四圣谛、八正道。

译文

如此已经说完修所成地。

什么是声闻地？一切声闻地如何呢？略语说：

假若简略来说这声闻地，即种性等数取趣，如理所应地那样安立世间和出世间。这声闻地简略来说有三种含义，即种性、趣入和出离想地，这就被说为声闻地。

什么是种性地呢？略语说：

假若简略来说一切种性地，应当知道，就是自性、安立、诸相和数取趣。

说的是声闻乘觉悟的种性的本来性质、声闻乘觉悟种性的概念建立、具有声闻乘觉悟种性的人所有的种种相状、具有声闻乘觉悟种性的种种人。如是种种的一切，总略言之，名为种性地。

什么是声闻乘觉悟种子本性？指处在具有觉悟种性

的人，有声闻乘觉悟的种子，由于现在已具有声闻乘觉悟种子，便安然不退地处在具有声闻乘觉悟种性的人的境地，如果遇上妙好的机缘，种子就具有生发获得觉悟的功能，就具有生发觉悟证得涅槃的力量，最终使人能够实现涅槃。问：此种性的名称还有什么不同的叫法？答：有的称作种子，有的称作界，有的称作性，这些都是对种性的不同称呼。问：现在这种性，以什么作为它的体？答：它附寄在所依托的识体中，使安处声闻乘觉悟种性的人具有种种相状，由眼、耳、鼻、舌、身、意六处统摄，从无始以来辗转传下来，是由已存在的事理现象得来的，于是对它拟立有各种不同的名称，即所说的种性、种子、界、性，这就通称作种性。

什么是声闻乘觉悟种性的概念建立？指应当用这样的话问：现在这种性是应当说成细，还是说成粗？应当回答说：细。为什么这样说呢？由于这种子作为本性的还未生发成果，作为后习积的也未能生发成果，所以称名为细。如果种子作为本性的已生发成果，作为后习积的也生发成果，这时的种性无论种子还是结果，都称名为粗。

问：如此种性应当说成落生成一种处相连续流转，还是落生成六种处相连续流转？答：应当说成落生成一种处相连续流转。为什么这样说呢？如果种子法不是一种相而是多种相，并且多种相都各自随所依托的处所即六处相续流转，可以见出那每个种子相都各自存在连续流转；然这声闻乘觉悟种子不是在六处各有不同的相状，而是种子性处在具有觉悟涅槃人的声闻乘境地，它体现在六处总体上是特别妙好的，它是从无始以来辗转传下来的，是由已存在的事理现象得来的；有这样的想见和用一定语言加以表述，就说成是种性、种子、界、性，所以应当说成落生成一种处相连续流转。

问：处在有觉悟种性的人具有涅槃的法性，这处在有觉悟种性的具有涅槃法性的人是什么因缘使他具涅槃法性，然而从前时期以来长期流转变化不能实现涅槃？答：由于四种因缘使他不能实现涅槃。是哪四种？第一，因生在边鄙荒蛮的佛徒圣贤都没有去过的地方；第二，因贪恋富贵享受，看不到生活的过咎祸患，不思出离生死苦；第三，因受外道影响生邪见作恶行；第四，虽然遇有圣贤说法，但因愚钝无知、瘖癫残疾存在接受障碍，仍摆脱不了烦恼。……如此称作四种因缘。由于有这些因缘，人虽然具有涅槃法性也不能实现涅槃。他们如果正遇上诸佛出世，听受诸佛宣讲的正法，能够依循诸佛讲授劝说的法义，没有那些阻碍涅槃的因缘，这时善根才能成熟，渐渐依次进步直到实现涅槃。不具有涅槃法性的人无论现在还是未来都不能止息无涅槃性，他们遇不遇诸佛出世，在一切种类终究都不能获得涅槃。

问：哪些称作涅槃法机缘，然而由于缺少部分、由于完全没有、由于没有遇上就不能实现涅槃？答：有二种涅槃法机缘。哪二种呢？第一，胜机缘，第二，劣机缘。什么是胜机缘？指的是听到别人宣讲胜妙的四圣谛法的言教音声以及从自己内心发起合乎真理的精神活动。什么是劣机缘？说到这劣机缘有许多种，指自己所具有的人身条件、环境条件都很好，因而有利涅槃，能引导自己涅槃或引导他人涅槃的诸佛法教机缘都存在，对听闻正法出家修行产生信解爱乐，真正出家受具足戒，受具足戒律不退失，修习守护六根使它们不受污染的律仪，知晓长养身心的物质、精神食粮的量度，在初夜时分、后夜时分恒常勤奋修习，在晚上来回走动或原地坐禅使内心警动不惛净修心意的修法，任何行为举措都保持正纯的理智，乐意远离杂居人众和优越的生活条件到寺庙或人迹罕至地居住修习，净修内心清净远离各种盖阻内心脱欲的烦恼，渐渐依次修习四种静虑的定法。……

有觉悟种性的人通由这些机缘的依次修行，再不断地转化为更胜的、转化为更强大的、转化为更上品的，修集各种机缘，从自己所具有的人身、环境条件都很好开始，到最后修习四种静虑的定法，获得内心的清净无染，没有各种瑕疵污秽，远离各种随起的烦恼，品质正直能不断进步，保持这种境界，一切动乱不存。如果再获得依赖四圣谛进步的机缘，使自己能完全知晓人生一切都是苦，永远断除人生集起的一切烦恼，修道获得解脱的涅槃真理圣果，修习别人讲授劝说的解脱生死痛苦的正道，就会有如此进步的可能、长进的力量，发动生起合乎真理的内心精神活动，形成趣入无余依涅槃过程及首先应该具有的正确知见观念，由此知见智慧在现前观想所要知见的境界时就能符合真实，得到圆满解脱，在无余依涅槃境界上获得涅槃。应当知晓这过程中从产生正确知见观念开始，求得圆满解脱，在无余依涅槃境界上获得涅槃，这就称作修习集成涅槃法种性所必需的种种无漏智慧。从自己具有人身、环境条件都很好直到最后修习四静虑定法，应当知晓这称作修习集成劣机缘；如依赖别的圣贤授教劝说的关于四圣谛的言教使自己更上进，能发动生起合乎真理的内心精神活动，应当知晓这称作修习集成胜机缘。

如此称为声闻乘觉悟种性的概念建立。

什么是具有声闻乘觉悟种性的人所有的种种相状？指与一切没有涅槃法性的人的种种相状相违悖的种种相状，应当知晓就称作具有声闻乘觉悟种性安然不退的人所有的种种相状。问：哪些称作没有涅槃法性的人的种种相状，由于形成了这些相状，应当知晓就称作没有涅槃法性的人？答：没有涅槃法性的人有许多相状，我现在将说说那些相状中的少部分，说那些人最初不具备声闻乘觉悟种性的没有涅槃法性的人，执迷阿赖耶本体识是内心自我，于是其他一切种类的知见观念也就随顺这种执迷束缚；一切杂染烦恼依赖这执迷，形成无量的厚积现象而不能拔除；这一切长久地追逐人心，至终坚固不解，依附人连续流转，一切佛都不能救度，这称作第一种不具备声闻乘觉悟种性的人的无觉悟种性相状。……指那些人或者由于身体、或者由于语言、或者由于心意很少作善行；一切都为了希求各种享受条件的获有，或者求得将来特好的后有身，或者求得财宝，或者求得特贵重的所有财宝，这称作第六种不具备声闻乘觉悟种性的人的无觉悟种性相状。如此等类型有众多的相状，由于形成了这些相状，那些人就堕落在不能涅槃的法性范畴里。

什么是处在具备声闻乘觉悟种性安然不动的人？指具备声闻乘觉悟种性的人，有的只是处在具有种性状态而没有进入趣向涅槃的过程，也没有脱离生死痛苦；有的具备声闻乘觉悟种性安然不退，也已进入趣向涅槃的过程，但没有脱离生死痛苦；有的具备声闻乘觉悟种性安然不退，也进入趣向涅槃的过程和脱离了生死痛苦；有的信、定、慧等根性软劣，有的信、定、慧等根性中等，有的信、定、慧等根性锐利；有的对可爱乐事物贪恋不已，有的对与己不利的人、事愤恨不已，有的对一切事理愚昧不明；有的生在边鄙荒蛮、佛徒圣贤不到的地方，有的生在盛地、佛徒圣贤常到的地方；有的放纵逸荡修行不专，或者修行专心没有放纵逸荡；有的存在不善的邪行，有的没有邪行；有的存在修行的种种障碍，有的不存在修行的种种障碍；有的加力修行迟而离涅槃远，有的加力修行速而离涅槃近；有的未能获得最后身，有的已经获得最后身；有的未生清净圣道脱离烦恼，有的已生清净圣道脱离烦恼。……这些就称作具备声闻乘觉悟种性安然不动的人的种种差别。为了将他们度到涅槃彼岸，诸佛世尊出现到世间，对没有进入趣向涅槃过程的人，使他们进入趣向涅槃过程；对没有获得最后身的人，使他们获得最后身；对没有生清净圣道脱离烦恼的人，使他们生圣道脱离烦恼，对他们传播弘扬佛法圣道，为他们制订建立修学正法的系统内容和方法。

初瑜伽处趣入地品第二

原典

如是已说种性地。

云何趣入地？嗢柂南曰：

若略说一切，趣入地应知，
谓自性安立，诸相数取趣。

谓若趣入自性、若趣入安立、若趣入者所有诸相、若已趣入补特伽罗，如是一切总略为一，名趣入地。

云何趣入自性？谓安住种性补特伽罗本性成就涅槃种子，若于尔时有佛出世，生于中国[1]，不生达须[2]、蔑戾车[3]中，乃至广说初得见佛及佛弟子，往诣承事[4]，从彼闻法，得初正信，受持净戒，摄受多闻，增长惠舍[5]，调柔诸见[6]；从是已后，由此法受，由此因缘，身灭坏已，度此生已，获得六处异熟所摄殊胜诸根[7]，能作长时转胜正信生起依止[8]，亦能与彼受持净戒，摄受多闻，增长惠舍，调柔诸见，转上转胜，转复微妙，为所依止[9]；复由如是转上转胜转复微妙信等诸法，更得其余殊胜异熟[10]，由此异熟复得其余随顺出世转胜善法[11]，如是展转[12],互为依因,互与势力,于后后生转转胜进,乃至获得最后有身,谓住于此得般涅槃,或能趣入正性离生[13],是名趣入。何以故?若道、若路、若正行迹能得涅槃,能趣涅槃,彼于尔时能升能入[14],能正行履[15],渐次趣向至极究竟,是故说此名已趣入。如是名为趣入自性。

注释

① **中国**:古代印度特指恒河流域平原中的文明区域(Madhyadesa)。有二种说法,一是婆罗门所指的拘罗(Kurukṣetra),这是婆罗门文明中心,又称为婆罗门国(Brahmavara)、雅利安帮(Aryarta);一是佛教所指的摩羯陀地方(Magadha),即佛教盛地。

② **达须**:Dasyu,原意为荒蛮鄙贱不文明,此指蛮荒国度或地区,相当于汉语中的蛮夷。

③ **蔑戾车**:Mlecchā,边鄙地域或人族,旧译为弥离车。

④ **往诣承事**:到佛及其弟子那里去承受教化、侍奉尊长。

⑤ **惠舍**:虔诚爱乐、布施修行。

⑥ **调柔诸见**:使各种见解趋向调和柔善,即清净。

佛教习称清净为调柔。

⑦ **六处异熟所摄殊胜诸根**：眼、耳、鼻、舌、身、意经由果报范畴的转生获得殊胜的诸根身。

⑧ **能作长时转胜正信生起依止**：（殊胜诸根）能作为长期地向优胜转化的正信生起的依托。

⑨ **为所依止**：指殊胜诸根能作为受持净戒、摄受多闻、增长惠舍、调柔诸见的依托。

⑩ **更得其余殊胜异熟**：意即已转上转胜转复微妙的信等诸法，又导致获得更殊胜的异熟报，即六根身更殊胜。

⑪ **由此异熟复得其余随顺出世转胜善法**：由此异熟（即其余殊胜异熟）果报的殊胜六根，又获得其他随顺着转生成的出世间的更殊胜的种种善法。

⑫ **如是展转**：此过程即异熟殊胜诸根——转胜善法（正信、净戒、多闻、惠舍、调柔）——余异熟——其余转胜善法。

⑬ **正性离生**：成就圣道脱离生死轮回。见道之别名。又作圣性离生。谓入于见道得圣道涅槃之正性，一切烦恼皆断尽而远离烦恼之生。

⑭ **能升能入**：能自由地升登更高境界进入涅槃过程。

⑮ **正行履**：专心修习涅槃正法。

译文

如此已经说完种性地。

什么是趣入地呢？略语说：

假若简略来说一切趣入地，应当知道，就是自性、安立、诸相和数取趣。

讲的是趣入涅槃的本性、趣入涅槃的概念建立、趣入涅槃的人的所有各种相状、趣入涅槃的人，如此一切总的略说为一种，称作趣入涅槃过程的境地。

什么是趣入涅槃的本性？指具备声闻乘觉悟种性安然不退的人本性成就了涅槃的种子，如在这时遇有佛出世，自己生在文明中心地，不是生在边鄙蛮荒地区中，以至如详说的，起初得以遇见佛和佛弟子，于是到他们那里去承受教化侍奉尊长，跟从他们听受正法，得初正法的信仰，接受奉行清净戒律，学习他们教授的许多佛道知识，不断增长布施修行，使各种见解调和柔善。从这以后，由于承受了如此佛法，由于具有了如此因缘，自身灭坏度过这生后，眼等六处经由果报范畴的转生获得殊胜的诸根身，能够作为长期向优胜转化的信仰正法心生起的依托，也能够作为接受奉行清净戒律、学习佛和弟子教授多种佛道知识、不断增长布施修行、使各种见解调和柔善，从而使自己所承受的种种佛法转化成上等的、胜好的，进而转化成深微奥妙的依托；又由于具备了这些转化成上等的、胜好的、深微奥妙的信等诸法，从而又获得更加殊胜果报的六根身，又由于有了这殊胜果报的六根身作依托，从而又获得随顺根身转生成出世间更胜的种种善法，如此辗转影响，互为依托成因，互相施与生发力量，在往后的受生中不断向胜妙境界转进，以至获得最后有身，即处在这境界不退失获得涅槃，或者能趋入成就圣道，脱离生死轮回，这就称作趋入涅槃。为什么这样称呢？因为沿着这样的道路，有着这样端正的行迹，能趋入涅槃，他们在这时能自由升登更高境界进入涅槃，能专心修习涅槃正法，渐渐趋向最究竟的涅槃境界，所以称作已趋入涅槃。如此称作趋入涅槃的本性。

初瑜伽处出离地品第三

原典

如是已说趣入地。

云何出离地？嗢柂南曰：

若世间离欲，如是出世间，
及此二资粮[①]，是名出离地。

谓若由世间道而趣离欲，若由出世道而趣离欲，若此二道所有资粮，总略为一，名出离地。

云何名为由世间道而趣离欲？谓如有一，于下欲界观为粗相②，于初静虑离生喜乐③，若定若生④，观为静相⑤。彼由多住如是观时，便于欲界而得离欲，亦能证入最初静虑，如是复于初静虑上⑥，渐次如应一切下地观为粗相⑦，一切上地观为静相。彼由多住如是观时，便于乃至无所有处而得离欲，亦能证入乃至非想非非想处。如是名为由世间道而趣离欲，除此更无若过若增。

云何名为由出世道而趣离欲？谓如有一，亲近善士，于圣法⑧中已成聪慧，于圣法中已得调顺⑨，于苦圣谛如实知苦，于集圣谛如实知集，于灭圣谛如实知灭，于道圣谛如实知道。既得成就有学智见⑩，从此已后渐修圣道，遍于三界见、修⑪所断一切法中自能离系，自得解脱，如是便能超过三界⑫。如是名为由出世道而趣离欲。

云何名为二道资粮？嗢柁南曰：

自他圆满善法欲，戒根律仪食知量，
悎寤正知住善友，闻思无障舍庄严。

谓若自圆满、若他圆满、若善法欲、若戒律仪、若根律仪、若于食知量、若初夜后夜常勤修习悎寤瑜伽、若正知而住、若善友性、若闻正法、若思正法、若无障碍、若修惠舍、若沙门庄严⑬，如是等法，是名世间及出世间诸离欲道趣向资粮。……

云何名为沙门庄严？嗢柁南曰：

正信而无谄⑭，少病⑮精进慧⑯，
具少欲⑰喜足⑱，易养⑲及易满⑳。
杜多德㉑端严㉒，知量㉓善士法㉔，
具聪慧者相㉕，忍㉖柔和㉗贤善㉘。……

若有成就如是诸法，爱乐正法，爱乐功德，不乐利养恭敬称誉，亦不成就增益、损灭二种邪见（于非有法㉙未尝增益、于实有法㉚未尝损减）；……于佛世尊及佛弟子不可思议威德神力甚深法教深生信解，终不毁谤，能正了知唯是如来所知所见、非我境界㉛，终不乐住自妄见取、非理僻执恶见所生言论咒术㉜；若与如是功德相应，如是安住，如是修学，以正沙门诸庄严具而自庄严，甚为微妙。譬如有人盛壮端正，好自庄严㉝，乐受诸欲，沐浴身首，涂以妙香，服鲜白衣㉞，饰以种种妙庄严具（所谓璎珞、耳环、指环、腕钏、臂钏、诸妙宝印并金银等）、种种华鬘，如是庄严极为奇妙。㉟

如是行者以正沙门种种功德妙庄严具而自庄严，其德炽然㊱，威光遍照，是故说为沙门庄严。是名沙门庄严具义。

注释

① **资粮**：对修行的资助如粮食利益身体。

② **粗相**：有过咎祸患增多的相状。

③ **于初静虑离生喜乐**：对初禅天的离欲产生喜乐心。

④ **若定若生**：得此地定并心境界转生上一境界。

⑤ **静相**：为过咎祸患减少的相状。

⑥ **于初静虑上**：在初静虑往上递进。

⑦ **渐次如应一切下地观为粗相**：逐渐依次上升，理应在每一层天上观想一切下地是过咎祸患增多的相状。

⑧ **圣法**：此处指无漏法。

⑨ **于圣法中已得调顺**：在出世圣道的无漏法中使心达到调和顺法。即观有漏法为祸患，顺伏无漏法。

⑩ **成就有学智见**：指修行处于尚须再学进步的阶段，以别于究竟无学阶段。

⑪ **见、修**：即见道、修道，见道断理惑，修道断事惑。

⑫ **超过三界**：超过三界中暂得离欲而获得究竟彻

底的离欲。

⑬ **沙门庄严**：持戒修道的出家人多方面修养充实完美。

⑭ **无谄**：质纯性正不谄曲。

⑮ **少病**：身、心少病变。

⑯ **慧**：即妙慧，聪明善觉。

⑰ **具少欲**：即具足少欲，对一切享受条件都不生贪欲。

⑱ **喜足**：所得不计较多少优劣，均欢喜知足。

⑲ **易养**：不麻烦施主，生活自立。

⑳ **易满**：无论所得多么微少粗劣均能满足生存。

㉑ **杜多德**：即杜多功德、头陀（Dhūta）功德。头陀，梵语原意为抖擞浣洗烦恼，佛教僧侣所修的苦行，后来习称行脚乞食僧人。杜多功德，即僧人乞食时应遵循的行为轨范，有十二种或十三种要求。

㉒ **端严**：举止观瞻的形相大方壮美。

㉓ **知量**：对生存条件知量取用。

㉔ **善士法**：即贤善士法，净信出家奉行法教。

㉕ **聪慧者相**：聪慧的人善思、善说、善作的相状。

㉖ **忍**：忍受打击和苦痛。

㉗ **柔和**：共同修善和睦无恼。

㉘ **贤善**：和善待友，身心澄净。

㉙ **非有法**：唯识家一般将遍计所执性称为非有法，即凡夫迷执现实虚妄相其实并非实有，即非有，一般指的有为法、有漏法。

㉚ **实有法**：唯识家一般将圆成实性称为实有法，即诸法的实性不依因缘永恒实有，即实有的真如，一般指的无为法、无漏法。

㉛ **非我境界**：非我执的境见，即唯契合真如理体的境界。

㉜ **非理僻执恶见所生言论咒术**：不合理的怪僻固执的邪恶见解所生出的言论咒术。

㉝ **庄严**：此处与装饰、美饰、美化同义。

㉞ **服鲜白衣**：穿鲜亮净洁的衣裳。

㉟ **譬如有人盛壮端正……如是庄严极为奇妙**：这一节文字只是以一般人尽力美化自己作譬喻，并不是佛家提倡如此追求美饰。

㊱ **其德炽然**：自庄严的沙门的功德盛炽。

译文

如此已经说完趣入地。

什么是出离地呢？略语说：

假若从世间道离欲，从出世间道离欲，以及从二种道离欲所具有的资粮，这就称为出世离欲境地。

说的是从世间善道的境地趋入离欲，从出世间圣道境地趋入离欲，从这二种道离欲修行所具有的资粮，总括为一种，名为出世离欲境地。

什么称作从世间善道境地趋入离欲？指比如有一个人，在居下的欲界将欲界观想成过咎祸患增多的相状，对初静虑天的离欲产生喜乐心，修得此定并转生这一境界，将此境界观想成过咎祸患减少的相状。那个人长期保持这样的观想时，就能从欲界获得离欲，也能达到初静虑天境界，如此又从初静虑天往上递进，理应依次在每一层境地观想一切下地是过咎祸患增多的相状，观想一切上地是过咎祸患减少的相状。那人长期保持这样的观想时，以至能在无所有处天得以离欲，也能达到非想非非想处天境界。这些就称为从世间善道趋入离欲，除此以外再没有比这更高更多的从世间善道趋入离欲法。

什么称作从出世间圣道趋入离欲？指比如有一个人，亲近圣贤出家修行，在出世圣道的无漏法中已具有保持这种法的种种聪明智慧，并能使内心达到调和及顺应这法的状态，在苦圣谛上能如实知晓人生一切皆苦，在集圣谛上能如实知晓苦因都是人生集起的烦恼，在灭圣谛上能如实知晓灭除烦恼才能解脱生死痛苦，在道圣谛上如实知晓灭除烦恼解脱痛苦的正确途径方法。那个人在成就了有学阶段的智慧见解以后，逐渐修习出世圣道，在三界中由见道、修道所要断绝的一切迷惑烦恼中自己能够脱离系缚，自己能解脱生死痛苦，这样就能超出三界获得彻底离欲。这些就称为从出世圣道趋入离欲。

什么称作从二种道离欲修行所具有的资粮？略语说：

自他圆满、善法欲、戒、根律仪、食知量、悎寤、正知住、善友、闻、思、无障、舍、庄严。

讲的是自己具有完善的人身、环境条件，能引导自己和别人涅槃的诸佛法教机缘都存在，对听闻正法出家修行生信解爱乐，真正出家受具足戒不退失，修习守护六根使它们不受污染的律仪，知晓长养身心的物质、精神食粮量度，在初夜、后夜时分恒常勤修，在夜晚来回走动或原地坐禅使内心警动不悎净修心意的修法，在任何行为举措上都保持正纯的理智，引导他人从善不遗余力，听闻正法，思维正法，接受佛法没有障碍，不断增长布施修行，作为沙门应具备的多方面修养都充实完美，这些修行法就称作从世间善和出世间圣道趋入离欲所具有的资粮。……

什么称作沙门应具备的多方面修养都充实完美？略语说：

正信而无谄、少病、精进、慧、具少欲、喜足、易养及易满、杜多德、端严、知量、善士法、具聪慧者相、忍、柔和、贤善。……

比如有人成就了这些修行法，爱乐正法，爱乐修佛功德，不乐意追求利益享受、他人的恭敬颂扬美誉，也不形成这样二种邪见，即不增益并非实有的虚妄现象、不损减诸法实性的真如实体；……对佛世尊和佛弟子的不可思议的威德神力精深言教信解很深，始终不加毁谤，能正确通晓唯有如来才能达到的知识见解、契合真如理体非我执的境界，始终不乐意执取自己的妄见、持不合理怪僻固执的邪恶见解所生出的言论咒术；如与这样的功德相应，保持这样的精神，这样修学下去，以真正的沙门所应具备的种种修养使自己的修养充实完美，很是精微玄妙。例如有人身体盛壮形相端正，喜好美饰自己，爱乐各种享受，沐浴身体，涂上妙好的香料，穿上净亮的衣裳，戴上种种美妙的装饰品（所说的璎珞、耳环、指环、腕钏、臂钏，各种妙好的宝印和金银等）、扮上种种华美的发式，如此美饰极为奇妙。而修行的人则是以真正的沙门所应具备的种种功德妙好的修养使自己的修养充实完美，他的品德盛炽，威光遍照，所以说成是持戒修道的沙门多方面修养充实完美。这些就是所称的沙门多方面修养充实完美的理义。

独觉地[①]第十四

原典

如是已说声闻地。

云何独觉地？当知此地有五种相：一者种性，二者道[②]，三者习[③]，四者住[④]，五者行[⑤]。

云何独觉种性？谓由三相，应正了知：一者、本性独觉，先未证得彼菩提时，有薄尘种性[⑥]，由此因缘，于愦闹处心不爱乐，于寂静处深心爱乐；二者、本性独觉，先未证得彼菩提时，有薄悲种性，由是因缘，于说正法利有情事心不爱乐，于少思务寂静住中深心爱乐；三者、本性独觉，先未证得彼菩提时，有中根种性，是慢行类，由是因缘，深心希愿无师无敌而证菩提。

云何独觉道？谓由三相，应正了知：谓有一类，安住独觉种性，经于百劫，值佛出世，亲近承事，成熟[⑦]相续，专心求证独觉菩提，于蕴善巧、于处善巧、于界善巧、于缘起善巧、于处非处[⑧]善巧、于谛善巧，勤修学故，于当来世速能证得独觉菩提，如是名为初独觉道。复有一类，值佛出世，亲近善士，听闻正法，如理作意，于先所未起顺决择分[⑨]善根引发令起（谓暖、顶、忍[⑩]，而无力能即于此生证法现观得沙门果[⑪]，复修蕴善巧、修处善巧、修界善巧、修缘起善巧、修处非处善巧、修谛善巧故,于当来世能证法现观得沙门果,是名第二独觉道。复有一类,值佛出世,亲近善士,听闻正法,如理作意,证法现观得沙门果,而无力能于一切种至极究竟毕竟[12]离垢,毕竟证得梵行边际阿罗汉果[13],复修蕴善巧、修处善巧、修界善巧、修缘起善巧、修处非处善巧、修谛善巧故,依出世道,于当来世至极究竟毕竟离垢、毕竟证得梵行边际阿汉果,是名第三独觉道。

云何独觉习?谓有一类,依初独觉道,满足百劫修集资粮,过百劫已,出无佛世[14],无师自能,修三十七菩提分法,证法现观得独觉菩提果,永断一切烦恼,成阿罗汉。复有一类,或依第二、或依第三独觉道,由彼因缘,出无佛世,无师自能,修三十七菩提分法,或证法现观,乃至得阿罗汉果;或得沙门果,至极究竟毕竟离垢,毕竟证得梵行边际,证得最上阿罗汉果[15]。当知此中由初习故,成独觉者,名麟角喻[16];由第二、第三习故,成独觉者,名部行喻[17]。

云何独觉住?谓初所习麟角喻独觉,乐处孤林,乐独居住,乐甚深胜解,乐观察甚深缘起道理,乐安住最极空、无愿、无相作意。若第二、第三所习部行喻独胜,不必一向乐处孤林、乐独居住,亦乐部众共相杂住，所余住相如麟角喻⑱。

云何独觉行？谓一切独觉随依彼彼村邑聚落而住，善护其身，善守诸根，善住正念⑲。随入彼彼村邑聚落，或为乞食，或济度他下劣愚昧，以身济度，不以语言。何以故？唯现身相，为彼说法不发言故，示现种种神通境界，乃至为令心诽谤者生归向故。又彼一切，应知本来一向趣寂。

注释

①**独觉地**：自己觉悟脱离生死的境界。此地内容仅占本论第三十四卷最后小部分篇幅。

②**道**：即独觉道，意即自己觉悟的道途，分为初、二、三。

③**习**：即独觉习，意即自己觉悟的修习。

④**住**：即独觉住，意即自己觉悟的居住和精神的状态。

⑤**行**：即独觉行，意即自己觉悟的行为。

⑥**薄尘种性**：也作薄地，意即欲惑轻薄（浅少），指须陀洹或斯陀含种性。

⑦**成熟**：此处非指已获最后有身，是指趋入成熟过程，或即将成熟。

⑧ **处非处**：善的因果为处，恶的因果为非处。

⑨ **决择分**：见道中的无漏真智，因无漏真智通见道、修道、无学，见道只有无漏真智的一部分，所以称决择分。所谓决择，即决断疑惑简择圣道。

⑩ **暖、顶、忍**：四善根中的前三根。四善根，是观想抉择圣道的智慧的梯次，一为烟位即暖位，以圣火将生之前的相状作譬喻；二为顶位，修观圣法可能退失的阶段到此为顶，意即修到忍法就超过能退阶段不再退了；三为忍位，即忍可决定圣谛的阶段，达到此位不再退堕恶趣；四为世第一法位，为忍位后念的一刹那，由有漏智无间生无漏智，离凡夫住圣位，所以称为世间法的第一法。四善根观法的内容，俱舍、成实、唯识等各家说法不一，但各阶段功德果相基本一致。

⑪ **无力能即于此生证法现观得沙门果**：在此生智慧还没有力能现前观明诸法谛理获得持戒修行的沙门果位。证法现观，以智慧现前观察思索得以明晓诸法的谛义，如观有为法为无常，观有漏法为苦，观一切法为空之类。沙门果，持戒修行的果，此通指为预流果即须陀洹果。

⑫ **究竟毕竟**：究竟、毕竟的本义都是至极，只不过佛家习惯以究竟侧重表示最胜义、毕竟侧重表示无余义。

⑬ **梵行边际阿罗汉果**：清净修行到顶际的阿罗汉果。边际，穷尽、终极。

⑭ **出无佛世**：按佛典记载，在成、住、坏、空的大劫里的住劫中第一劫至第八劫无佛出世；第九劫中先后有拘留孙佛（Krakucchanda）、拘那含佛（Kanakamuni）、迦叶佛（Kāśyapa）、释迦牟尼佛出世；第十劫有弥勒佛出世；第十一至第十四劫无佛出世；第十五劫有九百九十四佛出世；第十六劫至第十九劫无佛出世；第二十劫有楼至佛（Bucika）出世。本论所谓"出无佛世"，不宜生硬理解为出身在无佛劫，而应理解为出身在无佛的时世或时期。

⑮ **或得沙门果……证得最上阿罗汉果**：此段文字讲述的是渐出离行，即由沙门果（须陀洹）逐渐进到最上的阿罗汉果。前文"或证法现观，乃至得阿罗汉果"讲述的是顿出离行。

⑯ **麟角喻**：独身无伴侣，自己觉悟如麟一角。

⑰ **部行喻**：有伴侣同时自己觉悟如同部行，即如同部伴同行。

⑱ **所余住相如麟角喻**：即"乐甚深胜解，乐观察甚深缘起道理，乐安住最极空无愿无相作相"。

⑲ **善住正念**：善于使根体保持对外境的正确作用。

译文

如此已经说完声闻地。

什么是独觉地呢？应当知晓此地有五种相状：第一，种性（根器）；第二，觉悟道途；第三，修习；第四，居住及精神状态；第五，行为。

什么是自己觉悟的种性？指应当正确知道三种性格：第一种，在还没有觉悟以前，就有厌离世间的倾向，于是不喜喧腾嬉闹，而于寂静之处，充满向往；第二种，在还没有觉悟以前，悲心就比较薄弱，所以不好弘法利生，只喜欢一个人少烦少恼地住于寂静中；第三种，在没有觉悟以前，只具备中等资质，属于慢行类，所以深心希愿在无师父无论敌的因缘中获得觉悟。

哪些是自己觉悟的道途呢？指应当正确知晓三种相状：有一种人，安住在自己独觉的根性中，历经百劫，遇佛出世，承事供养之后，修行渐趋成熟，便开始专心一意求证最后的觉悟。故于慧巧方便的五蕴、十二处、十八界、十二因缘、善恶因果、四圣谛的理义，勤奋修学，所以在未来世能迅速圆满独觉菩提，这就称作初等自己觉悟的道途。还有一类人，遇佛出世，亲近善知识，听受他们宣说正法以后，便如其所说的，在心底蕴酿思维，引发先没有起动的顺应见道中抉择圣道的无漏真智善根而使它起动（指依次起动四善根中的暖法、顶法、忍法），但是还无力能就在此本世现前观明诸法谛理获得预流果位，由于又修习慧巧方便的五蕴、十二处、十八界、十二因缘、善恶因果、四圣谛的理义，所以在未来世能够获得现前观明诸法谛理的预流果，这就称作第二自己觉悟的道途。还有一类人，遇佛出世，亲近圣贤，听受他们宣说的正法，合真实理地调动内在精神活动，获得现前观明诸法谛理的预流果，但是还没有力能在一切种类的极顶、最胜的范畴达到无余的脱离尘垢欲染、最终获得清净梵行极顶的阿罗汉果，由于又修习慧巧方便的五蕴、十二处、十八界、十二因缘、善恶因果、四圣谛，依托出世圣道，在未来世极顶最胜的范畴无余的脱离尘垢欲染，最终获得清净梵行的阿罗汉果，这就称作第三自己觉悟的道途。

什么是自己觉悟的修习？指有一类人，依托初阶自己觉悟的道途，在满一百劫里修习聚集资助修行的身心食粮，一百劫过后，出身在无佛的时世里，虽没有师父教授却自己具有力能，修习三十七菩提分法，得以现前观明诸法谛理获得自己觉悟的佛果，永远断离一切烦恼，成为阿罗汉。还有一类人，或依托第二或依托第三自己觉悟道途，由这些因缘的作用，在他出身无佛时世时，虽没有师父教授却自己具有力能，修习三十七菩提分法，有的得以现前观明诸法谛理，直至获得阿罗汉果；有的获得须陀洹果，逐渐在极顶最胜的范畴无余地脱离尘垢，无余地达到清净行的极顶，获得最上的阿罗汉果。应当知晓其中通过初阶修习成为自己觉悟的人，称作麟角喻；通过第二、第三阶修习成为自己觉悟的人，称作部行喻。

什么是自己觉悟的居住和精神状态？指在初阶修习属于麟角喻的自己觉悟的人，乐意处在孤林，乐意独自居住，乐意进行甚深胜妙的思考解悟，乐意观想很深的缘起道理，乐意处在对精深至极的空、无愿、无相的精神活动状态中不退转。在第二、第三阶修习的属于部行喻的自己觉悟最胜的人，不必一向乐意处在孤林、乐意独自居住，也乐意与部众一起杂住，其他的精神活动状态和麟角喻的相同。

什么是自己觉悟的行为？指一切自己觉悟的随依那些村邑群聚地居住时，善于避开侵害保护自身，善于守护住自己根体不受外界境相污染影响，善于使自己根体对外界境界发出正确作用。随身进入那些村邑群聚地，或者向人乞食，或者济度下劣愚昧的人，仅以身相示范诱导来济度人，不用语言的形式。为什么这样呢？由于唯有显现身相，为别人宣说法教却不用语言形式表述，所以就显现种种神通变化的境相，直至使生有诽谤佛的人产生归依的希愿。又他们的一切行为，应当知晓本来一向趋入寂静涅槃。

菩萨地① 第十五

原典

如是已说独觉地。

云何菩萨地？嗢柁南曰：

初持②次相③分④，增上意乐⑤住⑥，
生⑦摄受⑧地⑨行⑩，建立⑪最为后。

有十法具摄大乘菩萨道及果。何等为十：一者持，二者相，三者分，四者增上意乐，五者住，六者生，七者摄受，八者地，九者行，十者建立。

云何名持？谓诸菩萨自乘种性⑫、最初发心⑬及以一切菩提分法⑭，是名为持。何以故？以诸菩萨自乘种性为依止故、为建立故，有所堪任，有大势力，能证无上正等菩提⑮，是故说彼自乘种性，为诸菩萨堪任性持。以诸菩萨最初发心为所依止、为建立故，于施、戒、忍、精进、静虑、慧，于六波罗蜜多[16]，于福德资粮、智慧资粮[17]，于一切菩提分法，能勤修学，是故说彼最初发心，为诸菩萨行加行[18]持。以诸菩萨一切所行菩提分法为所依止、为建立故，圆满无上正等菩提，是故说彼一切所行菩提分法为所圆满大菩提持。

住无种性补特伽罗，无种性故，虽有发心及行加行为所依止，定不堪任圆满无上正等菩提；由此道理，虽未发心、未修菩萨所行加行，若有种性，当知望彼而得名持[19]。又住种性补特伽罗，若不发心、不修菩萨所行加行，虽有堪任而不速证无上菩提；与此相违，当知速证。又此种性，已说名持，亦名为助[20]，亦名为因，亦名为依，亦名阶级[21]，亦名前导[22]，亦名舍宅[23]。如说种性最初发心、所行加行，应知亦尔。

云何种性？谓略有二种：一本性住种性，二习所成种性。本性住种性者，谓诸菩萨六处殊胜有如是相，从无始世展转传来，法尔所得，是名本性住种性。习所成种性者，谓先串习善根所得，是名习所成种性。此中义意[24]，二种皆取。又此种性亦名种子，亦名为界，亦名为性。又此种性未习成果，说名为细，未有果故；已习成果，说名为粗，与果俱故。

若诸菩萨成就种性，尚过一切声闻、独觉，何况其余一切有情！当知种性无上最胜。何以故？略有二种净：一烦恼障㉕净，二所知障㉖净。一切声闻、独觉种性唯能当证烦恼障净，不能当证所知障净。菩萨种性亦能当证烦恼障净，亦能当证所知障净，是故说言望彼一切无上最胜。复由四事当知菩萨胜于一切声闻、独觉。何等为四？一者根胜，二者行胜，三者善巧胜，四者果胜。言根胜者，谓诸菩萨本性利根，独觉中根，声闻软根，是名根胜；言行胜者，谓诸菩萨亦能自利，亦能利他，利益安乐无量众生，哀愍世间，令诸天人获得胜义利益安乐，声闻、独觉唯行自利，是名行胜；善巧胜者，声闻、独觉于蕴界处、缘起处、非处中能修善巧，菩萨于此及于其余一切明处能修善巧，是名善巧胜；言果胜者，声闻能证声闻菩提，独觉能证独觉菩提，菩萨能证阿耨多罗三藐三菩提㉗，是名果胜。

注释

① **菩萨地**：求得无上大觉的境界。本地是本论从法相唯识立场阐扬大乘思想的重要部分，也是本论中最厚重的部分，包括卷三十五至卷五十的上半。菩萨地由四持瑜伽处构成，即第一，初持瑜伽处；第二，持随法瑜伽处；第三，持究竟瑜伽处；第四，持次第瑜伽处，共二十八品。初瑜伽处有十八品（种性品、发心品、自

他利品、真实义品、威力品、成熟品、菩提品、力种性品、施品、戒品、忍品、精进品、静虑品、慧品、摄事品、供养亲近无量品、菩提分品、菩萨功德品）；第二瑜伽处有四品（菩萨相品、分品、增上意乐品、住品）；第三瑜伽处有五品（生品、摄受品、地品、行品、建立品）；第四瑜伽处仅有发正等菩提心一品。本注释因篇幅有限仅选录种性品、真实品中的部分段落。

② 持：任持，意即能承当持守不变。

③ 相：菩萨相状，有五种：哀悯、爱语、通猛、舒手惠施、能解甚深义理密意等相。

④ 分：分类，菩萨分为二种类型：在家分、出家分。本论认为出家菩萨要比在家菩萨高胜得多。

⑤ 增上意乐：菩萨修习佛道利益众生直至证无上正等菩提都保持乐意甘愿的精神状态，本论列有十五种乐意：最上、遮止、波罗蜜多、真实义、威力、利益、安乐、解脱、坚固、无虚妄、不清净、清净、善清净、应调伏、俱生等乐意。

⑥ 住：即菩萨住，在修习菩萨道的过程中能具备不同境界所要求的修养，保持不退失。本论列有十二种住：种性、胜解行、极欢喜、增上戒、增上心、觉分相应增上慧、诸谛相应增上慧、缘起流转止息相应增上慧、无相有功用、无相无功用、无碍解、最上成满菩萨

等住。另加超出以上的如来住。

佛家说菩萨修行有二时：一是住时，即保持自己的本性，不断加强自己的修养，也就是侧重自我精神的修习；二是行时，即为济度众生不遗余力，侧重于利他的实践。

⑦ **生**：菩萨受生在各种不同的生身环境中利益众生作佛事。本论列五种生：除灾生、随类生、大势生、增上生、最后生。

⑧ **摄受**：又常作摄取，意即摄取教化引度众生，使他们皈依佛门。本论列有六种摄受：顿普、增上、摄取、长时、短时、最后等摄受。

⑨ **地**：菩萨修道进步过程中的境界阶次。本论将前面述及的十三住分为七种地：种性地（种性住）、胜解行地（胜解行住）、净胜意乐地（极欢喜住）、行正行地（增上戒住、增上心住、三增上慧住、有功用无相住）、决定地（无功用无相住）、决定行地（无碍解住）、到究竟地（最上成满菩萨住、如来住）。

⑩ **行**：菩萨行为。本论列有四类：波罗蜜多行、菩提分法行、神通行、成熟有情行。

⑪ **建立**：指成就菩萨行作为佛须具满的佛法。本论列一百四十种佛法：如来三十二种大丈夫相、八十种随好、四一切种清净、十种力、四种无畏、三种念住、

三种不护、大悲、无忘失法、永害习气、一切种妙智。

⑫ **菩萨自乘种性**：菩萨自己所具有的大乘菩提的种子本性。

⑬ **最初发心**：最初生发修学菩萨道的心。

⑭ **一切菩提分法**：觉道的种种分支或法门。最基本的法门有三十七菩提分法，通称三十七道品：四念处（身、受、心、法）、四正勤（已生恶令断灭、未生恶令不生、未生善令生起、已生善令增长）、四神足（欲、勤、心、观）、五根（信、进、念、定、慧）、五力（信、进、念、定、慧）、七觉支（择法、精进、喜、轻安、念、定、行舍）、八正道（正见、正思维、正语、正业、正命、正精进、正念、正定）。

⑮ **无上正等菩提**：至高无上的、真正非偏邪的、彻底觉悟的佛智。

⑯ **六波罗蜜多**：复指前文的施、戒、忍、精进、静虑、慧。波罗蜜多，即度，由生死此岸度达涅槃彼岸的法门，此处指证无上正等菩提的方便门。

⑰ **福德资粮、智慧资粮**：省称为福资粮、智资粮，意即从福德方面资助证无上正等菩提的资粮，从智慧方面资助证无上正等菩提的资粮。其实福、智资粮也具体指六波罗蜜，施、戒、忍是为福资粮；慧是为智资粮；精进、静虑可通福、智二资粮。

⑱ **行加行**：从事证佛果前准备阶段的修行。

⑲ **望彼而得名持**：相对于无种性补特伽罗，有种性的补特伽罗得以称作任持。

⑳ **助**：对有种性者证无上菩提的帮助，即证助。

㉑ **阶级**：有种性者证无上菩提进步过程的阶梯。

㉒ **前导**：有种性者证无上菩提的前导。

㉓ **舍宅**：能证无上菩提的根性所在的舍宅。

㉔ **此中义意**：这种性的概念内容。

㉕ **烦恼障**：又作惑障。指妨碍至菩提之道，而使无法证得涅槃之烦恼而言。

㉖ **所知障**：又名知障、智障、理障，即在认知思维方面的种种障碍，这些障碍具体指各种错乱颠倒的观念和思维方式。

㉗ **阿耨多罗三藐三菩提**：Anuttara samyaksaṃbodhi，即无上正等正觉，又作无上正真道、无上正遍知、无上正遍道、无上正觉、无上正等菩提。阿，a，无。耨多罗，nuttara，上。三藐，samyak，正。三，saṁ，遍、一切。菩提，bodhi，道。意译真正觉知一切真理的无上智慧。此也指佛智。正等，既可以理解为真正平等，也可以理解为真正无偏邪。

> **译文**

如此已经说完独觉地。

什么是菩萨地呢？略语说：

初持、次相、分、增上意乐、住、生、摄受、地、行、建立最为后。

有十种法可以全部统摄大乘菩萨道和果。是哪十法？第一是任持，第二是相状，第三是分类，第四是在修习无上大觉的过程中保持乐意甘愿的精神状态，第五是在修习无上大觉的过程中能具备不同境界所必需的修养并保持不退，第六是求无上大觉的人受生在各种不同生身环境中都利益众生作佛事，第七是摄取教化引度众生，第八是修习无上大觉的进步过程中的境界阶次，第九是求无上大觉人的行为，第十成就无上大觉必须具足圆满的佛法。

什么称作任持？指诸菩萨自己所具有的大乘觉悟的种子本性、最初发心，以及觉悟佛道的种种分支法门，这称作任持。为什么是这样的呢？因为诸菩萨以自己所具有的大乘觉悟种子本性作为依托，并去成就无上大觉必需的圆满佛法，种子就具有生发获得大觉的功能，具有生发大觉证获佛果的力量，从而能够证获至高无上真正不偏邪的彻底觉悟智慧。因为诸菩萨以最初发心作为依托,并去成就无上大觉必需的圆满佛法,对布施、持戒、安忍、勤勉、静虑、智慧等六种度达彼岸的法门,对从福德、智慧方面的资粮,对一切觉悟佛道的分支法门,能够勤奋修学,所以说最初发心,是诸菩萨证获佛果前的准备阶段的修行的任持。因为诸菩萨以一切觉悟佛道的种种分支法门为依托,并去成就无上大觉必需的圆满佛法,完满证获至高无上真正不偏邪的彻底觉悟智慧,所以说那一切所修行的觉悟佛道的种种分支法门是圆满大觉的任持。

处在无求无上大觉种性的人,由于没有菩萨的种性,虽然有最初发求无上大觉的心和在证获佛果前的准备阶段的努力作为依托,但肯定不具备圆满成就至高无上不偏邪的彻底觉悟智慧;由此道理,虽然没有最初发心、没有修习证获佛果前准备阶段的佛法,如果具有求无上大觉的种性,应当知晓这人相对于不具有求无上大觉种性的人得称作能任持。又处于求无上大觉种性的人,如果不发心、不修习菩萨必需在证获佛果前的准备阶段的佛法,虽然具有生发获得大觉的功能,但是不能快速证获至高无上的彻底觉悟智慧;与这种状况相背反的,应当知晓能快速证获至高无上的彻底觉悟智慧。又这求无上大觉的种性,已经说过称作任持,也称作证助,也称作种因,也称作依托,也称作阶梯,也称作前导,也称作根性舍宅。如果论说到求无上大觉种性具有人的最初发心、修习证获佛果前准备阶段的佛法,应当知晓也是如此。

什么是菩萨种性?概略说有二种:第一,本性具有菩萨的种性;第二,习积所形成的种性。本性就具有求无上大觉种性的人,指诸菩萨的眼、耳、鼻、舌、身、意等六处总体特殊优越而具有如此种性相状,它是从无始以来辗转传下来的,是由已存在的事理现象得来的,这就称作本性具有菩萨种性。习积所形成的种性,指前世反复修习善根累积到后世所得到的种性,这称作习积所形成的种性。所谓种性的意义,这二种都涵盖。又这种性,也称作种子,也称作界,也称作性。又这种性,没有能将习积的种因生成果,就称它为细,因为没有果;习积的种因已生成果,就称它为粗,这是因为它能与果俱为存在。

诸菩萨成就的种性,尚能超过一切声闻、独觉的种性,何况其他一切有情众生的种性!应当知晓菩萨的种性是至高无上最为优胜的种性。为什么这样说呢?概略说有二种净:第一是烦恼障除净不存,第二是所知障除净不存。一切声闻、独觉的种性,只能使人达到烦恼障除净不存,不能使人达到所知障除净不存。菩萨的种性,理当使人达到烦恼障除净不存,也使人达到所知障除净不存。因此，菩萨种性是超越声闻、缘觉的，是最无上殊胜的。还可以由四种事知晓菩萨胜过一切声闻、独觉。哪四种事呢？第一，根性优胜；第二，行为优胜；第三，修法优胜；第四，结果优胜。说根性优胜，是指菩萨的本性根利，独觉的根性中等，声闻根性一般，这就称作根性优胜；说行为优胜，指的是诸菩萨既能利益自己，也能利益他人，使无量众生获得利益安乐，悲悯世间众生，使诸天人获得更超卓的利益安乐，然而声闻、独觉只从事利益自己的事，这就称作行为优胜；说修法优胜，声闻、独觉只是在五蕴、十八界方面、十二缘起方面、善恶因果方面能善巧修习，而菩萨在这些方面以及其他一切明处方面都能善巧修习，这就称作修法优胜；说结果优胜，声闻只能证获小乘声闻觉悟智慧，独觉只能证获小乘独觉觉悟智慧，只有菩萨能证获真正觉知一切真理的无上智慧，这就称作结果优胜。

原典

又诸菩萨有六波罗蜜多种性相，由此相故，令他了知真是菩萨，谓施波罗蜜多种性相，戒、忍、精进、静虑、慧波罗蜜多种性相。

云何菩萨施波罗蜜多种性相？谓诸菩萨本性乐施，于诸现有堪所施物，恒常无间性能于他平等分布①。心喜施与，意无追悔；施物虽少，而能均布；惠施广大，而非狭小②；无所惠施，深怀惭耻。常好为他赞施劝施，见能施者心怀喜悦。于诸尊重耆宿③福田④应供养者，从座而起恭敬奉施。于其彼彼此世、他世有情无罪利益事中，若请不请如理为说。若诸有情怖于王贼及水火等，施以无畏，能于种种常极怖中，随力济拔。受他寄物，未尝差违；若负他债，终不抵诳；于共财所，亦无欺罔。于其种种末尼⑤珍珠、琉璃、螺贝、璧玉、珊瑚、金、银等宝资生具中心迷倒者，能正开悟⑥；尚不令他欺罔于彼，况当自为！其性好乐广大财位，于彼一切广大资财心好受用，乐大事业，非狭小门。于诸世间酒色、博戏、歌舞、倡妓种种变现耽着事中，速疾厌舍，深生惭愧。得大财宝尚不贪着，何况小利！如是等类当知名为菩萨施波罗蜜多种性相。

云何菩萨戒波罗蜜多种性相？谓诸菩萨，本性成就软品不善身语意业⑦，不极暴恶；于诸有情，不极损恼；虽作恶业，速疾能悔，常行耻愧，不生欢喜。不以刀、杖、手、块等事恼害有情，于诸众生，性常慈爱。于所应敬，时起奉迎，合掌问讯，现前礼拜。修和敬业⑧，所作机捷，非为愚钝，善顺他心⑨。常先含笑，舒颜平视，远离颦蹙，先言问讯。于恩有情，知恩知报。于来求者常行质直⑩，不以谄诳而推谢之。如法求财，不以非法，不以卒暴。性常喜乐修诸福业，于他修福尚能奖助，况不自为！若见若闻他所受苦，所谓杀缚、割截、捶打、诃毁、迫胁于是等苦过于自受，重于法受⑪，及重后世，于少罪中尚深见怖，何况多罪！于他种种所应作事……悉与同事；于他种种……非法事不与同事。善能制止所不应作，谓十种恶不善业道……如是等类，当知名为菩萨戒波罗蜜多种性相。

云何菩萨忍波罗蜜多种性相？谓诸菩萨性于他所遭不饶益无恚害心，亦不反报；若他谏、谢，速能纳受，终不结恨，不久怀怨。如是等类，当知名为菩萨忍波罗蜜多种性相。

云何菩萨精进波罗蜜多种性相？谓诸菩萨性自翘勤⑫，夙兴晚寐，不深耽乐睡眠倚乐。于所作事⑬勇决乐为，不生懈怠；思择方便，要令究竟。凡所施为一切事业，坚固决定；若未皆作、未皆究竟，终不中间懈废退屈。于诸广大第一义⑭中心无怯弱，不自轻蔑，发勇猛心，我今有力能证于彼。或入大众，或与他人共相击论，或于种种难行事业，皆无畏惮。能引义利大事务中尚无深倦，何况小事？如是等类，当知名为菩萨精进波罗蜜多种性相。

云何菩萨静虑波罗蜜多种性相?谓诸菩萨性于法义能审思维,无多散乱。若见若闻阿练若处山岩、林薮边际卧具人不狎习、离恶众生随顺宴默;便生是念,是处安乐出离远离⑮者,常于出离及远离所深生爱慕。性薄烦恼,诸盖轻微,粗重⑯羸弱。至远离处思量自义⑰,心不极为诸恶寻思之所缠扰。于其怨品尚能速疾安住慈心,况于亲品及中庸品。若见若闻有苦众生为种种苦之所逼恼,起大悲心,于彼众生随能随力方便拔济,令离众苦。于诸众生,性自乐施利益安乐。亲属衰亡、丧失财宝、杀缚禁闭及驱摈等诸苦难中,悉能安忍。其性聪敏,于法能受、能持、能思;成就念力,于久所作、所说事中,能自记忆,亦令他忆。如是等类,当知名为菩萨静虑波罗蜜多种性相。

云何菩萨慧波罗蜜多种性相?谓诸菩萨成俱生慧;能入一切明处境界;性不顽钝,性不微昧,性不愚痴⑱;遍于彼彼离放逸处有力思择。如是等类,当知名为菩萨慧波罗蜜多种性相。

应知是名能比菩萨种性粗相⑲。决定实义,唯佛世尊究竟现见。由诸菩萨所有种性,性与如是功德相应⑳,成就贤善诸白净法㉑,是故能与难得㉒、最胜㉓、不可思议、无动㉔、无上如来果位为证得因㉕,应正道理;余不应理㉖。

种性菩萨乃至未为白法相违四随烦恼若具不具之所染污，惟与如是白法相应；若被染污，如是白法皆不显现。或于一时生诸恶趣，菩萨虽生诸恶趣中，由种性力应知与余生恶趣者有大差别，谓彼菩萨久处生死，或时时间生诸恶趣，虽暂生彼，速能解脱；虽在恶趣，而不受于猛利苦受如余有情生恶趣者；虽触微苦，而能发生增上厌离，于生恶趣受苦有情深起悲心。如是等事，皆由种性佛大悲因之所熏发，是故当知种性菩萨虽生恶趣，然与其余生恶趣者有大差别。何等名为种性菩萨白法相违四随烦恼？谓放逸者由先串习诸烦恼故，性成猛利长时烦恼，是名第一随烦恼性；又愚痴者、不善巧者依附恶友，是名第二随烦恼性；又为尊长、夫主、王贼及怨敌等所拘逼者不得自在，其心迷乱，是名第三随烦恼性；又资生具有匮乏者，顾恋身命，是名第四随烦恼性。

又诸菩萨虽具种性，由四因缘不能速证阿耨多罗三藐三菩提。何等为四？谓诸菩萨先未值遇诸佛、菩萨真善知识为说菩提无颠倒道，如是名为第一因缘；又诸菩萨虽遇善友为说正道，而颠倒执，于诸菩萨正所学中颠倒修学，如是名为第二因缘；又诸菩萨虽遇善友为说正道，于诸菩萨正所学中无倒修学，而于加行方便慢缓，懈怠懒惰，不成勇猛炽然精进，如是名为第三因缘；又诸菩萨虽遇善友为说正道，于诸菩萨正所学中无倒修学，亦于加行勇猛精进，然诸善根犹未成熟，菩提资粮未得圆满，未于长时积习所有菩提分法，如是名为第四因缘。如是菩萨虽有种性，因缘阙故，不得速证无上菩提；若具因缘，便能速证。若无种性补特伽罗，虽有一切、一切、一切种㉗，当知决定不证菩提。

注释

①**平等分布**：对一切有情众生不分品类一律平等地布施，即不管对象是亲是怨、是胜是劣、有德无德，都怀平等心行布施。

②**惠施广大，而非狭小**：意即自己财物无论少时、多时都慷慨布施，不留余地，不是装模作样让出少部分施人。

③**尊重耆宿**：即尊宿。耆（くl´音其）宿，六十岁以上的老人。

④**福田**：佛家将应受人供养的人与法称为福田，就像农夫的田地，一旦耕种（礼敬供养侍奉）就能收获（得福），所以福田也即应供者。

⑤**末尼**：即摩尼（Maṇi），译作宝珠、如意珠。为珠玉之总称。一般传说摩尼有消除灾难、疾病，及澄清

浊水、改变水色之德。

⑥**能正开悟**：能从正理上加以开悟，即使人不迷执宝物。

⑦**本性成就软品不善身语意业**：本性因贪、瞋、痴所起的身语意的不善行。软品，世俗尘染范畴。

⑧**修和敬业**：同在僧众中要修习互相和同敬爱的梵行。和敬，又称六和、六和敬，一般指身和敬、语和敬、意和敬、戒和敬、见和敬、行（或学、利）和敬。

⑨**善顺他心**：善于使其同道人顺心，而不致使互相违悖诤斗。

⑩**于来求者常行质直**：对来求请助济的人常以真诚正直地相待，即有力相助则不遗余力，无力相助就说明实情，不怀厌烦心。

⑪**法受**：现前领受那些苦罪，即现法所受。

⑫**翘勤**：特出的勤奋。翘，此作特出、杰出。

⑬**于所作事**：所作的佛事，即自己的修行和度济他人的种种善事。

⑭**广大第一义**：无上究竟大菩提，即彻底觉悟获至极真理。

⑮**出离远离**：出离家居、远离尘世。出离即出家；远离即离绝诸欲恶不善法，获初静虑。

⑯**粗重**：指执有我、我所执见，粗重背袱使人难

以觉悟。

⑰ **思量自义**：自己内心起相进入三摩地境界。

⑱ **性不顽钝，性不微昧，性不愚痴**：本性根性锐利，本性认知无障碍，本性不执迷我、我所。

⑲ **能比菩萨种性粗相**：能推知菩萨种子本性的粗相。比，比较类推。粗相，指六种菩萨相状与诸法实相真理义相比，不过是粗的，即现象性的。

⑳ **性与如是功德相应**：本性与如此六种波罗蜜多相状相应。

㉑ **贤善诸白净法**：贤善洁净的诸法，即六种波罗蜜多。

㉒ **难得**：如来果位，须经过三无量劫积集资粮才能证获，所以称作难得。

㉓ **最胜**：因超过一切声闻、独觉，所以谓为最胜。

㉔ **无动**：如来果位坚固不可摧伏，所以谓为无动。

㉕ **证得因**：只有菩萨种性才是证得如来果位的因。即其他种性（声闻、独觉）不可能成为证得如来果位的因。

㉖ **余不应理**：如说其余的（声闻、独觉）为证得因就不符合道理。

㉗ **一切、一切、一切种**：一切种类不能证得的因缘、一切种类的无菩萨种性的有情众生、一切种类无菩萨种性有情众生的多种生趣类别。此处三个一切不是以

重言强调一切之全，而是分别从三个方面强调，从而排除了无种性补特伽罗证如来菩提的一切可能性。

译文

又诸菩萨有六种度达彼岸的种性相状，由于具有这些相状，使别人知晓他们真的是菩萨，说的是布施度达彼岸的种性相状，持戒、安忍、精进、静虑、智慧度达彼岸的种性相状。

什么是菩萨布施度达彼岸的种性相状呢？指诸菩萨本性乐意布施，对各种现有的能够布施的物资，都能恒常不断、一律平等地布施给一切有情众生。内心喜欢布施，没有追悔的意思；布施物资虽少，但能平等布施；布施慷慨无余，不是略加施舍；没有什么可施，深怀惭愧羞耻。常常喜好称赞别人布施、劝说别人布施，见到能布施的人，从内心感到喜悦。对德尊望重应受人供养的人，从座上起身恭敬地奉侍。在从事使乐意作恶的有情众生断绝恶行，能在此世、他世获得无罪安乐的利益事中，对来请益的人、不来请益的人都用合理的文辞为他们宣说。如果诸有情众生畏惧王贼、水火等，就布施无畏心，能在种种经常极度恐怖的现象中，随时致力地济拔他们。接受别人寄放的财物，不差少瞒掉；如负别人债,始终不抵赖;对于公共财物处所,也不欺瞒。对被种种宝珠、珍珠、琉璃、螺贝、璧玉、珊瑚、金、银等宝物迷倒的人,能用正理开悟他们;尚且使别人不对财宝欺瞒,何况自己当要作的!他们的本性喜好拥有巨大的财富,心里感到能以巨大资财布施他人是很好的享受,乐意以巨大资财布施利益众生的大事业,不是只满足于有点施舍就止的狭小法门。在诸世间的酒色、赌博、歌舞、娼妓等种种种子变现的迷执情欲事中,能很快厌弃,深感惭愧。得到大财宝尚且不贪恋迷执,何况得到小利!如此等类应当知晓称作菩萨布施度达彼岸的种性相状。

什么是菩萨持戒度达彼岸的种性相状?指菩萨本性在成就因贪婪、瞋怒、痴迷所生身、语、意的不善行为中,不怀杀戮的暴恶心;对诸有情众生,不以身、语恶行使人受到损害恼心;虽然做下了恶行,很快能后悔,常生羞耻惭愧心,不生欢喜心。不用刀、杖、手、石块等恼害有情众生,对诸有情众生,本性常怀慈爱心。对于应恭敬的人,随时从座起身恭迎奉侍,合掌问候,当前礼拜。同在僧众中要修习和谐敬爱的清净行,所作所为机敏迅捷,不是愚笨迟钝,善于使同道人顺心相和。经常行先含笑,容颜舒和眼睛平视,远离皱眉忧愁,先向人发语问候。对有恩于自己的有情众生,知恩知报。对来求请的有情众生常真诚正直地相待，不以迎合欺诳的手段推谢。按法度谋求财资，不是用非法手段谋求财资，更不是用凶恶戕杀手段。本性常喜乐修习得福的事业，对别人修福都能奖励帮助，难道自己不做吗？看见、听到别人受苦，即杀缚、割截、捶打、怒责诽谤、逼迫恐吓等苦痛，感到超过自己所受的苦，感到比自己现前遭受的这些苦还要沉重、比自己后世受到的苦还要沉重，有了少些罪就现出恐怖，何况有更多罪！别人做种种应作的事……都要和他们共同从事；别人做种种……非法的事，就不和他们共同从事。善于制止别人做不应作的事，即所说的十种恶不善业道……如此等类，应当知晓称名菩萨持戒度达彼岸的种性相状。

什么是菩萨安忍度达彼岸的种性相状？指诸菩萨本性对他人使自己遭受利益欠缺不怀怨恨加害心，也不施报复；如果别人对自己规劝和辞谢，很快能接受，始终不生恨，不长久地怀怨。如此等类，应当知晓称作菩萨安忍度达彼岸的种性相状。

什么是菩萨精进度达彼岸的种性相状？指诸菩萨本性特别勤奋，早起晚睡，不是极好沉溺在睡眠逸乐中。对从事自我的修行、度济他人的善事，勇敢抉择，乐意从事，不生松懈懒怠心；思维抉择进修佛道的慧巧方法，要择取能使自己达到至极成佛境界的。对所从事的一切事业，决定不移；如果还没有全作、还没有达到至极境界，始终不中途懈怠废止退缩屈伏。在修彻底觉悟证获至极真理的过程中心无怯弱，不轻蔑自己；发勇猛无畏心：我现在有力势可能证获至极真理。或进入众人中，或与别人互相论战，或面临种种难做的事业，都没有畏惧。能在导引度济有情众生的大义大利的事务中，尚且毫无倦意，何况做小事？如此等类，应当知晓称作菩萨精进度达彼岸的种性相状。

什么是菩萨静虑度达彼岸的种性相状？指菩萨本性对于法义能精细思维，心没有散乱。见闻住于寂静山岩、山林水边等禅修者，能远离轻狎的恶习、远离不善众生，能随寂静的环境安坐静虑；一生起在寂静处安坐静虑的心念，就是出离家居、远离尘世的人，常对出离家居和远离尘世深怀爱慕。本性少烦恼，种种障碍清净修行的烦恼轻微、粗重的偏执观念见解不顽固。到远离尘世的处所思量在内心起相进入定境界，心一点也不会被种种偏邪执迷的寻思纠缠扰乱。对待那些怨恨类的，都能速疾深怀慈心不移，何况对待亲近类的和不怨不亲类的了。看见或听到受苦的众生被种种苦痛逼迫恼心，就起大悲心，对那些众生尽自己力能随时加以拔救济度，使他们脱离众苦。对诸众生，本性乐意惠施利益使他们安乐。在亲属衰亡、丧失财宝、杀缚禁闭和驱赶抛弃等种种苦难中，都能安然忍受。他们本性聪敏，对于佛法能接受、能保持、能思考；形成对所听受思考的佛法有力记忆后，对很久以前所做所说的事，自己都能记忆，也能使别人记忆。如此等类，应当知晓称作菩萨静虑度达彼岸的种性相状。

什么是菩萨智慧度达彼岸的种性相状？指诸菩萨证悟佛道所必需的种种智慧；能进入一切明处境界；根性不顽固迟钝，本性认知无障碍，本性不执迷偏邪见解；对那些远离众欲横流使人放逸的处所的清净行有力地思维抉择。如此等类，应当知晓称作菩萨智慧度达彼岸的种性相状。

应当知晓这些称作能推知菩萨种性的粗相。对于诸法实性理义的决定，只有佛世尊才能究竟的把握现前。由于诸菩萨的所有种性，本来与此六种度达彼岸的相状相应，能成就贤善洁净的六波罗蜜的修行法，所以菩萨的种性才能够成为证得难得的、最胜的、不可思议的、坚不可摧的无上如来果位的因，菩萨是符合真正道理的；其余的种性要证得如来果位的因就不符合道理了。

具有种性的菩萨，只要没有被与洁净法相违悖的四种随烦恼的全部或部分所污染，他们的本性就与洁净的度达彼岸法相应；如被污染，如此洁净法都不会显现。他们或者一时生在诸恶趣，作为菩萨虽然生在诸恶趣中，由于具有菩萨种性的势力，应当知晓他们与其他生在诸恶趣的众生有很大的差别，意指那些菩萨虽然久处在生死中，或时时生在诸恶趣里，或者暂时生在恶趣里，但能迅速解脱；虽然生在恶趣里，但不像其他生在恶趣的有情众生那样遭受猛利的苦痛；虽然遭到轻微的苦，却能生出非常强的厌离心，对生在恶趣受苦的有情众生深怀悲心。如此等事，都是由于佛种性中的大悲种因所熏发的，所以应当知晓具有种性的菩萨虽然生在恶趣里，但是与其他生在恶趣的有情众生有很大的差别。哪些称作与具有种性菩萨的洁净六度达彼岸法相违悖的四种随烦恼？指放荡贪逸的人因前世反复招惹种种烦恼，本性形成猛利的长期烦恼，这就称作第一种随烦恼性；又愚痴不明智的、不修慧巧修行法的人依附恶行的朋友，这就称作第二种随烦恼性；又被尊长、头领、王贼、仇敌等拘押逼迫的人不能自在，心念迷乱，这就称作第三种随烦恼性；又资养自己生存的物资有欠缺的人，顾恋自己的身命，这就称作第四种随烦恼性。

　　又诸菩萨虽然具有种性，由于四种原因也不能迅速证获真正觉知一切真理的无上智慧。哪四种原因？指诸菩萨先未能遇着诸佛、菩萨及善友为他们宣说彻底觉悟的无颠倒的道义，如此称为第一种原因；又诸菩萨虽然遇着善友为他们宣说正道，但是他们作颠倒的执见，对诸菩萨所应修学的内容作颠倒的修学，如此称作第二种原因；又诸菩萨虽然遇着善友为他们宣说正道，对诸菩萨所应修学的内容不作颠倒的修学，但是对证获佛果前的准备阶段的修行缓慢，懈怠懒惰，不能形成勇猛炽烈的奋进状态，如此称作第三种原因；又诸菩萨虽然遇着善友为他们宣说正道，对诸菩萨所应修学的内容不作颠倒的修学，对证获佛果前的准备阶段的修学也能勇猛奋进，但是他们的种种善根还未成熟，资助彻底觉悟的资粮未得完满，未能在长期修习中积成所有觉悟的分支法门，如此称作第四种原因。如此菩萨虽然具有了求无上大觉的种性，由于因缘欠缺，也不能迅速证获无上大觉；如因缘俱全，就能迅速证获。没有菩萨种性的人，虽有一切种类但仍欠缺证获佛果的因、一切种类的非菩萨种性的有情众生、非菩萨种性的有情众生有一切种类的生趣差别，应当知晓仍决定了不能证获彻底觉悟。

初持瑜伽处真实义品[①] 第四

原典

云何真实义？谓略有二种：一者依如[②]所有性，诸法真实性[③]，二者依尽[④]所有性，诸法一切性[⑤]。如是诸法真实性、一切性，应知总名真实义。此真实义品类差别复有四种：一者世间极成真实⑥，二者道理极成真实，三者烦恼障净智所行真实，四者所知障净智所行真实。

云何世间极成真实？谓一切世间于彼彼事随顺假立、世俗串习、悟入觉慧所见同性。谓地唯是地非是火等。如地，如是水、火、风，色、声、香、味、触，饮、食、衣、乘诸庄严具资生什物，涂香、华鬘、歌舞、妓乐、种种光明，男女承事，田园、邸店、宅舍等事，当知亦尔。苦唯是苦，非是乐等；乐唯是乐，非是苦等。以要言之，此即如此非不如此、是即如是非不如是决定胜解所行境事，一切世间从其本际展转传来⑦想自分别，共所成立，不由思维筹量观察⑧然后方取，是名世间极成真实。

云何道理极成真实？谓诸智者有道理义⑨，诸聪睿者⑩、诸黠慧者⑪、能寻思者、能伺察者、住寻伺地者、具自辩才者、住异生位者、随观察行者，依止现、比及至教量，极善思择决定智所行所知事⑫，由证成道理所建立、所施设义，是名道理极成真实。

云何烦恼障净智所行真实？谓一切声闻、独觉，若无漏智⑬、若能引无漏智⑭、若无漏后得世间智⑮所行境界，是名烦恼障净智所行真实。由缘此为境，从烦恼障智得清净，于当来世无障碍住，是故说名烦恼障净智所行真实。此复云何？谓四圣谛：一苦圣谛，二集圣谛，三灭圣谛，四道圣谛。即于如是四圣谛义极善思择，证入现观[16]。入现观已，如实智[17]生。此谛现观声闻、独觉，能观唯有诸蕴可得[18]，除诸蕴外我不可得[19]。数习缘生诸行生灭[20]相应慧故，数习异蕴补特伽罗[21]无性见故，发生如是圣谛现观。

云何所知障净智所行真实？谓于所知能碍智[22]故，名所知障；从所知障得解脱智所行境界，当知是名所知障净智所行真实。此复云何？谓诸菩萨诸佛世尊入法无我[23]、入已善净，于一切法离言自性[24]、假说自性[25]，平等平等[26]无分别智[27]所行境界[28]。如是境界为最第一[29]、真如无上[30]、所知边际[31]，齐此一切正法思择皆悉退还[32]，不能越度。

又安立此真实义相[33]，当知即是无二所显[34]。所言二者，谓有、非有。此中有者，谓所安立假说自性，即是世间长时所执，亦是世间一切分别戏论根本[35]，或谓为色、受、想、行、识，或谓眼、耳、鼻、舌、身、意，或复谓为地、水、火、风，或谓色、声、香、味、触、法，或谓为善、不善、无记，或谓生、灭，或谓缘生[36]，或谓过去、未来、现在，或谓有为，或谓无为，或谓此世，或谓他世，或谓日、月，或复谓为所见、所闻、所觉、所知[37]、所求、所得，意随寻伺，最后乃至或谓涅槃，如是等类，是诸世间共了诸法假说自性[38]，是名为有。言非有者，谓即诸色假说自性乃至涅槃假说自性无事无相，假说所依，一切都无；假立言说依彼转者，皆无所有，是名非有。先所说有，今说非有，有及非有二俱远离㊴，法相㊵所摄真实性事，是名无二。由无二故，说名中道远离二边㊶，亦名无上。

佛世尊智于此真实已善清净㊷，诸菩萨智于此真实学道所显㊸。又即此慧是诸菩萨能得无上正等菩提广大方便，何以故？以诸菩萨处于生死彼彼生中修空胜解㊹，善能成熟一切佛法及诸有情，又能如实了知生死，不于生死以无常等行深心厌离㊺。若诸菩萨不能如实了知生死，则不能于贪、瞋、痴等一切烦恼深心弃舍，不能弃舍诸烦恼故，便杂染心受诸生死；由杂染心受生死故，不能成熟一切佛法及诸有情。若诸菩萨于其生死以无常等行深心厌离，是则速疾入般涅槃，彼若速疾入般涅槃，尚不能成熟一切佛法及诸有情，况能证无上正等菩提？又诸菩萨由习如是空胜解故，则于涅槃不深怖畏㊻，亦于涅槃不多愿乐㊼。……若于涅槃不深怖畏，即能圆满涅槃资粮；虽于涅槃见有微妙胜利功德，而不深愿速证涅槃。是诸菩萨于证无上正等菩提有大方便，是大方便依止最胜空性胜解。是故菩萨修习学道所摄最胜空性胜解，名为能证如来妙智㊽广大方便。

注释

① **真实义品**：此品即本论中卷三十六的后部分，论述了除绝迷情、虚妄的实相理体义。佛家对于"真实"有多种称名，如真如、实相、法性、实性、一如、自性清净心、如来、佛性等，都是指真实不妄、永恒长住的理体法性。本论此品基于瑜伽学，融通中观论，对大乘真实空性进行了严密精要的阐述，理论性强而不枯涩。

② **如**：梵语多陀（Tathā），即如此，但在佛家范畴中有特殊意义，即特指实相理体，此义均由"如法实相"语引出。诸法或事物现象的实相，即空性理体互相平等同一，意即同如、如是同，所以如与理同义。

③ **诸法真实性**：一切事物现象的真实本质性，指所有的真如：流转真如、相真如、了别真如、安立真如、邪行真如、清净真如、正行真如。

④ **尽**：与如相对，特指万有存在的一切事物现象。

⑤ **诸法一切性**：一切事物现象各自的品类范畴或外延，诸如五蕴、内六处、外六处等。

⑥ **世间极成真实**：世俗间世代相传约定俗成社会公认的事物现象的范畴属性，或日常事物现象习俗概念真实。极成，最终所达到的，极尽所成。

⑦ **从其本际展转传来**：此意指阿赖耶识种子所生，

无始以来，熏习辗转下来。本际，无始无终的总时际，因此可以译作从无始以来。

⑧**思维筹量观察**：思维、筹量、观察分别意指递进的三个认知阶次，即事思维、思量推度、研想认知。

⑨**诸智者有道理义**：众能证获真实义的有智慧的人能以所建立的道理符合真实义。智者，佛家对能认知真实的人的褒称。

⑩**聪睿者**：佛家特指具有二种智慧的圣者，一者具有根本智，即能证获真理实相；二者具有后得智，即能认知万有事物现象。

⑪**黠慧者**：指掌握了识别事物现象各自性相的人。

⑫**极善思择决定智所行所知事**：极其善于思维抉择认定不疑的智慧所认知把握的对象事理。此诸智者圣人的无漏境界，涵盖事理既有尽所有性，又有如所有性。

⑬**无漏智**：脱离生死的不漏落三界六道的智慧，可断见惑（理惑）。

⑭**能引无漏智**：能导引不漏落三界六道的智慧，可伏断粗惑（欲界惑）。

⑮**无漏后得世间智**：在无漏智后所得的智慧名无漏后得世间智，能断思惑（修惑、事惑）。能引无漏智、无漏后得智都属于世间智；无漏智属于出世间智。

⑯**证入现观**：达到所具有的智慧能现前观察把握，

契合无差。

⑰ **如实智**：具体指唯法智、非断智、非常智、缘生行如幻事智。

⑱ **能观唯有诸蕴可得**：能现观的智慧只能观察把握住诸蕴（五蕴）。此能观，是能观智的略说；能观智，即能现观圣谛的智慧。

⑲ **我不可得**：能观智不能观得永恒真实的主宰性的我，即不能观想而得出我见。

⑳ **缘生诸行生灭**：即"诸行无常"；能认知此法义，就"能观唯有诸蕴可得"，即认识到事物现象无非五蕴和合，原本是虚妄不实。

㉑ **异蕴补特伽罗**：即异生的凡夫。

㉒ **于所知能碍智**：在对一切所认知的对象事理中，生起障碍认知事理智慧的偏邪见。所知，即认知的对象。

㉓ **入法无我**：意即已通达各种事物现象不具有永恒真实主宰自性的谛义过程。

㉔ **离言自性**：离绝对诸法各有体性的言说的本实性，这是因为诸法本无自性即空性，意即非有性。

㉕ **假说自性**：假借言说来表述诸法各自存在的本性。假说自性只是名言概念，并非实相本身，所以佛家认为是虚假的，但又说它是有，这是因为诸法虽无自性，但也并非什么也不存在，意即为有，或非无。

㉖ **平等平等**：离言自性、假说自性二者都远离后，只有体会平等无差别理性境界。

㉗ **无分别智**：因为真如理体无相无差别，不可分别，所以无分别智，即契证不可分别的真如理体的智慧。无分别智又称无分别心。

㉘ **所行境界**：此指入法无我无分别智所行境界和入已善净无分别境所行境界。

㉙ **最第一**：特指无分别智所行境界，只能由诸菩萨、佛世尊通达，声闻、独觉不能及。

㉚ **真如无上**：真如境离我分别、戏论分别至高无上。

㉛ **所知边际**：所知法的最至极究竟，即终极真理。

㉜ **齐此一切正法思择皆悉退还**：言外之意，此境界已到极至究竟，不可能再有高过此境界的了。

㉝ **安立此真实义相**：以言说确立这离言自性境界的真实义相状。安立，此处义为概括，用言语讲明范畴内涵。

㉞ **无二所显**：佛家在诠释范畴、概念时常用两种表述方法，一种是正面表述，称作表诠，类似世俗逻辑学的一般定义法；一种是否定式表述法，称作遮诠，如非相、非性、无为、无漏、不生、不灭、无上、无法等。此处是用否定式的表述法。

㉟ **世间一切分别戏论根本**：此指假说自性是世间

以言语表述事理分别的根本。用言词表述的事理自性原是虚妄的，因为诸法自性真实应是离言的，虚妄的言词表述即是戏论，戏谑之论。

㊱ **缘生**：也作缘起。佛家认为一切事物现象是互为因果的，任何事物现象都是由因缘而生的。在经文中，缘起、缘生有时略显差别，缘起往往就因而言，缘生往往就果而言。

㊲ **所见、所闻、所觉、所知**：即四言说；依所见言说、依所闻言说、依所觉言说、依所知言说。

㊳ **诸世间共了诸法假说自性**：世间凡俗有情众生所共同了知的诸法假说自性，即假借言说表述的诸法本性。由于这些世间凡俗对假说自性是长时所执，假说自性又是一切戏论的根本，所以世间凡俗对假说自性才成立为共了。

㊴ **二俱远离**：不偏执有，也不偏执非有，取有非有。二俱远离是将有、非有二者统一起来。

㊵ **法相**：统指一切事物现象，瑜伽行为阐明诸法实相，将所有一切有为、无为事物现象分为三相，即遍计执、依他起和圆成实，也以此三相概括一切事物现象。

㊶ **说名中道远离二边**：称呼名为远离有、非有二边偏执的中道论。中道，是龙树创建的中观学说中的主要理论。中道讲求不偏不倚，统一有与非有，即在观察

过程中既要观一切事物现象的假有，又要观一切现象的空性。龙树在展开论述中道论中提出了著名的八不、二谛范畴：八不为不生、不灭、不常、不断、不一、不异、不来、不去，二谛为世俗谛、胜义谛。

㊷ **佛世尊智于此真实已善清净**：佛世尊智慧已达清净真如无上境界，对这真实性把握自在无碍。

㊸ **诸菩萨智于此真实学道所显**：诸菩萨智慧对这真实通由修习道义来显明。佛世尊对这真实是通由无学来显明的。

㊹ **于生死彼彼生中修空胜解**：在对待生死和各趣各种生身的问题上，能修习正确理解离言自性的空义。

㊺ **不于生死以无常等行深心厌离**：佛家的意思是，作为度济众生的菩萨如果对生死无常深心厌离，就会速求涅槃，不能处在众生中为拔济众生不遗余力，从而失去普度众生成就一切佛道的机缘，而普度众生是一切佛法的重要内容。

㊻ **于涅槃不深怖畏**：这是因为不畏涅槃才能正确理解涅槃胜义、修习涅槃功德。

㊼ **于涅槃不多愿乐**：这是因为对涅槃如多愿乐，就会速求涅槃，失去成就一切佛道及救度诸有情众生的机缘。

㊽ **如来妙智**：也称如来智、无上正智、如来慧、

一切种智、佛智，即能观一切诸法实相的无上觉慧，亦即无上正等正觉、阿耨多罗三藐三菩提。

译文

　　什么是真实义？概略说有二种：第一，依理体真实所存在的本质性，一切事物现象的真实本质性；第二，依一切事物现象所存在的现象性，一切事物现象各自的品类范畴性。这一切事物现象的真实本质性、各自的品类范畴性，应当知晓总称为真实的理义。这真实理义的品类差别又有四种：第一，世间事物现象的习俗概念真实；第二，有智慧的人通过观察认知事物现象最终的真实；第三，除尽烦恼障的智慧把握对象境界的真实；第四，除尽所知障的智慧把握对象境界的真实。

　　什么是世间事物现象的概念真实？指对一切世间种种事物现象随顺自己的意想，假借言词立起事物现象的名称，这是世俗人通过言语反复交流所形成的，是不经思维或下意识悟出的名义，世间有情众生见识事物现象具有共同性。说到地，只是意指地，不是意指火等。像说地一样，这水、火、风、色、声、香、味、触、饮、食、衣、车种种美饰器具、资助养生的物资，涂香、花鬘、歌舞、伎乐、种种光明、男女之间情欲，田园、旅店、居房等事，应当知晓也是这样。苦就是苦，不是乐等；乐只是乐，不是苦等。概要地说，"是如此并非不是如此，是如是并非不如是"这正确解悟所把握的对象境事，是一切世间从无始以来辗转流传下来的，由自己意想加以分别，世人不约而同认许，不通由事思维、思量推度、研想认知然后才得出结果的，这就称为世间社会公认的事物现象的习俗概念真实。

什么是智慧人通过观察认知事物最终的真实？指众有智慧的人能用所建立的道理符合真实理义，众聪颖通达的人、众机灵聪慧的人，能粗思寻求、能精思察纠；寻思察纠诉诸语言的人，能用语言为自己理论雄辩；处在凡夫位有所依托立论的人，对所奉行的佛法理义能随加观察。依托现前境思维、比较推想未知、圣贤言教理法，以极其完善的思维抉择不疑的智慧，且认知把握的对象事理，由证验符合真实理义所成立的、表述为言语形式的理义，这就称作智慧人通过观察认知事物现象最终的真实。

什么是除尽烦恼障的智慧所把握的对象境界真实？指一切声闻、独觉，用脱离生死的无漏智慧、能导引无漏的智慧、在脱离生死的无漏智慧之后所得的智慧把握的境界，这就称作除尽烦恼障智慧所把握的对象境界真实。由于以此作为对象境界，从除尽烦恼障的智慧获得清净，在未来世居无障碍清净圣道的境界，所以称名为除尽烦恼障的智慧所把握的对象境界真实。此境界是什么？指四圣谛：第一，苦圣谛；第二，集圣谛；第三，灭圣谛；第四，道圣谛。即对此四圣谛的所有内容和本质全面彻底地思维抉择，达到的智慧能现前观察契合四圣谛无差。当智慧能现前观察契合四圣谛无差后，能如实把握真理的种种智慧就产生。对此四圣谛进行现前观察的声闻、独觉，能现前观察世间唯五蕴可得，除五蕴外实无真实存在的我可得。由于反复修习因缘和合的事物现象生灭是无常的智慧，由于反复修习关于五蕴和合本无永恒真实主宰性的我这一见解，才生出契合四圣谛无差的观察。

什么是除尽所知障的智慧所把握的对象境界真实？指对所认知的对象认知有障碍，称为所知障；从所知障中获得解脱的智慧对象，就称作除尽所知障的智慧所认知的对象境界真实。此境界还有什么说法？说诸菩萨、诸佛世尊进入证获诸法无我谛义的过程、达到已经永离粗重清净自在的无上境界，对离绝言说的诸法实性、假借言说表述的诸法本性都远离，体会平等无差别理性境界的智慧——把握真如理体的不再有差别相的智慧——所把握的对象境界。如此境界是最第一的、真理至高无上的、所知法中最至极无过的，与此境界相比的正法思维抉择，都不可能超越此境界。

又以言说确立这真实理义的相状，应当知晓是由二种无的否定式表述法来显明。所说的二种否定式表述法，指有、非有。其中有，指确立假借言说表述的诸法本性，就是从无始以来凡夫将它们执迷为实有的，也是世间用言语表述事理分别的根本，或说是色、受、想、行、识，或说眼、耳、鼻、舌、身、意，或又说是地、水、火、风，或说是色、声、香、味、触、法，或说是善、不善、无记，或说成生、灭，或说成缘生，或说过去、未来、现在，或说有为，或说无为，或说此世，或说他世，或说日、月，或又说所见、所闻、所觉、所知、所求、所得，这一切假借言说表述的诸法本性分别都是依托寻思究察起意确立的，最后直到涅槃的也是如此，如此等类，就是诸世间有情众生共同了知假借言说表述的诸法本性，这就称为有。说非有，意指由假借言说表述众物质的本性以至涅槃的本性，并没有实事和相状，作为假借言说的依托，原本一切都是无；依赖那本无实事和相状所谓本性相应立起的言说，也都无所有，这称名为非有。先说有，现又说非有，有和非有都远离而不偏执，就把握住了一切事物现象的真实性，这就称作二种无的否定式表述法。由于二种无，所以称为中道，即远离有及非有二边偏执，也称为至高无上。

佛世尊智慧已居清净真如无上境界，对这真实理义的把握自在无碍；诸菩萨智慧则对这真实理义通由修习道义来显明。又这智慧是诸菩萨能获得至高无上真正无偏邪彻底觉悟的方便通达的门径，为什么？因为诸菩萨在对待生死和各趣各种的生身问题上，能修习正确理解离绝言说表述诸法实相的空义，能圆满地使自己成就一切佛法和使诸有情众生成就一切佛法，又能如实地知晓生死的无常苦痛，但对待生死也并不因为无常痛苦而深怀厌弃远离心。如果诸菩萨不能如实地知晓生死的无常苦痛，就不能对贪婪、瞋恨、痴迷等一切烦恼深怀舍弃心，因不能舍弃一切烦恼，就使心被杂存的烦恼污染，因而承受各种生死；由于被杂存的烦恼污染而承受生死，就不能使自己成就一切佛法和使诸有情众生成就一切佛法。如果诸菩萨对他们的生死因流转无常痛苦等深怀厌弃远离心，这样就会迅速进入涅槃，他们如迅速进入涅槃，使自己成就一切佛法和使诸有情众生成就一切佛法尚且不可能，还能证获至高无上真正无偏邪的彻底觉悟？又诸菩萨由于修习对空性义的正确理解，就对涅槃不深怀畏惧心，对涅槃也不着。……对涅槃不深怀畏惧心，就能将资助涅槃的身心资粮修习完满；虽见到涅槃精微美妙殊胜利益的功德，并不非常执着于迅速证获涅槃。这就是诸菩萨在证获至高无上真正无偏邪彻底觉悟上所具有的大方便通达的门径,这大方便通达的门径依托的是对最胜妙空性义的正确理解。所以菩萨修习所学的道法中,包括对最胜妙空性义的正确理解,称名为能证获观一切诸法实相的无上智慧的大方便通达的门径。

原典

有二种人于佛所说法毗奈耶①俱为失坏。一者于色等法②、于色等事谓有假说自性自相,于实无事起增益执③;二者于假说相处、于假说相依离言自性胜义法性,谓一切种皆无所有,于实有事起损减执④。于实无事起增益执妄立法者所有过失,已具如前显了开示,于色等法实无事中起增益执有过失故,于佛所说法毗奈耶甚为失坏。于色等法实有唯事⑤起损减执坏诸法者所有过失,由是过失于佛所说法毗奈耶甚为失坏。

我今当说,谓若于彼色等诸法实有唯事起损减执,即无真实,亦无虚假⑥,如是二种皆不应理。譬如要有色等诸蕴,方有假立补特伽罗,非无实事,而有假立补特伽罗,如是要有色等诸法实有唯事,方可得有色等诸法假说所表;非无唯事,而有色等假说所表。若唯有假,无有实事,既非依处,假亦无有,是则名为坏诸法者⑦。如有一类，闻说难解⑧大乘相应空性、相应未极显了密意趣义甚深经典，不能如实解所说义，起不如理虚妄分别，由不巧便所引寻思，起如是见，立如是论：一切唯假，是为真实。若作是观，名为正观。彼于虚假所依处所实有唯事拨为非有，是则一切虚假皆无，何当得有"一切唯假，是为真实？"由此道理，彼于真实及以虚假二种俱谤都无所有。由谤真实及虚假故，当知是名最极无者⑨。如是无者，一切有智同梵行者不应共语，不应共住。如是无者，能自败坏，亦坏世间随彼见者。

世尊依彼密意说言："宁如一类起我见者，不如一类恶取空⑩者。"何以故？起我见者，唯于所知境界迷惑，不谤一切所知境界，不由此因堕诸恶趣；于他求法、求苦解脱，不为虚诳⑪，不作稽留⑫，于法⑬、于谛⑭亦能建立，于诸学处不生慢缓。恶取空者，亦于所知境界迷惑，亦谤一切所知境界，由此因故堕诸恶趣；于他求法、求苦解脱，能为虚诳，亦作稽留，于法、于谛不能建立，于诸学处极生慢缓——如是损减实有事者，于佛所说法毗奈耶甚为失坏。

云何名为恶取空者？谓有沙门或婆罗门，由彼故空亦不信受，于此而空亦不信受，如是名为恶取空者。何以故？由彼故空，彼实是无；于此而空，此实是有。由此道理，可说为空。若说一切都无所有，何处、何者、何故名空[15]？亦不应言由此，于此即说为空[16]。是故名为恶取空者。

云何复名善取空者？谓由于此[17]、彼[18]无所有，即由彼故正观为空；复由于此余实是有[19]，即由余故如实知有，如是名为悟入空性如实无倒。谓于如前所说一切色等想事、所说色等假说性法都无所有，是故于此色等想事由彼色等假说性法说之为空；于此一切色等想事何者为余？谓即色等假说所依，如是二种皆如实知。谓于此中实有唯事，于唯事中亦有唯假，不于实无起增益执，不于实有起损减执，不增不减，不取不舍，如实了知如实真如离言自性。如是名为善取恶者，于空法性能以正慧妙善通达；如是随顺证成道理，应知诸法离言自性。

注释

① **法毗奈耶**：法义和戒律。毗奈耶（Vinaya）即戒律。

② **色等法**：即前文提及的五蕴、六处、四大种等法。

③ **于实无事起增益执**：即肯定遍计所执相。

④ **于实有事起损减执**：即否定依他起相和圆成实相。

⑤ **唯事**：唯有圣人智慧能证获的空性事。

⑥ **无真实，亦无虚假**：即然作为真实存在的空性

不存在，那么假借言说表述事相的虚假也不存在。因为虚假是相对真实而存在的，依托真实而存在的。

⑦ **坏诸法者**：否定虚假的存在，就是破坏诸法假言说相的人。因为这样会对假言说相起非非之想。

⑧ **难解**：指不被大乘之外的声闻乘、独觉乘理解。

⑨ **最极无者**：按瑜伽行派的说法，此论者即否定了遍计所执相的存在，也否定了依他起相、圆成实相的存在，即否定了一切种法相的存在。

⑩ **恶取空**：即邪空，恶劣错误地见取空义。恶取空论者主要指小乘说一切有部、大乘方广部的空性论。说一切有部持"分析空"论空，即将一切事物现象分析成诸要素，从而论定一切事物现象都非实有。方广部持"幻化空"论空，一切法不生不灭空无所有，如同兔角龟毛如幻如化，全是虚无。

⑪ **不为虚诳**：对来求正法的人，不用非正法去欺诳。

⑫ **不作稽留**：对来求解脱苦痛的人，及时引导修学不滞阻。稽留，滞阻在生死痛苦内。

⑬ **法**：出离清净品法、正法、佛法。

⑭ **谛**：即苦集灭道四圣谛。

⑮ **何处、何者、何故名空**：即何处名空？何者名空？何故名空？意思是（一切都无所有）依据什么称名空？依据不存在又怎能将哪些现象称名是空？空的依据

不存在，空的现象也不存在，又有什么理由来论说空？

⑯ **亦不应言由此，于此即说为空**：此即指"一切都无所有"的恶取空论的命题。这二句是本论揭示恶取空论在逻辑上的错误：一说一切都无所有是空，就像说种性是种性一样，陷入无意义的同义反复；二陷入了悖论；既然"一切都无所有"是空，那么"一切都无所有"这一命题本身有没有，是不是空？

⑰ **此**：指"一切色等想事"，意思是意想一切关于色声等的事。

⑱ **彼**：指"色等假说性法"，意思是假借言说表述的色声等诸法本性。

⑲ **由于此余实是有**：由于对意想一切关于色声等的事，和其余假借言说表述诸法的本性所依托的离绝言说的诸法实性，都是实际存在的。

译文

有二种人对佛所说的法义、戒律都加以败坏。第一种人，将色声等现象的事相，以假借言语表述的诸法本性以为是实有的，对在真实意义上并不存在的事相，生起增益为实有的执迷；第二种人，将假借言说表述事相意想、假借言说表述事相所依托的离绝言说的诸法实性、胜妙理义的法性，说成是一切种类都无所有，对真实存在的事相生起损减为实无的执迷。对在真实意义上不存在的事相，生起增益为实有的执迷，从而建立错谬教法的人，他们所有的过失在前面都已全面地揭示了，他们由于对色声等现象在真实意义上并不存在的事相，生起增益为实有的执迷，从而构成过失，所以对佛所说的法义、戒律败坏很大。对色声等现象在真实意义上唯有圣人智慧能证获空性事，生起损减为实无的执迷，从而违悖了正确把握诸法构成过失的人，由于执有、执无这过失，对佛所说的法义、戒律败坏很大。

我现在应当说，如果对色声等诸现象为真实存在的唯有圣人证获的空性事，生起损减为实无的执迷，就会认定既无真实空性的存在，也不存在假借言说表述诸法本性的虚假，如此二种结果都不合道理。譬如要有色等五蕴和合，才有借以形成的人，并非没有五蕴等事相事而有借以形成的人，如此必须存在于色声等诸现象中的真实，唯有圣人证获的空性，才可能透彻色声等诸现象的假借言说；而不是否定真实，唯有圣人证获的空性事，能明了对色声等诸现象的假借言说。如果只有虚假，没有实事，那么既然所依托的处所不存在，依托实事的虚假也不复存在，这就称作对诸法假言表述的破坏。例如有一类人，听了难以理解大乘种性智慧相应的空性经典、以密意旨趣表述的极深经典，却不能如实理解所说的理义，生起虚妄的分别，由不慧巧方便的方式引出寻思，从而产生这样的见解、立起如此理论：一切都只是虚假，这是真实。如作这样的观法，才称作正观。他们将虚假所依托处的作为真实存在，把圣人的空性事，反拨成不存在，这就成了一切虚假都没有了，怎能说有"一切都只是虚假，这是真实"？因此，他们是对真实和虚假二种都谤坏成不存在。由于他们谤坏真实和虚假，应当知晓这就称作最极端的无论者。对这种无论者，一切有智慧的、同修清净梵行的人都不应与他们同语，不应与他们同住。这样的无论者，既能败坏自己，也能败坏世间中追随他们和其持同见解的人。

世尊依据密意说："宁可跟随起诸法存在永恒真实主宰见解的一类人，也不跟随恶劣错误地见取空义的一类人。"什么原因？起诸法存在永恒真实主宰见解的人，只是对所要认知的境界迷惑，并不谤坏一切所要认知的境界，也并不因此堕入诸恶趣；对来求取正法、求解脱苦痛的人，不用非正法去欺诳，及时引导修学正法不滞阻，对佛法、对圣谛也能建立，对种种修学事不生慢怠心。恶劣错误见取空义的人，既对所要认知的境界迷惑不明，又谤坏一切所要认知的境界，并因此堕入诸恶趣；对来求取正法、求解脱苦痛的人，既用偏邪法去欺诳，又不及时引导修学解脱，对佛法、对圣谛不能建立，对种种修学事生极慢怠的心——如此将真实存在的空性事损减成实无的人，对佛所说的法义、戒律败坏很大。

什么人是恶劣错误见取空义的人？指沙门或婆罗门，对那假言本性因假借言说表述并非实有，所以是空，他们也不相信接受；对离言本性离绝言说的真如实有的空，也不相信接受，如此称为恶劣错误见取空义的人。为什么？由于假言本性假借言说表述并非实有，所以是空，那假言本性在真实意义上并不存在，这离言本性离绝言说的真如实有空性，其真实是存在的。由于这些道理，才可说成空。如果说一切都无所有，那么依据什么称名空？依据的是不存在，又怎能将哪些现象称名空？空的依据和失去依据的空的现象都不存在，又有什么理由来论说空？也不应该说由于一切都无所有，就对此一切都无所有说成是空。所以称此见取空义的人是恶劣错误见取空义的人。

什么人又称为善取空义的人？指由于对此意想一切关于色声等事，和那假借言说表述的诸法本性都无所实有，由于那假借言说表述的诸法本性是非真实存在，因此正观它为空；又由于对意想一切关于色声等事，和其余假言本性所依托的离绝言说的诸法实性都是实际存在的，由于其余假言本性所依托的离绝言说的诸法实性是实际存在的，因此如实观知真实是存在的，如此称为觉悟到空性契合真实不颠倒。指如前所说的意想一切关于色声等事、所说的假借言说表述的色声等诸法本性都无所实有，所以对意想一切关于色声等事，因它们是假借言说表述色声等的本性，所以说它是空；相对此意想一切关于色声等事，什么是其余的离绝言说的诸法实性？指假借言说表述色声等诸法本性所依托的事，对如此二种理事都能如实知晓。指在意想一切关于色声等事中，存在真实性的唯圣人把握的空性事，在唯圣人把握的空性事中也有唯圣人才能明识的虚假，不对在真实意义不存在的事，生起增益为实有的执迷，不对实有的空性事，生起损减为实无的执迷，不增不减，对实无事不见取为实有，和对实有事不舍弃见取为实有，如实知晓作为离绝言说的本性的实体真理。如此见取空义的人称名为善取空义的人，他们能用真正的智慧来通达诸法的空性；如此随顺证获契合真实理义，应当知晓诸法离绝言说的本性。

有余依地[①] 第十六

原典

如是已说菩萨地。

云何有余依地?当知此地有三种相:一者地[②]施设安立,二者寂静施设安立,三者依施设安立[③]。

云何地施设安立?谓有余依地,除五地一分[④],谓无心地、修所成地、声闻地、独觉地、菩萨地,除一地全[⑤],谓无余依地,所余诸地[⑥],名有余依地。是名地施设安立。

云何寂静施设安立?谓由四种寂静施设安立有余依地:一由苦寂静[⑦]故,二由烦恼寂静故,三由不损恼有情寂静故,四由舍寂静故。……

云何依施设安立?谓有八种依[⑧]:一施设依,二摄受依,三任持依,四流转依,五障碍依,六苦恼依,七适悦依,八后边依。

云何施设依?谓五取蕴。由依此故,施设我及有情、命者、生者、能养育者、补特伽罗、意生、儒童等,诸想等想假用言说[⑨];及依此故,施设如是名字、如是生类、如是种性、如是饮食、如是领受苦乐、如是长寿、如是久住、如是寿量边际等诸想等想假用言说。

云何摄受依？谓七摄受事⑩，即自己父母、妻子、奴婢、作使、僮仆、朋友、眷属七摄受事，如前意地已广分别，依此了知诸有情类有所摄受。

云何持依？谓四种食，即段食、触食、意思食、识食。由依此故，已生有情任立支持，又能摄养诸求有者⑪。

云何流转依？谓四种识住⑫及十二缘起，即色趣识住⑬、受趣识住、想趣识住、行趣识住，及无明缘行、行缘识广说乃至生缘老死⑭。由依此故，诸有情类于五趣生死随顺流转。

云何障碍依？谓诸天魔随有彼彼修善法处，即往其前为作障碍。

云何苦恼依？谓一切欲界皆名苦恼依。由依此故，令诸有情领受忧苦。

云何适悦依？谓静虑等至乐⑮名适悦依。由依此故，诸有情类若即于此现入彼定，若生于彼，长夜领受静虑等至所有适悦。

云何后边依？谓阿罗汉相续诸蕴。由依此故，说诸阿罗汉住持最后身。

问：阿罗汉苾刍诸漏永尽住有余依地，当言与几种依⑯共相应耶？

答：当言与一种依一向相应，谓后边依；与六摄受事不共相应[17]；与流转依、与障碍依一向全不相应；与所余依[18]非相应非不相应[19]。

是名依施设安立。

注释

① **有余依地**：有余留苦累涅槃的境界。有余依，即有余依涅槃（Sopādhiśeṣanirvana）的简称，也就是有余涅槃。有余，意即余留有苦果。有余涅槃，苦因已经断绝了，但苦果还拖累着，不能究竟涅槃。依，即身，人有所依的身，即依身。有余依，人还有苦果所依托的身，此苦当然只是微苦，其身，小乘指阿罗汉的最后身，大乘指菩萨的变易生死。此地的内容仅占本论第五十卷的后部分的很少篇幅。

② **地**：此处地指前面已论述到的前十五地中的某些地。

③ **依施设安立**：身所依方面的确立安置。

④ **除五地一分**：除开无心地、修所成地、声闻地、独觉地、菩萨地等五地中的无余依涅槃范畴中的一部分。也即五地每一地都除开无余依涅槃范畴的一部分。

⑤ **除一地全**：除去无余依地的全部。

⑥ **所余诸地**：除开无余依涅槃范畴后余下的诸地

为有余依涅槃范畴。

⑦ **苦寂静**：苦离绝。此处苦指所有将来后有的种种苦。

⑧ **谓有八种依**：此处文字并不是直接回答地施设安立，只是先摆出人有八种依。而有余依只是八种依中的一部分。

⑨ **诸想等想假用言说**：假用语言对各种五蕴和合身相进行意想，并用语言明确描述出来。想，借用语言进行意想。等想，用语言将所想明确地描述出来。

⑩ **七摄受事**：七种生活承受享用事。即（一）自己父母事，（二）妻子事，（三）奴婢仆使事，（四）朋友官僚兄弟眷属事，（五）田宅邸肆事，（六）福业事及方便作业事，（七）库藏事。

⑪ **求有者**：求后有身者。后有，即未来世定有。

⑫ **四种识住**：即指五蕴中识对色、受、想、行的认知识别的保持状态。

⑬ **色趣识住**：识保持对物质境界认知识别的趋向。趣，趣求，趋向。受趣识住等与此同。

⑭ **无明缘行、行缘识……生缘老死**：指十二因缘（无明、行、识、名色、六处、触、受、爱、取、有、生、老死）的相互因果关系。

⑮ **等至乐**：入身心安和平等的怡乐。等至，定的

别名，也即三摩钵底，身心安和平等。

⑯ **与几种依**：与前文所述的八种依中的哪几种依。

⑰ **与六摄受事不共相应**：与除第六摄受事外的六种摄受事不同相应。

⑱ **所余依**：指其余的施设依、任持依、苦恼依、适悦依。

⑲ **非相应非不相应**：不必然相应偶或有所相应。相应不具有必然性即非相应，相应只具有偶然性名非不相应。

以上论述到阿罗汉苾刍住有余依地只与八种依中的部分依相应。

译文

如此已经说完菩萨地。

什么是有余依地呢？应当知晓此境界有三种相状：第一，修行境界方面的确立安置；第二，寂静方面的确立安置；第三，人身所依方面的确立安置。

什么是修行境界方面的确立安置？指有余依地，除开无心地、修所成地、声闻地、独觉地、菩萨地等五地中的少分无余依涅槃，除去无余依地全部，所余下的诸地，称作有余依涅槃的境界。这就称作修行境界方面的确立安置。

什么是寂静方面的确立安置？指由于四种寂灭而确立安置有余依地：第一，由于苦的寂灭；第二，由于烦恼的寂灭；第三，由于在不损恼有情众生方面达到寂灭的境地；第四，由于在舍弃喜忧情感方面达到寂灭的境地。……

什么是人身所依方面的确立安置？指有八种人身所依：一是个体人身依托五蕴和合形成，二是依托生活承受享用，三是依托任立支持身心的食粮，四是依托四识认知和十二因缘流转，五是依托障碍修习善法，六是依托欲界苦恼，七是依托入定获得安适怡悦，八是依托五蕴和合最后身。

什么是依托五蕴和合形成？指色、受、想、行、识五取蕴。由于依托这五取蕴，对执迷自己有真实主宰的我、对执迷自己的五蕴和合身是实有身、对执迷自己的命根可以连续不绝、对执迷自己能生出众事和被生、对执迷自己能养育他人和被父母养育、对执迷自己是与其他生类不同的能修行的人、对任随意生、对有童子的纯真等，假借言语进行意想，并借语言将所意想的事物明确描述出来；由于依托这五取蕴，对如此名字、如此生类、如此种性、如此饮食、如此领受苦乐、如此长寿、如此久住境界、如此寿量边际等，假借言语进行意想，并借言语将所意想的事物明确描述出来。

什么是依托生活承受享用？指七种生活承受享用方面的依托，即自己父母、妻子、奴婢、作使、僮仆、朋友、眷属七种生活承受享用，如同前面意境界所一一详尽述明的，依托这些可以知晓诸有情众生生活承受享用的事。

什么是依托任立支持身心的食粮？指四种食，即分段物食、情感触食、意识思食、本体识食。由于依托此四食，已生的有情众生身命得以任立支持，又能使得诸有情众生将来后有身生起。

什么是流转依呢？指识对物质、感受、思想、行为认知识别的保持状态和十二因缘，即识保持对物质认知识别的趋向、识保持对感受认知识别的趋向、识保持对思想认知识别的趋向、识保持对行为认知识别的趋向，以及无明导致行为造作起、行为造作导致识起，详说直至生导致老死。由于依托此，诸有情众生在五趣中生生死死随顺流转。

什么是障碍依呢？指欲界第六天天魔跟随修行人到修佛道善法处，在他们修行时即前去作障碍。

什么是苦恼依呢？指一切欲界都称名为依托欲界的苦恼，由于依托此欲界，使诸有情众生领受到忧苦。

什么是安适怡悦依呢？指静虑入定称名为依托入

定的安适怡悦。由于依托此，诸有情众生或就此现入那定，或生在那定中，长夜领受到静虑入定所有的安适怡悦。

什么是后边依身呢？指阿罗汉相续的五蕴和合。由于依托此，就说诸阿罗汉维持住最后身。

问：阿罗汉比丘各种导致漏落六道轮回的烦恼永远尽绝，安住于有余依地，应当说与几种方面的依托同相应呢？

答：应当说与一种方面的依托一直相应，即对五蕴和合最后身的依托；与七种对生活承受享用中的六种完全不相应；与对流转的依托、与对障碍善法的依托全不相应；与其他方面的依托不必然相应或偶尔有所相应。

这些就称名为人身所依方面的确立安置。

无余依地① 第十七

原典

如是已说有余依地。

云何无余依地？当知此地亦有三相：一者地施设安立，二者寂灭施设安立，三者寂灭异门安立。

云何地施设安立？谓先所除五地一分，当知即此无余依地所摄,谓无心地、修所成地、声闻地、独觉地、菩萨地。

云何寂灭施设安立?谓由二种寂灭施设安立如是无余依地:一由寂静寂灭②故,二由无损恼寂灭③故。

云何寂静寂灭?谓先于有余依地获得触证四种寂静,今无余依涅槃界中,亦有最胜四种寂静:一数教寂静④,二一切依寂静,三依⑤依苦⑥寂静,四依依苦生疑虑⑦寂静。……

云可无损恼寂灭?谓与一切依不相应,违背一切烦恼诸苦流转生起,转依所显真无漏界⑧。如说苾刍永寂灭,名真安乐住。又如说言:实有无生、无起、无作、无为、无等生起⑨,亦有有生、有起、有作、有为、有等生起⑩;若当无有无生、无起、无作、无为、无等生起,我终不说有生、有起、有作、有为、有等生起、有永出离;由实有无生、无起、无作、无为、无等生起,是故我说有生、有起、有作、有为、有等生起、有永出离。世尊依此密意说言甚深、广大、无量、无数⑪是谓寂灭。由于此中所具功德难了知故,名为甚深;极宽博故,名为广大;无穷尽故,名为无量;数不能数,无二说⑫故,名为无数。

云何此中数不能数?谓有、非有,不可说故;即色、离色⑬,不可说故;即受、离受,不可说故;即想、离想，不可说故；即行、离行，不可说故；即识、离识，不可说故。所以者何？由此清净真如所显，一向无垢，是名无损恼寂灭。

如是二种，总说为一寂灭施设安立。

云何寂灭异门施设安立？当知此中寂灭异门有无量种，谓名为常，亦名为恒，亦名久住，亦名无变，亦名有法⑭，亦名舍宅⑮，亦名洲渚⑯，亦名救护，亦名归依，亦名所趣，亦名安隐⑰，亦名淡泊⑱，亦名善事，亦名吉祥，亦名无转⑲，亦名无垢，亦名难见⑳，亦名甘露，亦名无忧，亦名无没㉑，亦名无炽㉒，亦名无热㉓，亦名无病，亦名无动㉔，亦名涅槃，亦名永绝一切戏论，如是等类，应知说名寂灭异门。是名寂灭异门施设安立。

注释

①**无余依地**：无余留苦累涅槃的境界。无余依即无余依涅槃（Nirupadhiśeṣanirvāṇa），此地内容仅占本论第五十卷的最后的很少篇幅。

②**寂静寂灭**：亦即寂静寂静。意即在有余依寂静基础上升华到彻底究竟寂静，可译为对有余范畴寂灭离绝的寂灭离绝。

③ **无损恼寂灭**：即寂灭离绝一切烦恼诸苦流转生起。

④ **数教寂静**：意即寂灭离绝达到一切言教都不能表述。数，智慧的数、法教的数。数教，指法理可以用言语明确数表述。

⑤ **依**：即依身，在有余依中尚存有对身（即最后身）的依托。

⑥ **依苦**：即苦恼依，在有余依中已无苦恼依。

⑦ **依依苦生疑虑**：产生依依苦的内心疑虑种子寂灭离绝。

⑧ **转依所显真无漏界**：在阿赖耶种子识中转得的结果显现真实的不漏落六道轮回的境界。转依，是唯识论专用名相。依，即阿赖耶识，因为它是依他起性法。转，即转舍和转得。阿赖耶识中既有一切污染法种子（即烦恼障、所知障）又有菩提种子，无余依涅槃即转舍一切污染法种子，转得舍一切污染法种子，转得菩提种子。

⑨ **实有无生、无起、无作、无为、无等生起**：作为真实存在着的无生、无起、无作、无为、无等生起。五无都是讲寂灭离绝性。无生，已离流转的连续不再生出。无起，已离生出后的生长不再渐起。无作，已离因缘流转不再造作。无为，因无造作不再有依因缘的造作的种种相状。无等生起，不再有出生前与出生后相等的

现象。等生起此特指胎生、卵生托生后，出生前的身体都已长全，在尚未出生时已与出生时相等。

⑩ **亦有有生、有起、有作、有为、有等生起**：也存在世俗间的生、起、作、为、等生起现象。

⑪ **无数**：无数教，即所教的法理不能用言语明确数表述，简言即不可言教、不可言语表说。

⑫ **无二说**：无二执、无二边的法说，这种法理是不可用言语明述的。

⑬ **即色、离色**：物质现象既是存在的，又是虚幻不真实的。即色，观想色要不离色，即不能完全否定色作为现象的存在。即，近连、融合、不离。离色，观想色要远离色的现象，认识到色在真实意义上是不存在的，它的本性是空。

⑭ **有法**：即真实存有法。此处的有，不等于有非有的有，更不能等同于有为法，因为此处有即寂灭的别名。

⑮ **舍宅**：意指无罪喜乐的依托。

⑯ **洲渚**：意指与三界隔绝。

⑰ **安隐**：即安稳，意指无怖畏的依托。

⑱ **淡泊**：即清凉，意即心清净利益众生。

⑲ **无转**：即无流转，意即永恒平等不再在三界六道差别中流转。

⑳ **难见**：意即肉眼、天眼不能得见，只有佛眼才

能见到。

㉑ **无没**：即不卑屈，意即不会沉没在有爱欲中超脱不了。

㉒ **无炽**：意即永离一切恼乱心的愁叹忧苦。

㉓ **无热**：意即永离一切烦恼热。

㉔ **无动**：意即永离一切散乱动摇。

译文

如此已经说完有余依地。

什么是无余依地呢？应当知晓此境界也有三种相状：一是修行境界方面的确立安置，二是寂灭方面的确立安置，三是寂灭别门名称的确立安置。

什么是修行境界方面的确立安置？指前面说过除开五种境界中无余依地，应当知晓就是这无余依地所统摄，所说的五种境界，指的是无心地、修所成地、声闻地、独觉地、菩萨地。

什么是寂灭方面的确立安置？指由二种寂灭确立安置此无余依地：第一，由于寂灭的寂灭离绝；第二，由于达到无损身恼心的寂灭。

什么是寂灭的寂灭离绝？指先在有余依涅槃境界身心契合四种寂灭，现在在无余依涅槃境界中，也有最胜的四种寂灭：第一，达到一切言教都不能表述的寂灭；第二，达到八种依托全都不相应的寂灭；第三，对身的依托、对苦恼的依托全都寂灭；第四，产生对身和苦恼依托的内心疑虑种子寂灭。……

　　什么是达到无损身恼心的寂灭？指与八种依托全不相应，与一切烦恼、众苦、流转、生起相违背，在阿赖耶本体识中转得的结果，显现真实的不漏落六道轮回的境界。如说比丘永远寂灭，称名为永处真正安乐。又如这样说：真实存在着无续生出、无渐长起、无诸造作、无作为相、无出生前后相等事，也存在着续生出、渐长起、诸造作、作为相、出生前后相等事的世俗现象；如果未来一定没有作为真实涅槃存在的无续生出、无渐长起、无诸造作、无作为相、无出生前后相等事，我至终也不会述说有续生出、渐长起、诸造作、作为相、出生前后相等事的世俗现象存在，和永远超脱这些现象的涅槃存在；因为真实存在着无续生出、无渐长起、无诸造作、无作为相、无出生前后相等事，所以我才述说有续生出、渐长起、诸造作、作为相、出生前后相等事的世俗现象存在，和永远超脱这些现象的涅槃存在。世尊依据此密意述说的教言极深、广大、无量、不可言教，这就是所说的寂灭。由于其中所具有的功德难以知晓，所以称为极深；由于极其宽广博大，所以称为广大；由于无有穷尽，所以称为无量；由于不能明确用言语表述、不偏执二边，所以称为不可言教。

为什么说其中的密意不能明确用言语表述？因为有、非有，不可言说；物质现象既是存在的，又是虚幻不实的，不可言说；感受现象既是存在的，又是虚幻不实的，不可言说；思想现象既是存在的，又是虚幻不实的，不可言说；行为现象既是存在的，又是虚幻不实的，不可言说；识认现象既是存在的，又是虚幻不实的，不可言说。形成如此不可言说的原因是什么呢？因为此是清净真如显现的，一向没有垢染，这就称为达到无损身恼心的寂灭。

如此二种寂灭，总括说成是一种寂灭的确立安置。

什么是寂灭别门名称的确立安置？应当知晓此中寂灭别门名称有无数种，如所说的常、恒、久住、无变、有法、舍宅、洲渚、救护、归依、所趣、安隐、淡泊、善事、吉祥、无转、无垢、难见、甘露、无忧、无没、无炽、无热、无病、无动、涅槃、永绝一切戏论，如此等类，应当知晓称名为寂灭的别门名称。这就称名为寂灭别门名称的确立安置。

2　摄决择分[①]

五识身相应地意地[②]

原典

如是已说本地。

次说诸地决择善巧，由此决择善巧为依，于一切地善能问答。今当先说五识身地、意地决择。

问：前说种子依谓阿赖耶识，而未说有、有之因缘、广分别义[③]。何故不说？何缘之有？广分别义云何应知？

答：由此建立是佛世尊最深密记[④]，是故不说，如世尊言：

　　阿陀那识[⑤]甚深细，一切种子如暴流[⑥]。

我于凡愚不开演，恐彼分别执为我[7]。

复次，嗢柁南曰：

执受[8]初[9]明了[10]，种子业[11]身受[12]，
无心定[13]命终[14]，无[15]皆不应理。

由八种相证阿赖耶识决定是有，谓若离阿赖耶识，依止执受不应道理、最初生起不应道理、有明了性不应道理、有种子性不应道理、业用差别不应道理、身受差别不应道理、处无心定不应道理、命终时识不应道理。

何故若无阿赖耶识依止执受不应道理？由五因故。何等为五？谓阿赖耶识先世所造业行为因，眼等转识于现在世众缘为因[16]，如说根及境界、作意力故诸转识生乃至广说，是名初因。又六识身有善不善等性可得[17]，是第二因。又六识身无覆无记异熟所摄类不可得[18]，是第三因。又六识身各别依转，于彼彼依，彼彼识转，即彼所依，应有执受[19]；余无执受，不应道理；设许执受，亦不应理[20]，识远离故，是第四因。又所依止应成数数执受过失[21]，所以者何？由彼眼识于一时转一时不转[22]，余识亦尔，是第五因。……

何故若无阿赖耶识最初生起不应道理？谓有难言：

"若决定有阿赖耶识，应有二识俱时生起[23]。"应告彼言："汝于无过，妄生过想[24]。何以故？容有二识俱时转故[25]。所以者何？且如有一，俱时欲见乃至欲知，随有一识最初生起，不应道理。由彼尔时作意无别，根境亦尔，以何因缘识不俱转？"

何故若无诸识俱转，与眼等识同行意识明了体性不可得耶？谓或有时忆念过去曾所受境，尔时意识行不明了，非于现境意现行时得有如是不明了相，是故应许诸识俱转，或许意识无明了性。

何故若无阿赖耶识有种子性不应道理？谓六识身展转异[26]故。……又彼诸识长时间断，不应相续长时流转，是故此亦不应道理。

何故若无诸识俱转业用差别不应道理？谓若略说有四种业：一了别器业，二了别依业，三了别我业，四了别境业。此诸了别刹那刹那俱转可得，是故一识于一刹那有如是等业用差别不应道理。

何故若无阿赖耶识身受差别不应道理？谓如有一，或如理思，或不如理，或无思虑[27]，或随寻伺，或处定心，或不在定，尔时于身诸领受起，非一、众多种种差别彼应无有，然现可得，是故定有阿赖耶识。

何故若无阿赖耶识处无心定不应道理？谓入无想定或灭尽定应如舍命识离于身[28]，非不离身。如世尊说：

当于尔时识不离身[29]。

何故若无阿赖耶识命终时识不应道理？谓临终时或从上身分识渐舍离，冷触渐起；或从下身分。非彼意识有时不转[30]。故知唯有阿赖耶识能执持身，此若舍离，即于身分冷触可得，身无觉受。意识不尔，是故若无阿赖耶识不应道理。

复次，嗢柁南曰：

所缘[31]若相应[32]，更互为缘性[33]，
与识等俱转[34]，杂染污还灭[35]。

若略说阿赖耶识由四种相建立流转，由一种相建立还灭。云何四相建立流转？当知建立所缘转故，建立相应转故，建立互为缘性转故，建立识等俱转故。云何一相建立还灭？谓由建立杂染转故及由建立彼还灭故。……

云何建立阿赖耶识杂染还灭相？

谓略说阿赖耶识是一切杂染根本。所以者何？由此识是有情世间生起根本，能生诸根、根所依处及转识等故；亦是器世间生起根本，由能生起器世间故；亦是有情互起根本，一切有情相望互为增上缘故……又即此阿赖耶识能持一切法种子故，于现在世是苦谛体，亦是未

来苦谛生因，又是现在集谛生因[36]。……

复次，阿赖耶识所摄持顺解脱分及顺决择分等[37]善法种子，此非集谛因[38]，由顺解脱分等善根与流转相违故。所余世间所有善根[39]因此生故，转更明盛；由此因缘，彼所摄受自类种子转有功能，转有势力，增长种子速得成立；复由此种子故，彼诸善法转明盛生，又复能感当来转增、转胜、可爱、可乐诸异熟果。

复次，依此一切种子阿赖耶识故，薄伽梵说：有眼界、色界、眼识界乃至有意界、法界、意识界[40]。由于阿赖耶识中有种种界故。……

复次，此杂染根本阿赖耶识，修善法故[41]，方得转灭。此修善法，若诸异生[42]以缘转识为境作意[43]方便住心，能入最初圣谛现观。非未见谛者于诸谛中未得法眼[44]，便能通达一切种子阿赖耶识；此未见谛者修如是行已，或入声闻正性离生[45]，或入菩萨正性离生。达一切法真法界已，亦能通达阿赖耶识，当于尔时能总观察自内所有一切杂染[46]，亦能了知自身外为相缚所缚[47]、内为粗重缚所缚[48]。

复次，修观行者，以阿赖耶识是一切戏论所摄诸行界[49]故，略彼诸行于阿赖耶识中总为一团、一积、一聚[50]。为一聚已，由缘真如境智修习多修习故而得转依[51]。转依无间当言已断阿赖耶识。由此断故，当言已断一切杂染。当知转依,由相违故,能永对治阿赖耶识。又阿赖耶识体是无常,有取受性㊽;转依是常,无取受性,缘真如境圣道方能转依故。又阿赖耶识恒为一切粗重所随,转依究竟远离一切所有粗重。又阿赖耶识是烦恼转因,圣道不转因;转依是烦恼不转因,圣道转因,应知但是建立因性、非生因性㊾。又阿赖耶识令于善、净无记法㊿中不得自在;转依,令于一切善、净无记法中得大自在。又阿赖耶识断灭相者,谓由此识正断灭故舍二种取,其身虽住,犹如变化。所以者何?当来后有苦因断故,便舍当来后有之取;于现法中一切烦恼因永断故,便舍现法一切杂染所依之取㊿。一切粗重永远离故,唯有命缘暂时得住㊿。由有此故,契经中言尔时但受身边际受㊿、命边际受,广说乃至即于现法一切所受究竟灭尽。

　　如是建立杂染根本故、趣入通达修习作意故、建立转依故,当知建立阿赖耶识杂染还灭相。如此已依胜义道理㊿建立心意识名义差别,由此道理,于三界等诸心意识一切杂染清净道理应随决了。余处㊿所显心意识理,但随所化有情差别,为婴儿慧㊿所化权说,方便令彼易得入故。

注释

① **摄决择分**：统摄决断选择部分。本部分是对本地分中的许多问题进行抉择解疑，并对本地分中的深隐要义进一步展开阐述。本部分内容即本论的五十一卷至八十卷。本部分共分为十二节：五识身相应地意地（本论卷五十一至五十七）、有寻有伺等三地（本论卷五十八至六十一）、三摩呬多地（本论卷六十二至六十三上）、非三摩呬多地（本论卷六十三中）、有心地（本论卷六十三中）、无心地（本论卷六十三下）、闻所成慧地（本论卷六十四）、思所成慧地（本论卷六十五、六十六）、修所成慧地（本论卷六十七上）、声闻地（本论卷六十七下至七十一）、菩萨地（本论卷七十二至八十上）、有余依及无余依地（本论卷八十下）。

② **五识身相应地意地**：即对五识身相应地意地的决断选择，主要阐述了唯识与法相的重要基础理论。本注译仅选录了唯识理论的主要部分，这部分内容论述了阿赖耶识存在的必然性以及流转、杂染与还灭的机制

③ **未说有、有之因缘、广分别义**：没有讲述经文中有阿赖耶识、有阿赖耶识的因缘、关于阿赖耶识的广泛理义。阿赖耶识由大乘创立，迟至弥勒、无著时代才形成有关理论，在龙树前的大、小乘经典

中尚未说及，所以本论在决择时首先解决关于阿赖耶识是否存在的疑问。

④ **佛世尊最深密记**：佛世尊隐藏最深的确定必然存在的理义。

⑤ **阿陀那识**：Ādānaviknana，即执持识。实为阿赖耶识的别名。

⑥ **一切种子如暴流**：一切种子的刹那次第相续转变如同瀑急水流。

⑦ **恐彼分别执为我**：恐怕他们（凡俗人、愚人）妄生认知识别将它（阿陀那识）执迷成永恒真实的主宰的我。

上面引用的偈颂出自《解深密经》，此经约产生于大乘中期，它在传统六识基础上另立第七识，称之为阿陀那或阿赖耶，并建立了唯识论的理论基础。后来《入楞伽经》又拟出末那识（Manaviknana），并定为第七识，而将阿赖耶识移为第八识。唯识论八识说自此全数。

⑧ **执受**：即依止执受，意即藏持积存的根识觉知识别的结果经验，并摄持众色根和合运转变化。

⑨ **初**：即最初生起，意即一识最初生起。

⑩ **明了**：即明了体性，意即意识认知清楚对象境界的体性。

⑪ **业**：即业用差别，意即识知的各种功用。

　　⑫ **身受**：即身受差别，意即根身的各种苦乐感受。

　　⑬ **无心定**：即处无心定。无心定即灭尽定、无想定，一切心心所活动都不再散动流转。

　　⑭ **命终**：即命终时识，意即命终时刻识逐渐与身舍离的现象。

　　⑮ **无**：执受至命终等若无阿赖耶识。

　　⑯ **眼等转识于现在世众缘为因**：眼、耳、鼻、舌、身、意等转识是以缘接识别现在世各种现实境界为因。转识，唯识论以阿赖耶识为根本识，六识依阿赖耶识转，意识又以末那为中介。

　　⑰ **六识身有善不善等性可得**：六识体有善性、不善性、无记性等性的差别可得。言外之意，阿赖耶识是无记的无性差别的，所以才能依止执受；六识身因为有性差别，所以不能依止执受。

　　⑱ **六识身无覆无记异熟所摄类不可得**：六识身不可能得到不覆障善道的不善不恶性含蕴异熟果报之类的功能。言外之意只有阿赖耶识才有此功能。

　　⑲ **即彼所依，应有执受**：六识都是各别依托某某流转的，那些识所依托的应有执受。暗指所依的阿赖耶识。

　　⑳ **设许执受，亦不应理**：假设六识各别都有执

受，也不合道理。因为只有阿赖耶识才能成为所有识的依托。

㉑ **所依止应成数数执受过失**：如果六识身成为执受依托，那么它们常常反复发生执受的过失。

㉒ **眼识于一时转一时不转**：眼识有时缘境流转，有时不缘境流转。所以眼识如作为执受依止就会经常出现过失。而阿赖耶识则是无间断流转的，所以作为执受依止不会出现过失。

㉓ **二识俱时生起**：阿赖耶识容转识多种同时生起。二识并非仅指二种。

㉔ **汝于无过，妄生过想**：你将本无过错的二识俱生事错误地看作是有过错的。

㉕ **容有二识俱时转故**：由于阿赖耶识的存在是容有二识俱转现象存在的。外论者在假定人的认识只能从一种识最初生开始的前提下，向本论者提出如承认有阿赖耶识存在就必然存在二识俱转，以此想证明阿赖耶识不存在。而本论者则指出一识最初生说是错误的，因为阿赖耶识所容的二识俱生现象本是现实存在的现象。

㉖ **六识身展转异**：六识体辗转变化不定。意即六识体本身不能作为种子识。

㉗ **无思虑**：即无心定。

㉘ **入无想定或灭尽定应如舍命识离于身**：此意是说如果没有阿赖耶识，那么入无想定或灭尽定就应该如同舍命时识离开身躯的相状一样。

㉙ **当于尔时识不离身**：在入无想定或灭尽定时应当是识不离身的。本论者以此证明阿赖耶识的存在。

㉚ **非彼意识有时不转**：阿赖耶识不同于意识有时不运转。本论以此证明意识不可能在命终时执持身。

㉛ **所缘**：即所缘流转，意即在对所缘接的对象境认知作用过程中相续流转。

㉜ **相应**：即相应流转，指阿赖耶识五遍行心相应法，即作意、触、受、想、思恒共相应缘境流转。

㉝ **互为缘性**：即互为缘性流转，指阿赖耶识与众转识互为因缘，阿赖耶识作为种子只有通过生成众转识才能流转，而众转识的流转必须依托阿赖耶识才能运行；众转识熏习阿赖耶识种子，阿赖耶识经受众转识熏习又生植将来异熟果的种子。其中末那识是意根的依托，即意根；末那以阿赖耶识为缘境，并执阿赖耶识为自内我，产生我见等意识。根据互为缘性说及八识关系，可列表如下：

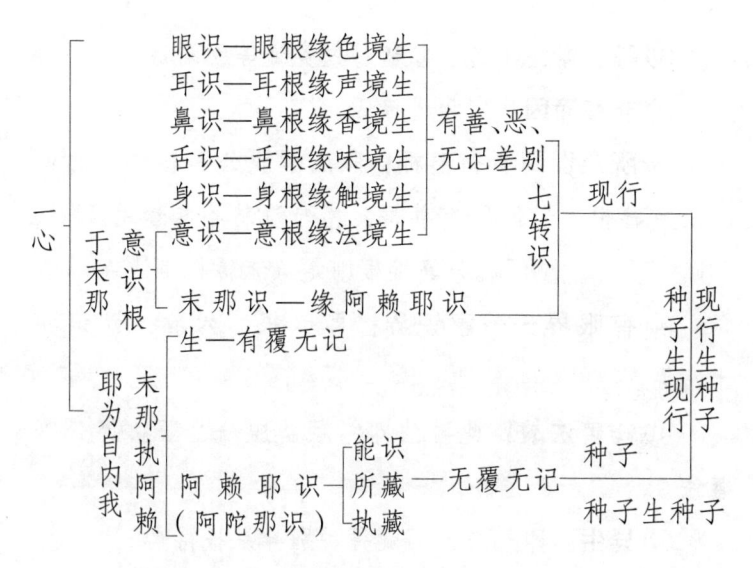

```
        ┌ 眼识──眼根缘色境生 ┐
        │ 耳识──耳根缘声境生 │ 有善、恶、
        │ 鼻识──鼻根缘香境生 │ 无记差别  ┐
   ┌ 意 │ 舌识──舌根缘味境生 │           │ 七      现行 ┐
   │ 识 │ 身识──身根缘触境生 │           │ 转            │
 一 │ 根 │ 意识──意根缘法境生 ┘           │ 识            │ 现行生种子
 心 ┤于                                   │               │ 种子生现行
   │ 末 ┌ 末那识──缘阿赖耶识            ┘              ┐
   │ 那 │                                                │
   │   │ 生──有覆无记                                   │
   └ 末                                                   │
     那                                                   │
     执                                                   │
     阿 ┌ 阿赖耶识   ┌ 能识                             ┐ │
     赖 │（阿陀那识）┤ 所藏 ── 无覆无记 ── 种子 ──────┘
     耶 │            └ 执藏                                种子生种子
     为
     自
     内
     我
```

㉞ **识等俱转**：即阿赖耶识与转识同转，有时阿赖耶识与一识即末那识俱转，有时阿赖耶识与二识即末那、意识俱转，有时阿赖耶识与三识或更多种识俱转，以至阿赖耶识与七识俱转。

㉟ **杂染污还灭**：即杂染流转与涅槃还灭。还灭即涅槃。人心性本净静，因杂染流转，涅槃止息流转返归净静。杂染与还灭是佛家各宗派都注重的课题，本论是从唯识论来阐释的。

㊱ **现在集谛生因**：现法中十二因缘、业报因果产生的原因。集谛，关于苦因集合的谛义，主要内容为十二因缘、业报轮回说，此处集谛指代十二因缘、业报因果。

㊲ **等**：即指见道、修道、究竟道等无漏道。

㊳ **非集谛因**：实为道谛因。

㊴ **所余世间所有善根**：除顺解脱分等善根外的世间所有善根。世间所有善根，指与流转不相违的无贪、无瞋、无痴。顺解脱分等善根则是与流转相违的。

㊵ **有眼界……意识界**：即六根、六境、六识共十八界。

㊶ **修善法故**：此善法即指顺解脱分、顺抉择分等善法。

㊷ **异生**：即凡夫，因受种种别异果报得名。

㊸ **以缘转识为境作意**：具体指四寻思观与四如实观，即寻求思察诸法的名（名称）、义（涵义）、自性（本质性）、差别（现象类别种差），观得这些都假有实无。由于对这些内容的修习都是加行位思维观想，所以称修此善法为缘转识为境作意。

㊹ **法眼**：即法慧，如实现证的智慧。

㊺ **正性离生**：圣者本性的脱离生死。

㊻ **自内所有一切杂染**：自己内心以阿赖耶识为缘境的末那执迷的我见、我慢、我爱、我痴。

㊼ **自身外为相缚所缚**：自己对身外境因不能知晓它的虚幻性，从而被束缚不能如实趋向自在解脱。

㊽ **内为粗重缚所缚**：身内因有执迷永恒真实主宰的

粗重法拖累，从而使自己被束缚不能如实趋向自在解脱。

㊾ **阿赖耶识是一切戏论所摄诸行界**：阿赖耶识是一切属于戏论（以名言概念显现的虚幻诸法）范畴的种种心行法数的依托。

㊿ **一聚**：意即此诸蕴认识五蕴假合原本虚幻。三种一，意味着修行人从内执自我中超脱出来。

(51) **转依**：即转舍劣法之所依，而证得胜净法之所依。就如唯识宗所说，由修圣道，断灭烦恼、所知障，而证得涅槃、菩提之果，此二果即称为二转依果，或二转依妙果，此乃修习之最殊胜境界。又上记之中，所断除之烦恼、所知二障，即是所转舍之法，所证得之涅槃、菩提二果，即是所转得之法。

(52) **取受性**：取果，受果性。即异熟所摄性，即阿赖耶识种子作为果报现象的因果。

(53) **但是建立因性、非生因性**：仅仅就此建立因性和非作为亲自生因性。因性，指阿赖耶识作为根本识是流转和还灭的依持。非生因性，指阿赖耶识仅仅作为流转与还灭的依持，而不是本身直接生出流转与还灭。

(54) **净无记法**：即无覆无记。

(55) **现法一切杂染所依之取**：即指末那执迷阿赖耶识为自内我。

(56) **唯有命缘暂时得住**：只有维持寿命的条件暂

时存在。

㊼ **身边际受**：最后身中自身内因残留有我执等粗重精神拖累所带来的感受。身边际受，也即身受边际。边际，即终端。

㊽ **依胜义道理**：依据最超卓谛义的道理，或在最超卓谛义的道理。胜义，最超卓胜妙的理义范畴，往往是大乘对所建立的究竟涅槃范畴理义的褒扬。

㊾ **余处**：即小乘声闻教法。

㉖ **婴儿慧**：佛家将人天、声闻、缘觉比喻为婴儿，菩萨出于大悲心以小慧启示教化他们，称婴儿慧。

译文

如此已经说完关于三乘修行人凭依、修行境界的基本义理部分。

其次，说对诸修行境界决断选择的善巧方法，以此抉择善巧方法作为依托，就能对一切境界的疑问正确回答。现当先说对五识体相应的境界、意境界的决断选择。

问：前面说到种子的依托即阿赖耶识，但是没有说到经文中有阿赖耶识、有阿赖耶识的因缘、关于阿赖耶识的广泛理义。什么缘故不在经文中说有阿赖耶识呢？

阿赖耶识有什么因缘？有哪些关于阿赖耶识的广泛理义应当知晓？

答：由于这些内容的建立是佛世尊甚深的密意，所以不说，如世尊所说的：

关于阿赖耶识的道理，非常深奥，非常难懂，阿赖耶识中含藏的一切种子，就像瀑流一样连续不断。对一般的凡人、外道，我（佛）不愿宣说，就恐怕他们对阿赖耶识进行虚妄分别，妄执为"我"。

而且，又略说：

执受、初、明了、种子、业、身受、无心定、命终，无皆不应理。

由八种相状证明阿赖耶识肯定是有的，这八种相状指如离了阿赖耶识，能有执持六根摄受六识的依托不合道理、诸识同流转最初生起不合道理、意识明了对象境界体性相不合道理、具有种子性不合道理、认知识别有各种功用不合道理、根身有各种苦乐感受不合道理、能处一切心心所活动不再散动流转的无心定不合道理、命终时识逐渐舍身现象的存在不合道理。

什么缘故如无阿赖耶识能有执持六根摄受六识的依托不合道理？由于五种原因。哪五种原因？指阿赖耶识是以先世造下的业行作为因，眼等转识是以缘接识别现在世各种现实境界作为因，如所说的因为六根及对象境界、调动各种心理活动作用境界的力势，所以诸转识生起，直到关于转识的更广泛的说法，这些称作初因。又六识体是有善性、不善性和不善不恶性等性差别可得的，这是第二因。又六识体不可能具备不覆障善道的不善不恶性和含蕴异熟果报之类的功能，这是第三因。又六识体都是各依托各根身流转的，如果那些识都只是依托各自根身流转，那么应该存在着对那些根身的执持摄受；除六识体各自依根身流转外再无什么对它们执持摄受，就不合道理；假设六识体各别都能执持摄受其他所有识，也不合道理，这是因为阿赖耶识远离了，这是第四因。又如果六识体各别作为执持摄受其他根识的依托，那么它们会常常反复地发生执持摄受的过失，这样的原因是什么？因为眼识有时缘境流转有时不缘境流转，其他五识也是这样，这是第五因。……

什么缘故如无阿赖耶识，诸识就不能同时流转生起，因而执迷一识最初生起不合道理？指有人发难说："如决定有阿赖耶识，就应该有二识同时生起。"应该告诉他说："你将本无过错的诸识能同时流转生起的事相错误地看作是有过错的。为什么这样说呢？因为阿赖耶识是容许二识同时流转的。这样的原因是什么呢？比如有一个人，同时想眼见以至想意知，随着只有一种识最初生起，就不合道理。这是由于这时调动内在各种心理活动趋向境界的内心活动是没有分各识先后差别的，根身、对象境界也是这样，凭什么缘故说诸识不能同时流转？"

什么缘故如无诸识同时流转，与眼等识同时运行的意识就不能认知清楚对象境界体性相呢？指有时忆想过去曾经接受过的境界，这时意识的运行不能认知清楚对象境界体性，并非是意识面对现前境界运行时得出如此不清楚的相，所以应该承认诸识同时流转，或承认单独的意识不可能认知清楚对象境界体性相。

什么缘故如无阿赖耶识，存在种子性不合道理？指因为六识体辗转变化不定不能成为种子识。……又那诸识长时间停断运行，不合于种子识的相续长久时流转的特性，所以这也不合道理。

什么缘故如无诸识同时流转，认知识别有各种不同的功用不合道理？指概略说有四种功用：第一，认知识别身外物质世界整体相的功用；第二，认知识别自身感知器官及运行被执持摄受相的功用；第三，认知识别自我意识的功用；第四、认知识别六识各自境界对象的功用。此各种认知识别功用诸识可在极短极短时间里同时流转中获得，所以说一种识在一个极短时间里有如此等不同功用是不合道理的。

什么缘故如无阿赖耶识，根身有各种苦乐感受不合道理？指如有一人，或合理地思维，或不合理地思维，或处于无心定止停一切内心想动，或随有寻求察思，或处在定心，或不处在定心，这时在根身中种种苦乐感受同时生起，这并非一种而是多种感受差别根身应该是无有的，然而现前却得到多种不同感受，所以肯定有阿赖耶识。

什么缘故如无阿赖耶识，能处在停止一切内心想动的禅定不合道理？指如无阿赖耶识，人这样的定心应该如同舍命时识离开身，而非不离开身。然而入这样的定心正如世尊所说的：应当在这时识不离身。

什么缘故如无阿赖耶识，在命终时识逐渐舍离身不合道理？指人在临命终时或者从上身部分识逐渐舍离，冷触的感觉渐渐升起；或者从下身部分识逐渐舍离。不是像那意识有时不运转。所以知晓只有阿赖耶识能执持根身，此阿赖耶识如舍离，即在身体部分有冷的感触可以得到，身体却没有知觉；意识因有时不运转，所以不是像这样逐渐舍离，所以如无阿赖耶识不合道理。

又其次，略语说：

所缘或相应，阿赖耶识和各种转识互为因缘，阿赖耶识与转识同时发挥作用，杂染流转与涅槃还灭。

概略说阿赖耶识由四种相状建立间杂污染流转，由一种相状建立涅槃返归净静。什么是四种相状建立间杂污染流转？应当知晓是由于建立在认知作用对象境界过程中流转，由于建立阿赖耶识与其他普遍相应的内心活动形式共同相应在认知作用对象境界过程中流转，由于建立阿赖耶识与其他转识互为因缘流转，由于建立阿赖耶识与诸转识同时流转。什么是一种相状建立涅槃返归净静？指因为由建立间杂污染流转和建立由涅槃从间杂污染返归净静。……

什么是建立阿赖耶识由间杂污染涅槃返归净静相状？

指概略说阿赖耶识是一切间杂污染法的根本。为什么这样呢？由于此识是有情世间生起的根本，能生出诸感知神经、感知神经所依托的器官及诸转识等；也是器世间生起的根本，因为此识能生起器世间；也是有情众生互相起长的根本，因为一切有情众生相对互相作用促增……又此阿赖耶识因为能够执持一切法的种子，在现在世是作为苦体存在，也是未来世苦体产生的原因，又是现在世使苦因集起的原因。……

其次，阿赖耶识摄持的趋向涅槃解脱范畴和趋向现观方便决断选择范畴的等善法种子，这些并非致世苦因集起的原因，因为趋向涅槃解脱范畴的善根是与流转相违反的。除趋向涅槃解脱范畴等善根外的所有世间的善根为因由，此趋向涅槃解脱的善根生出，转向更明了盛旺；由于得此因缘，那些世间善根的种子转得有功能，转得有势力，使得种子品位的增长很快成立；又由于这些种子品位增长，那些种种善法转生得更明了盛旺，又还能感招将来转成更高品位、更胜妙、可爱、可乐的诸异熟果报生。

又由于依托这摄持一切种子的阿赖耶识，世尊说：有眼界、色界、眼识界至有意界、法界、意识界等十八界。这是由于阿赖耶识中有种种界。……

又此间杂污染的根本阿赖耶识，由于修习趋向涅槃解脱、趋向现观方便决断选择等善法，才能转成涅槃返归净静。此修习善法，如果是诸凡夫以自己内心的转识相作为对象境界起动认知思维，保持住这修习方法，就能进入最初对圣谛的现前观察。如果不是未见圣谛的人在诸谛中未能获得如实现证的智慧，就能通达摄持一切种子的阿赖耶识；此未见圣谛的人修习了如此善法，或者进入声闻乘的圣者本性的脱离生死境界，或者进入菩萨乘的圣者本性的脱离生死境界。通达了一切法真实性，也能通达阿赖耶识，定然在这时能总观察到自心内一切间杂污染的法数，也能完全知晓自己因对身外境界未能破除妄执，从而被束缚不能如实趋向自在解脱，也能完全知晓身内因有执迷永恒真实主宰的粗重法拖累，从而使自己被束缚不能如实趋向自在解脱。

又修习观想心行的人，因为阿赖耶识是属于一切名言概念的种种虚幻心行法数的依托，概括那些在阿赖耶识中的心行法，总括一团无常、一积皆苦、一聚诸蕴。观察认知到了一五蕴假合虚幻，由于修习缘接到证悟真如境界的智慧并多加修习就能转依。转依不间断，应当已断灭阿赖耶识。由于此阿赖耶识已断灭，应当说已离绝一切间杂污染心性的法。应当知晓转依，由于与间杂污染流转法相违反，所以能永远对应治除阿赖耶识。又阿赖耶识体是变化无常的，具有取果受果性；转依是恒常不变的，没有取果受果性，因为只有修圣道证达真如境界才能涅槃返归净静。又阿赖耶识始终随带有一切粗重的执妄，涅槃返归净静却是最终远离一切粗重的执妄。又阿赖耶识能令烦恼相续，障蔽解脱道现前"转依"则能令解脱道现前，不使烦恼相续生起，应当知晓阿赖耶识仅仅就此建立因性和非亲自生因性。又阿赖耶识使得在善法和不覆障圣道的非善非恶法中不能自在无碍；涅槃返归净静能致使在善法和不覆障圣道的非善非恶法中得到充分自在无碍。又阿赖耶识断灭相状，指由于此阿赖耶识真正断灭，就舍离二种取，那人的身虽然未变，如同有了变化。这样的原因是什么？因为未来后有身的苦因断灭，就舍离了对未来后有身的取受；因为在现在法中的一切烦恼因永远断灭，就舍离了现在法一切间杂污染法的依托的取受。由于一切粗重拖累的执妄永远离绝，只剩维持身命的条件暂时存在。由于还有这维持身命的条件暂时存在，所以经文中说这时只是取有因自身内残有粗重执妄拖累所带来的感受、对资养生存的最低物质条件的用受，更详细说直至在现在法中一切所取有的感受，完全灭尽。

　　由于如此建立了间杂污染法的根本、调动内心修习趋向涅槃解脱等善法通达摄持一切种子的阿赖耶识、建立涅槃返归净静，应当知晓阿赖耶识的间杂污染由涅槃返归净静的相状。如此已依据最超卓谛义的道理，建立了心意识各种名称涵义差别，通过这些道理，应当随顺着决定明了三界等诸心意识的一切间杂污染法和清净的道理。其他小乘声闻教法显现的心意识理义，只是随所教化的有情众生形成的差别，是佛菩萨为了教化婴儿般的小乘众，启示与他们相应的智慧权且做的宣说，是使他们容易进入圣道的善巧方式。

3　摄事分[1]

契经事行择摄[2]

原典

云何摄事？谓由三处应知摄事：一者素怛缆[3]事，二者毗奈耶[4]，三者摩怛理迦[5]事。

云何素怛缆事？谓由二十四处略摄一切契经：一者别解脱[6]契经，二者事契经[7]，三者声闻相应契经[8]，四者大乘相应契经[9]，五者未显了义令显了契经，六者已显了义更令明净契经，七者先时所作[10]契经，八者称赞契经，九者显示黑品[11]契经，十者显示白品[12]契经，十一者不了义契经，十二者了义契经，十三者义略文句广契经，十四者义广文句略契经，十五者义略文句略契经，十六者义广文句广契经，十七者义深文句浅契经，十八者义浅文句深契经，十九者义深文句深契经，二十者义浅文句浅契经，二十一者远离当来过失契经，二十二者远离现前过失契经，二十三者除遣所生疑惑⑬契经，二十四者为令正法久住契经。

别解脱契经者，谓于是中依五犯聚及出五犯聚⑭，说过二百五十学处⑮，为令自爱诸善男子精勤修学。

事契经者，谓四阿笈摩⑯：一者杂阿笈摩⑰，二者中阿笈摩⑱，三者长阿笈摩⑲，四者增一阿笈摩⑳。……如是四种，师弟展转传来于今。由此道理，是故说名阿笈摩，是名事契经。

于十二分教中，除方广分，余名声闻相应契经。即方广分，名大乘相应契经。此分别义如前应知。如是四种契经，由余未显了义令显了等二十种契经如其所应当知其相。

从是已后，依此所说四种契经，当说契经摩怛理迦，为欲决择如来所说，如来所称、所赞、所美先圣契经。譬如无本母字，义不明了，如是本母所不摄经，其义隐昧义不明了；与此相违，义即明了，是故说名摩怛理迦。

注释

① **摄事分**：主要阐释与十七地相关的经、律、论三藏中的种种事义，其中大部分讲述内容涉及《杂阿含经》。本部分内容即本论的卷八十五至一百，其内容分为六大节：契经事行择摄、契经事处择摄、契经事缘起食谛界择摄、契经事菩提分法择摄、调伏事总择摄、本母事序辩摄。

② **契经事行择摄**：关于经本事中的简择阐释诸行要义方面的内容。行择，对诸行的要义的简择阐释。契经，狭义指直说法义的长行文，意即契理契机的经典；广义指一切经。

③ **素怛缆**：Sūtra，又作修多罗，意即契经、经。Sūtra原义为线、弦，佛家引申为佛经，习指佛典经藏。

④ **毗奈耶**：Vinaya，即律，佛典中的律藏。

⑤ **摩怛理迦**：Mātṛkā，即本母、教本、行母等，即佛典中的论藏，汇集诸佛经论诠，使经义显了明白。本母，意即集中诸经的理义加以论议，并推阐引申出其他义理；因能据本引申，所以称为本母。

以上经、律、论称为三藏，即摄事或事摄三处或三事。

⑥ **别解脱**：持戒防止非善及恶、获得解脱。别，防非，又作别别。别解脱即戒别。

⑦ **事契经**：内容为记载佛教宣教传习种种事缘、事义、法事及其有关事的经。具体指早期佛典四阿含经。

⑧ **声闻相应契经**：与声闻乘教法相应的经。具体指四阿含经中十二分教除方广分外的一切内容，即契经、重颂、孤起颂、因缘、本事、本生、未曾有（神异事）、譬喻、论义、自说（自直说法而无问答式）、授记。

⑨ **大乘相应契经**：与大乘教法相应的经。具体指四阿含经十二分教中的方广分，此部分叙方正广大的真理。

⑩ **先时所作**：在初始时所讲法义内容。先，在先、初始。时，适时。佛家讲求说法要选择适合的时间、时序。先时所作，具体指善于宣讲正法者应先讲信徒容易接受的施论、戒论、生天之论（生天趣的理义佛法）。

⑪ **黑品**：即恶品，诸不善业染污心性，所以称名为黑。

⑫ **白品**：即善品，色界善业不间杂恶故名白。

⑬ **除遗所生疑惑**：除掉残余疑惑，实即修道过程中所生的疑惑。

⑭ **五犯聚及出五犯聚**：五大类罪及出五大罪类。五犯聚，即他胜罪聚、众余罪聚、陨坠罪聚、别悔罪聚、恶作罪聚，佛家认为此五罪类可涵盖一切罪。

⑮ **过二百五十学处**：过于二百五十学处。此处学处具体指二百五十戒法应学内容。

⑯ **阿笈摩**：Āgama，即阿含，意为教传，为小乘经的总名，意即此圣言是历代佛圣所传说下来的，实为北方传的原始佛教经典总集。

⑰ **杂阿笈摩**：阿含经之一，编纂随事义相应夹杂经文，难定顺序，所以名为杂。

⑱ **中阿笈摩**：阿含经之一，因所汇集的经长短适中得名。

⑲ **长阿笈摩**：阿含经之一，因所汇集的经篇幅均长、所述内容大都涉及久远的事，因此得名。

⑳ **增一阿笈摩**：阿含经之一，经文内容相应世人根机差异循序渐进演说教法，从一法随事增上至十一法，因此得名。

译文

什么是修行中必须把握的事义范畴？指应通过三处得知修行中必须把握的事义范畴：第一，经事；第二，戒事；第三，论事。

什么是经事？指由二十四处概括一切经：第一，戒律的经；第二，记载佛教宣教传习种种事的经；第三，与声闻乘教法相应的经；第四，与大乘教法相应的经；第五，使未显明法义显示明了的经；第六，使已显示明了的法义更加明白的经；第七，在初始时所讲法义的经；第八，称颂赞叹的经；第九，显明晓示恶品的经；第十，显明晓示善品的经；第十一，非究竟真实义的经；第十二，究竟真实义的经；第十三，法义概略文句详细的经；第十四，法义宽广文句概略的经；第十五，法义概略文句概略的经；第十六，法义宽广文句详细的经；第十七，法义深奥文句浅显的经；第十八，法义浅显文句深奥的经；第十九，法义深奥文句深奥的经；第二十，法义浅显文句浅显的经；第二十一，远离来世过失的经；第二十二，远离现在目前过失的经；第二十三，除掉修行中残余疑惑的经；第二十四，为使正法长久保持的经。

戒律的经，指此经文内容依托五大类罪及脱出五大类罪，宣说比二百五十戒还多的修学法数，为使自爱的众善男子精心勤奋修习。

记载佛教宣教传习种种事的经，指四阿含：第一，杂阿含；第二，中阿含；第三，长阿含；第四，增一阿含。……如此四种圣典，是师长弟子辗转传承下来直至现今的。由于这道理，所以称名为圣典集，这就称名为记载佛教宣教传习种种事的经。

在十二分教中，除方广部分外，其余的称为与声闻乘相应的经。就这方广部分，称为与大乘教法相应的经。此中涵义差别如同前面所说应当知晓。如此四种经，由其余的使未显明法义显示明了经等二十种经与它们相应，应当知晓这些经与四经相应的相状。

从这以后，依托此所说的四种经，应当再说经的诠论，为的是要决断选择如来所宣说的、所称颂的、所赞叹的、所褒美的先世圣人的经。譬如没有义理论议文字，理义就不能完全显明，如此没有纳入义理论议内的经，它们的含义深隐暗藏，理义不完全显明；与此相反，纳入义理论议范畴内的经，义理就能完全显明，所以称名为论。

本母事序辩摄

原典

摄事分中本母事序辩摄[①]

略由二相应知建立分别法相摩怛理迦：一者先略序事，二者即依如是所略序事后当广辩。

云何名为先略序事？谓略序流转杂染品事及以还灭清净品事。……

云何即依如是所略序事后当广辩？谓略由四相广辩彼事，何等为四？一异门差别[②]故，二体相差别[③]故，三释词差别[4]故,四品类差别[5]故。……

如是略引随顺此论境智相应摩怛理迦所有宗要,其余一切,随此方隅皆当觉了。遍行一切摩怛理迦,如《摄释分》应知其相[6]。

如来法教,数无限量,何能穷到无边彼岸?随此方隅,随此引发,随此义趣,诸聪慧者于余一切,应正寻思,应正觉了。

注释

① **本母事序辩摄**:论议事中的概述元义、逐义详辩之类。序,即先略序,一般在经文起初,将经义概括为若干要点依次列出。辩,即后当辩,在经文中对序中所列要义从几个方面加以阐释并引申。本摄为《摄事分》的最后一节,内容为本论卷一百的最后部分。

② **异门差别**:又名分别差别名,即辨析不同门派的不同名称及含义。

③ **体相差别**:又名分别自体相,即辨明体性相状的差别。

④ **释词差别**:又名训释言词,即对词义的不同解释。训,解释词义。

⑤ **品类差别**:又名义门差别,即对一种事从不同

方面分析确立它的类别及属性。

⑥ **遍行一切摩怛理迦，如《摄释分》应知其相：**普遍存在于经典十二分教中的一切诠论，如同《摄释分》所述的，应当知晓它们的相状。《摄释分》中讲述到在诸经典中有世尊自己对谛义的分析论理，有弟子的分别论述，有对经典字义的训解等，统称为诸经典循环研核摩怛理迦。

译文

概略说应当知晓通由二种相状建立对法相分析辩别的论事：第一，先概述元义；第二，就循依如此概述的元义然后必逐一详辩。

什么称名为先概述元义？指概述流转的间杂污染法类的事项及涅槃返归清净类的事项。……

什么是就循依如此概述的元义然后必逐一详辩？指概略说通由四种相状来详细辩析那些元义，哪四种相状？第一，辨析不同门派的不同名称及涵义；第二，辨明体性相状的差别；第三，对词义解释的差别；第四、对事义从各种不同方面分析确立它的类别及属性。……

如此概略引述与此理论境界智慧顺应的论议所有的基本事项，其他的一切论议事，都能随此范式举一反三觉悟了知。普遍存在于经典十二分教中的一切诠论，如同《摄释分》所述的，应当知晓它们的相状。

如来的法教，数没有限量，怎能全部述完直到无边的彼岸？只要随此范式，引申发挥，顺随义理归趣推导，众聪明智慧的人对其余的一切法教，应能正确寻求思索，应能真正觉悟了知。

源流

《瑜伽师地论》的流传弘扬备极艰辛，多有曲折。本论有过最为隆盛的时期，在印度至戒贤，本论弘扬达到前所未有的高峰，成为那烂陀寺最盛时期的主唱；玄奘大师取回本论译出后，遂创立了以"一本《瑜伽师地论》十支（《百法论》《五蕴论》《显扬论》《摄大乘论》《杂集论》《辩中边论》《二十唯识论》《成唯识论》《大庄严论》《分别瑜伽论》）"为经典基础的中国法相唯识学派，也盛极一时。然而这种隆盛持续时间并不长，在大唐也不过三数十年，中唐以后急骤衰萎，这就严重影响到《瑜伽师地论》的传扬。

　　先说印度注本。其中最完善宏大的、影响最著的，即最胜子等作的《瑜伽师地论释》五百卷，此注释也是印度诸注中最古老的，可惜翻译过来仅一卷，汉文译者为唐玄奘；藏文译者佚名，也有著录为胜友译的。此释本其实是对本论的概述，内容分为六门：所为、所因、名义、宗要、藏摄、释文。其中释文门解说了十七地的含义。德光作有《菩萨地释》，仅存藏文译本，译者然灯吉祥智、戒胜；德光还作有《菩萨戒品释》，仅存慧铠、智军的藏文译本。最胜子作有《菩萨戒品广释》，胜友、慧铠、智军译。海云作有《菩萨地释》，寂贤、戒胜译。

古代中国注本都是唐代的，其模式和内容可以视为《瑜伽师地论释》的扩展，现在存本如下：

《瑜伽师地论略纂》十六卷，唐窥基作。此书主要内容是对《瑜伽师地论》前六十六卷作释，仍仿《瑜伽师地论释》分为相应六门：叙所为、彰所因、明宗绪、显藏摄、解题目、释本文。

《瑜伽论劫章颂》一卷，唐窥基作。此书实非注疏，不过是将《瑜伽师地论》卷二中部分内容（劫及成住坏空和始终名义）拟成颂文，旨在便于习记，全文仅三十六颂半，每颂七言。

《瑜伽论记》四十八卷，唐遁伦集作，分门也仿《瑜伽师地论释》，内容主要是汇记玄奘弟子中擅长瑜伽法相的窥基、慧景、神泰、文备等人的有关言记。

《瑜伽师地论义演》四十卷，唐清素作，仅存二十二卷。主要内容除卷首释名义外，也分六门，题目大同小异：叙起论因、彰说论意、明论宗体、藏乘所摄、辨总别题、依文制释。

另有敦煌本《瑜伽师地论分门记》六卷,唐法成说,智慧山记,内容为七科;敦煌本《瑜伽师地论手记》四卷,唐法成说,谈迅、福慧记,内容为略解。

对以上除敦煌本外的所有旧注疏,韩清净总的评价是:"匪唯义不能详,甚且文莫能解。""皆不足以为研究之资。"他对本论流传研习的历史概括为:"传译虽久,研讨无人;间或涉猎,乌能有得。"[①] 其实敦煌本也未出窠臼。

中国古代注疏佚失的有二十余种,其中有玄奘许多高徒的作品,如神泰的《疏》十卷、文备的《疏》十三卷等。

在研习上取得突破性成就是在近现代。此时代的许多大学者精通法相唯识学并倡导颇力,其中多数师承可追溯至杨文会(公元一八三七——一九一一年),正如梁启超所说:"晚清所谓新学家者,殆无一不与佛学有关系,而凡有真信仰者,率归依文会。"[②] 杨文会对净土、华严、法相皆擅,晚年尤致力于法相唯识,并潜心以唯识法相释华严。杨文会的治学意趣自然也影响到门徒及社会上的学者,以致形成了一股不大不小的法相热。当然热的根本原因还是近现代方法论重于分析的时尚与法相唯识学有了一种契合。杨文会弟子中最有成就的就是太虚和欧阳渐。

太虚(公元一八九〇——一九四七年),俗家姓名吕沛林,浙江崇德人。十六岁出家,十九岁赴南京从杨文会学习于祇洹精舍,一生著述宏富,其著作全集《太虚大师全书》精装三十二册,总七百万字,堪称一代学僧。太虚创新精神极强,他毅然摆脱古典诠释性研习的阈限,努力开掘佛学的宝藏为近现代文化服务,使佛学具有新的时代感。太虚直接讲解研究《瑜伽师地论》的著述仅有《瑜伽师地论菩萨地真实义品讲要》及《瑜伽师地论菩萨地真实义品亲闻记》。但太虚有关研究的重要成果主要体现在对法相唯识的大量综合研究著述如《法相唯识学概论》《阿陀那识论》《新的唯识论》等中。其最可贵的思想有此三点:

一是指出新唯识论是为适应中西文化交汇的中国近代思潮而勃发的,他说:"夫唯识论,亦何新之有?然为欧美人及中国人思想学术之新交易、新倾向上种种需要所推荡催动,崭然濯然发露其精光于现代思潮之顶点。"③

二是尖锐地指出西方学术思想和近代科学的弊病,这一点尤为显出太虚大师的远见卓识,而且随着时代发展越来越为现实所证实。如他说:"近代科学之进步,不徒器物着非常之成绩,且神教既全失其依据,而哲学中之所包容者亦渐次——裂为科学,仅存形而上学为哲学留一余地。复经认识论之反究,怀疑到形而上学之终不可知,辄知之亦非有如何效果,直置于不成问题、不须解决之列,于是哲学亦降为科学原理之总和,附庸科学而已。"④ "然与唯物论对立之唯心论,互相排斥,在西洋之思想学术界中盖由来久矣。言之成理,持之有故,而卒不能有所成就者,则有近代之主观唯心论与客观唯心论是也。"⑤

三是明确地肯定以唯识论来对近代思想学术补偏救弊,这一点与当代以东方学术补救西方思想危机的时代潮流颇为一致。他说:"夫在思想学术之趋势上,既欲求一如何能善用科学而不为科学迷误之真自由法,继之又有非将一切根本问题得一究竟解决不可之倾向,展转逼近到真的唯识论边。"⑥ "夫而后乃能转科学而不为科学转,圆成大用,与科学始终相成相用,故为新的唯识论也。"⑦ 唯识论能否当此重任另当别论,但太虚确认以东方文化补救西方文化和追求"善用科学而不为科学迷误之真自由法",无论是对历史还是对现实都具有进步意义。

太虚以上思想深深影响了熊十力。

欧阳渐(公元一八七〇年——一九四三年),字竟无,江西宜黄人,一九一〇年从杨文会学佛并与太虚同学，他在唯识方面也卓有贡献。一九二二年欧阳渐在南京创办了支那内学院，规模影响超过了杨文会开办的祇洹精舍。他逝世时，国民党教育部所撰的祭文说："呜呼！慈恩云远，绝学将亡，宗风不振，孰绍初唐？……"从而肯定了他在继承发扬唐初玄奘大师创立的中国法相唯识方面的功德。欧阳渐兼攻《瑜伽》《般若》《涅槃》三系，其实取向是归统《瑜伽》，以法相唯识统摄他系，另对天台、贤首、藏密则绝口不谈。因此，对一本十支的研究在他的学术范畴中具有特别重要的地位。

欧阳渐推崇《瑜伽师地论》的直接原因是悲恸于丧女。他女儿兰儿十七岁时随他入陇后夭亡，令他痛彻心脾，终夜哀号，于无可奈何中幡然求学，通宵达旦钻研《瑜伽师地论》。当然根本原因还是时代思潮影响和老师导向的结果。他的著作中直接释说《瑜伽师地论》的仅有《瑜伽师地论叙》《藏要·论叙·瑜伽师地论》，后者不过是内容简介，前者则被公认为研习本论的权威参考资料之一；此外他还有大量学术著述涉及本论。他和太虚一样揭露西方哲学和神是"无结果之学"⑧，力主以法相唯识学救之。但他与太虚学术不同处甚多，如在对整体佛学结构模式的概括上，太虚定为三宗，即法性空慧宗（龙树系大乘学）、法相唯识宗（无著系大乘学）、法界圆觉宗（诸真如宗大乘学），将东土一切大乘宗派含括；欧阳渐则定为"《般若》《瑜伽》之教，龙树、无著之学，罗什、玄奘之文"⑨，将台、贤、藏密排斥在外。在法相与唯识的关系上，欧阳渐将二者一分为二宗，太虚则认为"法相必宗唯识"⑩。

《瑜伽师地论叙》分为六部分，即总略、五分、十要、十支、十系、绪言。其中最具有学术价值的部分是十要。十要将《瑜伽》的要义概括为十：唯识义、法相义、平等殊胜义、相应义、依义、用义、渐义、无种性义、异门义、依经义。其阐释，揭诸要义之精辟、融会贯通之慧灵、遣词炼句之老到均堪称典范。其中尤以唯识法相相对互观、平等殊胜、依义、渐义显示出欧阳渐在精通原典基础上推阐发挥的佛学风格。例如在唯识法相相对互观一节中，他将法相学与唯识学的分野说得再清楚不过，一扫以往的含糊。

章太炎（公元一八六九——一九三六年）在佛学上也宗杨文会，他也是独尊法相的，一九〇三年被囚于上海英租界监狱的三年中，专修慈氏、世亲之书。作为新型学者，章太炎对法相学方法论与近代学术的相应，认识得最为清楚。关于《瑜伽》在法相唯识学中的地位，他的看法与其他众多学者相异，他说："学相宗者，自《成唯识论》入门，至乎《瑜伽》《摄论》《密严》《楞伽》则止矣。"⑪章先生研究相宗最突出的成果是力求将法相与禅宗统一起来。

熊十力(公元一八八五——一九六八年),原名定中,湖北黄冈人。他是欧阳渐弟子中成就最高者,且被奉为新儒学的代表人物。他继承了老师的法相、唯识分家说,并沿老师的治学方向对唯识学进行大胆改造以与儒学相圆融。他虽未有关于《瑜伽》的专著,但结合《瑜伽》进行研究的著述颇丰,影响巨大者有《佛教名相通释》《新唯识论》等。熊十力在其名著《佛教名相通释》中大量征引《瑜伽师地论》阐释名相的本义。他说:"疏释名相,只取唯识法相……唯识法相,渊源广远,资籍博厚,而其为书也,又条件分明,如法相书;统系严整,如唯识书。佛家哲学方面名词,盖亦大备于唯识法相诸要典,摄要而释之,则可以读其书而通其学。"⑫

再就是太虚传人中最有成就的印顺(公元一九〇六年—)法师。印顺俗姓张名鹿芹,浙江海宁人,二十五岁出家,次年就学闽南佛学院,当时该院院长即太虚。一九四九年赴香港,一九五三年定居台湾至今。印顺著述之宏富不亚太虚,成为现当代无与伦比的学僧。在现当代学僧中,印顺是最能持历史客观态度研习佛学的,因而所取得的成就往往同时为僧俗学者所重。

他虽无关于《瑜伽》的专著，但涉及《瑜伽》的综合性著述却很多，诸如《印度之佛教》《如来藏之研究》等。

印顺对唯识总的看法颇异于以上学者，他不把唯识学抬到至高地位，并多有批评，称之为"虚妄唯识论"；但也恰当地肯定其优点："于后期佛教之瓦玉杂糅中，无着师资之学，究难能可贵也。薄他力，而以愿生极乐为'别时意趣'；渐行非顿入；神秘、淫乐之道，不欲以之置唇齿；思想亦严密。且以初自说一切有中出，于律制犹重。虽不为真常者所满、性空者所重，而实有足多焉！"⑬他没有效法欧阳渐、熊十力将法相、唯识分为二宗，而是将法相、唯识视为统一的学系，但却是有着不同历史发展阶段的学术系统。

印顺将十支与《瑜伽》结合起来进行历史性综合考察。他首先将《瑜伽师地论·本地分》看作是源，而把其他的有关著作包括《瑜伽师地论·摄决择分》看作是流，在分析考察了此源流全过程后，将唯识学发展分为两个大的阶段：

一是源于《瑜伽·本地分》，经《辩中边论》《庄严论》，至无著的《摄大乘论》而大成。

二是唯识学的新发展又返流于《瑜伽》，从而形成《瑜伽·摄决择分》，并向前发展至世亲的《唯识三十论》而大成。玄奘《成唯识论》又对在《唯识三十论》

基础上的学术演化、种种成就预以总结。

印顺认为《瑜伽·本地分》初并不明唯识，只是辨明自现行而达于种子心，到《摄大乘论》，才确立自种子心以达现行识，这一阶段即为种子识变现之唯识。从《瑜伽·摄决择分》开始的新阶段，则以三类分别识为本，形成分别识变现之唯识。

以上学者形成了南派的唯识家群体，共同的特点是不拘陈说，敢于创新，具有时代气息。但他们的共同缺点是未能对《瑜伽师地论》进行全面的整理、披寻和诠释。尽管如此，本论仍一直深受佛教界和历代学者的重视。它的意义可由以下几个方面来说明：

一、本论是对瑜伽行派（Yogācāra）宗教实践和学术活动的全面总结，从而标志着瑜伽学派真正成立为与中观（Mādhyamika）学派并立的显学。古印度大乘盛时，可大略分为两大体系，一是中观，二是瑜伽。中观直承龙树（Nāgārjuna，公元一五〇—二五〇年）的《中论》（Madhyamaka-kārikā），较早形成大乘的重要学派。龙树及其弟子如提婆（Āryadeva）等多生于南印，所以中观盛行于东南印且向中印发展。说一切有部中心在西北印，一部分出生于西北印并在说一切有部出家的禅师，也倾向大乘，但他们没有完全走中观破小乘的学路，而且将说一切有部精密的复杂义理与自己止观内证的修禅实践结合起来，从而另辟蹊径，逐渐形成大乘的又一学系。瑜伽也从西北印向中印发展，于是形成古印度大乘佛学中观与瑜伽长期争论、并立的格局，也使大乘佛学呈现出丰富多彩的景观，得到不断的发展。古印度佛学发展史这一重要的历史阶段，一直离不开《瑜伽师地论》的功用。

二、本论本着大方广的大乘精神，总赅三乘，圆融各宗，造就了瑜伽行派博大兼容的传统。本论倡大乘精神，对小乘不是刻意破，而是着意融。即使对对立的中观学也能吸取，如本论就说："由彼故空，彼实是无；于此而空，此实是有。由此道理可说为空。若说一切都无所有，何处、何者、何故名空？"⑭这极富辩证的思想与离有、无二执的中道并无二致。正是基于此，玄奘大师才九死未悔西行求取本论，赍回本论果然使地、摄纷争冰释。

三、本论代表着一种新型的佛学思想即唯识学的诞生。它拟定了唯识的名相系统，即范畴；构筑了唯识理论的逻辑框架；确立了唯识学的理论核心；体现了唯识学的特有风范。总之，本论也奠定了唯识学的理论基础，故被奉为唯识群籍之本、唯识法相众学之源。

勃兴的大乘是从自利利他、普度众生的根本目的出发的，然而小乘的"三世实有，法体恒存"（说一切有部)、"过、未无体，现在有体"（大众部）都与大乘的根本目的相违或难通，于是大乘便突出般若波罗蜜多（Prajñapāramitā），立以智慧证入空性的空观。早期大乘经论，无论"共般若"（指《般若经》义理）、"不共般若"（指其他经典从空观引申出的各种义理），都是围绕着空做文章，生发一系列的重要命题，如"真空妙有"、"三界唯心"（《华严经》），"三乘归一"、"悉皆成佛"（《法华经》），"心净土净"、"入不二法门"（《维摩诘经》）等，大体都循依无明逐妄、心净契真的逻辑。但留下了许多有待深研解决的问题，促使佛学向前发展。

空观究竟如何破情执？由龙树将空论的范畴加以系统化，将其逻辑加以精密化，从而解答了这一问题。真空妙有的义蕴如何展开？众生内证成佛的心理机制究竟怎样？无明与净识的关系毕竟如何？杂染、还灭的内心过程怎样明述？这些问题的解决需要有新的概念和理论工具、新的思想体系。新的思想几乎都有意识地突破以往仅环绕空义进行真妄、空有、染净、因缘、生灭、常断、一异、来出诸如此类的范畴内含的逻辑论证，转向对内证心理机制、机能相状的分析、确认，使唯心的佛学具有了心理主义的品格。新的思想体系的主要代表便是如来藏（Tathāgatagarbha）论和唯识学。从理论趣向看，如来藏论属于"向上门"，侧重于说明心、意、识如何与佛性的统一，唯识学属于"向下门"，侧重于分析杂染的精神状态和心理现象。当然两者又都颇具特色地解答了杂染与还灭的关系和众生成佛的问题。如来藏论是通过对"客染"与"自性清净心"的关系的阐说解答的，唯识学则是通过对阿赖耶种子识的变现和转依的阐释解答的。

正是由于具有上述特有的佛学精神风范和新型理论形态，历代学者才公认唯识学实际上开教于《瑜伽师地论》，奉之为唯识学之本。如来藏、唯识几乎同时传入了中国，如来藏论虽为诸宗所吸取，却未能开出以如来藏论为理论基础的学派，而唯识学却成就了玄奘大师执牛耳的慈恩宗。特别是在近现代，随着法相唯识学的勃兴，人们越来越重视唯识观作为心理主义哲学对现代文化的借鉴意义，对《瑜伽师地论》重新研究的工作，终于提到教内外学者的重要议程上。

最后要提的是，对《瑜伽师地论》进行全面整理的巨大工程，是由崛起的北方学者韩清净来完成的。从晚清起，掀起的法相唯识热一直持续到本世纪四十年代。人们从来都深深感到本论的博大精深和借鉴价值。而将《瑜伽师地论》的研究推向一个新的阶段，是当代僧俗学者共同的心愿。

注释：

① 韩清净《瑜伽师地论披寻记·叙》，金陵刻经处本。

② 梁启超《清代学术概论》一六五页。

③《太虚大师全书》十六册六〇六页。

④ 同上书六〇六页。

⑤ 同上书六〇八页。

⑥ 同上书六〇七页。

⑦ 同上书六一〇页。

⑧《欧阳大师遗集》第四册三四六八页。

⑨ 同上书第二册一七九六页。

⑩ 太虚撰有专文《论法相必宗唯识》《再论法相必宗唯识》驳欧阳渐说。

⑪《章太炎全集》第四册三七〇页，上海人民出版社一九八五年版。

⑫ 熊十力《佛家名相通释》一页，中国大百科全书出版社一九八五年版。

⑬ 印顺《印度之佛教》二六五—二六六页，一九八五年台湾版。

⑭ 参见印顺《印度之佛教》二五〇—二六六页。

解说

本论由五大部分构成：第一,《本地分》前五十卷；第二,《摄决择分》,五十卷至八十卷；第三,《摄释分》,八十一卷至八十二卷；第四,《摄异门分》,八十三卷至八十四卷；第五,《摄事分》,后十六卷。全部共计百卷。

　　《本地分》是本论的基干,分别论述十七地。十七地又概分为境、行、果。

　　境即三乘行人所观的境,又分为境体、境相、境用。由于境心相应,诸法以识为体,所以第一五识身相应地、第二意地为境体；此二地内容是唯识论展开的理论基础,所以为历代学者所重视。由于心识缘境的上下粗细各异而呈不同境相,所以第三有寻有伺地、第四无寻唯伺地、第五无寻无伺地为境相。由于修行中心缘境持用各异而有定与散、隐与显的不同，所以第六三摩呬多地、第七非三摩呬多地、第八有心地、第九无心地为境用。

行即三乘修行人与理相应的修习历程，又分为通行和别行。通行即三乘者都必须修习的三种慧行，一切修行人都必须具备的智慧，包括第十闻所成地、第十一思所成地、第十二修所成地。别行即三乘按各自教法理义随机修行获得各自的成就，包括第十三声闻地、第十四独觉地、第十五菩萨地。前十五地中，菩萨地也为历代学者所重视。

果即三乘者修行人与各自功德相应获得的圣果，即涅槃境界诸相，包括第十六有余依地、第十七无余依地。

第二部分《摄决择分》，则对《本地分》中存在的问题进行分析解答，对十七地论中的要义进一步展开论述，重点仍放在五识身相应地、意地（共七卷篇幅）、菩萨地（共八卷半篇幅）。其中在抉择五识身相应地、意地部分，以略义十门立论阿赖耶识，从而阐明了唯识义；以广义六门述六善巧，从而阐明了法相义，是本论理论的重要构成部分。

第三部分《摄释分》，解释了与十七地有关的各种经的说法，叙明解释的仪则，即五分、六义。

第四部分《摄异门分》，概略地解释了群经与十七地论关于诸法的名义差别。

第五部分《摄事分》，叙述与十七地有关的三藏诸事，即契经者、调伏事、本母事。

总之，《本地分》为论，即十七地论；后四分统为释，是对十七论及有关诸经（主要是《阿含经》）内容的阐释。

本注译上卷选了本地分五识身相应地、意地绝大部分内容。由于唯识学认定万有诸法依识生起，种子变现，心所识境皆唯心变，离心外别无境物；因而一切皆以识为体，即境体，所以识法是本论的重要理论基础，特重点选录。

二地六识身也就是八识，二地内境可概括为"五门六识身转"①，即六识均有五个方面（自性、所依、所缘、助伴、作业）相应运转流动，另意与五识运转流动也相应。五识的五门，自性即依五根了别五境；所依，即俱有依五根、无间依意、种子依阿赖耶识；所缘，即五境；助伴，即俱有相应的心所法；作业，即了别各自境及随意发业。意识五门颇异，自性是心、意、识；所依是意及种子阿赖耶识；所缘是一切法如其所应；相伴是俱有相应心所法；作业是和前五识相共或不共一切作业，其中胜作业有十五相。又五识及意识的五事（五门）

解说 559

都由五处统摄,即色聚诸法处、心心所处、无为处。

下卷节选了《本地分》其他十五地的主要内容及《摄决择分》《摄事分》的主要段落。

所选的后十五地内容,主要讲述了各地的基本含义和各地之间的相互关系。其中又重点选取了有寻有伺等三地、闻所成地、声闻地、菩萨地。

有寻有伺等三地作为境相,实际上重在论述思维的精粗形式和方法,所选的部分突出了这方面的内容。其中不如理部分,是通过驳斥外道思维的谬误来反证佛家思维的正确。

闻所成地讲五明处听闻解了,主要讲述生活和修学所应学习掌握的基本知识、技能和智慧。内明、医方明、因明、声明、工业明等五明中,因明即讲述思维、立学、辩论中的逻辑、论证、论辩的方法、慧巧。

声闻地虽然只选了初瑜伽处,但已述明了唯识论基本义理中的种性论,即人之成佛道虽然决定于先天既有的菩提种子,然而必须修习趣入、出离才能使种子发萌成就菩提。

菩萨地全面论述求取无上正等正觉普度一切有情众生的菩萨境界大乘精义,本注译除选了种性品外,着重选取了真实义品。真实义品论述了佛家关于宇宙人生本元实体的精深理义,重点阐释了以远离二边的中道胜解性空成就无上正等菩提，通由善取空成熟一切佛法和众有情，实现菩萨自利利人的理想境界。

《摄决择分》仅选取了阿赖耶识种子论即唯识论中最基本的义理部分，这部分论述了阿赖耶识存在的必然性，进一步使《本地分》中未能显了的唯识思想及阿赖耶识的本体性显了明白，并将理论基点由种子识变现转移到分别识变现；并论述了从杂染到还灭的转依机制。

《摄事分》所选部分甚少，其内容告诉修学者经典种类划分知识，以便相应学习；告诉修习者关于诠论的总序和广辩的知识，以便在学习和论述中有效运用。

巨著《瑜伽师地论》作为古代印度佛教思想和人民文化的总结，是智慧的大宝藏，它对现代文化的惠溉也是难以估量、与日俱增的。仅举数端如次：

（一）方法论

近代诸学者不约而同青睐于本论，就是敏感于它的方法论竟与近代新兴分析方法契合。章太炎说得更为直接："盖近代学术，渐趋实事求是之途，自汉学诸公分条析理，远非明儒所能企及。逮科学萌芽，而用心并缜密矣。是故法相之学，于明代则不宜，于近代则甚适，由学术所趋然也。"[②]

然而还有更重要的深层次的方法论即辩证法，却是近代学者未能意识到的。《瑜伽》自始至终，无论范畴建立、逻辑推导、表法遮法、立论驳辩无不充满对立统一的辩证法。其瑜伽相应就是具有高度辩证法意识所突出的概念，它对现代文化思想的启迪是很深刻的。

（二）认识论

熊十力在三十年代所说："今西洋哲学，理智与反理智二派，互不相容，而佛学则可一炉而冶……要之，佛家哲学，持较西洋，别有一种精神，别是一种面目，其于中国，在修证上尚有相通之处；其于西洋，在理论上亦自可通，而根本精神，俱不相似也。"③西方文化产生的古典理智型哲学和现代非理智型（实为反理性）哲学都难以解决当代西方的思想危机，迫使西方投视东方，而东方又在努力探求使东方传统焕发现代意识的最佳方略，双方的世界性努力庶几可结束东西方文化的碰撞接触阶段，飞跃至高度圆融的世界大文化阶段。文化圆融的方式、途径、模型未可一概而论，然而在哲学上理智（或理性）与非理智（或非理性，但非反理性）的结合型已被众多学者所共识同趣。于是人们在纷纷从佛藏中寻求借鉴的同时，不能不对熊十力的超前意识惊叹不已。

（三）心理学

本论在心理学上的突出贡献早已为近现代学者所共识，如梁启超说："大乘瑜伽家说的百法④，除却说明心理现象外，更有何话？"⑤杨度说："解剖心理，最近科学者，莫如法相一宗。"⑥然而以上学者大抵是从心理学角度认识《瑜伽》法相学的，所青睐的只是其心理因素及过程分析之精微。只有熊十力独具只眼，从哲学方法论上看到法相唯识学的心理研究价值："以今哲学上术语言之，不妨说为心理主义。所谓心理主义者，非谓是心理学，乃谓其哲学从心理学出发故。"⑦众所周知，以心理方法为主的哲学和美学派别是现当代世界学术的重要派别。

本论不仅在一般心理因素、抽象思维及形象思维、下意识及潜意识、直感与通感、语言心理及宗教心理、梦幻心理及错乱心理、自我意识及超验意识等的精微分析方面成就卓著，尤其是其对瑜伽相应的研究对当代心理学研究各种心理因素之间，各种意识层次之间的复杂关系有很高的参考价值，而阿赖耶识思想对当代心理学研究人内在的心理信息及种种文化精神现象的积淀与调控尤多启示。

（四）教育学

相对于顿悟流派特重于追求出世间契证，《瑜伽》的渐进，则是一般社会生活能力和智力的把握，世间技艺、出世间契证并重，强调修学增上，从而为太虚所肯定。《瑜伽》简直可以说是一部大教育学，从优生优养、感觉、知觉、语言、思维能力的训练,到生活及佛学等各方面知识技艺的掌握,到观念意识的形成,到三乘修习证悟如理圣谛,直到有依无依究竟涅槃,由低到高、由浅入深,对人的总体和整体完善性圆满化育,即使人全智、全能、全美、全善、全真;采取的高度强化型的、完整的、密集型的循序渐进的教育方式,颇能有效地造就博学多才、人格完美、威仪堂堂、勇于奉献的学僧。它并不因为系古典教育范畴而完全过时,现代教育在反思自己的种种流弊时可从它得到殊多启示。

《瑜伽师地论》所体现出的大乘精神对现代社会的精神及价值观也有着积极的借鉴意义,并成为佛教文化史上的一座里程碑。其利益众生,利益人类的精神不愧为引导众生走向人类和平、幸福理想世界的一盏明灯。

注释:

(1)参见韩清净《瑜伽师地论叙》卷上二页,金陵刻经处本。

(2)《章太炎全集》第四册三七〇页,上海人民出版社一九八五年版。

(3)熊十力《佛家名相通释》七页。

(4)《瑜伽师地论》实说六百六十法,见卷三。

（5）梁启超《佛学研究十八篇》附录二《佛教心理学浅测》。

（6）《杨度集》六七三页，湖南人民出版社一九八六年版。

（7）熊十力《佛家名相通释》六页。

附录

1 瑜伽师地论新译序

唐·许敬宗

有玄奘法师者……访道周游十有七载，经途所亘百有余国……以贞观十九年，持如来肉舍利一百五十粒、佛像七躯、三藏圣教要文凡六百五十七部，二月六日还至长安，奉敕于弘福寺安置，令所司供给。召诸名僧二十一人学通内外者共译持来三藏梵本，至二十一年五月十五日肇译《瑜伽师地论》。《论》梵本四万颂，颂三十二字，凡有五分，宗明十七地义。三藏法师玄奘敬执梵文译为唐语，弘福寺沙门灵会、灵隽、智开、知仁，会昌寺沙门玄度、瑶台寺沙门道卓、大总持寺沙门道观、清禅寺沙门明觉承义笔受；弘福寺沙门玄谟证梵语；大总持寺沙门玄应正字；大总持寺沙门道洪、实际寺沙门明琰、宝昌寺沙门法祥、罗汉寺沙门惠贵、弘福寺沙门文备、蒲州枢岩寺沙门神泰、廓州法讲寺沙门道深详证大义；《本地分》中五识身相应地、意地、有寻有伺地、无寻唯伺地、无寻无伺地凡十卷，普光寺沙门道智受旨缀文；三摩呬多地、非三摩呬多地、有心地、无心地、闻所成地、思所成地、修所成地凡十卷，蒲州普救寺沙门行友受旨缀文，声闻地初瑜伽种姓地、尽第二瑜伽处凡九卷，玄法寺沙门玄赜受旨缀文；声闻地第三瑜伽处、尽独觉地凡五卷，汴州真谛寺沙门玄忠受旨缀文；菩萨地、有余依地、无余依地凡十六卷，简州福众寺沙门靖迈受旨缀文；《摄决择分》凡三十卷，大总持寺沙门辩机受旨缀文；《摄异门分》《摄释分》凡四卷，普光寺沙门处衡受旨缀文；《摄事分》十六卷，弘福寺沙门濬受旨缀文，银青光禄大夫行太子左庶子高阳县开国男臣许敬宗奉诏监阅，至二十二年五月十五日绝笔。总成一百卷。……

2 瑜伽师地论叙·绪言

欧阳渐

永明寿师作《宗镜录》，叙次法相，虽无树义，犹能诠释，古典具在，依据不诬。元末籍亡，斯学沈响，明人壁造，劳而唐功，遂使数百余年治此宗者，舍相宗八要、唯识心要以外无别精研。支离破碎之谈，户牖一孔之见，有天地之大而不能知，有规矩之巧而弗获用；惟望此而却走，谁有事于瑜伽？惟我亲教深柳大师，天纵之资，一时崛起。道、咸之际，举国沉迷，师以读奇书，获《起信》《维摩》于皖肆，浸假搜罗，遂通三藏。由是发愿，愿法与劫齐，愿人都法获。私家刻经，始于宋元之际本，次于明武陵方册本，三于明清之际密严嘉兴本，随成随毁，荡然无存。师创金陵刻经处，继弟四之私藏，利有情以菩提。顾其所学，由《起信》而净土，由净土而《华严》《华严》尊《疏钞》，《疏钞》以唯识释义，由是暮年深探法相。初于南条文雄氏得《因明大疏》《成唯识述记》次第刊行，未遂治刻《瑜伽》，仅成其半而慧日西沦。他日叶元鋆问："《瑜伽师地论》后半若何？"师对曰："以嘱诸渐。"数日寝疾，命三事笔以告同人：一继刻《瑜伽》，二作《释摩诃衍论集注》，三编《等不等观杂录》，复速成《大藏辑要》附作提要，而陆续以竟全藏。今者《等不等观杂录》由徐文蔚编成。《瑜伽》亦以机缘幸未辱命，然是论刻成，由终溯始已阅二十寒暑。夫以无著请说之难，奘师传译之难，元明展转刻而复毁之难，今者重刻又如是之难。敬恭作叙以志其难，其难已往；由文字入实相，庶几其无难。……

　　民国六年中秋编者宜黄欧阳渐识于金陵刻经处

3 瑜伽师地论科句、披寻记汇编后记

《瑜伽师地论科句、披寻记》为本会前学长韩清净居士最后宏著。此论性相该摄，义解精详，万象包罗，为大乘佛法教理渊海。公元七世纪间，玄奘三藏即为求取此论而西行游学，归国后便宣译此论与十支论等，并盛行弘讲，传制疏记，形成中土大乘法相学派。但自中唐以后，义学渐衰，千余年来讲习式微，传钞刊印亦有讹略。清净居士有鉴于此，因发弘愿，详加校订，撰成《瑜伽论科句》四十万言；并又融会本论前后文义，综考所有有关论著疏释撰成《瑜伽论披寻记》七十万言，以阐发《瑜伽》大论奥义。本会前理事朱芾煌居士，于兹撰业襄助实多。书成后，韩、朱两居士后先逝世，本会马一崇居士又就遗著《科句》《披寻记》加以会编，并准备刊印，马君又于去年逝世。同人以此书刊印不容再缓，因用打字刷印百部行世。义学益明，法流广布，一切见闻同沾利益。是为记。公元一九五九年七月三日三时学会谨识。

4 瑜伽师地论科句、披寻记汇编缀言

顾兴根

本书为韩清净老居士之遗作。韩老后半生中，朝斯夕斯，凡数十寒暑，始告完成。记中将《瑜论》奥义，以独具之灼见，阐发无遗。尤为难得者，论中前后相关之处一一指出，使读者瞻此顾彼，披寻有方。范古农老居士生前读其部分初稿，赞叹备至，誉为本世纪来汉文内典中之惊人作品，其价值可想见矣。原稿在十年浩劫中已荡然无剩。郑颂英居士在沪发现打字油印本，大喜过望，倡议印刷出版，海内外缁素大德纷纷表示赞助。要非佛力加被，慈氏垂愍，蕴椟潜珍，宁得人间重见？流通有日，谨缀数日，聊表庆幸云尔。顾兴根志于沪上。

参考书目

1.《解深密经》 玄奘 《大正藏》第十六册

2.《辩中边论》 世亲 《大正藏》第三十一册

3.《摄大乘论本》 无著 《大正藏》第三十一册

4.《因明入正理论》 商羯罗主 《大正藏》第三十二册

5.《成唯识论》 护法等 《大正藏》第三十一册

6.《菩萨地持经》 弥勒 《大正藏》第三十册

7.《菩萨善戒经》 弥勒 《大正藏》第三十册

8.《决定藏论》 弥勒 《大正藏》第三十册

9.《菩萨戒本》 弥勒 《大正藏》第二十四册

10.《优婆塞五戒威仪经》 弥勒 《大正藏》第二十四册

11.《显扬圣教论》 无著 《大正藏》第三十册

12.《瑜伽师地论释》 最胜子等 《大正藏》第三十册

13.《瑜伽师地论略纂》 窥基 《大正藏》第四十三册

14.《瑜伽师地论劫章颂》 窥基 《续藏经》第七十五套第三册

15.《瑜伽论记》 遁伦 《大正藏》第四十二册

16.《瑜伽师地论分门记》 法成 《大正藏》第八十五册

17.《瑜伽论手记》 法成 《大正藏》第八十五册

18.《瑜伽师地论菩萨地真实义品讲要》 太虚 《太虚大师全集》第六编 香港正觉莲社一九七二年

19.《瑜伽师地论菩萨地真实义品亲闻记》 太虚 《太虚大师全集》第六编 香港正觉莲社一九七二年

20.《法相唯识学概论》 太虚 《太虚大师全集》第六编 香港正觉莲社一九七二年

21.《阿陀那识论》 太虚 《太虚大师全集》第六编 香港正觉莲社一九七二年

22.《新的唯识论》 太虚 《太虚大师全集》第六编 香港正觉莲社一九七二年

23.《瑜伽师地论叙》 欧阳竟无 金陵刻经处一九一七年

24.《瑜伽师地论科句、披寻记汇编》 韩清净 上海佛学书局一九九一年

25.《新唯识论》 熊十力　商务印书馆一九三二年

26.《唯识学概论》 韩廷杰　台湾文津出版社一九九三年

27.《唯识学纲要》 于凌波　台湾东大图书股份有限公司一九九二年

28.《玄奘哲学研究》 田光烈　学林出版社一九八六年

29.《瑜伽五识身相应地之研究》 罗时宪　《现代佛教学术丛刊（30）》 张曼涛主编

30.《瑜师地论之研究》 罗时宪　《现代佛教学术丛刊（30）》 张曼涛主编

31.《瑜伽师地论真实义品手记》 魏蝉　《现代佛教学术丛刊（30）》 张曼涛主编

32.《瑜伽师地论解题》 日·佐伯定胤　《现代佛教学术丛刊（96）》 张曼涛主编

出版后记

星云大师说："我童年出家的栖霞寺里面，有一座庄严的藏经楼，楼上收藏佛经，楼下是法堂，平常如同圣地一般，戒备森严，不准亲近一步。后来好不容易有机缘进到藏经楼，见到那些经书，大都是木刻本，既没有分段也没有标点，有如天书，当然我是看不懂的。"大师忧心《大藏经》卷帙浩繁，又藏于深山宝刹，平常百姓只能望藏兴叹；藏海无边，文辞古朴，亦让人望文却步。在大师倡导主持下，集合两岸近百位学者，经五年之努力，终于编修了这部多层次、多角度、全面反映佛教文化的白话精华大藏经——《中国佛教经典宝藏》，将佛教深睿的奥义妙法通俗地再现今世，为现代人提供学佛求法的方便途径。

完整地引进《中国佛教经典宝藏》是我们的夙愿，

三年来，我们组织了简体字版的编审委员会，编订了详细精当的《编辑手册》，吸收了近二十年来佛学研究的新成果，对整套丛书重新编审编校。需要说明的是此次出版将丛书名更改为《中国佛学经典宝藏》。

　　佛曰：一旦起心动念，也就有了因果。三年的不懈努力，终于功德圆满。一百三十二册，精校精勘，美轮美奂。翰墨书香，融入经藏智慧；典雅庄严，裹沁着玄妙法门。我们相信，大师与经藏的智慧一定能普应于世，济助众生。

东方出版社

图书在版编目（CIP）数据

瑜伽师地论 / 王海林 释译 . —北京：东方出版社，2020.3
（中国佛学经典宝藏）
ISBN 978-7-5060-8576-2

I. ①瑜… Ⅱ. ①王… Ⅲ. ①瑜伽派—佛经②《瑜伽师地论》—注释③《瑜伽师地论》—译文 Ⅳ. ① B351

中国版本图书馆 CIP 数据核字（2015）第 267910 号

本书中文简体字版权由上海大觉文化传播有限公司独家授权出版
中文简体字版专有权属东方出版社

瑜 伽 师 地 论
（YUQIESHI DI LUN）

释 译 者：	王海林
责任编辑：	王梦楠
出　　版：	东方出版社
发　　行：	人民东方出版传媒有限公司
地　　址：	北京市东城区朝阳门内大街 166 号
邮　　编：	100010
印　　刷：	北京明恒达印务有限公司
版　　次：	2020 年 3 月第 1 版
印　　次：	2024 年 2 月第 4 次印刷
开　　本：	880 毫米 ×1230 毫米　1/32
印　　张：	19
字　　数：	321 千字
书　　号：	ISBN 978-7-5060-8576-2
定　　价：	95.00 元

发行电话：（010）85924663　85924644　85924641

版权所有，违者必究
如有印装质量问题，我社负责调换，请拨打电话：（010）85924602　85924603